"十二五"普通高等教育本科国家级规划教材

U0891852

高等学校水利学科专业规范核心课程教材

**Gangkou Guihua yu Buzhi**

# 港口规划与布置

（第三版）

（港口航道与海岸工程专业）


主　编　郭子坚［大连理工大学］
主　审　吴　澎［中交水运规划设计院］



人民交通出版社

# 内 容 提 要

本书为“十二五”普通高等教育本科国家级规划教材和高等学校水利学科港口航道与海岸工程专业规范核心课程教材。

本书系统介绍了港口规划与布置所涉及的港口规划调查与分析、港口装卸工艺学、码头及码头平面设计、港口水域及外堤布置、港口配套设施、港口发展规划、港口环境影响评价及港口景观，并介绍了河港特点。

本书是港口航道与海岸工程专业本科生的必修课教材，也可作为土木、水利、交通运输类专业为拓宽专业口径而设置的有关港口课程的教材。对从事港口规划、设计、施工和管理的工程技术人员以及从事土木、水利、交通运输等专业的工程师来说，也是一本有益的参考书。

**图书在版编目(CIP)数据**

港口规划与布置/郭子坚主编. —3 版. --北京：人民交通出版社，2011.6

ISBN 978-7-114-09054-7

Ⅰ.①港… Ⅱ.①郭… Ⅲ.①港口规划 Ⅳ.①U651

中国版本图书馆 CIP 数据核字(2011)第 072164 号

“十二五”普通高等教育本科国家级规划教材
高等学校水利学科专业规范核心课程教材

**书　　名：** 港口规划与布置（第三版）
**著 作 者：** 郭子坚
**责任编辑：** 黄兴娜
**出版发行：** 人民交通出版社
**地　　址：** (100011)北京市朝阳区安定门外外馆斜街 3 号
**网　　址：** http://www.chinasybook.com
**销售电话：** (010) 64981400,59757915
**总 经 销：** 北京交实文化发展有限公司
**印　　刷：** 北京武英文博科技有限公司
**开　　本：** 787×1092　1/16
**印　　张：** 16.5
**字　　数：** 382 千
**版　　次：** 2011 年 6 月　第 3 版
**印　　次：** 2024 年 1 月　第 12 次印刷
**书　　号：** ISBN 978-7-114-09054-7
**定　　价：** 42.00 元

# 高等学校水利学科专业核心课程教材
# 编审委员会名单

# 港口航道与海岸工程专业教材
# 编审分委员会名单

# 序

随着我国水利事业与高等教育事业的快速发展以及教育教学改革的不断深入，水利高等教育也得到很大的发展与提高。与20世纪末相比，水利学科专业的办学点增加了将近1倍，每年的招生人数增加了将近2倍。通过专业目录调整与面向新世纪的教育教学改革，在水利学科专业的适应面有很大拓宽的同时，水利学科专业的建设也面临着新形势与新任务。

在教育部高教司的领导与组织下，从2003年到2005年，各学科教学指导委员会开展了本学科专业发展战略研究与制定专业规范的工作。在水利部人教司的支持下，水利学科教学指导委员会也组织课题组于2005年年底完成了相关的研究工作，制定了水文与水资源工程、水利水电工程、港口航道与海岸工程以及农业水利工程四个专业规范。这些专业规范较好地总结与体现了近些年来水利学科专业教育教学改革的成果，并能较好地适应不同地区、不同类型高校举办水利学科专业的共性需求与个性特色。为了便于各类港口航道与海岸工程专业学校参照专业规范组织教学，考虑到港口航道与海岸工程专业的特殊性和历史延续性，经水利学科教学指导委员会研究决定，由港口航道与海岸工程专业教学指导分委员会与人民交通出版社共同策划，组织编写出版港口航道与海岸工程专业"高等学校水利学科专业规范核心课程教材"。

核心课程是指该课程所包括的专业教育知识单元和知识点，是本专业的每个学生都必须学习、掌握的，或在一组课程中必须选择几门课程学习、掌握的，因而，核心课程教材质量对于保证水利学科各专业的教学质量具有重要的意义。为此，我们不仅提出了坚持"质量第一"的原则，还通过专业教学讨论、提出，专家咨询组审议、遴选，相关院、系认定等步骤，对核心课程教材选题及其主编、主审和教材编写大纲进行了严格把关。为了把本套教材组织好、编著好、出版好、使用好，我们还成立了高等学校水利学科专业规范核心课程教材编审委员会以及各专业教材编审分委员会，对教材编纂与使用的全过程进行组织、把关和监督，充分依靠各学科专家发挥咨询、评审、决策等作用。

本套教材第一批共规划港口航道与海岸工程专业11种，计划在2010年年底之前全部出齐。尽管已有许多人为本套教材作出了许多努力，付出了许多心血，但是，由于专业规范还在修订完善之中，参照专业规范组织教学还需要通过实践不断总结提高，加之，在新形势下如何组织好教材建设还缺乏经验，因此，这套教材一定会有各种不足与缺点，恳请使用这套教材的师生提出宝贵意见。本套教材还将出版配套的立体化教材，以利于教、便于学，更希望师生们对此提出建议。

高等学校水利学科教学指导委员会

港口航道与海岸工程专业教学指导分委员会

人民交通出版社

2008年7月

# 前　言

《港口规划与布置》第二版出版于1999年。伴随着国际交流的日益频繁和经济全球化的迅速发展,港口已经成为我国经济和社会进步的缩影。2004年《中华人民共和国港口法》的实施使我国港口规划、建设、维护、经营和管理有了法律依据,为了适应现代港口建设和发展的需要,受高等学校水利学科教学指导委员会港口航道与海岸工程专业教学指导分委员会的委托,经本书前两版主编洪承礼教授的同意和授权,重新编写该书并作为第三版正式出版。

本书详细介绍了编制港口规划所涉及的港口规划调查与分析、港口装卸工艺、码头及码头平面设计、港口水域及外堤布置、港口配套设施、港口发展规划等基本内容;增加了港口环境影响评价及港口景观等内容,以培养学生注重海洋生态环境和公众亲水空间的港口规划理念;增添了岸线规划、码头装卸工艺的内容,并对滚装运输、LNG/LPG、游艇港及人工岛等内容进行了适当的补充;为适应国际工程日益增加的需要,本书对部分专业名词作了英文标注,以供参考使用。

本书以海港为对象,着重介绍了港口规划中的相关基础知识和理论方法,这些知识和思路在河港规划中也是相通的。本书由大连理工大学郭子坚教授担任主编,并编写第一、第四、第五、第六(除内河航运以外的内容)、第七、第八章;由大连理工大学宋向群教授编写第二、第三章,重庆交通大学周世良教授负责编写第九章。考虑到内河航运的迅速发展及其对港口集疏运的影响,在第六章中增加了内河航运网规划相关基础知识,由长沙理工大学黄伦超教授负责编写第六章中的内河航运的内容。

特别感谢中交水运规划设计院吴澎总工程师在百忙之中审阅本书,并提出了有益的建议和修改意见。

大连理工大学洪承礼教授、中国海洋大学董胜教授对本书的补充修订提出了宝贵的修改建议,在此表示衷心的谢意。

感谢唐国磊、王文渊博士等研究生协助完成本书插图和附图的誊绘。

作为本科生的专业课程教材,本书在编写的过程中参考并引用了大量国内外相关文献资料和研究成果,在此一并表达谢意。

编　者

2011年3月

## 目　录

# 第一章　绪　　论

## 第一节　水路运输系统

水路运输系统是由港口、航道、船舶、船员、运输保障等部分组成，用于承担水路货物和旅客运输的复杂的系统。水路运输是综合运输中最古老的运输方式，利用船舶航行于水域，实现旅客和货物的空间移动。从远古的独木舟到现代的大型运输船舶，人类经历了舟筏时代、帆船时代、蒸汽机时代和柴油机时代。早在公元前1 000多年前，欧洲已经在地中海沿岸开始了航海和筑港，我国在战国至秦时期于渤海、黄海之滨建成碣石、转附、琅琊等海港。随着海洋运输业和海洋渔业的发展，以及沿海经济建设的需要，世界沿海国家和地区陆续兴建了大批港口及修造船设施，逐渐形成了现代世界航运网络，并与其他运输方式共同构成了综合交通运输系统。

综合交通运输系统将水路、公路、铁路、航空和管道五种基本运输方式按照运输过程的要求有机地联系起来，逐步形成技术先进、路网布局和运输结构合理的交通运输体系，以满足国家对运输资源在各种运输方式之间合理配置的要求，实现旅客运输的“零距离换乘”以及货物运输的“无缝中转”。水路运输具有运量大、成本低的优点；公路运输则具有机动灵活、便于实现货物门到门运输的特点；铁路运输的主要优点是受气候影响较小，可深入内陆实现货物长距离的准时运输；航空运输可实现货物的快速运输；管道运输成本低廉，且受天气情况的影响非常小，可以长期稳定地使用，安全性较高。

综合交通运输体系由固定设施和载运工具构成。固定设施包括作为交通基础设施的码头、铁路、道路、机场、管道、船闸、隧道和车站等，也包括与其配套的通讯信号等控制设备。载运工具是使运输对象空间场所移动的载体，包括船舶、火车、汽车和飞机等。通常把两种或两种以上不同运输方式进行联运的运输组织形式叫做多式联运，包括水陆、陆空、海空等联运方式。综合交通运输体系是经济社会发展到一定阶段，在科技创新和制度创新的作用下产生的一种现代交通运输的组织形式，可以综合利用各种运输方式，充分发挥每种运输方式的优点，用较少的劳动消耗完成运输任务，减少客货运输的中间环节，提高运输组织水平，协调各种运输方式的衔接，提高运输效率，降低运输成本，实现合理运输。

水路运输包括内河运输、沿海运输、近洋运输和远洋运输，具有点多、面广、线长的特点。2009年我国水路货物运输量和货物周转量在综合运输体系中分别占12%和63%。通过内河运输与远洋运输，实现了内陆经济腹地与世界连通，并使处于运输交汇处的港口城市产生了内陆经济腹地与国际港口城市两个极为宽阔的辐射面。港口作为交通运输的枢纽和水陆联运的咽喉，是综合运输体系中各种运输方式的汇集点。同时，港口也是国际贸易的重要组成部分，国际贸易量的近90%是通过水路运输（主要是海运）完成的。我国的内河干线和沿海水运在

"北煤南运"、"北粮南运"和油矿中转等大宗货物运输中发挥了主通道作用,保障了重点物资运输,有力地推动了我国现代物流的发展,为经济社会发展提供了坚实的运输保障。我国拥有陆地国土面积960万$km^2$,大陆海岸线长1.8万km;海岛6 961个,岛屿海岸线长近1.4万km,海岛面积超过8万$km^2$,其中有人居住的海岛433个;我国还拥有300万$km^2$的海洋国土面积。发展水运和港口建设的条件十分优越。

港口是临水地区人与货的出入口,是具有足够水深、受风浪影响较小、便于船舶进出和安全停靠的停泊地。至2009年年底,全国沿海和内河港口分别拥有生产用码头泊位5 320个和26 109个,其中万吨级及以上泊位分别为1 261个和293个。现代港口作为交通运输大动脉中的枢纽,是货物集散、暂存、换装并转换运输方式的中心,是水上运输和陆上运输的连接点。现代港口必须具有一定的物理条件,即拥有良好的水上、陆上交通条件和便于物资集散的空间条件,包括为船舶提供可靠的航道及安全的靠泊场所;方便旅客上下、货物装卸与船舶补给所必需的设施,如码头、仓库及前方堆场等;港口内的水上工具,如拖轮、消防艇等。因此,港口是上述各种水工建筑物、构筑物和设施及设备的综合体。同时,现代港口是社会经济活动的重要组成部分,在发展国民经济、促进社会进步的进程中起着重要作用。作为沟通外界的窗口,港口是一个城市、地区乃至整个国家对外开放、与世界相连的大通道,是港口城市的重要组成部分。随着世界经济的发展,现代物流作为现代经济的重要组成部分,凭借其先进的综合服务模式,正在全球范围内迅速发展。与此相适应,现代港口已不再是一个简单的货物装卸和换装场所,而是国际物流与供应链上的一个重要环节。现代港口的概念被赋予了新的内涵,港口功能有了新的拓展,增加了临港工业、保税、贸易信息服务与咨询等多种功能。除了经济活动之外,港口还承载着由经济活动延伸而出的社会活动,为城市的开发、城市居民生活的改善提供了有效的重要场所。

## 第二节　港口的组成

港口(port and harbor)由港界内的所有设施构成。港界(port boundary)即构成港口的水陆域与其外围区域的分界,是对港口进行有效管理所必须明确的管辖范围。通常在港口总体规划中确定港界的范围,港界以内由港口经营者进行统一管理。

港口由港口水域、码头岸线和港口陆域组成,图1-1是大连港部分港区平面图,图1-2是大连港大港港区平面图。

### 一、港口水域

港口水域(port waters;harbor waters)包括锚地、航道、回旋水域和码头前水域等。

锚地(anchorage area)是专供船舶等待靠泊码头、接受检疫、进行水上装卸作业以及避风的指定水域,可分为港外锚地和港内锚地。港口通常为装载危险品的油船等设有单独的锚地,如图1-1中的油船检疫锚地等。

航道(waterway;navigation channel;fairway)是为船舶进出港口提供特定的安全航行通道。多数情况下,近海自然水深不能满足船舶吃水要求,航道一般是人工开挖而成。船舶进出港口必须按照航行标志航行,遵守航行规则,以避免发生海上事故,如图1-1中和尚岛东港区的供船舶进出出港口的进港航道(entrance channel)和进港后通往码头的港内航道(approach channel)。

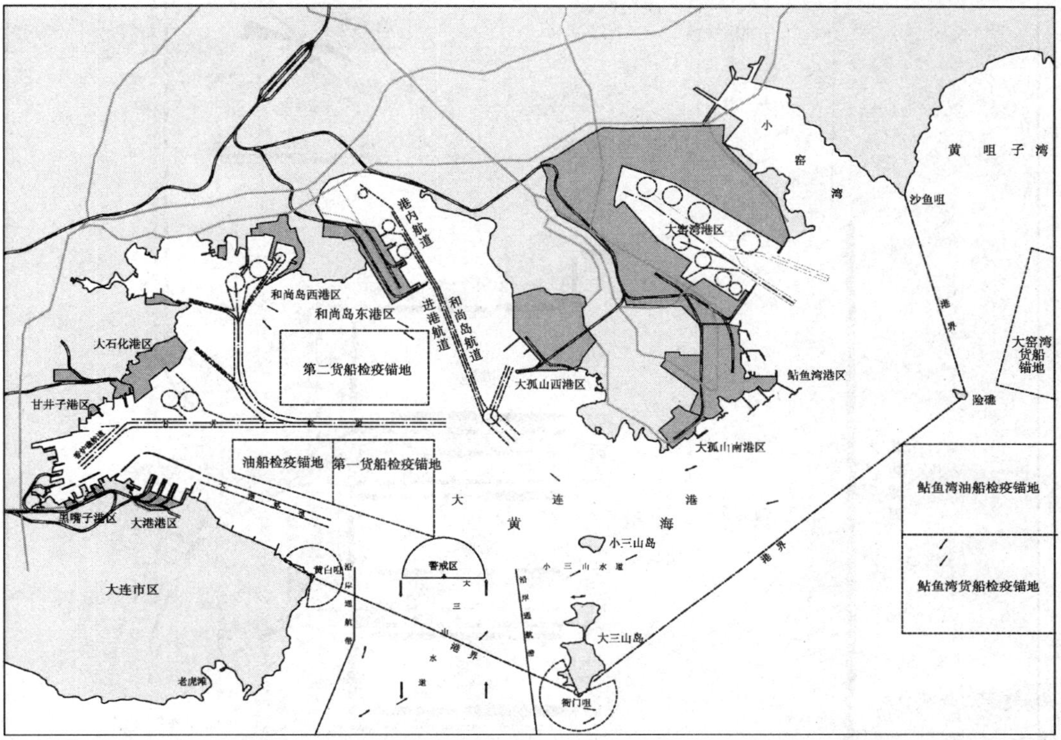


图 1-1 大连港部分港区平面图

回旋水域(turning basin)是船舶靠离码头、进出港口需要转头或改换航向时使用的水域,其大小与船舶尺度、转头方式、水流和风速风向有关。

码头前水域也称为港池(basin),是供船舶靠离码头和装卸货物用的毗邻码头的水域,突堤码头之间的水域即为港池,见图 1-2。

## 二、码头岸线

码头(wharf;terminal)是停靠船舶、上下旅客或装卸货物的场所。码头岸线又称码头前沿线(waterfront of wharf),是港口水域和陆域的交接线,是港口生产活动的中心。构成码头岸线的水工建筑物是一切港口不可缺少的建筑物。图 1-2 中的大港港区有 4 座突堤码头和 3 座顺岸码头,共 24 个泊位,码头岸线长 5 430m。

## 三、港口陆域

港口陆域(harbor land area)包括装卸作业地带、辅助作业地带和预留发展用地。装卸作业地带设有堆场、仓库、铁路、道路、站场、通道等;辅助作业地带有车库、工具房、变电站、修理厂、作业区办公室、消防站、通信设施、给排水设施等。堆场和仓库供货物在装船前或卸船后短期存放。在图 1-2 所示的大港区中,陆域面积共 107.1 万 $m^2$,堆场面积 23.366 万 $m^2$,仓库面积 11.12 万 $m^2$,铁路线长 9 665m。

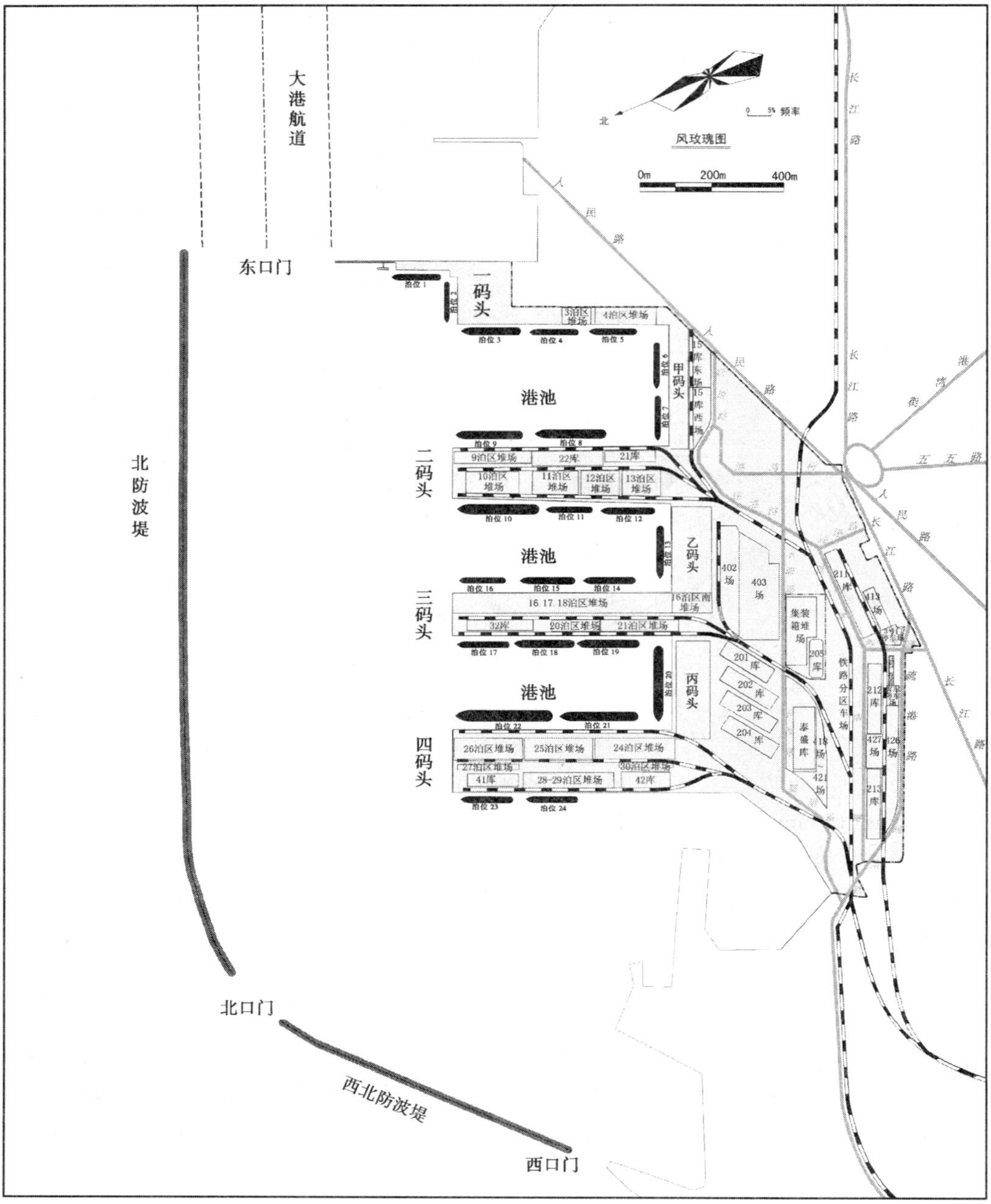


图 1-2　大连港大港港区平面图

港口的生产作业系统由五大系统构成，见表 1-1 中的序号(1 ~5)。各系统相互协调才能确保生产作业的顺利进行。另外还需建立港口的环境保护设施与景观系统，以促进港口的和谐发展。

在港口规划中，港、港区、作业区、码头、泊位是不同层次的概念。通常所说的某港是指隶属于某行政区域的港口总称，一般根据地理位置或功能可划分为若干港区。如大连港包含大连市行政管辖范围内的全部港口设施。由两个以上行政区所属港口共同组建的港口属于组合港,如纽约/新泽西港。港区(port area)则是根据港口规划中按照地理位置或者功能关系所划分的构成港口的一个独立陆域与水域范围,规模不大时亦可称作港站或港点。在大连港总体规划中,大连港划分大窑湾、鲇鱼湾、长兴岛等港区,以及庄河港、皮口港、旅顺新港等若干个中小港站。作业区(port operation section)是港区范围内相对独立的生产分区,通常是完成单一货种装卸运输的水域与陆域范围,如大窑湾港区有集装箱作业区和散粮作业区等,也有一些小的港口直接由一个或几个作业区构成。码头是作业区内供船舶停靠、装卸货物或上下旅客的场所,如大窑湾港区集装箱作业区内有一期集装箱码头、二期集装箱码头等。泊位(berth)一般是指一艘设计船型船舶停靠码头时所占用的空间,一座码头有一个或多个泊位。

**港口生产作业系统** 表 1-1

| 序 号 | 系 统 | 主要设施 |
|---|---|---|
| 1 | 船舶航行作业系统 | 航道、导助航设施、拖轮、锚地、回旋水域、港池、航修设施、船舶供水供油、船舶废弃物收集、岸电电源 |
| 2 | 装卸作业系统 | 码头、装卸作业锚地、装卸机械、运输机械、旅客上下船设施、防波堤、指挥控制中心 |
| 3 | 存储、分运系统 | 堆场、仓库、库内机械、分拨中心、客运站、宾馆 |
| 4 | 集疏运及配套系统 | 铁路、公路(进港高速公路)、水网、电网、管道、内河水运 |
| 5 | 信息与商务系统 | 港口 EDI 服务中心、航运及贸易服务中心 |
| 6 | 环境保护设施与景观系统 | 污水处理设施、废弃物处理设施、港口绿地、港口景观 |

## 第三节 港口的分类

港口按功能与用途分,有商港、工业港、渔港、军港、游艇港、避风港等;按地理位置分,有海港、河口港、河港和运河港等。

### 一、按功能与用途分类

1. 商港

商港(commercial port)又称贸易港,以商船和货物运输为主要服务对象,是海上和内河航线上货物和旅客的起讫点或中转地。一般均兼运各种类型的货物,设有不同的货物作业区,并根据是否从事国际贸易分为外贸港和内贸港。商港所在城市,一般工商业集中,经济发达,交通便利,而且具有从事海、陆、空联运的设施。著名的商港有上海港、新加坡港、香港港等。图 1-3 为上海港外高桥港区四、五、六期集装箱码头的示意图。

2. 工业港

工业港(industrial port)是为大型企业输入原材料及输出成品的专用港口,是海上运输与企业生产的汇集地,如我国的上海宝钢码头(图 1-4)和日本千叶港等。工业港的码头称为业主码头或货主码头,它是企业自建的,直接为本企业生产服务,承担原材料和产成品等的运输;是企业生产的配套设施,多为沿海沿江的大型钢铁及石化工业等企业所拥有。与业主码头相对应的公用码头系指面向全社会提供运输服务的生产性码头设施。

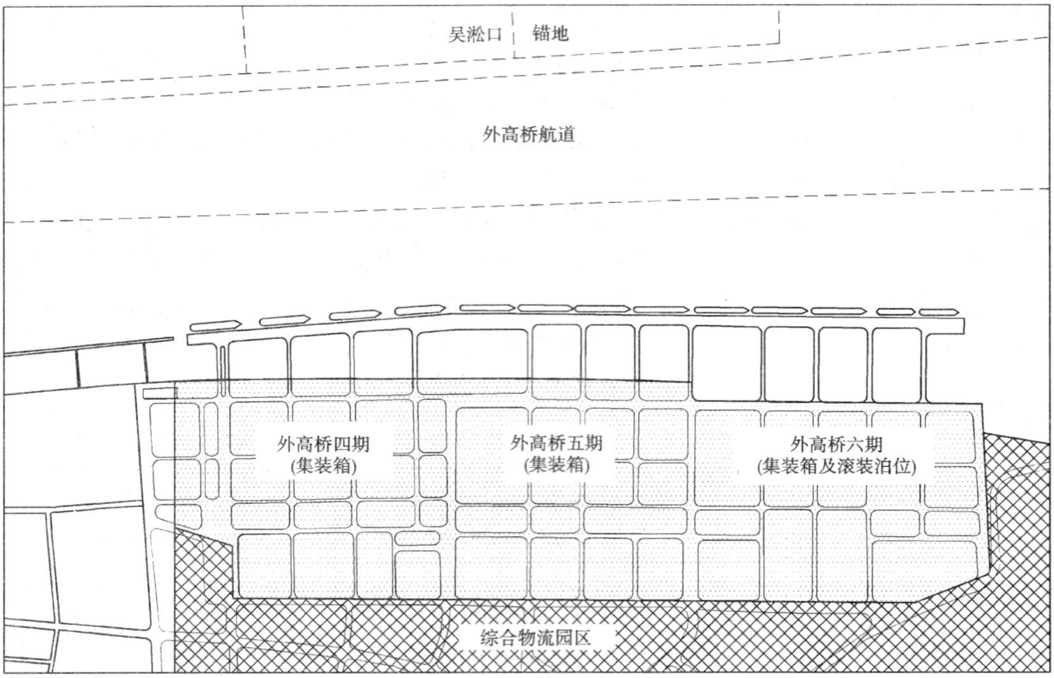


图 1-3　上海港外高桥港区部分集装箱码头示意图

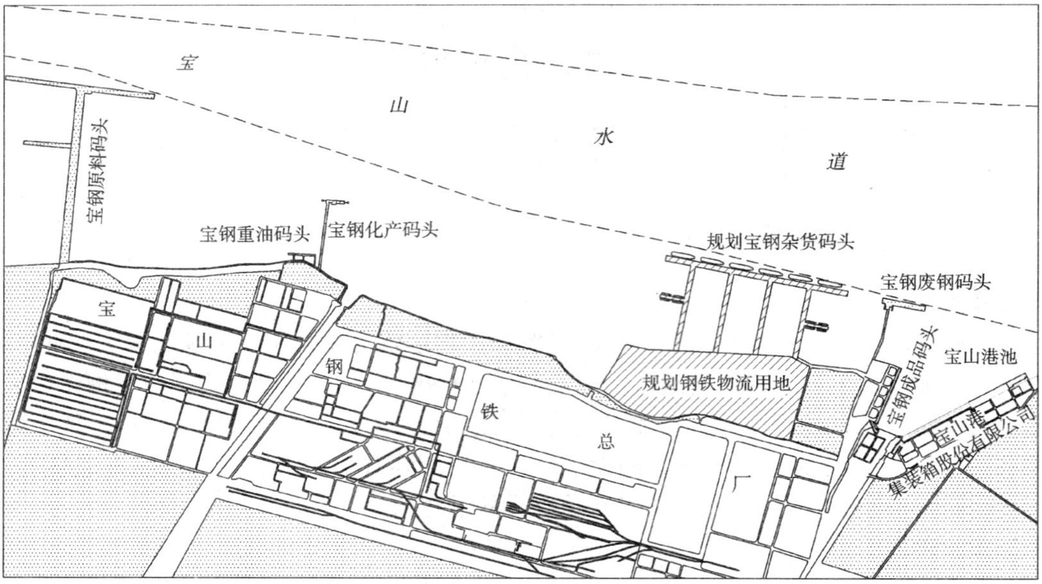


图 1-4　上海宝钢码头示意图

3. 渔港

渔港(fishery port)指主要为渔业生产服务和供渔业船舶停泊、避风、装卸渔获物和补充渔需物资的人工港口或者自然港湾。渔港一般可提供渔获物的冷冻、加工、储运、贸易以及渔船维修、通信等服务，如我国舟山沈家门渔港。

4. 军港

军港（naval harbor）是专供海军舰艇使用的港口，是舰艇停泊、避风和获得战斗、技术、后勤等保障的军事基地。除了有供各种舰艇驻泊的综合港和供一种舰艇驻泊的专用港外，还有军商合一、军民合用港等。军港通常要求在地势和入港条件上能保证舰队调度和停泊的安全，使军舰可以在任何时间自由驶入，并具有一些特殊的设施和设备。如我国旅顺军港、日本横须贺军港等。

5. 游艇港

游艇港（marina）是为各类运动、休闲和商务游艇提供停泊和上岸保管的港口，通常也是观光游览船的到发港，图 1-5 所示为日本大阪游艇港。

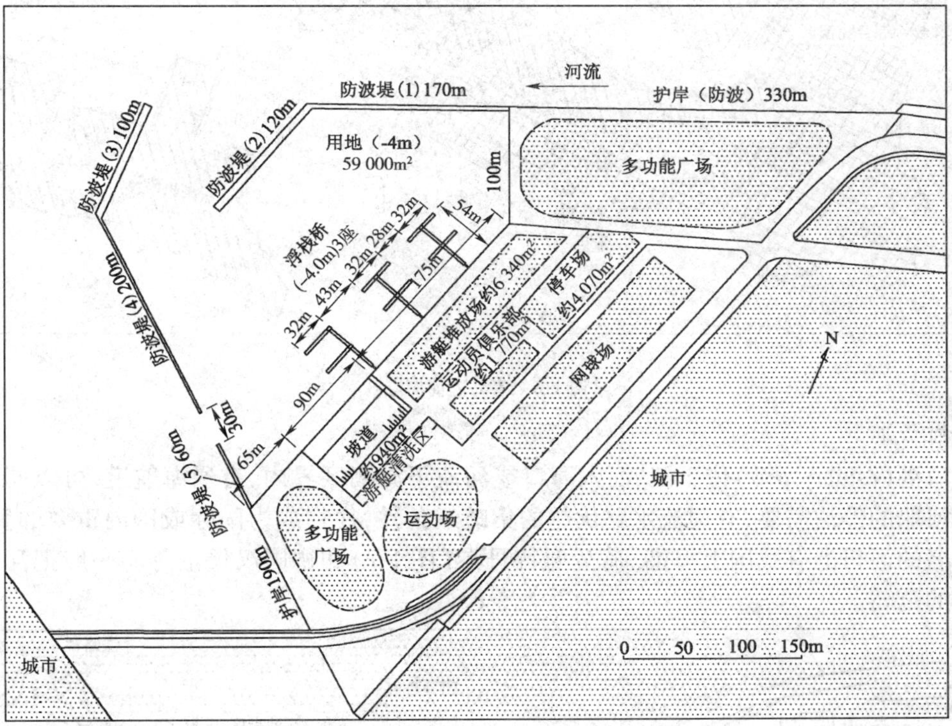


图 1-5 大阪游艇港

6. 避风港

避风港（refuge harbor）一般位于主要海洋航线经过的凸出海岸或岛屿上，专供沿海或远洋长途航行的海船躲避暴风、海浪，并补给燃料和淡水。

## 二、按地理位置分类

1. 海港

海港（coastal port）指沿海岸线（包括岛屿海岸线）分布的港口，通常位于有掩护的海湾内或开敞的海岸上，利用海湾、岬角等天然掩护，可避开或减少风浪、沿岸输沙的影响，图 1-6 所示为青岛港前湾港区平面图；还有离开海岸建在深水海面上由单点或多点系泊码头和岛式码头构成的海港。

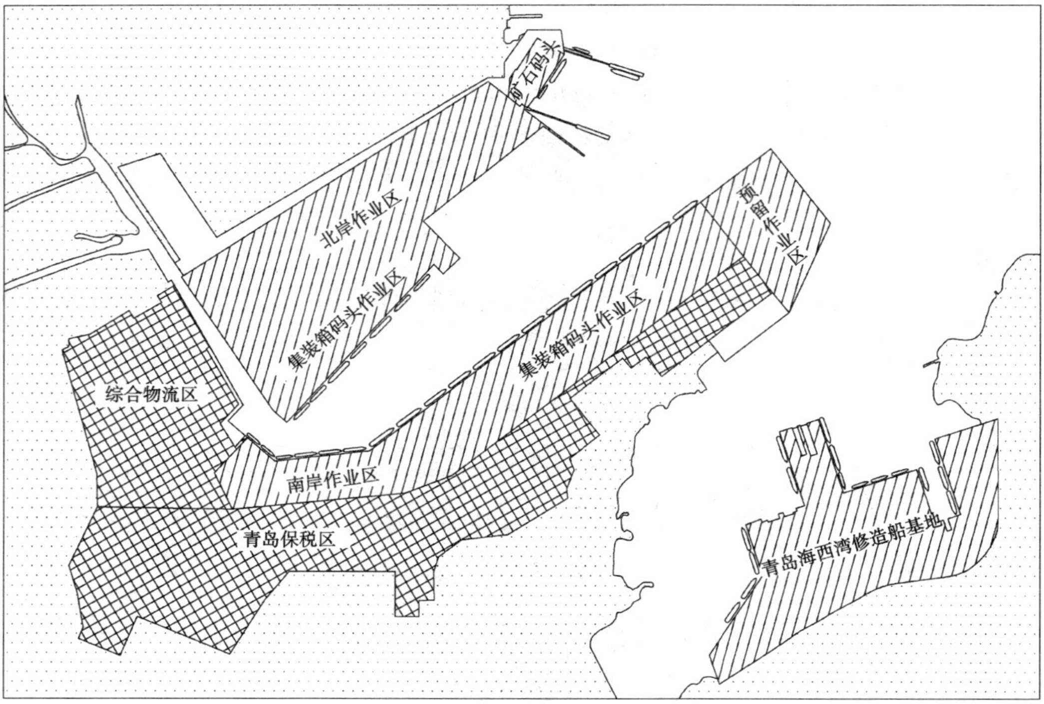


图 1-6　青岛港前湾港区

2. 河口港

河口港(estuary port)位于江、河入海口或河流下游潮区界内,有通海航道,可以同时满足海船与河船的停泊需要,有河流水路优越的集疏运条件,往往成为国际或国内重要的贸易港。比较著名的河口港有我国上海港、荷兰鹿特丹港(图 1-7)和德国汉堡港等。一般把河口港划入海港的范畴。

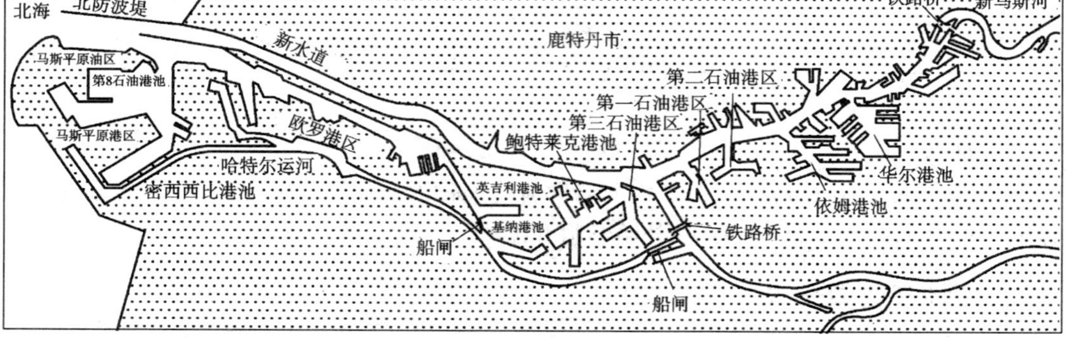


图 1-7　荷兰鹿特丹港

3. 河港

河港(river port)是位于天然河流上的港口,包括湖泊港和水库港。多数以内贸经营为主,可以停泊河船。由于易受洪汛影响，容易产生泥沙淤积问题，如我国重庆港、长沙港等。

4. 运河港

运河港(canal port)，顾名思义，是位于运河上的港口，如我国徐州港、济宁港等。

## 三、港口的分级

港口分级可作为港口规划与管理的依据，也可作为港口建设时确定港口水工建筑物技术指标的依据。

我国沿海约有150个港口，按其重要程度划分为主要港口、地区性重要港口、一般港口三个层次。主要港口的地理位置重要、吞吐量较大、对经济发展影响较广，交通运输部(原交通部)2004年公布的全国主要港口名录见表1-2，其中的沿海主要港口包括了长江下游受潮汐影响、同时具备海轮、江轮运输的南通港、苏州港、镇江港、南京港等港口。地区性重要港口由省、自治区、直辖市人民政府征求国务院交通主管部门的意见后确定，如辽宁省沿海地区性重要港口有锦州港和丹东港，一般港口有葫芦岛港和盘锦港。同时，集装箱港口运输系统区分为干线港、支线港、喂给港三个层次，我国将大连港、天津港、青岛港、上海港、宁波-舟山港、苏州港、厦门港、深圳港、广州港规划为九大干线港。

全国主要港口名录 表1-2

| 分 类 | 主要港口名称 |
|---|---|
| 沿海主要港口<br>(24个) | 大连港、营口港、秦皇岛港、天津港、烟台港、青岛港、日照港、连云港港、上海港、南通港、苏州港、镇江港、南京港、宁波-舟山港、温州港、福州港、厦门港、汕头港、深圳港、广州港、珠海港、湛江港、防城港港、海口港 |
| 内河主要港口<br>(28个) | 哈尔滨港、佳木斯港、济宁港、徐州港、无锡港、泸州港、重庆港、宜昌港、荆州港、武汉港、黄石港、长沙港、岳阳港、南昌港、九江港、芜湖港、安庆港、马鞍山港、合肥港、蚌埠港、杭州港、嘉兴港、湖州港、南宁港、贵港港、梧州港、肇庆港、佛山港 |

日本根据其《港口法》把港口分为特别重要港口、重要港口、地方港口以及避风港。日本的重要港口是在国际海运网或国内海运网中对国际运输有重要影响的港口，并以政府令的形式把在远洋运输中具有特别重要作用的港口确定为特别重要港口。政府在港口建设中按照其等级给予相应的财政补贴。在日本128个重要港口中有23个被指定为特别重要港口；960个地方港口中有35个为避风港。

# 第四节 港口的运营

## 一、船舶进出港过程

船舶航行作业过程从船舶到港开始，到船舶离港结束。船舶到达港口后，进入锚地等待；当有合适的空闲泊位并且满足通航条件时，船舶离开锚地，通过航道进入港区；船舶在回旋水域转向后，开始靠泊系缆；经过必要的辅助作业后，进行装卸作业；装卸完成后在满足通航条件时，船舶解缆离港。图1-8所示为船舶进出港口的顺序，船舶位置的变化见图1-9。

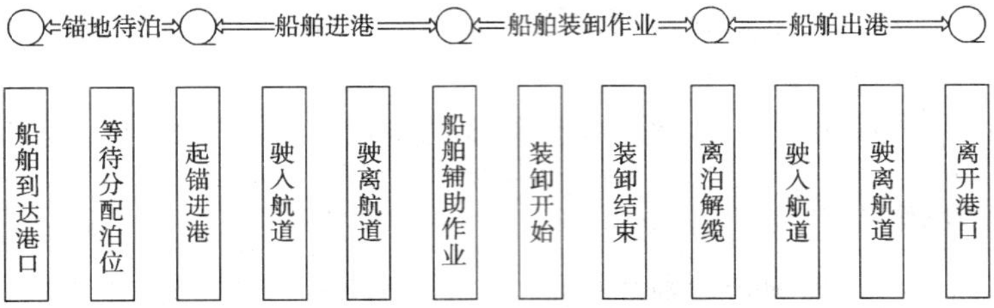


图 1-8　船舶进出港口过程流程图

## 二、航班与航线

1. 定期船运输和不定期船运输

定期船运输是将船舶安排在固定航线上，按预先公布的船期表停靠固定的港口，均衡地进行货物和旅客运输，从事这类运输的船舶称为班轮，集装箱运输是典型的班轮运输。

不定期船运输是根据不同货物流向、流量而安排的，它的航行区域、货载组成、航次时间和停靠港口等情况以合同方式实现。粮食、干散货等以不定期船运输为主。

2. 基本港和非基本港

班轮公司的船舶一般要定期挂靠的港口称为基本港。基本港的港口设备条件好，多具有充足、稳定的货源，运往基本港的货物一般为直达运输，无需中途转船。除基本港以外的港口都称为非基本港。非基本港一般除按基本港收费外，还需另外加收转船附加费。

3. 国内航线和国际航线

挂靠港中，仅有国内港口的航线称为国内航线，分为沿海航线和内河航线；含有国外港口的航线称为国际航线，分为近洋航线和远洋航线。

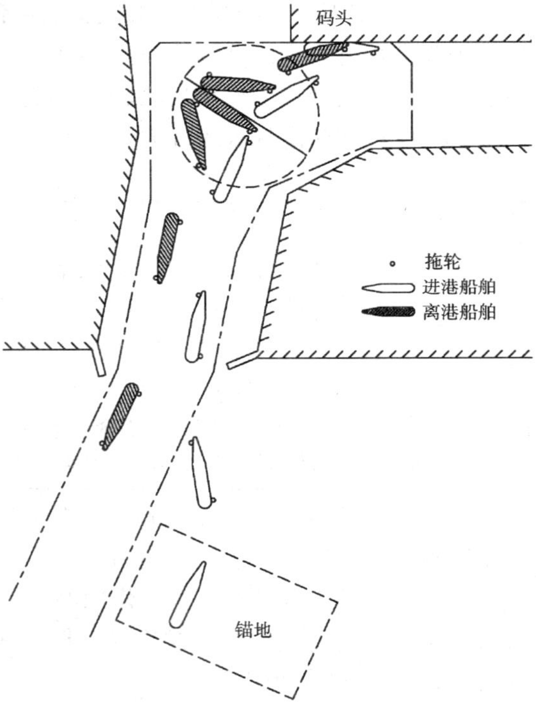


图 1-9　船舶进出港口过程示意图

## 三、港口运营指标

1. 码头生产经营规模

码头生产经营规模指码头设施、设备规模，包括泊位长度、前沿水深、陆域面积、库场面积等。

2. 生产运输指标

生产运输指标包括码头年设计通过能力，历年实际吞吐量，码头现行费率及收费规定，汽车、驳船、火车集疏运统计，船公司及其开辟的航线、班轮、挂靠港口名称等。

3. 经营管理指标

经营管理指标包括码头总成本及构成，码头年营业总收入及其构成、缴税总额、利润总额、单吨(箱)收入等。

4. 技术管理指标

技术管理指标包括机械配备，车辆配备，维修车间零配件等配备，装卸成本支出及装卸效率状况，装卸船机械配备现状等。

## 四、船舶营运

油船、散货船、集装箱船和杂货船四大主要船种占世界商船队总载重吨位近95%。不同货种的船舶实载率不同。班轮航次的货载根据订舱进行配载，集装箱船挂靠各港有装有卸，应避免倒箱作业。集装箱船营运的舱位利用率随航线不同以及国际贸易的运输需求而变化，2008年上海至日本航线平均舱位利用率接近80%，美西航线市场平均舱位利用率在85%左右，而美东航线舱位利用率在90%以上，接近满舱。由于集装箱船实载箱量小于设计载箱量，多数情况下有空箱运输，达到满载吃水的概率是比较小的。第三代巴拿马型集装箱船载重量变化引起吃水减小比值的大致数量见表1-3。我国某港1年间共有1 750艘杂货船到港，平均实载率不到60%，船舶吃水情况见表1-4。

**第三代巴拿马型集装箱船载重量变化引起吃水减少比值表**　　表1-3

| 载重量变化 | 1.0 | 0.9 | 0.8 | 0.7 |
|---|---|---|---|---|
| 船吃水变化 | 1.0 | 0.951 | 0.903 | 0.852 |

**我国某港1年到港杂货船艘次及吃水情况统计表**　　表1-4

| 船舶载重吨 $DWT$(t) | 数量(艘) | 各吨级船相应吃水 $T$ 占吨级的百分比(%) | | | | |
|---|---|---|---|---|---|---|
| | | <8.0m | 8.0m≤$T$<8.5m | 8.5m≤$T$<9.0m | 9.0m≤$T$<9.5m | ≥9.5m |
| <5 000 | 398 | 100 | | | | |
| 5 000 ~ 10 000 | 394 | 92.13 | 4.83 | 2.79 | 0.25 | |
| 10 000 ~ 15 000 | 634 | 57.73 | 11.99 | 13.72 | 13.41 | 3.15 |
| >15 000 | 324 | 38.27 | 9.81 | 14.51 | 18.52 | 18.83 |
| 合计 | 1 750 | 72.0 | 6.7 | 7.8 | 8.0 | 5.5 |

从表1-4中可以看出，在到港杂货船中，吃水不足8m的占72%。这种情况，对灵活营运淤积严重、疏浚费用大的港口是有启发的，利用潮差或适量过驳措施，8m水深的码头接靠万吨船都是可能的。

油船的实载率最高，如大连港鲇鱼湾港区油船实载率平均达90% ~92%。

船舶在营运过程中发生的费用可以分成船舶固定费用和航次费用两类。前者包括折旧费、利息、船员工资、保险费、修理基金、润滑油费、管理费及其他杂费；后者主要是燃料费和港口费。无论船舶是否航行，固定费用均要发生，大体上是个定值。

船舶待泊费 $C_S$(元/艘·日)是指船舶停泊1天所发生的费用，主要由船舶固定费用构成，还应加上因在港口停泊、而与是否作业无关所发生的费用，此数额所占比重很小。$C_S$ 相当于非航行的日成本，其数额可参考表1-5。

国际海运市场以及与之相关的船舶买卖市场，随供需变化波动比较大。表1-5所给出的船舶待泊费 $C_S$ 可理解为概念性的数据，借此获得一定的经济数量概念。表中单吨(箱)分摊相对费用可以概略、间接地反映在一定运距下,大型船舶营运的规模经济效益。

船舶待泊费用 $C_S$　　表 1-5

| 船　种 | 船　型 | $C_S$（万元/艘·日） | 单吨(箱)分摊相对费用 | 船　种 | 船　型 | $C_S$（万元/艘·日） | 单吨(箱)分摊相对费用 |
|---|---|---|---|---|---|---|---|
| 集装箱船(TEU) | 600 | 6.9 | 1 | 杂货船 DWT(t) | 5 000 | 3.0 | |
| | 1 600 | 10.1 | 0.55 | | 10 000 | 5.2 | |
| | 2 500 | 12.8 | 0.45 | 油船 DWT(t) | 20 000 | 9.2 | 1 |
| | 3 500 | 16.0 | 0.40 | | 30 000 | 11.4 | 0.83 |
| | 4 800 | 17.2 | 0.31 | | 70 000 | 18.0 | 0.56 |
| | 6 000 | 23.3 | 0.34 | | 125 000 | 22.0 | 0.38 |
| 散货船 DWT(t) | 40 000 | 9.6 | 1 | | 280 000 | 31.8 | 0.25 |
| | 70 000 | 13.8 | 0.82 | | | | |
| | 100 000 | 22.8 | 0.83 | | | | |

挂靠一个港口的班轮航线多少、班轮的航班密度大小,与吞吐量大小是同样重要的,是反映港口规模和地位的主要指标。

## 习　　题

1.1　简述水路运输的特点及其在综合交通运输系统中的地位和作用。

1.2　简述港口的定义及其分类。

# 第二章　港口规划调查与分析

港口规划首先要对腹地的经济社会条件、拟建港区的自然条件等进行调查和分析，预测港口吞吐量发展水平以及到港船型，并将其作为港口规划与布置的基础依据。

## 第一节　腹地的经济社会条件调查

### 一、港口腹地

港口腹地(port hinterland)指港口货物吞吐和旅客集散所及的地区范围。见图2-1，A地区的货物经过P港到Q港至B地区，则A地区为P港的腹地，也称为后方腹地，B地区为P港的前方腹地。港口腹地一般指后方腹地，是以某种运输方式与该港相连，为港口产生货源或消耗经由港口进口的货物的地域范围。随着全球经济一体化进程的加快，前方腹地对港口的作用和影响显著提升，在港口规划中应注意研究该港口(如P港)主要航线的他端港口(如Q港)的营运和限制条件，以便于掌握港口可能的发展趋势。

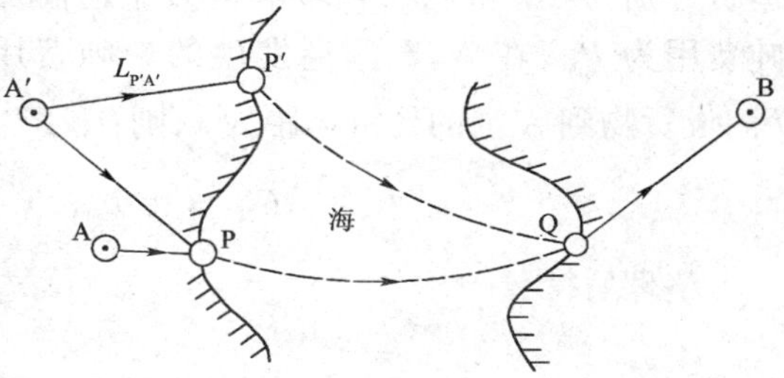

图2-1　港口腹地示意图

应当注意的是，图2-1中地区A′是港口P和P′的共同腹地，这种相邻港口共有的同一腹地，称为重叠腹地，如我国大连港与营口港共有东北地区腹地，欧洲鹿特丹、安特卫普、阿姆斯特丹、不来梅、汉堡等港口腹地是重叠的，这也是相邻或相近港口之间存在竞争的原因。可见，现代港口之间的竞争，实际上就是争夺港口经济腹地，主要表现在腹地货流和转口货流的竞争。从竞争的层次上可分为：不同港口群之间的竞争；同一港口群内不同港口之间的竞争；同一港口内不同港务公司之间的竞争。

### 二、港口腹地范围的确定

港口腹地范围关系到港口的性质、功能、规模及未来发展。港口规划时应根据区域经济发展状况，考虑铁路、公路、水路等各种交通运输方式的发展现状及规划，分析港口货源及主要货类的服务范围，合理界定港口经济腹地的范围。常用方法有经验判别法、实证分析法和数理分析法。

1. 经验判别法

经验判别法指根据某种判断定性地设定一个标准来对港口的腹地进行层次划分。这个标准可选取行政区划、经济区划等，在港口规划中多采用这种方法。

2. 实证分析法

实证分析法指通过对选定的货流量指标进行实地调查和综合分析,得出各地与港口之间货流量的绝对量或相对量的大小,以此为依据来确定港口的腹地范围。运用实证分析法确定港口腹地的关键在于如何选择最合适的评价指标。

3. 数理分析法

数理分析法指通过运用数学方法或建立数学模型来界定港口腹地范围。一种是根据地理范围来确定腹地货物合理的出海路径,以界定港口的腹地范围;另一种是通过建立数学模型,在一定的假设条件下引入相关的统计值进行推算。

货流总是向费用少、运输时间短的港口流动。港口经济腹地的划分,理论上是线性规划问题,即以货物到港口的综合运输成本最低为目标的优化问题。假定把腹地划分问题简化为考察单吨运输费用问题,见图2-2,A、B 两港进行腹地划分,城市 M 与港 A 间(MA)和港 B 间(MB)的距离分别为 $L_{MA}$ 和 $L_{MB}$,其单吨公里运费分别为 $C_{MA}$ 和 $C_{MB}$,在城市 M 发生运输工具转换单吨费用为 $P_M$,在 A、B 两港发生的单吨费用为 $P_A$ 和 $P_B$,设货物到 A 港的经济运距为 $x$,则:

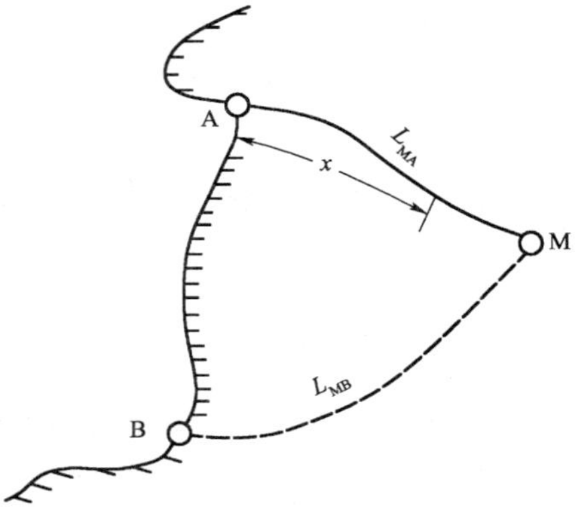


图 2-2　港口经济腹地划分

$$P_A + xC_{MA} = (L_{MA} - x)\,C_{MA} + P_M + C_{MB}L_{MB} + P_B \tag{2-1}$$

整理后得:

$$x = \frac{1}{2}\left\{\left(L_{MA} + L_{MB}\frac{C_{MB}}{C_{MA}}\right) + \frac{1}{C_{MA}}(P_B + P_M - P_A)\right\} \tag{2-2}$$

A 港欲增大 $x$,扩大腹地范围,必须降低 $C_{MA}$ 和 $P_A$,即降低集疏运费用和港口费用。可见,港口腹地范围随各港口营运服务水平的变化、差异而扩大或缩小,腹地重叠时港口之间会出现货源争夺的竞争,各港都努力利用自身的地理优势和自然条件,降低成本、提高服务水平、发挥自己的特色以吸引货流。

从现代物流的视角分析,港口是运输网络中的一个节点,腹地的划分还应从货物的起点到终点全程费用最优来考虑,这时,在运作层面上,应更多地从多式联运系统优化的角度审视腹地的范围。

## 三、腹地经济社会调查

港口腹地范围确定后,应对其进行经济社会条件调查,具体调查项目可参考表 2-1,并从腹地资源、经济贸易、产业结构及布局等方面,分析腹地经济社会发展现状、发展水平及特点和港口运输需求,明确腹地经济社会发展目标以及主要行业、主要区域未来发展趋势,为港口吞吐量预测提供依据。综合分析港口岸线资源和环境等因素,研究确定港口性质、功能和各项规划指标。

经济社会条件调查项目 表2-1

| 分类 | | 调查项目 |
|---|---|---|
| 港口及城市现状 | 旅客和货运 | 公路、铁路、航空客运量,国际国内分货种货运量,各种运输工具运价比较 |
| | 主要企业 | 企业产值、原材料、成品运输量、流向,各种运输工具分担,发展规划 |
| | 港口现状 | 设施能力、利用现况,客货吞吐量,船舶周转量,企业财务效益 |
| | 主要问题 | 港址扩建可能性,与城市关系,港口能力薄弱环节,社会发展对港口的需求 |
| 陆域设施 | 土地利用 | 土地利用规划,地价,城市用地布局 |
| | 主要设施 | 铁路线路、站场通过能力及扩大可能性,公路通过能力及发展规划,机场,仓储面积及能力,供电,供水,城市通信网条件 |
| | 设施规划 | 腹地建设项目规划,综合交通运输规划,城市总体规划 |
| 水域使用 | 水产 | 养殖设施,搬迁与赔偿,近岸渔业捕获量,渔港 |
| | 海滨旅游 | 海滨(沿江)公园,浴场,生活旅游岸线,游艇基地 |
| | 航道 | 海损事故,船舶航行状况,航道拓宽浚深可能性 |
| | 临海沿江工业 | 原材料、成品运输,业主码头 |
| 与港口发展有利害关系的企业 | | 航运公司,外贸企业,仓储企业,船舶代理、货物代理,金融服务企业 |

## 四、现有港口设施及相关配套设施调查

港口规划时,应调查现有港口水域、陆域的基本情况,主要包括码头泊位数量、占用岸线长度、专业化泊位、码头通过能力等港口总体状况,各港区的发展现状,港口集疏运设施,航道、锚地、相关通航建筑物等设施的通航标准和通过能力,港口在建工程情况。

港口配套设施调查应包括港口所在城市的公路、铁路、内河、管道等交通设施状况及规划情况,港口供电现状和城市电力规划,港口给排水现状和城市给排水规划,港口通信系统和信息化现状,港口水上安全监督现状。此外,调查时应收集港口所在城市的土地利用总体规划、城市总体规划、海洋功能区划、江河流域规划及防洪规划,以保证港口总体规划与相关规划相协调。

# 第二节 港口的自然条件调查与分析

自然条件,如地理位置、地形地貌、气象、海象、地质、地震和环境等,是港口发展建设的先决条件。港口规划建设必须通过历史资料调查、工程测量和勘察、数学和物理模型试验等技术手段,调查研究港口的自然条件,分析其对港口规划、建设和营运的影响。

自然条件调查项目可参考表2-2中所列项目。

港口总体规划中,陆域地形测量、水深测量、气象和海象资料收集及观测、地质勘察等前期工作为港口规划的技术方案提供基础数据支撑;数学和物理模型试验以及相关专题研究,如海岸演变分析等为优化技术方案提供理论支撑,从而确定规划方案,其相互关系见图2-3。

**自然条件调查项目** 表2-2

| 分类 | | 调查项目 |
|---|---|---|
| 地形 | 陆上地形 | 1:5 000～1:2 000地形图、局部1:500地形图 |
| | 水下地形 | 1:5 000～1:2 000水深图、海区海图 |
| | 河流 | 流量、流速、含沙量、河流底质、河流变迁、沙洲及其稳定性、季节变化 |
| 地质 | 土壤类别 | 沙土类、粘土类、海相、河相沉积土 |
| | 基岩埋深 | 基岩高程、基岩性质 |
| | 土壤性质 | 贯入击数、物理力学指标 |
| | 地质构造 | 层理构造、岩层倾向、岩(土)层分布、不良地质 |
| 气象 | 风 | 风玫瑰图、风向季节性变化和分布、最大风速、灾害性大风 |
| | 台风 | 通过频率、路径、大小、海岸设施破坏情况 |
| | 雾 | 特征值及雾日的季节分布、能见度 |
| | 降水 | 降水日数、降水量和历时、雷暴日 |
| | 气温 | 历年极端最高(低)气温、年平均气温、年平均最高(低)气温 |
| | 湿度 | 特征值及季节分布 |
| 海象 | 潮汐 | 潮汐类型、潮位特征值、河流潮区界、风暴潮 |
| | 海流 | 潮流椭圆、余流、流路 |
| | 波浪 | 波浪玫瑰图、特征波要素、台风期波要素 |
| | 冰况 | 冰期、冰型、冰量、冰厚、流冰速度和方向、冰的分布范围,对工程施工和港口营运的影响 |
| | 泥沙 | 含沙量、粒径、泥沙运动特性、主要方向、输沙量 |
| 地貌 | | 地貌发育及底质分析、河床或海岸演变、动力地貌分析 |
| 地震 | | 震灾、烈度鉴定 |
| 环境条件 | | 水质、绿地植被、海岸侵蚀、污染源 |

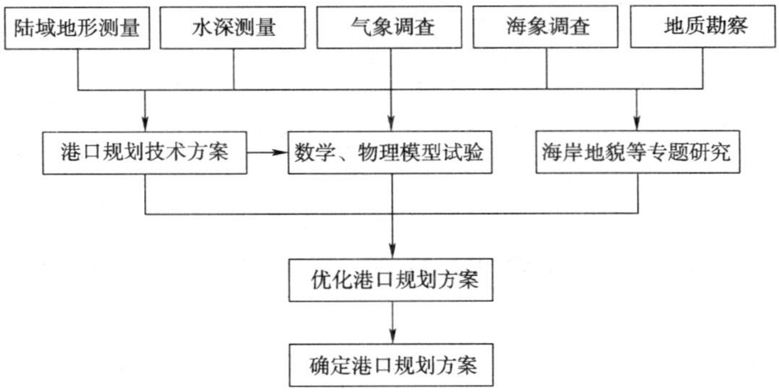


图2-3 港口规划的自然条件调查与相关前期工作关系

## 一、地形、水深测量及基准面

地形及水深测量是其他勘测及调查研究工作的基础,对于分析气象、海象条件及其对港口规划、设计和建设具有重要影响。

1. 地形、水深测量

港口宜建在地形平坦、坡度适当、港阔水深的区域。为了确定陆域地形类型、地势起伏状况以及重要地形剖面等特征，了解水域及其地形地貌特征，应对规划区域的水域、陆域进行地形测量和水深测量，绘制陆域地形图和水域水深图，调查分析项目所在地的海拔高度、地形特征、地貌类型等；海岸、海滩和海底地貌（水下走势、地形坡度），水文要素（最大水深、流速）、水中地物、航道、界限等情况。

地形图是将地面上的地物和地貌按水平投影的方法，并按一定的比例尺缩绘到图纸上，详细表示地表上居民地、道路、水系、境界、土质、植被等基本地理要素，且用等高线表示地面起伏的一种按统一规范绘制的地图。若图上只有地物，不表示地面起伏的图称为平面图。用等高线绘制成的地形图，称为等高线地形图。通过等高线可以判读一幅地形图所表示的实际地形的特点：等高线越密集，表示地表坡度越陡；等高线越稀疏，表示地表坡度越缓。

水深图又称海底地形图，利用等深线表示海底深度和地形，是研究海底地形、地质构造及沉积物分布规律的重要资料。在海洋或湖泊中，相同深度的各点连接成封闭曲线，按比例缩小后垂直投影到平面上，所形成的曲线，称为等深线。在水深图上，等深线不仅可以表示水深、反映海底地形，而且从等深线的疏密状况，可以直接看出海底坡度的大小。

海图是按一定的比例尺和投影方法绘制而成的海洋水域和沿岸地物的专门地图。主要内容为海岸、海滩和海底地貌，海底基岩和沉积物，水中动植物，水文要素，灯标、水中管线、钻井或采油平台等地物，以及航道、界线等。

测图比例应根据测量类型、测区范围、任务要求和经济合理性选用，在规划阶段、工程可行性研究阶段、初步设计阶段和施工图设计阶段，测图比例尺各有不同，可选用 1∶2 000 ~ 1∶20 000、1∶1 000 ~ 1∶5 000 和 1∶500 ~ 1∶2 000 三种。

2. 基准面及高程换算

港口工程建设前既要进行陆上地形勘测，还要进行水深测量，两者进行衔接时必须统一高程零点（基准面）。一个国家或一个地区常规定一个基准面，一般选取某个永久验潮站的平均海平面作为标准基准面。我国于 1956 年规定青岛验潮站的多年平均海平面作为全国陆地高程测量的基准面，称为“黄海基面”，以后又确定“1985 国家高程基准”，比原“1956 黄海基面”高 0.028 9m。自 1987 年 5 月开始启用，并成为全国的标准。欧洲地区以阿姆斯特丹验潮站的多年平均海平面作为高程的基准面；美国以波特兰验潮站的多年平均海平面作为基准面，这些地区性的高程基准面，也称为区域性的大地水准参考面，该参考面必须通过平均海平面进行计算确定。

（1）平均海平面。可分为日平均海平面、月平均海平面、年平均海平面和多年平均海平面。平均海平面具有以 1 年为周期的规律性变化；平均海平面的年变化与天文要素相关，以 18.6 年为周期变化，要得到精确的多年平均海平面须有 19 年每小时潮位平均值。

（2）理论最低潮面。平均海平面是确定陆地高程的零点，对海洋深度而言，由于潮位的升降，海面约有一半的时间低于平均海平面。因此，如果以平均海平面作为深度的零点进行海图标深，则实际上约有一半时间没有那么深。为了保障航海安全，常用另一种基准面，使得在绝大部分时间内，实际水深大于海图上所标明的深度值。关于海图深度基准面的确定，许多国家都不一样，主要有如下几种：可能最低潮位面、平均大潮低潮面、实测最低潮面等。我国于 1956 年以后统一采用“理论最低潮面”作为海图深度基准面，它是用8个分潮进行组合，通过计算得到的理论上潮汐可能达到的最低潮面。图2-4表示海图深度基准面与特征潮位的关系。

(3)当地零点。我国地面高程的基准面，即大地测量零点采用85高程基准面(黄海平均海平面)。海图零点采用理论最低潮面，这个基准面是理论上考虑主要分潮后可能出现的最低潮面。1980年后国家规定港口工程零点亦采用理论最低潮面。一些老港口历史上都有各自的筑港零点，各港历史零点与理论最低潮面相差可达数十厘米。港口规划中涉及的主要零点有：大地零点(城建零点)、海图零点(当地理论最低潮面)、历史筑港零点和铁路零点。

因此，在实际工作中凡涉及高程的问题，要特别注意其起算零点，弄清当地零点以及与该地区其他基准面之间的关系，并将各种高程换算到同一个基准面上。图2-5表示的是大连港基准面关系图。

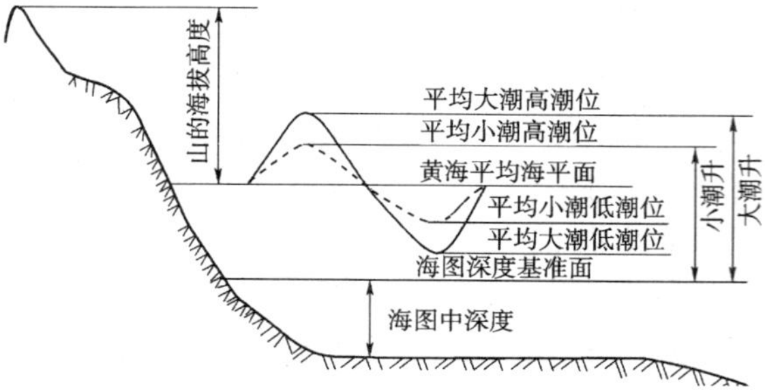


图2-4　海图深度基准面

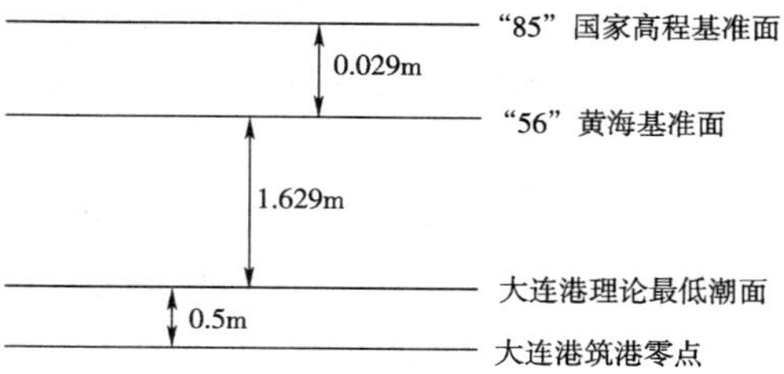


图2-5　大连港基准面关系图

## 二、气象

影响港口建设及营运的气象因素有风、降水和雾。

1. 风

根据工程上的需要，把风记录资料分别按季度、年度、多年统计绘制成风速、风向频率的图，即风玫瑰图。借助风玫瑰图可明确该区域的常风向和强风向，便于统计港口作业或工程施工天数，以及分析风对港口总平面布置、建筑物设计、施工和港口营运的影响。图2-6为某港区风玫瑰图，表明该地区常风向为S向，频率10.8%；强风向为SSW，最大风速20m/s。因此，考虑到港内装卸作业水域泊稳条件，港口防波堤口门方向应尽量避开强风向；为了方便船舶停靠码头和进出口门，还应注意常风向的影响。绘制较为可靠的风玫瑰图，一般需要有1~3年的资料，或挑选出具有代表性的若干年份的资料。

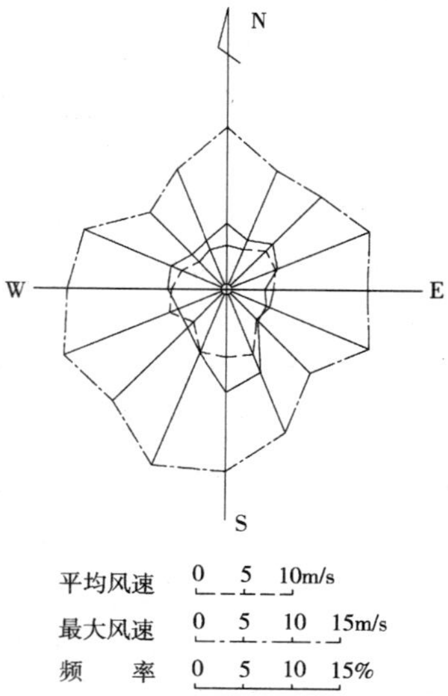


图2-6　风玫瑰图(2008.4~2010.3)

风对船舶航行及装卸作业都有较大影响，各种港口作业所允许的风速参考值列于表2-3中。港口作业天数是港口营运的重要参数，对因大风超过作业允许值的天数应予以扣除。在统计中大风持续时间不足24h，但大于12h一般计为一天；不足 12h，但大于 6h 计为半天。

**港口作业允许风速参考值**　　表 2-3

| 作业项目 | 允许风速（m/s） | 作业项目 | 允许风速（m/s） |
| --- | --- | --- | --- |
| 船靠码头门机装卸作业 | 13.9～17.1 | 引航船靠近船舶、引水员上船 | 10.8～13.8 |
| 船靠码头无装卸作业，顺风 | 20.7～24.4 | 拖轮对船舶强制引水 | 10.8～13.8 |
| 船靠码头无装卸作业，横风 | 17.2～20.7 | 外海疏浚（自航式） | 15 |
| 船舶靠离码头作业 | 13.9 | 打桩船、起重船作业 | 10.7 |
| 集装箱码头正常作业 | 10.8～13.8 | 集装箱起重机械 | 15 |

风对船舶的作用力，可参照《港口工程荷载规范》计算。以大连港鲇鱼湾 10 万吨级油码头设计为例，为了研究平面布置和考虑用拖轮强制引领、确定作业标准，对 10 万吨级油船所受风压力进行计算，结果见图 2-7。从图中可以看出：

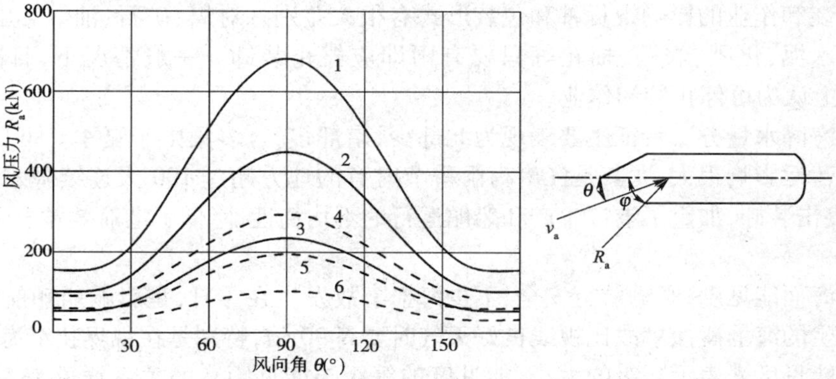


图 2-7　作用于 10 万吨级油船的风压力

1-$v_a$ = 17m/s，压载；2-$v_a$ = 13.8m/s，压载；3-$v_a$ = 10m/s，压载；4-$v_a$ = 17m/s，满载；5-$v_a$ = 13.8m/s，满载；6-$v_a$ = 10m/s，满载

（1）作用于船舶上的横风力远大于顺风力，约增大 3 倍，在平面设计选择码头方位和航道轴线时，应尽可能与常风向、强风向成较小的夹角；

（2）船舶压载状态所受风力为满载状态的 2 倍多，压载船舶操纵性能对强风较满载时要敏感得多。

图 2-8 是在强风作用下，大型船舶以一定航速航行时能保持原航向所允许的风速值。图中相对风向角 90°时为横风。从图中可以看出，船舶以微速（4kn）进出港口，横风如果超过 7 级，顺风超过 9 级，大型船舶将难以控制航向。

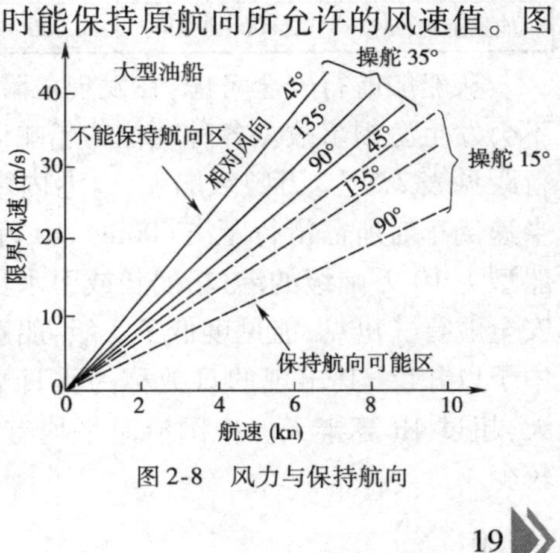


图 2-8　风力与保持航向

在分析利用现有气象台站资料时，要对资料的代表性进行仔细研究，如海岸地形复杂，可能产生局部地形对风的影响，即所谓地形风，注意其对船舶航行和靠离码头的影响。一般情况海面风速总是大于陆地风，距岸 2km 处海面风速较陆地大 10% 左右。

由于台风对潮位的影响较大，对台风的发生规律及路径的调查，也是港口规划的一项基础工作。我国沿海受台风袭击的地区，南起南中国海，北到辽东半岛，发生时间多在每年的7～9月。被袭击地区沿海岸多出现高潮、巨浪，破坏力很大，港口设施常遭受不同程度的破坏。对台风引起的海岸及河口增水或减水、港口设施及其他海岸设施的破坏情况调查是十分重要的，它在实践上向设计者提供了理论上还考虑不周全的建筑物工作条件。此外，调查台风路径，对判明船舶航期受台风的影响程度也很重要。例如大连港鲇鱼湾油码头，原油经地下长输管线进入港口罐区，而长输管线一般要求不间断供油，这样就必须考虑连续几天无船装卸时的合理罐容。设计时分析了历史上25年的台风路径资料，确认因台风对航行的影响可能导致4～5天无船进港。

2. 降水

港口规划统计降水日数、降水量和历时等数据，目的在于分析其对港口作业天数、装卸质量和排水设施的影响。日降水量大于0.1mm（含0.1mm）即称为1个雨日，据此可统计出全年的降水日数、不同降水量等级的降水日数。

降水对装卸作业的影响视货种和包装形式有很大差别。对煤、矿石、油等影响较小，有些杂货、粮食、水泥、化肥、农药、棉花等只要有雨即应停止装卸。一般情况下，日降水量大于25mm，规划上认为可停止装卸作业。

中国沿海降水量分布特征主要表现为北部少、南部多，且多集中于夏季。可见，降水对我国南方港口营运影响很大，尤其是江南梅雨季节时有的地方超过100天连续降水。由于降水停工、天晴突击装卸，加重了港口生产和船舶运行的不均衡性，降低了港航效益。

3. 雾

雾妨碍海面能见度，影响航行安全，不少海损事故发生在雾日，是影响船舶航行的因素之一。雾日发生的海上碰撞事故比视线良好天气时要高90倍，特别是在视界狭窄海域危险度更高。一般用能见度来表示雾级的大小，能见度的等级与能见距离的关系详见表2-4。所谓能见度指人正常视力在当时的天气条件下所能见到的最大距离。在背景中能将目标物的轮廓分辨出来就算作“能见”。

**能见度的等级与能见距离关系表**　　表2-4

| 雾等级 | 0 | 1 | 2 | 3 | 4 |
|---|---|---|---|---|---|
| 能见距离(m) | <50 | 50～200 | 200～500 | 500～1 000 | 1 000～2 000 |
| 雾等级 | 5 | 6 | 7 | 8 | 9 |
| 能见距离(m) | 2 000～4 000 | 4 000～10 000 | 10 000～20 000 | 20 000～50 000 | >50 000 |

从船舶航行安全考虑，在发现危险目标后，船舶紧急倒车的惯性行距与能见距离相适应就不会发生海损事故。各种吨位的船舶以港内微速（4～6kn）航行，使用不同的倒车速度其惯性行距见表2-5。2万吨级船舶，以港内微速前进，发现目标后全速倒车所需滑行距离近400m，半速倒车时所需滑行距离600m。10万吨级船舶相应数据分别为600m和1 000m。因此，设计船型为10万吨级的港口，船长或引水员有1 000m的良好视程，就可以保证船舶在航道和港内安全航行。可见，能见度低于3级，船舶不宜在港区及航道上航行，这样的雾日应从作业天数中予以扣除，其出现的日数称为雾日数。在统计时，雾持续时间不足24h但超过12h即算1天，超过4h算半天。中国沿海平均有雾日数分布，以黄海和东海沿岸较多，渤海和南海沿岸较少。

船舶的倒车速度与惯性行距关系表　　　表 2-5

| 载重吨 | 倒车速度 | 惯性行距（m） | 滑行距离与船长之比 | 载重吨 | 倒车速度 | 惯性行距（m） | 滑行距离与船长之比 |
|---|---|---|---|---|---|---|---|
| 20 000 | 全速 | 370 | 2.3 | 100 000 | 全速 | 580 | 2.3 |
| | 半速 | 600 | 3.7 | | 半速 | 980 | 3.8 |
| | 微速 | 1 150 | 7.2 | | 微速 | 1 450 | 5.7 |
| 50 000 | 全速 | 400 | 1.9 | 200 000 | 全速 | 850 | 2.7 |
| | 半速 | 870 | 4.0 | | 半速 | 1 250 | 4.1 |
| | 微速 | 1 500 | 6.8 | | 微速 | 2 050 | 6.6 |

## 三、海象

影响港口建设和营运的海象因素主要有潮汐、波浪、近岸海流、海冰和海岸泥沙等。

1. 潮汐

潮汐是海水受月球和太阳引力作用而产生的一种规律性升降运动，与港口相关的潮汐特性（如设计潮位）对确定码头、防波堤高程以及港池、航道水深具有重要意义，在港口水工建筑物设计和施工中也是一个重要因素。有关潮汐类型、潮位特征值的分析方法可参阅《工程水文学》。这里仅从工程实用的角度概括其要点。

（1）潮位特征值。工程上常用的潮位特征值有：历年最高（低）潮位、平均高（低）潮位、平均潮位、年最大潮差、年平均潮差、年最小潮差、平均涨（落）潮历时等。

（2）设计潮位取值。海港工程设计潮位应包括设计高水位、设计低水位、极端高水位和极端低水位。

对于海港和潮汐作用明显的河口港，设计高水位和设计低水位取值是通过绘制高潮和低潮累积频率曲线，见图 2-9a），即把完整的一年或多年实测高潮位，按大小次序排列起来作出高潮累积频率曲线，取高潮累积频率 10% 的潮位为设计高水位；同样，用低潮位资料绘制低潮累积频率曲线，取低潮累积频率 90% 的潮位为设计低水位。如有潮位历时累积频率曲线，见图 2-9b），其设计高水位和设计低水位分别采用历时累积频率 1% 和 98% 的潮位。

对于汛期潮汐作用不明显的河口港，设计高、低水位分别采用多年历时累积频率 1% 和 98% 的潮位。

海港工程的极端高水位和极端低水位应分别采用重现期为 50 年的年极值高水位和年极值低水位，见图 2-10。

确定设计高、低水位进行潮位累积频率统计时，应有完整一年或多年的实测潮位资料；确定极端高、低水位，进行高潮和低潮的年频率分析，应有不少于连续 20 年的年最高、最低潮位实测资料，并调查历史上出现的特殊水位。

我国绝大多数港口为不规则半日潮港，即 24h50min 内有两次高潮两次低潮，且具有一定的潮差。为了节省航道基建投资，在大型船舶密度不大的情况下，常利用潮差乘潮进出港。为了保证船舶安全，根据船舶进出密度和航行要求选定合理的持续时间 $t$，绘制乘潮水位累积频

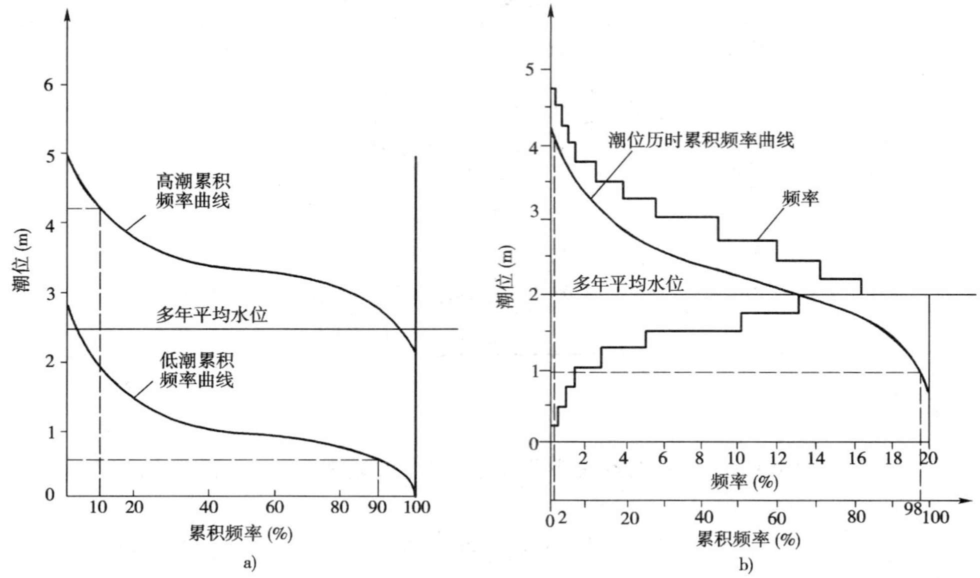


图 2-9 潮位累积频率曲线

a) 高潮、低潮累积频率曲线；b) 潮位历时累积频率曲线

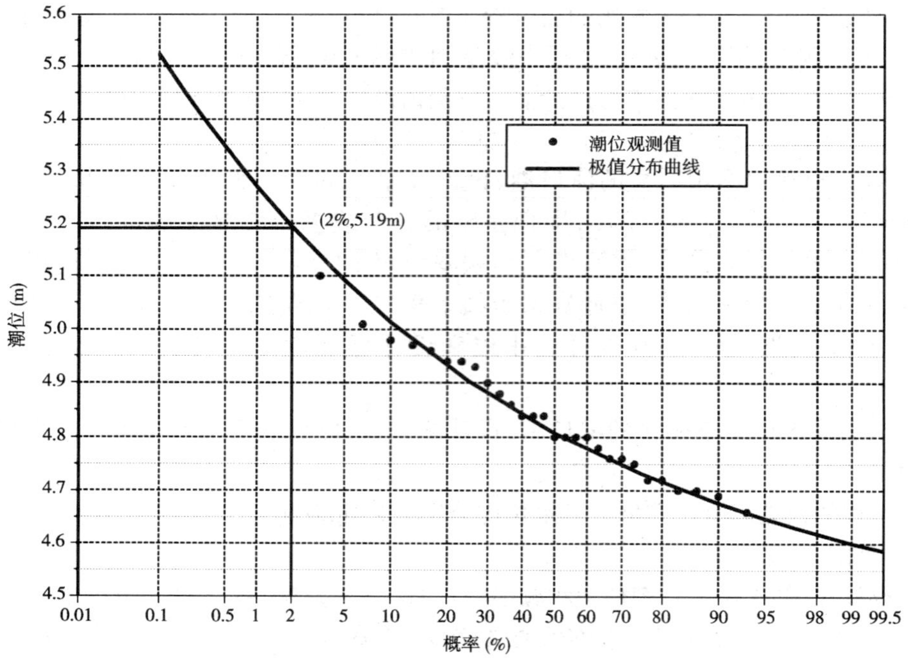


图 2-10 某海洋站极端潮位推求适线图(50 年一遇)

率曲线，见图 2-11，按《海港水文规范》要求确定累积频率为 $P$ 的潮位数值为乘潮水位，乘潮历时分别为 1h、2h 和 3h 的累积频率 90% 的水位为 2.58m、2.44m、2.34m。

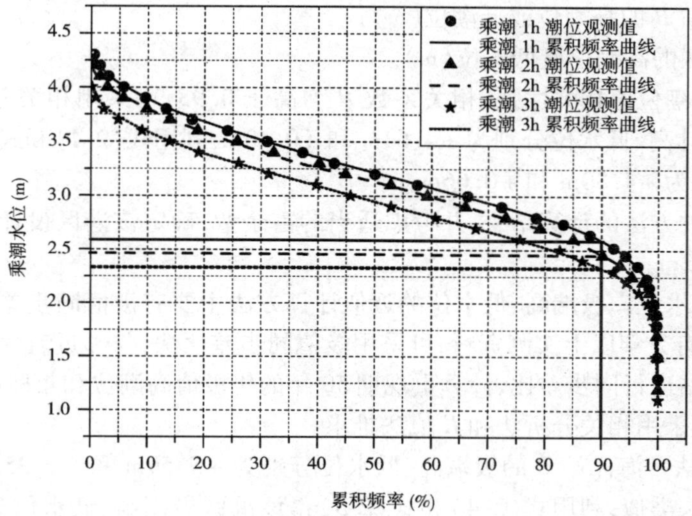


图 2-11　某海洋站乘潮水位累积频率曲线

(3)短期资料处理。新建港口往往缺少长期完整的实测资料。在规划阶段,可借助附近潮汐性质和受河流径流影响相似、有长期资料的港口或者验潮站的实测资料确定设计水位。下面以某港区规划时设计潮位推求为例来说明短期资料处理方法。某港区规划时,曾设立临时观测站 A′进行为期一年潮位观测,因为仪器故障部分月份严重缺测,观测资料年限不足一年。而临时测站附近的国家海洋局海洋站 B 有长期潮位资料,并同处北黄海潮波系统。

①设计高、低水位。若实测资料不足一年,可采用“短期同步差比法”和“相关分析法”计算相当于高潮 10% 或低潮 90% 的数值。

A. 短期同步差比法。利用短期同步差比法时,可按下列公式计算设计高、低水位:

$$h_{sy} = A_{Ny} + \frac{R_y}{R_x}(h_{sx} - A_{Nx}) \tag{2-3}$$

式中:$h_{sy}$,$h_{sx}$——临时测站 A′和海洋站 B 的潮位(m);

$R_y$,$R_x$——临时测站 A′和海洋站 B 全年同步平均潮差(m),$R_y/R_x = 1.007$;

$A_{Ny}$,$A_{Nx}$——临时测站 A′和海洋站 B 年平均海平面(m),均为 2.40m。

海洋站 B 的设计高、低水位分别为 +4.64m 和 +0.43m,利用式(2-3)得 A 港区的设计高、低水位分别为 +4.66m 和 +0.42m。

B. 相关分析法。将两港(或测站)的逐时同步潮位观测值进行相关分析,得到两港潮位值的相关关系式和相关系数。如果相关系数较大,可由已有港口(或测站)的设计高(低)水位得到拟建港口的设计高(低)水位;如果两港潮位存在比较明显的延时,则可用两港的高、低潮位观测值分别进行相关分析确定相关关系方程。

分别取夏季月份(6 月 ~8 月)的高潮,冬季月份(11 月 ~3 月)的低潮进行相关分析,其相关关系式及相关系数见式(2-4)和式(2-5)。

高潮位:　$y = 0.974x + 0.276$ , $R = 0.995$　(2-4)

低潮位:　$y = 0.960x + 0.248$ , $R = 0.984$　(2-5)

式中：$x$——海洋站 $B$ 的高潮位或低潮位(m)；

$y$——该港区的高潮位或低潮位(m)。

两站的高、低潮位值相关性强，相关系数 $R$ 均高于 0.95，可采用相关分析法推求设计潮位。海洋站 B 设计高、低水位分别为 +4.64m 和 +0.43m，利用式(2-4)和式(2-5)得 A 港区设计高、低水位分别为 +4.80m 和 +0.66m。

综合以上两种方法的计算结果，并考虑适当的富余量，确定该港区设计高、低水位分别为 +4.80m 和 +0.42m。

②极端高、低水位。极端高、低水位的近似计算方法主要有极值同步差比法、相关分析法和 $K$ 值法等。若有 5 年以上实测资料，可采用极值同步差比法，与邻近有 20 年以上连续资料的港口或者验潮站进行同步差比，计算重现期 50 年的年极值高潮位和年极值低潮位。若实测资料不足一年，可采用相关分析法和 $K$ 值法推求。

A. 相关分析法。海洋站 B 的极端高、低水位分别为 +5.59m 和 -1.25m，与确定设计高、低水位相关分析法类似，利用式(2-4)和式(2-5)得该港区极端高、低水位分别为 +5.55m 和 -0.95m。

B. $K$ 值法。对于不具备用极值同步差比法进行计算的港口，可采用下式近似计算极端高、低水位。

$$h_J = h_S \pm K \tag{2-6}$$

式中：$h_J$——拟建港口的极端高(低)水位；

$h_S$——拟建港口的设计高(低)水位；

$K$——常数。

$K$ 为极端高(低)水位与设计高(低)水位的差值，高水位用正值，低水位用负值。$K$ 值的确定可参考已有港口(或测站)的极端高(低)水位与设计高(低)水位的差值或者参照附录一取值。

参考海洋站 B 的资料，确定该港区极端高水位与设计高水位之间的差值为 0.95m，极端低水位与设计低水位之间的差值取 1.60m。根据已经确定的设计高、低水位值代入式(2-6)得到该港区的极端高、低水位值分别为 +5.75m 和 -1.18m。

以上所介绍的都是近似的计算方法，在实际工程中，如果没有长期、完整的观测资料，往往采用多种近似计算方法进行分析，综合权衡后确定设计潮位。

(4)气象增水、减水。强烈风暴(如台风、寒潮)由于风速很大，除形成很大波浪外，也使海岸或河口水位壅高或下降，称为增水或减水。港口设计和营运要注意到这一不利现象，并调查统计气象增水、减水的发生频率、季节分布、特征值及其对港口水域装卸作业、航道通航的影响。增水如与高潮同步，可能会造成港口陆域短时间淹没；减水如与低潮同步，可能会造成港口水域水深降低，影响船舶安全。某些河口港大风增减水数值足以影响码头的使用。我国黄海受强北风袭击，辽宁省东海岸和黄海北部岛屿有减水现象，江苏北部海岸则有增水现象。渤海有类似情况，莱州湾海岸有剧烈增水。

2. 波浪

波浪大小、分布与海港选址、总平面布置、水工建筑物设计和施工以及日常营运都有密切关系。在《工程水文学》、《海岸动力学》的基础上，这里简述波高及波向分布、波浪破碎带等问题。

（1）波高及波向分布。在港口规划和平面布置时，为了合理地选择航道、防波堤轴线，布置码头方位以及分析港口营运条件、建设期间的施工条件等，必须明确建港地区在各个方位各级波浪的出现频率。与风玫瑰图类似，按季度、年进行统计，绘制波浪玫瑰图，反映各方向波浪出现频率、波浪大小，以及强浪向和常浪向。统计资料年限一般不宜少于2～3年，应有完整的1年以上的测波资料。图2-12是由某港连续1年实测资料统计绘制的波浪玫瑰图。

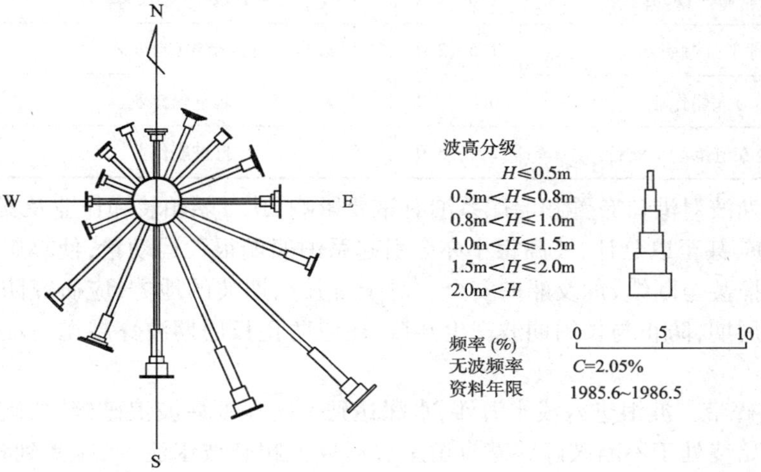


图2-12　波浪玫瑰图

同样大小的波浪，船舶的颠簸程度会因与波向相对位置不同而有很大差异。船舶纵轴与波向线平行，即顺浪时船舶颠簸小；船舶纵轴垂直波向，即横浪时船舶颠簸大。一般船舶航行亦是顺浪较横浪易于操纵。

船舶停靠码头，在波浪作用下颠簸运动而具有能量并与码头碰撞，船舶运动能量需被码头变形及护舷变形所吸收。图2-13给出在波浪作用下，停靠码头的船舶对码头撞击能量大小随波向变化的试验关系：横浪能量（$E_{90}$）较顺浪能量（$E_0$）大20倍。撞击能量大，船舶与码头间的作用力也大，这就增加了护舷和码头设计的难度并恶化了码头和船舶的工作条件，这个问题在开敞式码头尤为突出。

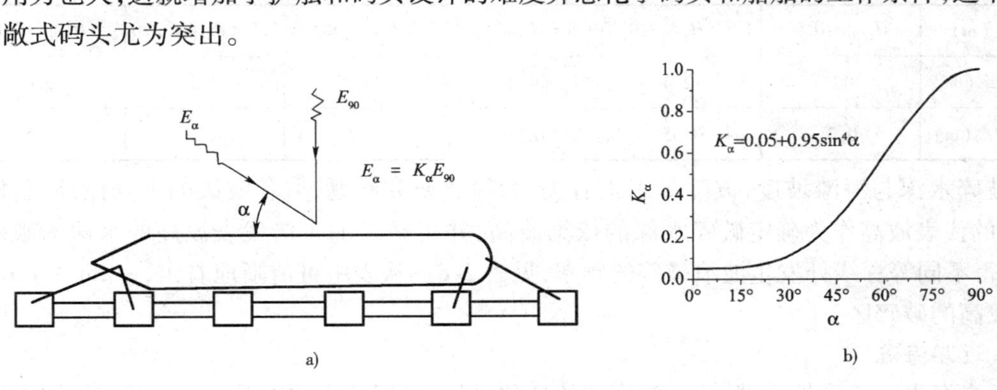


图2-13　波向与船舶撞击能量关系图

在选择航道、防波堤的轴线位置时，应注意避免港池内产生过大的波浪；根据建港地点的波向波高分布特点，使船舶常处于顺浪的工作条件，这对港口作业是很有意义的。

表2-6列出不同作业类别允许波高（$H_{1/10}$）的参考值。其中，小值时可以高效率工作，大值作为可安全作业的界限。

**不同作业类别对应的允许波高参考值表** 表2-6

| 作业类别 | $H_{1/10}$(m) | 作业类别 | $H_{1/10}$(m) |
|---|---|---|---|
| 引水船靠近船舶，引水员上船 | 1.0～1.5 | 交通艇航行（船长 <27m） | 2.0～3.5 |
| 拖轮对船舶强制引水 | 1.5～2.0 | 外海疏浚（自航式） | 1.0～2.5 |
| 供油船对大船作业 | 0.6～1.2 | 起重船作业 | 0.6～1.2 |
| 船舶以微速在进港航道航行 | 2.0～3.0 | 打桩船作业 | 0.6～1.0 |

此外，长周期波对港口布置和船舶系泊有重要影响，其对船舶装卸作业及安全停靠危害极大：周期超过30s，甚至以分计，波高很小亦会引起系泊船舶很大运动量，使靠岸船舶产生复杂运动，与码头碰撞甚至断缆，危及船舶安全。对于有长周期波的地方，应研究防波堤所围成水域、港池的自振周期，防止与长周期波产生共振，还应防止长周期波穿越抛石堤引起船舶断缆现象。

（2）波浪破碎带。波浪进入浅水海滩，水深达到一定深度后波浪破碎，从破碎点向岸水深不断减小，波浪始终处于不断破碎状态直至岸边形成上爬破波水流，底床受到较强烈的扰动，如底床颗粒较细将会出现高含沙量区，是泥沙最强烈的活动带。波浪破碎处的水深为临界水深，也称为破碎水深；从波浪破碎点开始至岸边这一地带常称为破碎带，这种波浪破碎效应在工程实践中应予以充分注意。研究不同波要素、不同水位所引起的破碎带变化，对航道、港池、水工建筑物等布置十分有益。

**例题2-1** 研究某港波浪破碎带分布。图2-12所示的某港波浪玫瑰图，测波点距岸约4km，港址海岸线走向为ENE～WSW，S向为开敞水域，故对本港有影响的波向为E～S～SW向，频率为67.8%，各级波高的频率见表2-7。

**E～S～SW向各级波高对应的频率表** 表2-7

| 波级（m） | $H_{1/10}\leq0.5$ | $0.5<H_{1/10}\leq0.8$ | $0.8<H_{1/10}\leq1.0$ | $1.0<H_{1/10}\leq1.5$ | $1.5<H_{1/10}\leq2.0$ | $H_{1/10}>2.0$ |
|---|---|---|---|---|---|---|
| 出现频率（%） | 43 | 12.4 | 4.2 | 5.1 | 2.5 | 0.6 |
| 代表波高（m） | 0.3 | 0.65 | 0.90 | 1.25 | 1.75 | 2.5 |

破碎水深与海滩坡度、波陡等因素有关，为简化研究问题，取各波级的平均波高值，即表2-7中的代表波高作为确定破碎水深的依据波高，并粗略以1.3倍代表波高的水深为破碎水深，可得不同等深线处发生波浪破碎的频率，见表2-8。从表中可清晰地看出，－2m～＋3m为频率较高的破碎区。

3. *近岸海流*

近岸海水由于受外海潮波、大洋水团的迁移、风和气压的影响以及河川泄流、波浪破碎、海底地形等诸多因素的影响而形成的流动，称为近岸海流。通常在海域实测到的近岸海流主要包括潮流、漂流、密度流、梯度流以及近岸特有的波浪流和河川泄流等。我国大多数海港港址的近岸海流中周期性的潮流占主导地位，而其余的非周期性水流占流速值中较小部分。

某港不同等深线处发生波浪破碎的频率表　　表 2-8

| 潮位 / 频率(%) / 等深线(m) | 设计低水位 +0.34m | 中水位 +2.03m | 设计高水位 +3.62m |
|---|---|---|---|
| −2.9 ~ −2.0 | 0.6 | | |
| −1.9 ~ −1.0 | 7.6 | 0.6 | |
| −0.9 ~ ±0 | 59.6 | 2.5 | |
| +0.1 ~ +1.0 | | 9.3 | 0.6 |
| +1.1 ~ +2.0 | | 55.4 | 7.6 |
| +2.1 ~ +3.0 | | | 16.6 |
| +3.0 以上 | | | 43 |

随着港口建设越来越走向掩护条件差的开敞外海，海流流速增大以及船舶大型化使得海流作用力常常超过风力的影响，船舶航行和港口营运受海流的影响日趋显著。如进行大连港鲇鱼湾油码头设计时，为分析近岸海流对平面布置和营运条件的影响，计算 10 万吨级油船满载和压载状态所受流压力，其结果见图 2-14。从图中可以看出，横流压力比顺流压力大许多倍，而且流速 $v = 0.4\text{m/s}$ 时流压力已显示出比风力更大的作用力（图 2-7）。因此，在平面设计选择码头方位和航道轴线时，必须同时考虑风和流的作用，应尽可能与海流向成较小的夹角；与风力相反，满载船舶较压载船舶受流压力大而难于操纵，相对流向角 $\theta$ 小于 30°时采用拖轮还比较容易控制，再大的流作用时，拖轮控制将会遇到困难。

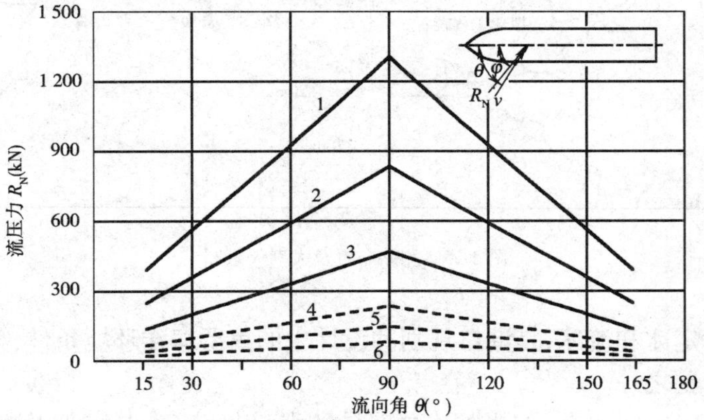


图 2-14　作用于 10 万吨级油船上的流压力

1-$v = 0.5\text{m/s}$，满载；2-$v = 0.4\text{m/s}$，满载；3-$v = 0.3\text{m/s}$，满载；4-$v = 0.5\text{m/s}$，压载；5-$v = 0.4\text{m/s}$，压载；6-$v = 0.3\text{m/s}$，压载

在港址和施工抛泥区选择，航道、口门、防波堤及码头布置，泥沙淤积和冲刷趋势分析和船舶荷载计算等方面，都必须深入研究港址处沿岸海流的数值大小、流向变化以及分布规律等。目前，对于近岸海流现状及其建港后附近水域的潮位、流场、流态变化，一般采用海流观测与数

值模拟试验相结合进行分析。

海流观测前通常应针对大潮、中潮和小潮选择典型潮时，在较大海域上进行完整的一个潮周期的潮流、潮位同步观测，为进一步研究潮流运动规律以及潮流运动对泥沙运动造成的影响提供必要的资料。在规划阶段应对港址进行大面积流路测验，对可能布置航道、口门和码头的地点应进行连续观测（13h 或 25h）。测流工作必须与潮位、风、浪同步观测，在泥沙活跃的海岸还需与含沙量测验同步进行，有利于对海象条件进行综合分析。

在海流资料分析之前，通常须把海流分解为周期性的潮流和非周期性余流。分析资料时注意海流是否呈旋转流性质，流矢量图是否有明显对称或不对称的椭圆长轴，长轴与海岸线地形间的关系，较大流速发生时刻与潮位间的关系，表层、中层、底层同一时刻流向是否一致，余流方向、大小与海岸地形、泥沙运动的联系等。

某港区规划时，布设如图 2-15 所示的 4 个潮位站（W1 ~ W4）和 6 个潮流站（V1 ~ V6，同步观测流速、流向、含沙量），分别对大潮、小潮进行连续 29h 和 27h 的潮流观测，图 2-15 中标示出了各潮流站的大潮垂线流速矢量。

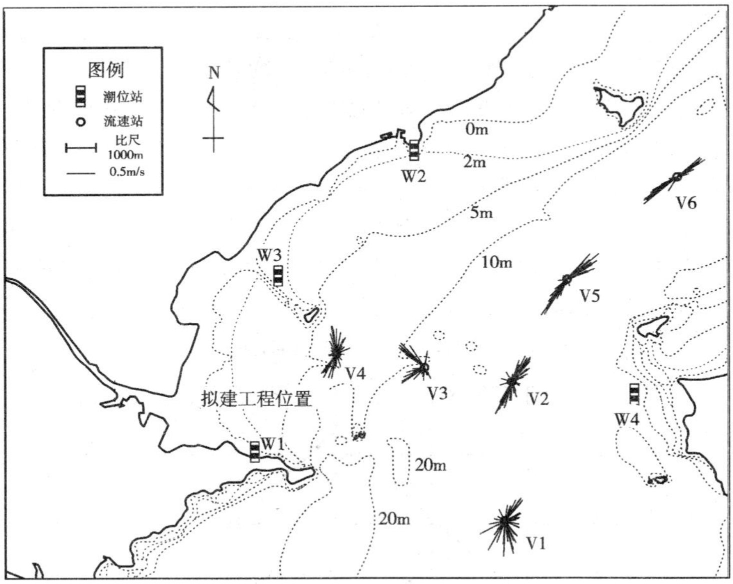


图 2-15　测站布置及大潮矢量图

4. 海冰

海冰可分为固定冰和流冰，是港口规划和设计中的重要海洋环境条件，亦是我国北方港口需要特殊考虑的问题之一。

海冰对港口的影响主要有：①严重冰情将导致港口封航、减少作业天数，如图 2-16 所示，港外流冰流入港内或在口门处堆积直接影响港口作业；②冰凌对建筑物产生压力，常常成为轻型结构的控制荷载；③冰的冻融作用会严重影响位于潮差段混凝土的耐久性，流冰对建筑物的磨损有时也是很严重的。我国渤海和黄海北部海域为季节性结冰海域，每年冬季都有不同程度的冰冻现象，一般在近岸浅水区域形成一定宽度的固定冰，在深水区域一定范围内形成流冰带。不论是固定冰还是流冰，对船舶航行构成真正威胁的结冰厚度在 0.2m 以上。因此，冰情调查要特别注意结冰厚度大于 0.2m 的时间和分布范围。

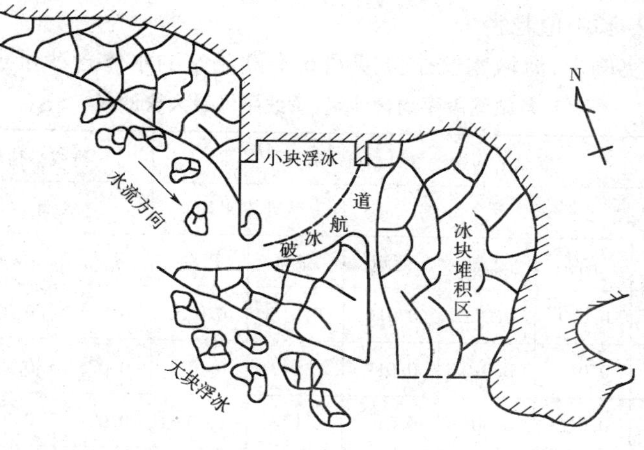


图 2-16　港内及口门流冰情况

港口规划设计时，必须通过历史冰情资料调查、卫星图片遥感分析和海冰实测等方式统计港区及附近水域的冰日、冰期、冰量，规划水域岸冰分布及堆积厚度，流冰运动的季节、范围、方向、大小、厚度和强度等，进而分析冰凌对水工建筑物、船舶航行和靠离作业的影响以及建港后可能发生的冰凌情况变化，确定年内冰凌影响港口作业的天数等。港口工程对流冰运动规律的影响可采用工程海域的流场数值模拟计算。

5. *海岸泥沙*

港口工程中涉及很多泥沙问题，如港池、航道对防淤减淤有很高要求，回淤严重将直接影响船舶的安全靠泊和航行，增加疏浚维护成本；而海上人工岛、防波堤以及墩柱式建筑物等要求防冲促淤，其海床基础冲刷严重时，建筑物的局部甚至整体将会倒塌。

港口规划及平面布置时应通过水文全潮期间泥沙测验、底质探测以及潮流站观测等方式调查分析泥沙的主要来源和运动的主要方向，泥沙运移形态（推移质、半悬移质、悬移质）及水体总输沙量和净输沙量，深入分析和研究港口建筑物建成后所导致的周围地区冲淤变化和港口设施自身的冲淤情况。

影响泥沙运动的因素主要是海岸泥沙来源及特性、海岸类别、海岸地形和海岸动力（如波浪、潮流等）。

（1）海岸泥沙来源及特性：

海岸泥沙来源有：①河流泥沙，主要来自陆地土壤侵蚀，它是海岸泥沙最主要来源。②岸滩及岛屿侵蚀泥沙，岸滩及岛屿蚀退现象较为严重，侵蚀下来的泥沙构成临近岸段的泥沙来源。③海洋生物残骸所形成的泥沙数量比较少，但在某些海岸其数量也不可忽视。④在沙丘密布的沙漠濒海地带，风沙也是海岸泥沙的来源之一。

泥沙特性包括：①矿物成分，组成成分复杂，有长石、石英、辉石、角闪石、云母、橄榄石等。泥沙中通常含有的铁磁性矿物及角闪石等可用来判断泥沙的来源及流域各个地区的相对产沙量。②泥沙粒径，一般用泥沙粒径描述天然泥沙颗粒的大小，是泥沙最重要的特征。描述泥沙粒径主要有等容粒径、筛孔粒径、沉降粒径、当量粒径和 $\varphi$ 值粒径 5 种方法。③特征粒径：分析各种粒径在总体中所占的重量比例，了解粒径的级配特性，求得特征粒径，如算术平均粒径 $D_m$、几何平均粒径 $D_g$ 和中值粒径 $D_{50}$。

图 2-15 的工程实例中，海域水文全潮期间 6 个潮流站的水体含沙量观测结果见表 2-9。

**各站潮段平均含沙量、垂线平均最大含沙量**　　表 2-9

| 站　位 | 潮段平均含沙量（$kg/m^3$） | | | | | | 垂线平均最大含沙量（$kg/m^3$） | | | |
|---|---|---|---|---|---|---|---|---|---|---|
| | 大潮 | | 小潮 | | 大小潮平均 | | 大潮 | | 小潮 | |
| | 涨潮 | 落潮 | 涨潮 | 落潮 | 涨潮 | 落潮 | 涨潮 | 落潮 | 涨潮 | 落潮 |
| V1 | 0.018 | 0.019 | 0.011 | 0.011 | 0.015 | 0.015 | 0.031 | 0.028 | 0.013 | 0.014 |
| V2 | 0.014 | 0.015 | 0.012 | 0.011 | 0.013 | 0.013 | 0.025 | 0.018 | 0.020 | 0.014 |
| V3 | 0.018 | 0.016 | 0.008 | 0.010 | 0.013 | 0.013 | 0.021 | 0.035 | 0.011 | 0.012 |
| V4 | 0.008 | 0.008 | 0.007 | 0.008 | 0.008 | 0.008 | 0.012 | 0.011 | 0.008 | 0.011 |
| V5 | 0.014 | 0.013 | 0.011 | 0.011 | 0.013 | 0.012 | 0.020 | 0.017 | 0.013 | 0.012 |
| V6 | 0.012 | 0.012 | 0.010 | 0.009 | 0.011 | 0.011 | 0.014 | 0.019 | 0.011 | 0.010 |
| 平均 | 0.014 | 0.014 | 0.010 | 0.010 | 0.012 | 0.012 | 0.031 | 0.035 | 0.020 | 0.014 |

由表 2-9 可以看到：①该水域水体含沙量总体上处于 $0.04kg/m^3$ 级以内，相对较小。②该水域含沙量变化呈现大潮含沙量大、小潮含沙量小、浅边滩及深槽末端含沙量大、靠岸侧涨落潮含沙量较小的规律。

据水文全潮测验各站位取垂线悬沙水样样品分析，其悬沙平均中值粒径 $D_{50}$ 为 0.012 7mm；其物质成分主要为粘土质粉砂，其中粘土质含量占 20% 以上。

（2）海岸的泥沙运动。砂质海岸主要是平原的堆积物质被搬运到海岸边，再经波浪或风的改造堆积所形成，近岸带的泥沙运动形态以推移质为主，波浪是造成泥沙运动的主要动力，尤其是在波浪破碎区，会造成相当大的紊动水流掀起泥沙。这时如果波浪斜向向岸传播，波浪破碎后所产生的沿岸流就会带动泥沙顺岸移动，如遇突堤等海岸建筑物或天然礁石，阻拦了沿岸泥沙运动，造成了堤的上游侧淤积，下游侧海岸冲刷后退，见图 2-17a），严重时将危及下游陆上工程和农田安全；如遇离岸堤，由于堤后形成波影区，其沿岸输沙能量减弱，若离岸堤距岸较近时，最终可能形成连岛沙坝型淤积，见图 2-17b）。

淤泥质海岸主要由江河携带入海的细颗粒泥沙在波浪和潮流作用下输运沉积所形成，波浪掀沙、潮流输沙是泥沙运移的主要过程，泥沙运移形态以悬移质为主，尤其是在破碎带，泥沙呈悬移状态随潮进入相对平静、挟沙能力降低的港内水域而落淤。当岸滩（破碎带）浑水跨越航道时，由于航道处水深增大，水流挟沙能力降低将引起在航道内落淤。淤泥质海岸的港口、航道淤积与砂质海岸不同，悬沙落淤是引起淤积的基本过程。

粉砂质海岸泥沙起动流速小，沉降速度较大，沉积后密实很快，泥沙运动形态十分复杂，既有悬移质、推移质还有底部高浓度含沙水体层，泥沙活跃，在大风浪作用下，海床易发生骤淤，对海岸工程和港口航道构成极大威胁。

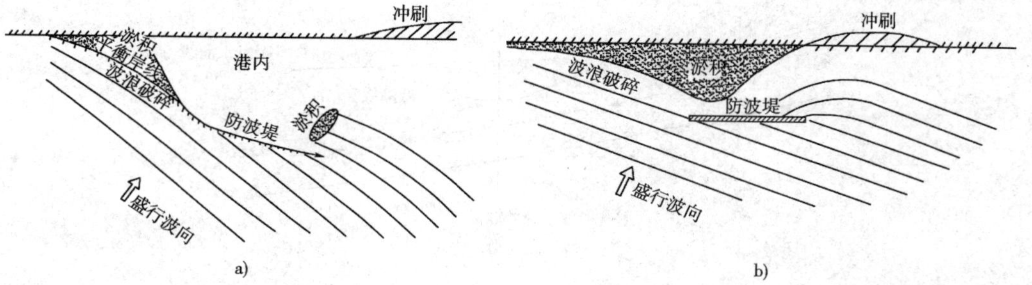


图 2-17　防波堤与泥沙冲淤关系示意图

a)单突堤;b)岛式防波堤

## 四、地质与地震

1. 地质

为合理确定建筑物的平面布置、结构型式、基础类型和施工方法,要对场地进行工程地质勘察,分析场地的地质条件。

首先根据可供场地的面积、形状特点和工程要求等布置勘测线和勘探点,绘制钻孔平面布置图,通过地质调查和勘探试验绘制地质剖面图,进而确定岩土层性质、厚度、分布规律、形成时代、成因类型、岩层的风化程度、埋藏条件;查明与工程地质有关的地质构造和不良地质现象的分布范围、发育程度、形成原因;对拟建场地的工程地质条件作出评价,判断不良地质现象对工程建设的影响,对建设适宜性作出论证,对适宜建设地段、基础类型、基础地质持力层作出建议。对非岩层提出可供开挖的稳定边坡。当建筑物有饱和砂土或饱和粉土时,应确定其在地震时是否液化。

2. 地震

地震是一种灾难性自然现象,对港口的影响主要表现在:一是使港口建筑物受到地震力作用;二是在海洋中引起长周期波,使沿岸水位暴升暴落。长周期地震波指周期为 10s 以上的地震波,一般由海底火山爆发或地壳变动引起,波长数十至数百公里,波高最大者可达 30m 以上。

在港口选址时应避开大陆板块边缘地震多发地带。对于不得不建在地震带的港口要根据地震资料做好港口建筑物的抗震设防。

地震调查中,根据国家质量技术监督局发布的《中国地震动参数区划图》,确定港址地区地震动峰值加速度、地震动反应谱特征周期、地震基本烈度,按照《水运工程抗震设计规范》的要求,对水运工程建筑物进行抗震设计。

## 五、河口条件

我国入海河口均受海洋潮汐的影响,它是河流淡水径流和海水含盐潮水相遇最终在落潮时排泄出海的过渡区。河底底坡是向海方向的,河水也具有向海方向的水面比降和相应的水流速度。潮波进入河口后,沿河道逆坡、逆流向上游传播,潮波将发生变形,一般前坡陡,后坡缓。

沿着河口段设站观测水位,可得出河口段瞬时水面线,即潮波曲线,见图 2-18。

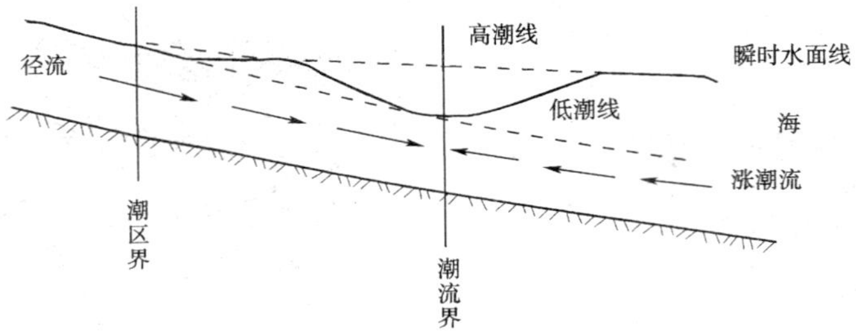


图2-18　河口段潮波曲线

涨潮时海水流入河口，潮流流速受河水顶托和河床摩阻，逐渐减小。在理论上存在着潮流流速恰好与河水下泄流速相抵消，潮水停止倒灌的断面，此处称为潮流界（图2-18）。在潮流界以上，潮水虽然停止上溯，但河水被阻，仍有壅高现象，也就是说，潮波继续向上传播，但潮差越来越小，到潮差为零的地点，潮波消逝，水位不再受潮汐影响，该处称为潮区界。因潮汐有大潮和小潮，径流有洪水、枯水，潮流界和潮区界位置都不是固定的，而是在相当长的河道范围内不断上下摆动。

潮汐河口的范围一般很广，潮区界可能距入海点很远，例如长江口可至安徽省铜陵市附近。从作用的动力因素强弱考虑，由上游潮区界依次向下游大体可区分为：①感潮河段，这一段是以河流水文情势为主，感受到一定的潮汐影响，在这里选择港址和进行港口平面布置主要应注意平原河段的河床演变规律。②制约段，这里是河流和海洋水文情势互相制约，形成综合特征的河段，一般河床演变极其复杂，边滩、心滩、水下沙洲等因两种水文情势变化而多变。在这里选择港址和平面布置除摸清河床历史演变外，要特别注意预测港口形成后河床的可能演变。为了维护港区水域水深，宜把整治建筑物作为港口建筑物的一部分来规划和设计。③滨海段，这里以海洋水文情势占主导地位，泥沙来自河流，也来自外海。泥沙运移仍是港址选择和进行平面布置所考虑的关键问题之一。

各个具体河口因所处地理位置、水文、地质、平面形状等不同而呈现出各自的河口特征，但还存在某些共同点，具体如下：

（1）河口区是河流搬运泥沙的最终归宿点。河流总是携带一定数量的泥沙，在河口区受到海水顶托，比降减少、流速降低，泥沙沿河口区不同河段停留，形成各种各样的河床形态，如边滩、心滩、水下沙洲及滨海段的拦门沙等。

（2）潮流界河段一般为淤积严重的河道。在理论上存在潮流界河段，从内陆来的微小颗粒悬沙在此河段遇到盐水絮凝结合成为较大较重颗粒，沉降加速，而从内陆来的推移泥沙因速度减少而停止推移，潮流界河段常常是含沙浓度高的混水段；同时，海水悬沙在潮流界河段也易落淤。在多年河势稳定的潮流界河段，采取适当护岸、丁坝等工程措施，控制河势变化，在汊道上亦可成为可行的港址，如张家港港（图2-19）位于福姜沙南汊南岸（分流比仅占21%左右），-10m等深线河道宽400m左右。

（3）拦门沙上冲的落潮水流流路的冲淤规律随着泥沙来源不同而变化。绝大多数河口存在拦门沙，在拦门沙上冲有一条较两侧为深的落潮水流流路，它也是河口港的出海航道。它的冲淤规律随着泥沙来源不同而变化，如以陆域泥沙为主，则一般表现为洪水时淤积，枯水时冲刷；如以海域泥沙为主，则一般表现为洪水时冲刷，枯水时淤积。维护和加深通过拦门沙的航道通常是港口发展的关键。

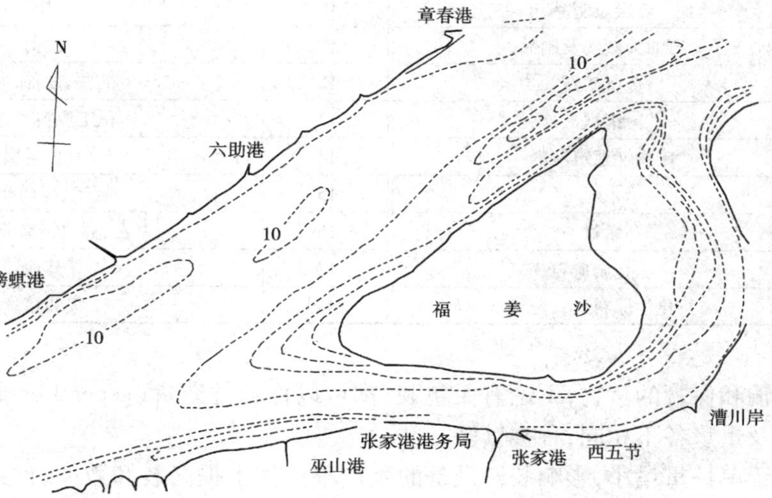


图 2-19　江阴河段张家港河势

（4）整治工程和维护疏浚相结合是治理潮汐河口航道的有效措施。潮汐河口条件复杂，从港口和航道建设的角度尚难以作出理论上的概括，而从航道治理的角度，要使通过航道部位的泥沙不淤或少淤，就需要改变这个部位原先的流速场，加大水流的挟沙能力。国内外潮汐河口航道治理一般采取维护疏浚和工程整治相结合的方案，集中水流，改变流速场，加大挟沙能力，以达到维持或加深航道的要求。如美国密西西比河口通过整治与疏浚相结合的措施，航道水深从 2.7m 增至 13.6m，维护挖泥量 $1\ 000 \times 10^4 m^3$ 左右；莱茵河口航道水深从 3m 增至 22.3m，维护挖泥量 $100 \times 10^4 m^3$ 左右；法国塞纳河口航道水深从 4m 增至 11 ~ 13m；我国长江口深水航道治理工程建设形成两条各约 50km 的长堤、19 座总长约 39.6km 的丁坝群，航道水深从治理前维护水深 7m 增至 12.5m，深水航道全长 92.2km，底宽 350 ~ 400m。

## 第三节　港口吞吐量发展水平预测

吞吐量预测是港口规划及港口工程可行性研究的重要组成部分，其在确定港口的发展方向、选址、基本设施投资规模和港口的经营策略等方面都起着重要作用。用科学方法统计和预测出腹地所产生的货种及其运量，进而推求港口吞吐量的发展水平，这是进行港口规划和可行性研究的基础。

### 一、港口货种与装运方式

为了港口管理和研究货运量发展，便于进行统计分析，我国港口统计上将货物分为 17 货类以及单列集装箱货种，见表 2-10。在实际工作中，如基于上述 17 货种进行统计、分析、预测，其过程繁琐、预测结果不理想。为了简化，在 17 类货种的基础上，从运输、存储条件和装卸工艺的角度考虑，经由港口运输的货物可分为件杂货、干散货、液体货以及适箱货。

我国港口统计货类大分类　　表2-10

| 代　码 | 货物名称 | 代　码 | 货物名称 |
|---|---|---|---|
| 01 | 煤炭及制品 | 10 | 盐 |
| 02 | 石油天然气及制品 | 11 | 粮食 |
| 03 | 金属矿石 | 12 | 机械、设备、电器 |
| 04 | 钢铁 | 13 | 化工原料及制品 |
| 05 | 矿物性建筑材料 | 14 | 有色金属 |
| 06 | 水泥 | 15 | 轻工、医药产品 |
| 07 | 木材 | 16 | 农、林、牧、渔业产品 |
| 08 | 非金属矿石 | 17 | 其他 |
| 09 | 化学原料及农药 | 单列 | 集装箱货 |

1. 件杂货

凡成件运输和保管的货物，不论有无包装，都可以称为件杂货(general cargo)。它们的型式、形状、大小及重量各不相同，种类繁多。

件杂货由于单件重量小，影响装卸设备的生产率。为了提高装卸效率，件杂货可用网络、绳扣、货板等成组工具，提高装卸单元的重量，使零散的、单件的件货组装成比较统一的成组件货，成组工具随货运转，成组件一般每件重1.5～3t。

件杂货根据货物的包装形式不同可分为：袋装货物、捆装货物、箱装货物、桶装货物、筐装货物、篓装货物、裸装货物(如生铁、钢锭、钢材、铝锭、铜锭、砖瓦等)、大件货(如机械设备、金属构件等)。

2. 干散货

干散货(dry bulk cargo)包括散装谷物、煤炭、矿石、散装水泥、矿物性建筑材料及化学性质比较稳定的块状或粒状货物。常见的散装谷物有小麦、玉米、大米、大豆等。煤炭和矿石都是大宗散货，且各有很多种类，大宗运输的矿石有铁矿石、磷矿石、锰矿石等。矿物性建筑材料有沙、碎石、石材等。干散货通常是大宗的，因此常为其设置专用码头。

3. 液体货

液体货(liquid cargo)包括原油、成品油、液体化工品、植物油和液化气等。大量通过港口的原油和成品油，属于易燃液体。在常温下为液体、遇火可燃烧且其闪点不超过45℃的物质为易燃液体，超过45℃者则称可燃液体。闪点是液体挥发出的气体和空气的混合物，在正常的大气压力下遇到火星能闪起火花，但液体本身尚未燃烧的最低温度。液体的易燃性按闪点分级(表2-11)。在运输装卸易燃液体时要特别注意遵守相应安全规则。为确保安全，闪点在60℃以内的可燃液体也可参照易燃液体的要求来处理。

液体易燃性的分级与分类　　表2-11

| 类　别 | 级　别 | 闪　点 | 实　例 |
|---|---|---|---|
| 易燃液体 | 一级 | <28℃ | 丙酮、甲醇、乙醛、苯、乙醇、汽油 |
| | 二级 | 28～45℃ | 丁烯醇、乙酸、乙酸丁酯、松节油、原油、煤油 |
| 可燃液体 | 三级 | 45～120℃ | 丙二胺、壬醇、己酸乙酯、二乙三胺、柴油 |
| | 四级 | >120℃ | 已二酸二辛酯、苯二甲酸二丁酯、苯二甲酸二辛酯 |

4. 适箱货

适箱货(containerizable cargo)一般指适于装集装箱的货类。集装箱是供周转使用并便于机械操作和运输的专用货物容器,又称为货柜。集装箱分为通用干货集装箱、保温集装箱、罐式集装箱、台架式集装箱、平台式集装箱、敞顶式集装箱和专用集装箱(如汽车集装箱、动物集装箱、服装集装箱等)。在56类国际贸易货物中,适箱货约32类,主要是易损易盗的高价商品,如酒类、药品、纺织品、电气、光学仪器、仪表、照相机、高级服装和冷藏品等。用集装箱把品种繁杂、单元小的件杂货集装成规格化重件,可提高装卸效率,缩短船舶等待时间,减少货损货差,节省包装费用,简化理货手续,便于多式联运、雨天装卸,从而降低货物运输成本。集装箱运输的发展引起船型、装卸工艺、码头布置,乃至港口运营等一系列改革。集装箱实现了货物从生产厂门经过各种运输环节直到用户门,中间不需拆装的"门对门"的运输。

集装箱规格在不断变化,国际上最常用的是20ft和40ft的集装箱。为便于统计,将20ft集装箱作为集装箱数量的国际标准计量单位,称为标准箱(TEU, Twenty-foot Equivalent Unit)。我国集装箱吞吐量统计按照集装箱实际长度与标准箱长度的比值,将箱数折算为标准箱数,10ft、35ft、40ft和45ft集装箱的折算系数分别为0.5、1.75、2和2.25。

## 二、港口吞吐量、通过能力

1. 吞吐量

一年间经由水运输出、输入港区并经过装卸作业的货物总量称为港口吞吐量,单位为吨;集装箱吞吐量单位为TEU。货物由水转陆或陆转水时,1吨装卸量计为1吨吞吐量;当货物水转水时,1吨装卸量计为2吨吞吐量,如图2-20所示的江海联运船转船过程中,上海港江海联运完成1吨装卸量计为2吨吞吐量。货物若在港区范围内的水上运输以及船舶进港口未经装卸原船运出港的货物不计入该港吞吐量。

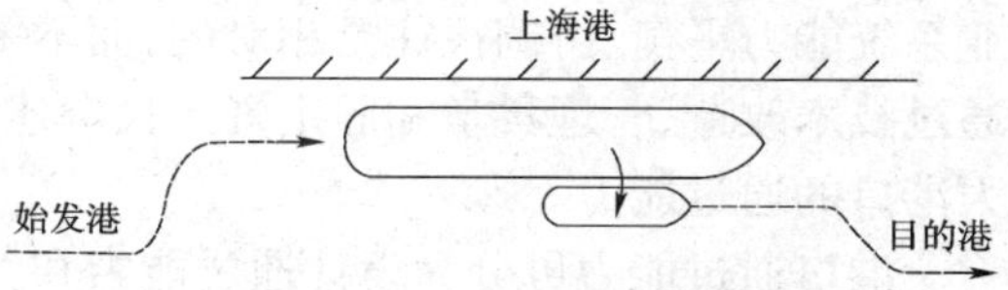

图2-20　江海联运船转船示意图

吞吐量是港口主要营运指标之一,也是确定港口规模的决定性指标。随着全球经济一体化进程的加快,世界各个国家和地区间国际贸易量迅速攀高,带动国际运输业务的快速发展,集装箱吞吐量成为衡量港口地位的主要标志。表2-12列出2009年世界主要港口货物吞吐量和集装箱吞吐量。

**2009年世界吞吐量排名前十位的港口**　　表2-12

| 序号 | 港口名称 | 货物吞吐量(亿t) | 港口名称 | 集装箱吞吐量(万TEU) |
|---|---|---|---|---|
| 1 | 上海港 | 5.9 | 新加坡港 | 2 587 |
| 2 | 宁波-舟山港 | 5.7 | 上海港 | 2 500 |
| 3 | 新加坡港 | 4.72 | 香港港 | 2 090 |
| 4 | 鹿特丹港 | 3.87 | 深圳港 | 1 825 |
| 5 | 天津港 | 3.8 | 釜山港 | 1 198 |
| 6 | 广州港 | 3.75 | 广州港 | 1 119 |

续上表

| 序号 | 港口名称 | 货物吞吐量（亿 t） | 港口名称 | 集装箱吞吐量（万 TEU） |
|---|---|---|---|---|
| 7 | 青岛港 | 3.16 | 迪拜港 | 1 112 |
| 8 | 秦皇岛港 | 2.44 | 宁波-舟山港 | 1 050 |
| 9 | 香港港 | 2.43 | 青岛港 | 1 026 |
| 10 | 釜山港 | 2.26 | 鹿特丹港 | 974 |

2. 自然吨

1 吨货物从进港到出港止，不管经过多少次操作，只算 1 吨装卸量（亦称自然吨）。无论是陆转水、水转陆或水转水的货物，1 吨装卸量均计为 1 个自然吨。自然吨是衡量港口装卸任务大小的主要数量指标。

3. 通过能力

一年间在既定的设备条件并满足一定的服务水平条件下，按合理的操作过程、先进的装卸工艺和生产组织所允许通过的货运量称为港口通过能力，计量为货物的自然吨。其中，集装箱码头以 TEU 计。

港口通过能力代表着港口通过货物的综合能力，包括航行作业系统、装卸作业系统、存储分运作业系统、集疏运系统和信息与商务系统这五个系统的通过能力，任何一个作业系统发生“瓶颈”现象，都将抑制港口通过能力。港口通过能力受港口生产服务水平的影响，且五个作业系统能力平衡、协调往往是相对的，而不平衡是绝对的。港口规划和营运管理，就是要不断通过技术改造、管理科学和固定资产投资建设，使五个系统不断取得新的平衡和协调，不断扩大港口的通过能力。

港口通过能力可分为设计通过能力和营运通过能力。设计通过能力是指新建或扩建的港口，在设计文件中所规定的应达到的生产能力。营运通过能力也叫做现有能力，通常是指港口在营运期内，依据现有的生产设备、技术组织措施和货运量的实际构成，以及在营运期内能够实现的扩大通过能力的措施效果来计算，可能达到的通过能力或者统计期已经实现的实际通过能力。在实际工作中，各通过能力有不同的用途和作用。在编制港口规划时，应以设计通过能力为依据；在编制年度生产计划或短期作业计划时，应以营运通过能力为依据。

## 三、港口吞吐量预测

1. 吞吐量预测内容

（1）港口吞吐总量预测。根据预测依据，选取一种或多种预测方法，预测港口吞吐总量，通过综合分析各预测结果，提出各规划水平年的全港客、货总吞吐量发展水平。

规划基础年通常为规划编制完成的前一年，规划水平年与国民经济和社会发展五年规划的年份相一致。

（2）主要货类吞吐量预测。根据主要货类运输需求和运输组织的变化情况，分析预测各规划水平年主要货类的港口吞吐量发展水平。

（3）分港区吞吐量预测。根据全港吞吐量预测水平及各港区的发展条件和功能分工，预测各港区的吞吐量发展水平。

(4)港区集疏运量预测。根据全港及各港区的吞吐量预测水平、港口集疏运设施的发展规划,预测全港及主要港区各种集疏运方式的运量水平。

2. 吞吐量预测系统及预测方法

港口发展依赖于国民经济发展,特别是港口所在区域经济和外贸的发展,因此编制港口规划始终要与区域经济发展规划挂上钩。预测各规划水平年全港及主要港区分货类的港口吞吐量发展水平以及各种集疏运方式的运量水平,应在国家和区域经济发展规划的基础上,充分考虑腹地经济发展及市场变化、重大产业布局、港口竞争关系、集疏运通道改善等多种因素对港口吞吐量的影响,以及港口吞吐量的发展特点。吞吐量发展水平预测系统见图2-21。图中除从港口自身发展研究预测外,还强调对货源产生的发展机制分析,产业结构与交通运输量及特点的相关关系,以及相邻港口之间竞争因素对运量的影响。

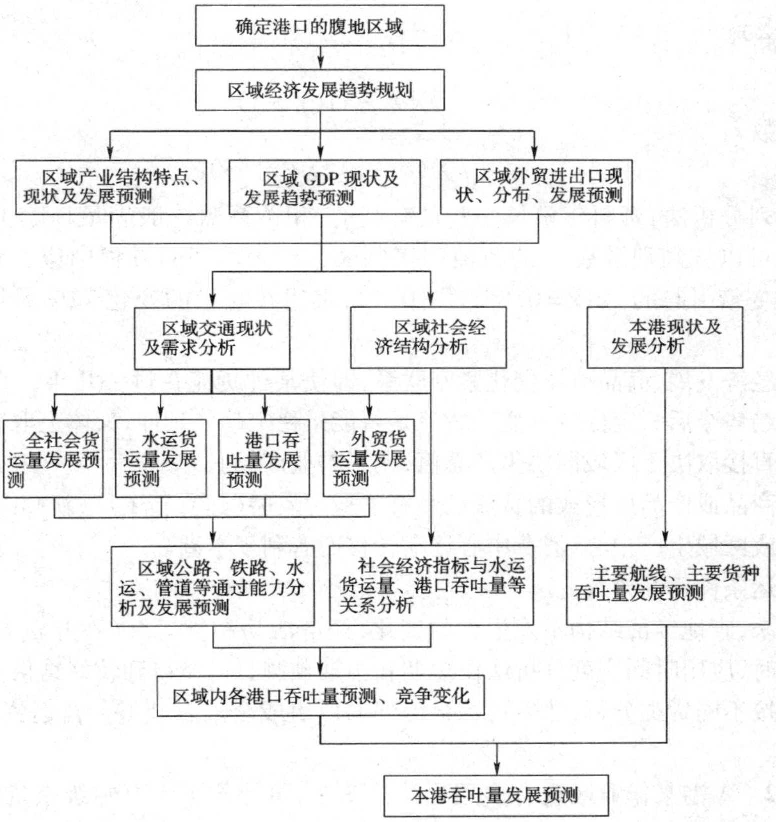


图2-21　吞吐量预测系统图

港口吞吐量预测方法主要分定性与定量两类。定性分析法是利用历史资料,依靠专家的经验、知识和综合分析能力,对未来的发展状况进行分析预测,如意见集合法、专家调查法(德尔菲法)、专家小组意见法等。定量分析法是根据历史统计数据,通过建立数学模型来预测事物发展的未来状况,常用的有时间序列法、概率分析法、因果关系法、动态预测法和组合预测法。每种预测法都有其特点和适用范围,具体应用时应加以选择。

(1)时间序列法。把年份或序号作为回归方程的自变量 $x$,吞吐量作为因变量 $y$,通常表示为：

$$y = a + bx \tag{2-7}$$

式中：$a = \dfrac{\bar{y}\sum\limits_{i=1}^{n} x_i^2 - \bar{x}\sum\limits_{i=1}^{n} x_i y_i}{\sum\limits_{i=1}^{n}(x_i - \bar{x})^2} = \bar{y} - b\bar{x}$

$$b = \frac{\sum\limits_{i=1}^{n}(x_i - \bar{x})(y_i - \bar{y})}{\sum\limits_{i=1}^{n}(x_i - \bar{x})^2}$$

$$\bar{x} = \frac{1}{n}\sum_{i=1}^{n} x_i$$

$$\bar{y} = \frac{1}{n}\sum_{i=1}^{n} y_i$$

相关系数 $r$：

$$r = \frac{\sum\limits_{i=1}^{n}(x_i - \bar{x})(y_i - \bar{y})}{\sqrt{\sum\limits_{i=1}^{n}(x_i - \bar{x})^2 \sum\limits_{i=1}^{n}(y_i - \bar{y})^2}} \tag{2-8}$$

时间序列分析法，资料年份长一些是有利的，相关系数一般满足 $|r| > 0.85$。估计预测的可靠程度可以从判别系数 $r^2$ 的数值间接判断。$r^2$ 表示回归方程中应变量的变化有多大部分是由自变量引起的，如 $r = 0.85$、$r^2 = 0.72$，表明吞吐量的变化 72% 是因年份变动而产生的。

运量与经济发展、商品市场变化紧密联系，即使某种货流在过去几年一直增加，但并不意味着该增长趋势今后一定保持不变。货流是否能呈稳定趋势延伸，大体上取决于下列条件：

①货流直接取决于区域国民生产总值，或工农业产值。

②某些商品或产品所形成的货流已经有了稳定发展（建立新工厂、新矿山）。

③地区或区域生产中心、消费中心逐渐转移而有利于本港。

④集疏运条件逐渐改善。

总体说来，腹地经济结构不发生大的变化，经济活动和货运量（吞吐量）的关系才会平稳地发展。此时，应用时间序列分析法作短期和中期预测有可能得到较好结果。

预测宜按不同货类分析，然后再综合得到泊位组或全港吞吐量。营运资料宜按装卸自然吨进行分析。

**例题 2-2** A 港某作业区现有多用途泊位 3 个，可停靠 1.5 万吨级杂货船，以外贸为主。历年完成吞吐量（自然吨）见表 2-13。初步分析 5 年内腹地经济结构不会有大的变化，试用时间序列分析法预测 2015 年港区吞吐量增长情况。

**2001～2009 年 A 港区吞吐量统计表**　　　表 2-13

| 序　号 $x_i$ | 年　份 | 吞吐量 $y_i$（万 t） |
|---|---|---|
| 1 | 2001 | 60 |
| 2 | 2002 | 67 |
| 3 | 2003 | 69 |

续上表

| 序　号 $x_i$ | 年　份 | 吞吐量 $y_i$(万 t) |
|---|---|---|
| 4 | 2004 | 76 |
| 5 | 2005 | 86 |
| 6 | 2006 | 90 |
| 7 | 2007 | 104 |
| 8 | 2008 | 112 |
| 9 | 2009 | 118 |

利用式(2-7)和式(2-8)得回归方程式及相关系数为:$y=7.52x+49.31$,$r=0.99$,进而推求2015年港区吞吐量为:$y=162$ 万 t。

(2)概率分析法。港口某类货种的吞吐量是由不同国家、地区航线的货流所构成。未来吞吐量的发展受很多因素制约,由于它的不确定性,可以把达到某一吞吐量理解为随机事件。因而可以用概率来描述,常常可以根据以往年份的资料及形势分析,对某一国家或地区、航线作出未来吞吐量的概率推测,而泊位组的吞吐量则是它们的合计货流及相应的联合概率。下面通过例题来说明方法的运用。

**例题 2-3**　A港某作业区杂货泊位组的吞吐量由日本、东南亚、美国、西欧等航线所组成。虽然本国腹地5年后经济结构不会有大变化,但对各航线吞吐量形势分析,预计有一定变幅。2015年各航线的吞吐量与相应的主观概率列于表2-14。试计算2015年吞吐量的期望值并绘制吞吐量低于某值的累积概率曲线。

**2015年各航线的吞吐量与相应的主观概率**　　表2-14

| 航　线 | 吞吐量 $Q$(万 t)/概率 $P$ | | |
|---|---|---|---|
| | 乐观的 $H$ | 适中的 $M$ | 悲观的 $L$ |
| A(本国) | 80/0.2 | 60/0.5 | 40/0.3 |
| B(日本、东南亚) | 64/0.3 | 48/0.6 | 32/0.1 |
| C(美国、欧洲) | 56/0.1 | 36/0.5 | 16/0.4 |

各航线的货流是相互独立的,联合概率等于各分概率之乘积。

乐观的吞吐量200万 t出现的概率及在总期望吞吐量中所占基值:

$$P(\mathrm{HHH})=P_{\mathrm{A}}(\mathrm{H})\cdot P_{\mathrm{B}}(\mathrm{H})\cdot P_{\mathrm{C}}(\mathrm{H})=0.2\times0.3\times0.1=0.006$$

$$Q_{\mathrm{HHH}}\cdot P(\mathrm{HHH})=200\times0.006=1.20\text{ 万 t}$$

适中的吞吐量144万 t出现的概率及其期望基值:

$$P(\mathrm{MMM})=P_{\mathrm{A}}(\mathrm{M})\cdot P_{\mathrm{B}}(\mathrm{M})\cdot P_{\mathrm{C}}(\mathrm{M})=0.5\times0.6\times0.5=0.15$$

$$Q_{\mathrm{MMM}}\cdot P(\mathrm{MMM})=144\times0.15=21.60\text{ 万 t}$$

悲观的吞吐量88万 t出现的概率及其期望基值:

$$P(\mathrm{LLL})=P_{\mathrm{A}}(\mathrm{L})\cdot P_{\mathrm{B}}(\mathrm{L})\cdot P_{\mathrm{C}}(\mathrm{L})=0.3\times0.1\times0.4=0.012$$

$$Q_{\mathrm{LLL}}\cdot P(\mathrm{LLL})=88\times0.012=1.06\text{ 万 t}$$

各种吞吐量组合及其概率列于表2-15,吞吐量的期望值:

$$Q_{\mathrm{E}}=\sum Q_iP_i=139.20\text{ 万 t}$$

将表2-15中吞吐量按大小排列，列于表的右侧，并据此绘制如图2-22所示的吞吐量-累积概率曲线。从曲线可以看出，例题2-2所预测的2015年162万t相当于累积概率80%左右，即超过此吞吐量的概率约为20%左右。因此，不同的预测方法对于港口吞吐量的预测结果是有差别的，在编制港口规划的过程中，正确地选择预测方法是至关重要的。

**各种吞吐量组合及其概率计算** 表2-15

| 组合 | | | 吞吐量（万t） | 概　率 | 吞吐量期望值（万t） | 序　号 | 吞吐量（万t） | 概　率 | 吞吐量低于某值的概率 |
|---|---|---|---|---|---|---|---|---|---|
| A | B | C | | | | | | | |
| H | H | H | 200 | 0.006 | 1.20 | 1 | 88 | 0.012 | 0.012 |
| H | H | M | 180 | 0.030 | 5.40 | 2 | 104 | 0.072 | 0.084 |
| H | H | L | 160 | 0.024 | 3.84 | 3 | 108 | 0.015 | 0.099 |
| H | M | H | 184 | 0.012 | 2.21 | 4 | 108 | 0.020 | 0.119 |
| H | M | M | 164 | 0.060 | 9.84 | 5 | 120 | 0.036 | 0.155 |
| H | M | L | 144 | 0.048 | 6.91 | 6 | 124 | 0.120 | 0.275 |
| H | L | H | 168 | 0.002 | 0.34 | 7 | 124 | 0.090 | 0.365 |
| H | L | M | 148 | 0.010 | 1.48 | 8 | 128 | 0.003 | 0.368 |
| H | L | L | 128 | 0.008 | 1.02 | 9 | 128 | 0.025 | 0.393 |
| M | H | H | 180 | 0.015 | 2.70 | 10 | 128 | 0.008 | 0.401 |
| M | H | M | 160 | 0.075 | 12.00 | 11 | 140 | 0.045 | 0.446 |
| M | H | L | 140 | 0.060 | 8.40 | 12 | 140 | 0.060 | 0.506 |
| M | M | H | 164 | 0.030 | 4.92 | 13 | 144 | 0.018 | 0.524 |
| M | M | M | 144 | 0.150 | 21.60 | 14 | 144 | 0.150 | 0.674 |
| M | M | L | 124 | 0.120 | 14.88 | 15 | 144 | 0.048 | 0.722 |
| M | L | H | 148 | 0.005 | 0.74 | 16 | 148 | 0.005 | 0.727 |
| M | L | M | 128 | 0.025 | 3.20 | 17 | 148 | 0.010 | 0.737 |
| M | L | L | 108 | 0.020 | 2.16 | 18 | 160 | 0.009 | 0.746 |
| L | H | H | 160 | 0.009 | 1.44 | 19 | 160 | 0.075 | 0.821 |
| L | H | M | 140 | 0.045 | 6.30 | 20 | 160 | 0.024 | 0.845 |
| L | H | L | 120 | 0.036 | 4.32 | 21 | 164 | 0.030 | 0.875 |
| L | M | H | 144 | 0.018 | 2.59 | 22 | 164 | 0.060 | 0.935 |
| L | M | M | 124 | 0.090 | 11.16 | 23 | 168 | 0.002 | 0.937 |
| L | M | L | 104 | 0.072 | 7.49 | 24 | 180 | 0.015 | 0.952 |
| L | L | H | 128 | 0.003 | 0.38 | 25 | 180 | 0.030 | 0.982 |
| L | L | M | 108 | 0.015 | 1.62 | 26 | 184 | 0.012 | 0.994 |
| L | L | L | 88 | 0.012 | 1.06 | 27 | 200 | 0.006 | 1.000 |
| 期望值 | | | | | 139.20 | | | | |

（3）因果分析法。通过分析各种社会经济指标对港口货物吞吐量影响的大小及两者之间的关联程度，找出两者之间的关系，然后再根据这些相关社会经济指标的变化趋势及其对吞吐量的影响大小预测吞吐量。通常表示为式(2-9)的形式。

$$y-\bar{y}=b_{yx}(x-\bar{x})+b_{yx'}(x'-\bar{x}') \tag{2-9}$$

式中：$y$——吞吐量；

$x$、$x'$——自变量；

$$b_{yx}=\frac{S_y}{S_x}\cdot\frac{r_{xy}-r_{x'y}\cdot r_{xx'}}{1-r_{xx'}^2}$$

$$b_{yx'}=\frac{S_y}{S_{x'}}\cdot\frac{r_{x'y}-r_{xy}\cdot r_{xx'}}{1-r_{xx'}^2}$$

$$\frac{S_y}{S_x}=\sqrt{\frac{\sum(y-\bar{y})^2}{\sum(x-\bar{x})^2}};\frac{S_y}{S_{x'}}=\sqrt{\frac{\sum(y-\bar{y})^2}{\sum(x'-\bar{x}')^2}}$$

$$r_{xx'}=\frac{\sum(x-\bar{x})(x'-\bar{x}')}{\sqrt{\sum(x-\bar{x})^2\sum(x'-\bar{x}')^2}}$$

$$r_{xy}=\frac{\sum(x-\bar{x})(y-\bar{y})}{\sqrt{\sum(x-\bar{x})^2\sum(y-\bar{y})^2}}$$

$$r_{x'y}=\frac{\sum(x'-\bar{x}')(y-\bar{y})}{\sqrt{\sum(x'-\bar{x}')^2\sum(y-\bar{y})^2}}$$

$$\bar{x}=\frac{1}{n}\sum_{i=1}^{n}x_i;\bar{x}'=\frac{1}{n}\sum_{i=1}^{n}x'_i;\bar{y}=\frac{1}{n}\sum_{i=1}^{n}y_i$$

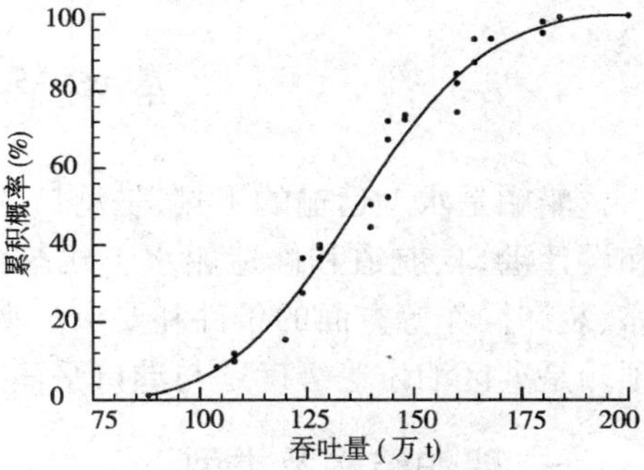


图 2-22　吞吐量-累积概率曲线图

复相关系数 $r_y(xx')$：

$$r_y(xx')=\sqrt{\frac{r_{xy}^2+r_{x'y}^2-2r_{xx'}r_{xy}r_{x'y}}{1-r_{xx'}^2}} \tag{2-10}$$

**例题 2-4**　B 港历年吞吐量（自然吨）$y$、腹地工农业总产值 $x$、对外贸易额 $x'$，见表 2-16。表中产值和贸易额已考虑了货币的时间价值，均换算为现值。表中工农业总产值未剔除明显与本港吞吐量无关的产值。

**2001～2009 年 B 港区吞吐量统计表**　　表 2-16

| 序　号 | 年　份 | 吞吐量 $y$（万 t） | 工农业总产值 $x$（亿元） | 外贸额 $x'$（亿元） |
|---|---|---|---|---|
| 1 | 2001 | 753 | 903 | 19 |
| 2 | 2002 | 827 | 948 | 21 |
| 3 | 2003 | 866 | 1 005 | 23 |
| 4 | 2004 | 906 | 1 065 | 54 |
| 5 | 2005 | 964 | 1 139 | 88 |
| 6 | 2006 | 1 251 | 1 230 | 114 |
| 7 | 2007 | 1 289 | 1 316 | 147 |
| 8 | 2008 | 1 344 | 1 363 | 158 |
| 9 | 2009 | 1 435 | 1 432 | 181 |

计算得出各有关数据，以及如式(2-9)的相关方程，具体为：

$r_{xx'}=0.992$、$r_{xy}=0.984$、$r_{xy'}=0.978$；$r_y(xx')=0.984$；$b_{yx}=1.18$；$b_{yx'}=0.46$

$y-1\,070.56=1.18(x-1\,155.67)+0.46(x'-89.44)$ 或 $y=1.18x+0.46x'-334.27$

根据腹地经济发展规划和外贸规划，预测 2015 年及 2020 年工农业总产值和外贸额，进而得出 2015 年和 2020 年港口吞吐量分别为 2 055 万 t 和 2 469 万 t，见表 2-17。

2015 年和 2020 年工农业总产值和外贸额预测值　　表 2-17

| 序　号 | 年　份 | 工农业总产值 $x$(亿元) | 外贸额 $x'$(亿元) | 吞吐量 $y$(万 t) |
|---|---|---|---|---|
| 1 | 2015 | 1 900 | 320 | 2 055 |
| 2 | 2020 | 2 200 | 450 | 2 469 |

## 第四节　船舶及船型预测

船舶是水上运输的工具，是港口的主要服务对象之一。为保障船舶完成运输任务，在规划和设计港口、航道和修造船水工建筑物时，必须满足船舶外形尺度、吨位、航行性能、锚泊、停靠、装卸操作等方面的条件和要求。掌握船舶的类型、主尺度和吨位，设计船型以及到港船型预测是港区泊位等级确定与港口平面布置的必要条件。

### 一、船舶结构及类型

1. 船舶结构

船舶由船舶主机带动推进器产生推力行驶，并通过设在尾部的舵装置控制、调整航向。船舶靠舵调整航向需要一定的时间和空间，其自行回转的航迹半径通常大于(3 ~ 4)$L$($L$——船舶全长)，船速需要大于 3 ~ 5kn。某些大型专用船舶为改善航向控制能力，在船首两侧设小型侧推进器，以协助船舶在狭窄水域航行和靠离码头。

船舶首部两侧设有锚、锚链、锚链筒和锚链舱等。锚是停泊和协助船舶停泊操纵的装置，它靠自重和形状入土产生抓力，一般万吨级船锚重 5 ~ 7t 之间。船舶在停车前抛锚，可以克服停车后船舶惯性力；船舶驶靠码头时，常用锚调节降低船速；在一般风浪条件下锚地停泊，也是靠锚来控制船位。船舶在锚地停泊时锚链长度一般为 3 ~ 4 倍水深，最好要达到 6 倍水深。

船舶停靠码头时，用缆绳系在系船柱上，以防止船舶移位。船舶在靠码头过程中，当船舶接近码头时，将缆绳一端系在码头系船柱上，用绞缆协助船舶靠码头。

船舶沿船长方向分为相互隔断的舱室。图 2-23 为集装箱船断面图，该船舶机舱前有 7 个装箱舱室，机舱后有一个装箱舱室；船舱底为双层结构，其间容积为燃料油舱和压载水舱。

为满足船舶安全营运和船员、乘客生活需要，船上设有导航系统、供电系统、供水系统、通风系统、冷暖系统、舱底水排泄系统、灭火系统和救生装置等。

2. 船舶类型

船舶按用途可分为集装箱船、干散货船、杂货船、液体散货船、滚装船、汽车滚装船、客船、工作船、游艇和舰艇等。

(1)集装箱船(container ship)，指专门用于运输集装箱的船。上甲板平直，甲板和舱内均堆放集装箱，可分为全集装箱船、半集装箱船和可变换集装箱船。集装箱船装卸速度快，航速大多在 18 ~ 25kn(1kn = 1n mile/h = 1.852km/h)；停港时间短，一般不超过 24h。

集装箱船发展阶段与是否通过巴拿马运河密切相关。巴拿马原船闸(2#船闸)的闸室尺度(长 × 宽 × 门槛水深)为 304.8m × 33.5m × 12.8m，设计船型为 294.1m × 32.3m × 12.4m(长 × 宽 × 吃水)。据巴拿马运河当局已经公布的运河扩建工程既定方案，2014 年竣工的第三套运河船闸，新船闸（3#船闸）的闸室尺度为427m×55m×18.3m，设计船型为366m×49m×15.2m，可通过12 000TEU的超大型集装箱船舶。习惯上将集装箱船按照发展阶段和特征进行等级划分，见表2-18。

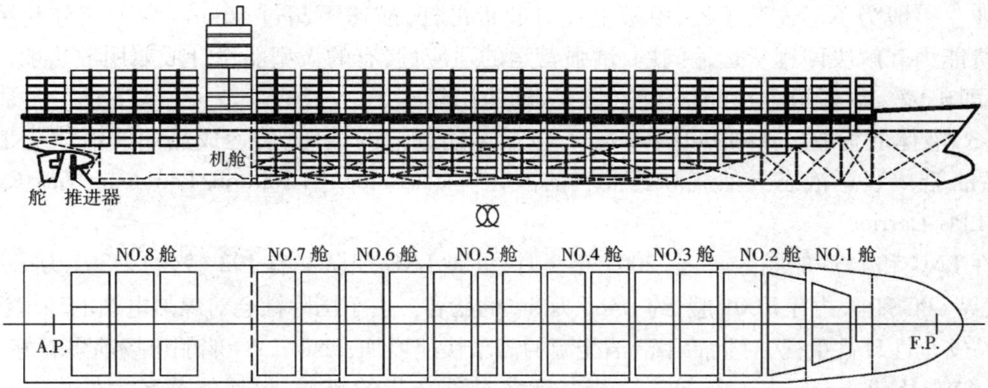


| | | | | | |
|---|---|---|---|---|---|
| 全　长(m) | 299.95 | 上甲板装箱(TEU) | 2 479 | 总吨 *GT*(t) | 60 117 |
| 垂线间长(m) | 283.00 | 船舱内装箱(TEU) | 2 264 | 净吨 *NT*(t) | 23 180 |
| 型　宽(m) | 37.10 | 合计(TEU) | 4 743 | 载重吨 *DWT*(t) | 63 163 |
| 型　深(m) | 21.80 | 冷冻箱:上甲板/舱内(TEU) | 252/148 | 航速(kn) | 23.5 |
| 满载吃水(m) | 13.00 | 船员(人) | 30 | 续航力(n mile) | 20 900 |

图2-23　集装箱船图

**集装箱船舶等级标准**　　表2-18

| 船舶等级 | 船舶能力 | | 船舶主尺度 | | | 船舶积载情况 | | | 船舶属性 |
|---|---|---|---|---|---|---|---|---|---|
| | 船舶吨级 *DWT*(t) | 载箱量(TEU) | 总长(m) | 型宽(m) | 满载吃水(m) | 装箱层数 舱内 | 装箱层数 甲板 | 甲板堆箱列数 | |
| 第一代 | 10 000<br>(1 000～12 500) | 200～1 050 | 141 | 22.6 | 8.3 | 6 | 2 | 8 | 支线喂给船 |
| 第二代 | 20 000<br>(12 501～27 500) | 1 051～1 900 | 183 | 27.6 | 10.5 | 6 | 2 | 10 | 内贸及近洋船 |
| 第三代 | 30 000<br>(27 501～45 000) | 1 901～3 500 | 241 | 32.3 | 12.0 | 7 | 3 | 12 | 远洋级船 |
| 第四代 | 50 000<br>(45 001～65 000) | 3 501～5 650 | 293 | 32.3 | 13.0 | 8 | 5 | 13 | 巴拿马型船 |
| 第五代 | 70 000<br>(65 001～85 000) | 5 651～6 630 | 300 | 40.3 | 14.0 | 8 | 5 | 16 | 超巴拿马型船 |
| 第六代 | 100 000<br>(85 001～115 000) | 6 631～9 500 | 346 | 45.6 | 14.5 | 9 | 6 | 17 | |
| 第七代 | 150 000<br>(115 001～175 000) | 9 501～13 500 | 398 | 56.4 | 16.5 | 10 | 7 | 22 | 苏伊士运河型船 |
| 第八代 | 200 000<br>(175 001～240 000) | 13 501～18 000 | 400 | 60 | 18～21 | 13 | 8 | 24 | 马六甲海峡极限型船 |

(2)干散货船(dry bulk carrier),指用以装载无包装的煤炭、矿砂、谷物、化肥、水泥等大宗散装货物的船舶,包括粮谷船、煤船和矿砂船。

散货船货舱舱口尺度大,通常为船宽的0.4~0.5倍,以便于装卸用抓斗等设备能伸进舱内作业。一般为单层连续甲板,甲板上设有起货吊杆,航速不超过16kn。为了充分利用船舶的载货能力和解决回程货运输问题,增强营运的适应性,有的大型船设计成兼用散货船,如O/B/O(即矿、散、油三用船)和O/O船(即矿、油两用船)。

(3)液体散货船(liquid bulk carrier),包括运输原油的油船、装运成品油的液体化工品船(成品油船)、装运液态天然气和石油气的液化气船(Liquefied Natural/Petroleum Gas Carrier,LNG/LPG-Carrier)。

在LNG和LPG船舶方面,至2005年9月,世界LNG船队共有192艘,约2 302万$m^3$的舱容;世界LPG船队共有1 001艘,约1 465万$m^3$的舱容。由于国际社会对煤热电站的环境污染和核电站安全性日益重视,对生活用清洁能源的需求快速增加,LNG、LPG船舶市场前景看好。

(4)杂货船(general cargo ship),指载运各种件杂货的船舶,包括能载运大件货、集装箱、普通件杂货以及某些散货的多用途船。

(5)滚装船(roll on/roll off ship),又称开上开下船,由汽车及由牵引车辆拖带的挂车通过跳板开进舱内,到达目的港后,车辆可直接开往收货单位。

(6)汽车滚装船(pure car carrier),指专门用于运输汽车的船舶。汽车相对于自身重量,占用的船舶空间较大,吃水线以上船体大,易受风的影响,操船比较困难。大型汽车滚装船可装载6 000台小汽车,在码头上需要停车的空间较大。还有单向航程进行汽车运输,返程装载谷物等散货的兼用船舶(car bulker)。

(7)客船(passenger ship),指专门用于运送旅客及其可携带行李和邮件,也有兼运少量货物的客货船。客船多为定期定线航行。

(8)工作船(work boat),是为港口生产服务的引水船、港作拖轮、供应船、消防船、交通船等。

(9)游艇(yacht),是用于运动和娱乐休闲的船只。按其推进装置的不同分为无动力艇、帆船和机动艇。

(10)邮轮(cruise ship),是航行于大洋或近海的带有游览性质、具有流动型大酒店性质的客船,亦是拥有各式娱乐设施的豪华海上度假村。

(11)舰艇(naval ship),又称军舰,是指有武器装备,能在海洋执行作战任务的海军船只,是海军的主要装备。

结合我国大宗散货、集装箱等进出口运距以及各类船型发展趋势,码头停靠船舶代表船型吨级可参考表2-19。

**码头停靠船舶参考吨级** 表2-19

| 船种 \ 航线 | 远洋 | 沿海、近洋 | 备注 |
|---|---|---|---|
| 普通杂货船 | 1.5万~4万吨级 | 5千~1万吨级 | — |
| 集装箱船 | 5 000~11 000TEU | 1 500~4 000TEU | 准备12 000TEU以上 |

续上表

| 船种＼航线 | 远　洋 | 沿海、近洋 | 备　注 |
| --- | --- | --- | --- |
| 液体化工、成品油 | 6 万~8 万吨级 | 3 千~3 万吨级 | — |
| 原油船 | 25 万~30 万吨级 | 5 万吨级、12 万~15 万吨级 | 选择极限 45 万吨级 |
| 矿石船 | 15 万~30 万吨级 | 5 万~7 万吨级 | 选择极限 40 万吨级 |
| 粮食船 | 8 万~12 万吨级 | 3 万吨级 | — |
| 煤船 | 10 万~20 万吨级 | 3 万吨级(卸)、10 万吨级(装) | — |
| 滚装船 | 1 万~5 万吨级 | 1 000~3 000 吨级,5 千~2 万吨级 | — |

## 二、船舶主尺度

船舶主尺度是表示船体外形大小的主要尺度,通常包括船长、船宽、型深、吃水和干舷。船舶主尺度是计算船舶各种性能参数、衡量船舶大小、核收各种费用以及检查船舶能否通过船闸、运河等限制航道、停靠泊位的依据。船舶主尺度根据用途可以分为船型尺度、实际尺度等,其测量方法各不相同。

1. 船型尺度

船型尺度(moulded dimension),一般均从船壳板内侧的表面丈量,它主要用于船舶性能的计算和研究。

(1)垂线间长(length between perpendiculars,LBP):通过船宽中央沿船长方向的纵向垂直剖面称为纵中剖面。在纵中剖面内,从满载吃水线与首柱交点作垂线称为船首垂线,舵柱后缘称为船尾垂线,该两垂线间的水平距离称为垂线间长,见图 2-24a)。

(2)型宽(molded breadth):位于船首垂线与船尾垂线正中处的船体横剖面称为中横剖面。在中横剖面内两侧舷板的最大水平距离称为型宽。

(3)型深(molded depth):在中横剖面上,自上甲板边板的内表面至龙骨(即船中底纵梁)上表面的垂直距离称为型深,见图 2-24b)。

(4)型吃水(moulded draft):在中横剖面上,自龙骨上表面量至满载吃水线的垂直距离称为型吃水,见图 2-24b)。

2. 实际尺度

实际尺度,又称结构尺度,一般是从船体外缘丈量,主要用于船舶建造和运行,是港口、航道、船坞和船闸的设计依据。

(1)全长(总长,length over all,LOA):船体首尾两端间的最大水平距离,如果首柱尾柱以外还有突出部分,也应包括在全长之内,见图 2-24a)。

(2)全宽(最大船宽,beam):船舷两侧突出部分,包括护舷材在内的最大水平距离称为全宽。

(3)满载吃水(loaded draft):在中横剖面上,满载吃水线与中龙骨底面的垂直距离称为满载吃水。当首吃水与尾吃水相同时,龙骨是水平的。由于机舱的位置、设备重量以及各舱载货不均衡等原因,龙骨线常有倾斜,使首尾吃水不同,这种现象称为初始纵倾。船舶航行时船舶配载使尾吃水大于首吃水,故船尾的满载吃水才是船舶营运时的最大吃水。

上面提到的满载吃水线，是船舶设计所标记的满载吃水线，见图2-24c)，是指夏季海水满载吃水线(S)，与冬季海水满载吃水线(W)、热带海水满载吃水线(T)、淡水满载吃水线(F)和热带淡水满载吃水线(TF)稍有差异，如船舶从密度1.025t/m$^3$的海水到密度1.000t/m$^3$的淡水航行，吃水约增加2.5%。

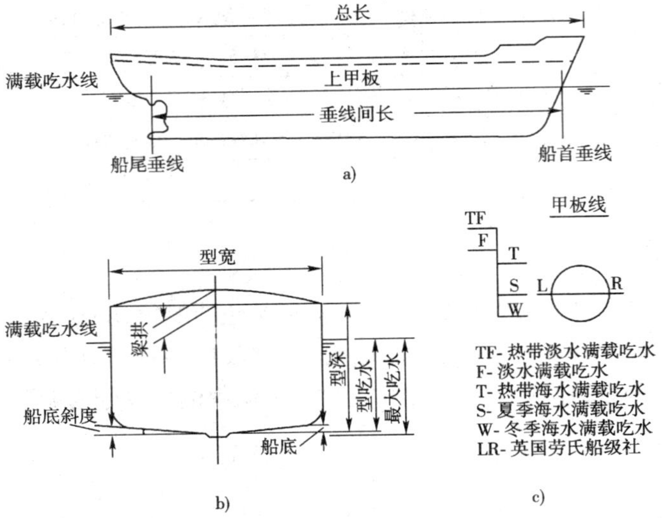


图2-24　船舶主尺度图

在港口、航道规划设计工作中，要认真区别船长、吃水和船宽等数据，港口规划及工程设计中使用的设计船型尺度包括总长、型宽、型深和满载吃水。结构吃水(实际尺度)比型吃水一般大0.4～1.0m，有时远大于1.0m；河船的全宽和型宽差别是很大的，常在1～3m的幅度，这种差别对船闸、船坞设计十分重要。

## 三、船舶吨位

船舶吨位(ship tonnage)是船舶大小的计量单位，表明船舶大小与运输能力，按用途可分为重量吨位和容积吨位两种。

1.重量吨位

(1)排水量吨位(displacement tonnage，DT)，是船舶在水中所排开水的吨数。排水量吨位又可分为空载排水量、满载排水量和实际排水量三种。

①空载排水量(light displacement tonnage，LDT)，是船体和机舱部分重量之和，是船舶最小限度的重量。

②满载排水量(full load displacement tonnage)，在密度1.025t/m$^3$的海水中，满载吃水时的重量，即船舶最大限度的重量。

③实际排水量(actual displacement tonnage)，是船舶每个航次载货后实际的排水量。

(2)载重吨位(dead weight tonnage，DWT)，表示船舶在营运中能够使用的载重能力，可分为总载重吨和净载重吨。

①总载重吨(gross dead weight tonnage，GDWT)，是满载排水量与空载排水量之差，是所允许装载的最大重量，包括货物、燃料、淡水、润滑油等储备消耗物资，单位为吨。

②净载重吨(dead weight cargo tonnage, DWCT),是指船舶所能运载货物与旅客的重量。对货船而言,总载重量与净载重量两者之差在沿海航线低于10%,在远洋航线约为10%~15%。

船舶的载重吨位可表示船舶的载运能力,用于货物统计,作为期租船月租金计算的依据和新船造价及旧船售价的计算单位;载重吨位也是港口规划和设计的重要指标,此时使用的DWT是指船舶的总载重吨。

2. 容积吨位

(1)总吨位(gross tonnage, GT),指船舶内部所有封闭容积,以100ft$^3$ 或2.83m$^3$ 为1t所表示的吨位。容积总吨可以表明船舶的大小,用于船队统计、船舶登记,确定航运业补贴或造舰津贴,以及计算保险费用、造船费用以及船舶赔偿等的依据。

(2)净吨位(net tonnage, NT),是指从总吨位中扣除机舱、船员生活舱室、压载舱等直接供船舶航行需用部分的吨位后余下的吨位。净吨位主要用于船舶的报关、结关,作为船舶向港口交纳的各种税收和费用以及船舶通过运河时交纳运河费的依据。

3. 船舶吨位间关系

各种吨位间的相互关系随船型、船种和大小而有很大的不同。它们之间的换算关系可参考下列统计关系。

总吨($GT$)和载重吨($DWT$)的换算关系为:$GT = DWT \times$ 转换系数,转换系数见表2-20。表2-20所列船舶类型以外的其他货船、客船、海峡渡船、渔船和其他非货运船可用满载排水量吨数($DSP$)作为总吨数。

日本《港口设施技术标准(2007年版)》,载重吨($DWT$)、总吨位($GT$)和满载排水量($DSP$)之间的关系见表2-21。

净吨位($NT$)、空载排水量($LDT$)和载重吨($DWT$)的换算关系,可参考下列统计相关式。

**载重吨与总吨转换系数表**　　表2-20

| 船舶类型 / 船舶吨位($DWT$) | 原油船<br>成品油船<br>化学品船 | 液化气船<br>(LPG、LNG船) | 散货船 | 集装箱船<br>滚装船<br>汽车滚装船 | 杂货船<br>冷藏船 |
|---|---|---|---|---|---|
| 5 000以下 | 0.64 | 0.80 | 0.76 | 0.66 | 0.65 |
| 5 000~10 000 | 0.63 | 0.80 | 0.68 | 0.76 | 0.68 |
| 10 000~30 000 | 0.63 | 0.85 | 0.65 | 0.87 | 0.83 |
| 30 000~50 000 | 0.63 | 0.90 | 0.61 | 1.00 | 1.00 |
| 50 000~80 000 | 0.59 | 1.50 | 0.55 | 1.10 | — |
| 80 000~150 000 | 0.53 | — | 0.55 | — | — |
| 150 000~250 000 | 0.50 | — | 0.51 | — | — |
| 250 000以上 | 0.50 | — | — | — | — |

货船:
$$\log NT = -0.721 + 1.082\log DWT$$
$$\log LDT = 0.308 + 0.791\log DWT$$

油船:
$$\log NT = -0.561 + 1.030\log DWT$$

$$\log LDT = 0.224 + 0.814\log DWT$$

矿石船：

$$\log NT = -0.317 + 0.921\log DWT$$

$$\log LDT = 0.308 + 0.791\log DWT$$

式中：$DWT$——载重吨(t)；

$GT$——总吨位(t)；

$NT$——净吨位(t)；

$DSP$——满载排水量(t)；

$LDT$——空载排水量(t)。

载重吨/总吨位与排水量的换算关系式　表 2-21

| 船舶种类 | 回归方程式 | 标准差 $\sigma$ |
|---|---|---|
| 货船 | $DSP = 1.139\ DWT$ | $0.052\ DWT$ |
| 集装箱船 | $DSP = 1.344\ DWT$ | $0.060\ DWT$ |
| 油船 | $DSP = 1.138\ DWT$ | $0.145\ DWT$ |
| 滚装船 | $DSP = 0.880\ GT$ | $0.211\ GT$ |
| 汽车滚装船 | $DSP = 0.652\ GT$ | $0.147\ GT$ |
| LPG 船 | $DSP = 1.114\ GT$ | $0.425\ GT$ |
| LNG 船 | $DSP = 1.015\ GT$ | $0.154\ GT$ |
| 客船 | $DSP = 0.522\ GT$ | $0.076\ GT$ |
| 中距离渡轮 | $DSP = 1.052\ GT$ | $0.337\ GT$ |
| 远距离渡轮 | $DSP = 1.150\ GT$ | $0.135\ GT$ |

## 四、设计船型及到港船型预测

设计船型是确定港口锚地、航道、回旋水域、装卸船设备选型以及水运工程建筑物设计的基本数据。设计船型通常不是某一条实船，而是综合某一吨级船舶资料而确定的组合数据，是按照统计概率确定的设计标准，例如 *DWT* 10 000t 级散货船涵盖了 *DWT* 7 501 ~ 12 500t 的实际船舶尺度。各货种船舶设计船型尺度可按《海港总平面设计规范》确定，常见的四种船舶设计船型尺度见附录二。

港口规划中，船型预测对于确定港区泊位等级具有重要的作用。港口、航道规划和设计时，必须考虑到港船型现状及国内外运输船舶发展趋势，根据预测货类的流量、流向、港口条件等，结合本港未来的发展目标和近中期任务，综合分析确定主要货类、主要航线的合理到港船型。内河港口应通过船舶营运组织论证预测不同航段条件的合理运输船型。

设计船型可分成三类：本期工程采用的设计船型、港口规划时采用的设计船型和用于研究港口极限尺度的船型(图 2-25)。极限尺度船型是指确定对本港长远发展有

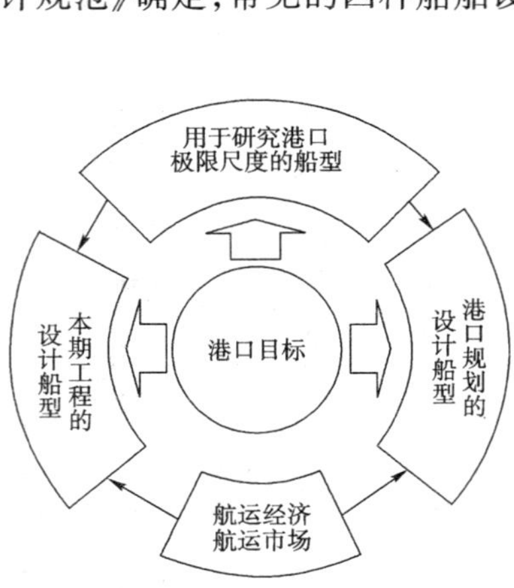


图 2-25　设计船型的研究

影响尺度时考虑的未来船型，如防波堤堤头位置所确定的口门宽度，此宽度大体上控制了未来进入本港最大尺度的船型。

## 习　　题

2.1　收集具有重叠腹地的港口群实例，分析其中港口之间的竞争及合作关系。

2.2　结合《工程水文学》，简述表 2-2 中要求调查的气象及海象项目的资料收集和整理方法。

2.3　分析风对港口规划布置及实际生产运营的影响。

2.4　确定设计潮位时，新建港口往往缺少长期完整的实测资料，需对短期资料进行处理，主要有哪些方法及适用范围？

2.5　简述近岸海流及泥沙运动对港口平面布置的影响。

2.6　在平面布置时，对海流应注意什么问题？

2.7　比较吞吐量、自然吨及通过能力三者之间的异同点。

2.8　分析集装箱船“代别”发展的主要特征（吃水、船宽及载箱量）。

2.9　结合教材，收集其他吞吐量预测方法的应用情况，并根据实例比较不同方法的优缺点。

2.10　试述船舶的主尺度的分类及适用范围。船舶吨位分类、使用范围及各种吨位间的相互换算关系。

2.11　某港件杂货泊位的吞吐量见表 2-22，试用时间序列分析法分别预测 2015 年、2020 年吞吐量发展情况。

表 2-22

| 年　份 | 2000 | 2001 | 2002 | 2003 | 2004 | 2005 | 2006 | 2007 | 2008 | 2009 |
|---|---|---|---|---|---|---|---|---|---|---|
| 吞吐量（万 t） | 62 | 73 | 82 | 88 | 100 | 109 | 114 | 122 | 132 | 144 |

2.12　2.11 题中的件杂货泊位组的货运量由三条航线组成，对 5 年后各航线的货运量形势分析及相应的主观概率见表 2-23：

表 2-23

| 航　线 | 货运量 $Q$（万 t）/概率 $P$ | | |
|---|---|---|---|
| A | 100/0.3 | 75/0.5 | 50/0.2 |
| B | 80/0.2 | 60/0.6 | 40/0.2 |
| C | 70/0.1 | 45/0.5 | 20/0.4 |

试计算 5 年后货运量期望值并绘制货运量低于某值的累积频率曲线。

# 第三章 港口装卸工艺

港口装卸工艺是港口货物装卸和搬运的方法和程序。港口装卸工艺设计，应根据货种、数量、流向、包装型式以及港口自然条件、设计船型、集疏运方式、码头型式等要素，以经济合理为原则，采用能显著减轻劳动强度的适用技术设备，设计出高效率、低成本、安全、环保的装卸和搬运方法及流程。

港口装卸工艺和港口平面布置之间存在着相互影响的关系，并决定了港口能力的有效发挥。货物装卸是港口生产的重要组成部分，先进的港口装卸工艺可以缩短船舶在港停留时间、提高生产效率、降低港口成本。

货物通过港口通常要经过装卸、存储和短途运输三个环节。图 3-1 为出口货物在港内的装卸过程，在解释图 3-1 之前，先介绍操作过程和装卸过程两个术语。

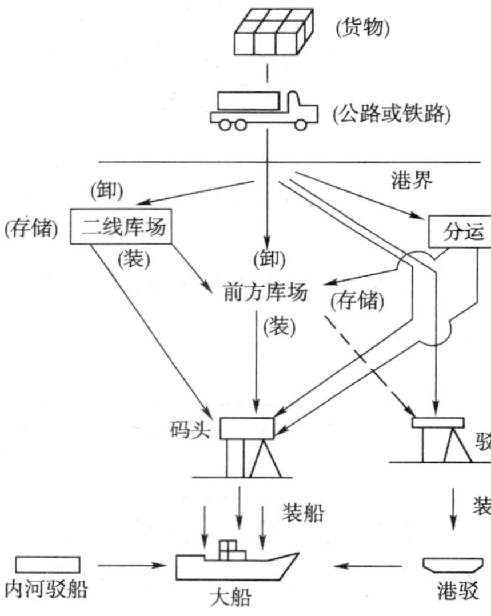


图 3-1 货物装卸过程

操作过程：一个操作过程是指车、船、库（场）之间，货物每经过其中两个环节所完成的一次位移，是根据一定装卸工艺完成一次货物的搬运作业过程。常见的操作过程有以下五种方式：

（1）卸车装船，或卸船装车（船⟷车）；

（2）卸车入库，或出库装车（库⟷车）；

（3）卸船入库，或出库装船（船⟷库）；

（4）卸船装船（船⟷船）；

（5）库场间倒载搬运（库⟷库）。

装卸过程：货物从进港到出港所进行的全部作业过程，由一个或多个操作过程组成。

货物在港口的换装有两种型式：直接换装和间接换装。直接换装是指货物从一种运输工具直接换装到另一种运输工具；间接换装是指货物经过港口仓库或堆场存储之后再换装至其他运输工具。换装是由操作过程实现的。在直接换装作业中，货物只经过一个操作过程；而在间接换装作业中，货物要经过两个以上的操作过程。

图 3-1 中货物陆运进港，海运出港，其装卸过程一般由三种不同形式来完成：货物由车直接装船离港；货物在前方库场或二线库场存储一段时间再装船离港；货物先在二线库场存储，再经由前方库场装船离港。这三种形式的装卸过程分别有一个操作过程、两个操作过程和三个操作过程。图中还有经驳船再装船的装卸过程，港驳或内河船与海船之间的操作过程可以在靠码头船舶的外档进行，也可以在锚地进行。货物在港内作业方式也包括船舱内作业，这往往是作业效率最低的环节。

港口装卸机械是在港口用于完成船舶与车辆的装卸、库场的堆码、拆垛与转运以及舱内作业的机械设备，主要分为垂直起重机械和水平搬运机械两类，用于垂直提升货物或在较短距离内沿着一定路线水平搬运货物，因而和汽车、火车、船舶等运输工具有所区别。装卸工艺的确定要考虑货种和货物吞吐量规模。依货种的不同，可分为件杂货、集装箱、干散货、液态散货、滚装、游艇等装卸工艺。

## 第一节　件杂货码头装卸机械和工艺

件杂货运输和装卸是一种最早的传统运输装卸工艺。多用途码头也是以件杂货装卸工艺为基础、兼装卸集装箱等其他货物的码头设施。货物单件重量超过 5t 或长度大于 12m 时，一般称为重大件杂货。

### 一、件杂货码头垂直起重机械

垂直起重机械完成装卸船和车的任务，件杂货码头常见的垂直起重机械有门座起重机、轮胎式起重机和浮式起重机，垂直起重作业也可以利用船吊。

1. 门座起重机

门座起重机简称门机(portal slewing crane)，是沿地面轨道行走且在门形底座上的全旋转臂架起重机，见图 3-2，是码头前沿的通用起重机械之一。

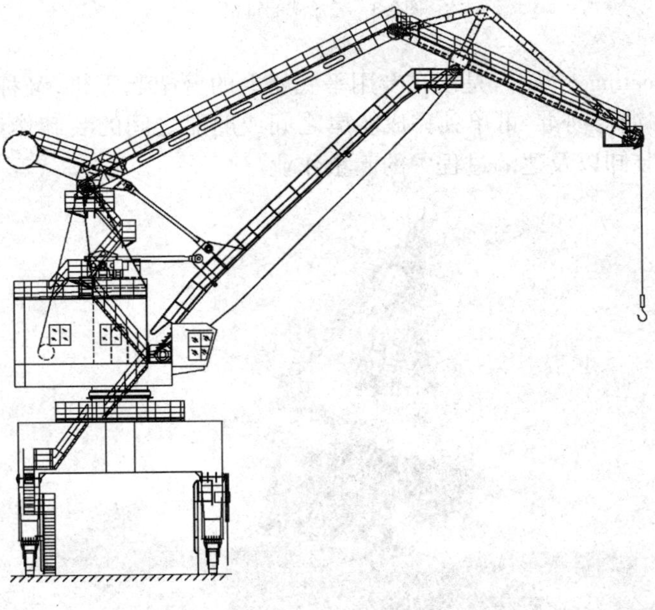

图 3-2　门座起重机

门机具有起升高度大、臂幅大、工作区域大、使用灵活、定位性好、起重量大、通用性好等优点。但是，门机的价格、使用成本、维修费用和能耗都高于其他件杂货装卸机械。此外，由于门机的自重大、装卸作业时的轮压力大，因而对码头结构强度要求高。

2. 轮胎式起重机

轮胎式起重机简称轮胎吊(wheel crane),是装在专用的轮胎底盘上的全旋转臂架起重机,见图3-3。它有起升、旋转、变幅和运行四个工作机构,分别完成提升和水平运移货物、调整臂架伸距及变换工作地点的任务。

轮胎式起重机是港口常用于装卸驳船的流动式起重机,使用时不受轨道限制,灵活机动,服务区域相对较大,既可用于码头前沿,又可作为堆场机械使用。

图3-3 轮胎式起重机

3. 浮式起重机

浮式起重机(floating crane),是装在专用平底船上的臂架起重机,又称起重船、浮吊,见图3-4。它广泛用于海港与河港,可单独完成船岸之间或船船之间的装卸作业,也可配合岸上的起重设备加速船舶装卸以及建港过程中的起重作业。

图3-4 浮式起重机

浮式起重机的优点是能在水上进行装卸,不受码头承载力限制,利用率高,并且降低了码头的建设费用,因而它适用于码头布置分散,货物吞吐量不大以及重大件设备的装卸工作。缺点是造价较高,需要的管理人员多。

## 二、件杂货码头水平搬运机械

件杂货码头常见的水平搬运机械主要有蓄电池搬运车、叉式装卸车(叉车)、牵引车挂车、货车等。港口使用的水平搬运机械的转弯半径小,载重量与码头前沿垂直装卸机械的起重量相适应。水平运输机械的选型,应根据货物的港内运距、组合形式、货件重量等因素确定,尤其以运距的影响因素最大,见表3-1。

件杂货码头主要水平搬运机械 表3-1

| 水平运输距离 | 100m以内 | 100~200m | 200~500m | 500m以上 |
| --- | --- | --- | --- | --- |
| 较合适的运输机械 | 蓄电池搬运车 | 叉车 | 牵引车挂车 | 货车 |

## 三、件杂货装卸工艺

以一种流向为例,简述件杂货码头完成前面所述五种操作过程的工艺流程,这些作业都是可以逆向进行的。

1. 船—车工艺装卸流程

船—车工艺装卸流程是将货物从船上卸下,不经过码头库场,直接装入提货的货车(卡车),见图3-5。具体作业流程为:接卸的货车行驶到码头前沿,停靠在卸货船舶的舱口边,货物通过码头垂直起重机械或船吊从舱内吊出,直接装入货车。其操作环节少,作业效率高,节省劳动力。图3-5中的浮式起重机用于重大件杂货的装卸作业,普通杂货可以选用船吊代替浮式起重机进行装卸作业。

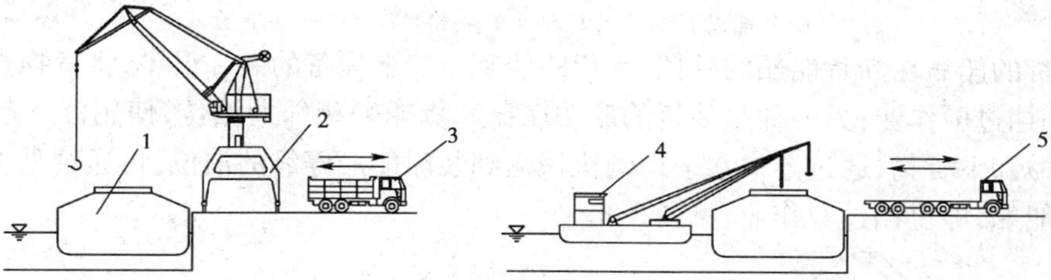


图3-5 船—车装卸工艺流程

1-杂货船;2-门机;3-货车;4-浮式起重机;5-大型平板车

2. 库(场)—车工艺装卸流程

库(场)—车工艺装卸流程是码头库(场)堆存的货物通过货车或火车运出码头,见图3-6。货物在码头的堆场或仓库用轮胎式起重机或叉车进行拆垛,直接装入提货的货车或火车出栈;或在库(场)拆垛后,通过牵引车挂车水平运输到码头铁路线边,用轮胎式起重机等将货物装入火车车皮。其中牵引车挂车不同于货车(卡车),也称拖头平车,1台牵引车可拖带多个挂车。

3. 船—库(场)工艺装卸流程

船—库(场)工艺装卸流程是货物通过门座起重机(也可用船吊)等垂直运输机械卸下后,通过港口牵引车挂车进行水平运输,到达库(场),在库(场)通过轮胎式起重机等机械,卸入库(场)堆垛,见图3-7。

4. 船—船工艺装卸流程

船—船工艺装卸流程是将货物从一艘船上卸下,再装上另一艘船。具体又分为两种情况:

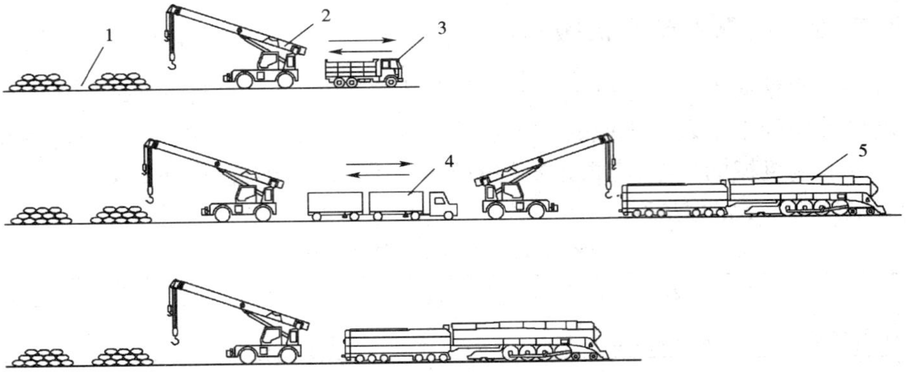


图 3-6　库(场)—车装卸工艺流程

1-堆场;2-轮胎式起重机;3-货车;4-牵引车挂车;5-火车

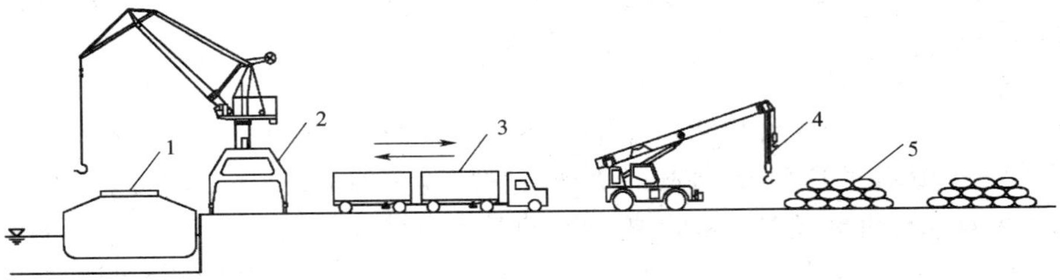


图 3-7　船—库(场)装卸工艺流程

1-杂货船;2-门机;3-牵引车挂车;4-轮胎式起重机;5-堆场

一种是装货的船靠在卸货船舶的外档,卸货的船利用船上配备的装卸设备,将货物直接从外档装船,即外档过驳作业;另一种是装货的船舶靠在卸货船舶相邻的泊位,使用浮式起重机或岸上装卸机械卸下货物,通过港口水平运输机械运到装船船舶停靠的泊位,再通过垂直运输机械装入装船船舶,即里档过驳作业,见图 3-8。

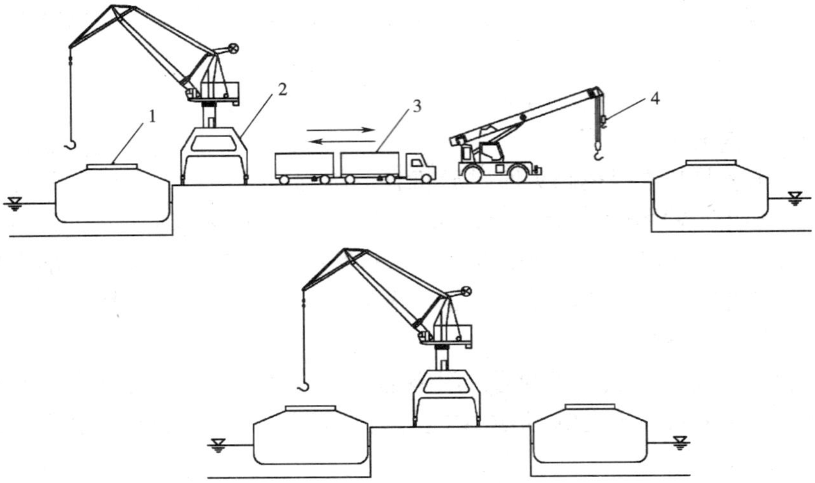


图 3-8　船—船装卸工艺流程

1-杂货船;2-门座起重机;3-牵引车挂车;4-轮胎式起重机

5. 库(场)—库(场)工艺装卸流程

库(场)—库(场)工艺装卸流程主要是货物由于某种需要,在不同的库(场)之间转场,货物在一个堆场用叉车或轮胎式起重机拆垛,用牵引车挂车水平运输到另一个堆场,用轮胎式起重机堆垛,见图3-9。

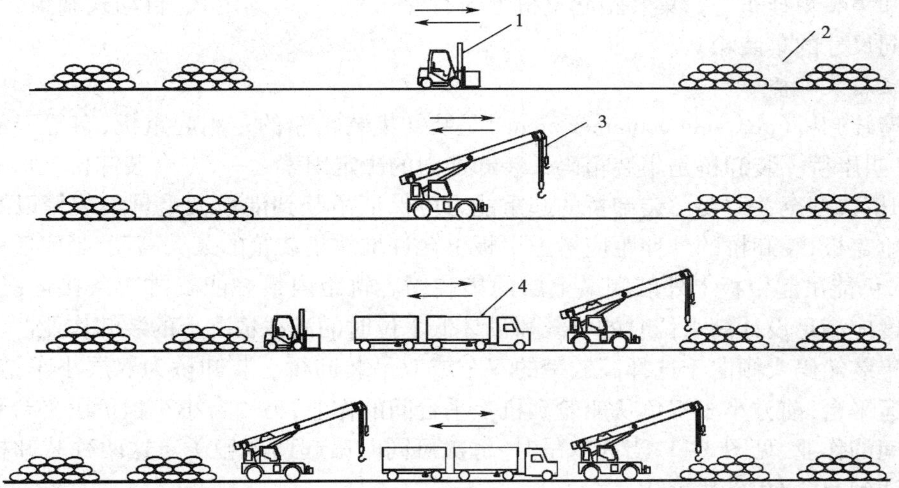


图3-9　库(场)—库(场)装卸工艺流程

1-叉车;2-堆场;3-轮胎式起重机;4-牵引车挂车

## 第二节　集装箱码头装卸机械和工艺

集装箱运输船舶可分为吊装式和滚装式两大类,其装卸工艺相差较大。吊上吊下的集装箱船最为普遍,这种船舶的集装箱装载量较多,通常需要用岸上集装箱起重机进行装卸作业。滚装船不需要岸上起重机,装卸速度快,但由于集装箱与车辆一起运输,船舶的载重量利用系数低,所需堆场面积大。具体流程见图3-10。

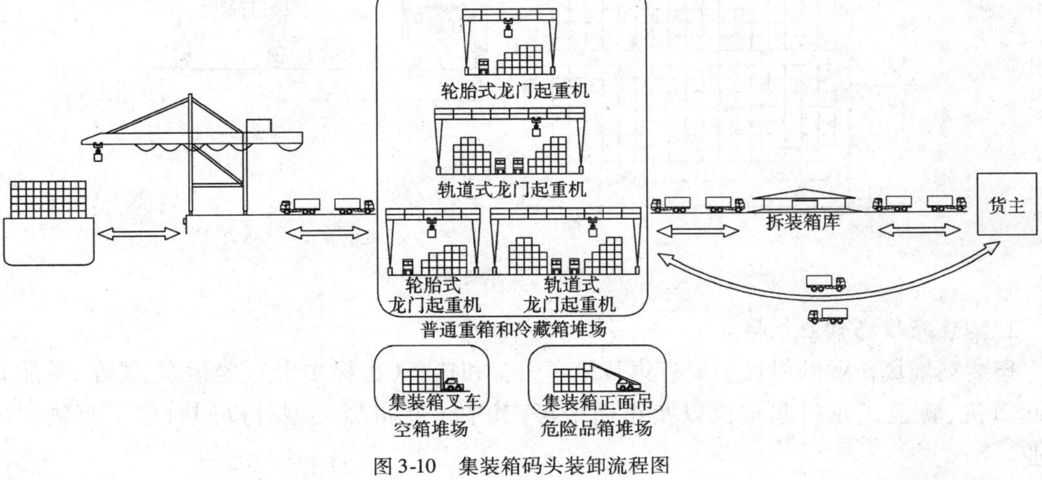


图3-10　集装箱码头装卸流程图

## 一、集装箱装卸机械

集装箱装卸机械是指供集装箱船舶、车辆进行装卸、堆码垛和转运作业的专用机械，有集装箱装卸桥、轮胎式龙门起重机、轨道式龙门起重机、集装箱正面吊、集装箱叉车、跨运车、集装箱牵引车和集装箱挂车等。集装箱起重机上附有专用吊具，即固定式、自动式和组合式吊具，以适应不同尺寸的集装箱。

1. 集装箱装卸桥

集装箱装卸桥(quayside container crane)是装卸集装箱船的专用起重机，布置于集装箱码头前沿，又叫岸桥。装卸桥是集装箱码头装卸能力的决定因素之一，一台装卸桥就形成一条装卸线，装卸桥选型至关重要。装卸桥的起重能力应保证吊起到港最大重量集装箱以及到港船舶的最重舱盖板；装卸桥的外伸距应考虑甲板上允许堆放集装箱的最大高度，当船舶向外横向倾斜3°时，仍能吊起甲板上外舷侧最上层的集装箱。轨距内最好能安排3条接运线；装卸桥的起升高度应满足设计高水位时的空载和设计低水位时的满载情况下的装卸作业。

大型集装箱码头倾向于选择高效率的双车或双吊装卸桥。装卸桥为双层小车结构时，机上设有转运平台，前方小车担负从船舱到机上平台间的作业，另一台小车担负由平台到码头搬运机械之间的作业，见图3-11；当为双吊时，每次可同时吊起两个箱子。这两种装卸桥的装卸效率均可达到50～60自然箱/h。

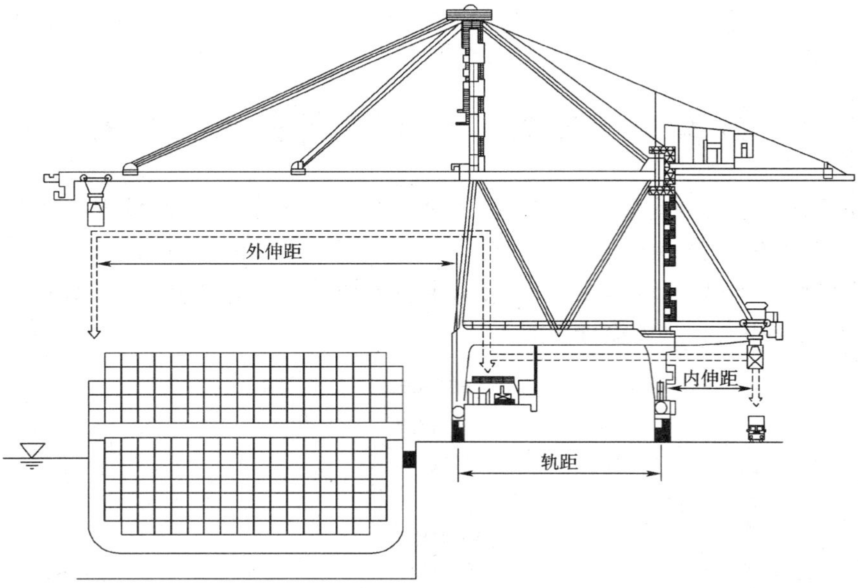


图3-11　双小车集装箱装卸桥

2. 集装箱堆场作业机械

集装箱堆场作业的机械主要有集装箱牵引车和挂车(也称集卡)、跨运车、叉车、轮胎式龙门起重机、轨道式龙门起重机以及正面吊等，其中一些机械类型可以同时用于车辆的装卸作业。

(1)集装箱牵引车和集装箱挂车。集装箱牵引车与普通牵引车的主要差别是,其后部安装有供连接挂车用的牵引鞍座;集装箱挂车分全挂和半挂,多数为半挂,即由牵引车承担挂车及集装箱的一部分重量。底盘车(chassis)方式是半挂车的一种,结构简单,将集装箱本身作为强度构件,可将集装箱连同底盘车一起存放在堆场上。这种堆存方式的集装箱机动性最大,随时可以用牵引车将集装箱拖离堆场,而无需借助于其他机械设备。因此,底盘车方式比较适合于门到门的运输方式。

(2)跨运车(straddle carrier)。该方式是一种具有搬运、堆垛、换装等多功能的集装箱专用机械,见图3-12。可以完成装卸桥与前方堆场之间、前方堆场与后方堆场之间、后方堆场与货运站之间的装卸和搬运以及对底盘车进行换装。欧洲港口多采用此系统,如鹿特丹港、汉堡港、勒阿弗尔港、不来梅港等。

由于价格昂贵、故障率较高,跨运车多只负责堆场上堆放作业,从码头前沿到场地这一段搬运过程的操作可用场地运输车来完成。

(3)集装箱叉车(container fork truck)。主要用在吞吐量不大的综合性码头上,可以进行集装箱的装卸、堆垛、短距离的搬运和车辆的装卸作业,也可以用于大型集装箱堆场的辅助作业,它是一种多功能的机械,见图3-13。可以采用吊运和叉运两种方式搬运集装箱。

图3-12　集装箱跨运车

图3-13　叉车

(4)龙门起重机(gantry crane)。简称龙门吊,是一种在集装箱场地上进行集装箱堆垛和车辆装卸的机械,有轮胎式和轨道式两种形式。在集装箱堆场上,用龙门吊进行堆垛或对内陆车辆(集卡或铁路货车)进行换装。

①轮胎式龙门起重机(rubber tyre gantry crane,RTG),机动灵活,通用性强。它不仅能前进、后退,而且还设有转向装置,能左右转向90°,可从一个堆场向另一个堆场进行作业。标准的轮胎式龙门起重机横向可跨6列集装箱和一条通道,可堆5~6层。

为适应节能减排的需要,各类电力驱动龙门起重机逐步得到推广,如电缆卷筒ERTG、低空滑触线ERTG、高空跨箱区滑触线ERTG等电动轮胎式龙门起重机。

②轨道式龙门起重机(rail mounted gantry crane,RMG),堆垛层数多。最大的轨道式龙门起重机,横向可跨19列集装箱和4条车道,可堆7~8层高。轨道式龙门起重机限制在所设轨

道的某一场地范围内进行作业，通过定位装置可以精确地控制位置，是自动化集装箱码头比较理想的一种机械。轨道式龙门起重机见图 3-14。

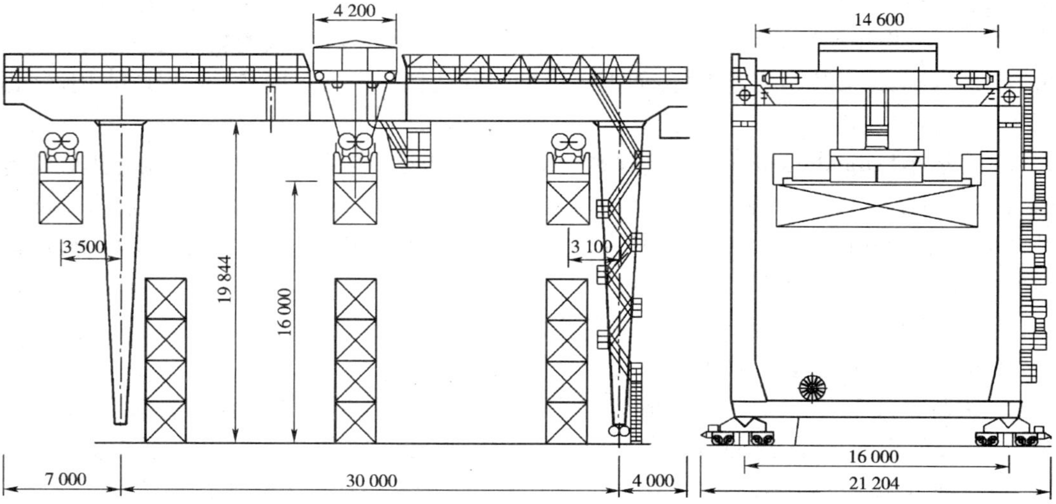


图 3-14　轨道式龙门起重机（单位：mm）

（5）正面吊（reach stacker）。是一种集装箱堆场的辅助作业机械，它的运行方向与作业方向垂直而需要占据较宽的通道，但是它可以为多排集装箱作业，灵活性较强，可堆存 3 ~4 层重箱或 7 ~9 层空箱。正面吊见图 3-15。

（6）自动导向车（automated guided vehicle, AGV）。也称为自动导向搬运车、自动引导搬运车，用于码头前沿作业地带和堆场之间的水平运输，每车可装 1 个 40ft 箱或 2 个 20ft 箱。自动导向车沿电子格网（设于码头前沿作业地带、道路和堆场表面）运行，靠自身配备的柴油发动机和液压传动装置驱动，根据从中控室 PCS 接收到的指挥信号运行。导向车上的导航系统能把自身位置、速度、运载情况等信息发送至码头控制中心，控制中心根据各车辆信息决定各车辆运行路线，避免碰撞或滞延。

图 3-15　正面吊

## 二、集装箱装卸工艺

采用吊上吊下方式的装卸工艺流程有以下四种：

1. 船舶→岸桥→集卡→叉车（或正面吊）→堆场（图 3-16）

岸桥将集装箱从船上吊下，放置在集卡上，由集卡将集装箱运到堆场，再由叉车或正面吊码垛。这种方案投资小，易于实行，灵活性好，要求叉车的作业通道较宽，需要 15 ~20m，对货物的适应性较强，通常适用于吞吐量较小的码头。

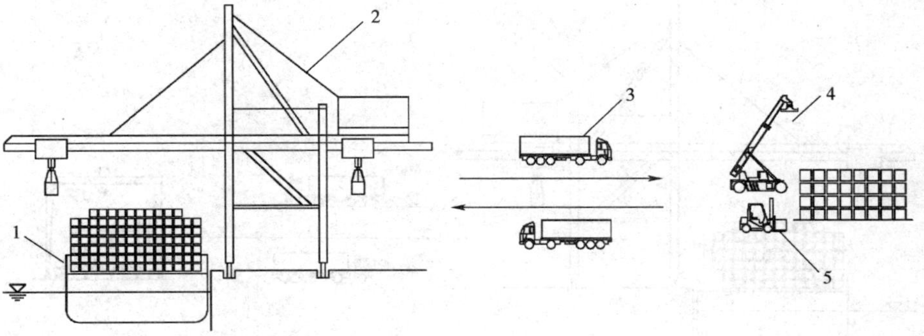

图 3-16　集装箱码头装卸工艺(一)
1-集装箱船;2-岸桥;3-集卡;4-正面吊;5-叉车

2. 船舶→岸桥→跨运车→堆场(图 3-17)

岸桥将集装箱从船上吊下以后,放置在码头前沿,再用跨运车将集装箱搬运到堆场码垛,一般可以堆放两层,也有跨运车能堆码三层的。跨运车自重 30～51t,一般有 8 个车轮,轮压力平均为 10t。这种工艺方案的优点是灵活方便,能独立完成集装箱的搬运、码垛和拆垛作业,码头配备的机械种类少。存在的问题是堆码集装箱的层数较低,跨运车要吊着集装箱在码头上运行的距离较长,容易造成损坏,并且不便于装卸火车。

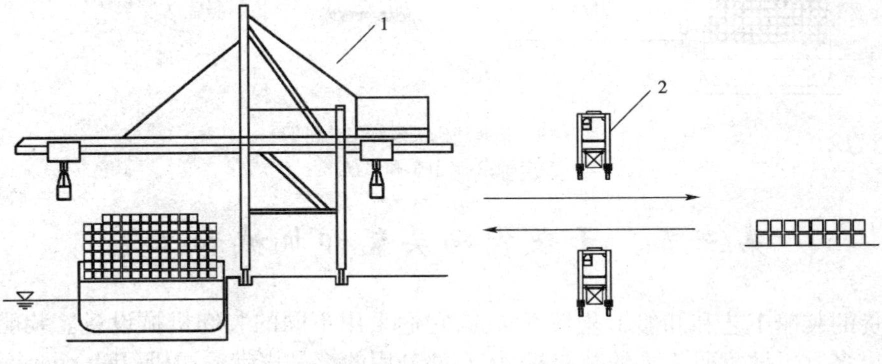

图 3-17　集装箱码头装卸工艺(二)
1-岸桥;2-跨运车

3. 船舶→岸桥→集卡→龙门起重机→堆场(图 3-18)

岸桥将集装箱从船上吊下以后,放置在集卡上,由集卡搬运到货场,再由龙门起重机从集卡上卸下,并在龙门起重机跨距内的场地码垛。轮胎式龙门起重机行动比较灵活,可到多个堆场进行作业,堆场面积利用较好。一台岸桥要由 3 台左右的轮胎式龙门起重机与之相配套。轨道式龙门起重机只能限制在轨道范围内运行,轨道跨距可达 40～53m,堆场面积的利用率高。这种方案适用于吞吐量较大的集装箱码头。

4. 船舶→岸桥→底盘车→堆场(图 3-19)

岸桥将集装箱从船上吊下以后,放置在底盘车上,底盘车拖到场地排放,不卸车。出栈时,底盘车可直接将集装箱送到客户门上。这种工艺方案运输环节少,堆场不需任何吊运机械,但占用的堆场面积大,同时要备有大量的底盘车,适用于集装箱周转快,货物在港区停留时间短的码头。

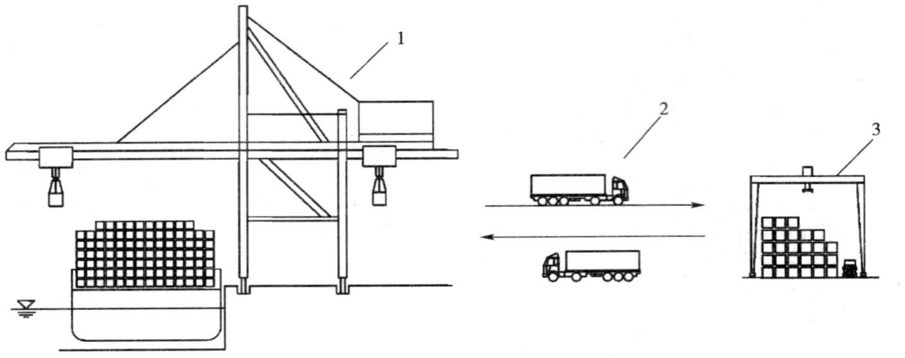


图 3-18　集装箱码头装卸工艺(三)
1-岸桥;2-拖挂车;3-龙门起重机

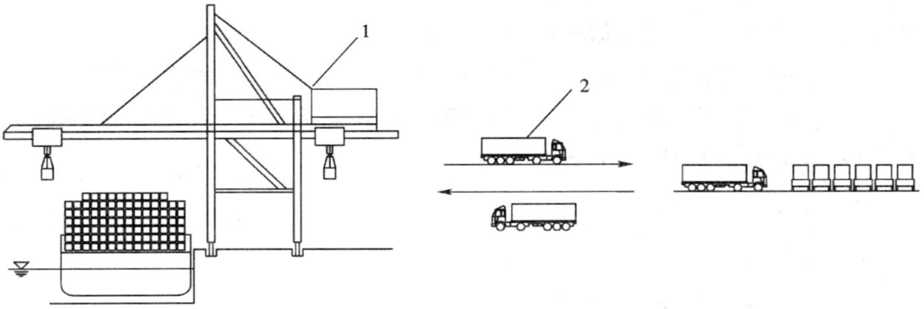


图 3-19　集装箱码头装卸工艺(四)
1-岸桥;2-牵引车和底盘车

## 第三节　干散货码头装卸机械和工艺

干散货的装船工艺和卸船工艺是不同的,它们采用不同的装卸机械设备。装船比卸船的效率要高得多。干散货码头上的装船机,核心部分用的都是皮带输送机(belt conveyor)。干散货卸船作业常采用的机械有:船吊或普通门机抓斗、带斗门机抓斗、装卸桥抓斗、连续卸船机和吸粮机等。

### 一、干散货码头的装船工艺

货物通过火车(或汽车)运进港区后,有卸车作业、堆场作业和装船作业三个环节,流程如下:

火车(或汽车)→卸车机→皮带机→堆料机→堆场→取料机→皮带机→装船机→船舶。

干散货卸火车作业主要利用翻车机、螺旋卸车机和链斗卸车机。大型散货码头多用翻车机,如秦皇岛港煤码头四期采用一次翻三节车辆的翻车机工艺,卸车效率高。螺旋卸车机和链斗卸车机适用于运量不太高的港口,投资低,但工作时粉尘污染严重,卸车机损坏率高。

干散货装船作业主要使用皮带机为主体形成的装船机械。其装船工艺有固定式装船方式和移动式装船方式两种。固定式装船机也叫悬臂转动式皮带装船机,工作时装船机固定不动,适用于沿江码头和内河船队的情况。移动式装船方式在整个装卸过程中,通过装船机的不断移动，使物料投满全船各舱。这种方式通常适用于大型散货码头。

## 二、干散货码头的卸船工艺

干散货的卸船工艺主要有间歇型和连续型两种方式。

1. 间歇型卸船

主要卸船机械有船吊和岸壁起重机（带斗门机和装卸桥等），均采用抓斗卸船方式，可分为“船吊→输送机系统”和“岸壁起重机→输送机系统”。

“船吊→输送机系统”通过船舶吊杆、岸边收料漏斗、皮带输送机将货物输送到堆场。

“岸壁起重机→输送机系统”通过岸壁起重机（如带斗门机或装卸桥）、固定式皮带机、斗轮堆取料机将货物输送到堆场等处。岸壁起重机中带斗门机作业范围大，装卸效率高，因此，专业化码头可采用此工艺方案。

2. 连续型卸船

连续型卸船机由斗式提升机和皮带机组成，可分为链斗式卸船机（chain bucket ship unloader）、斗轮式卸船机（bucket wheel ship unloader）、螺旋式卸船机（screw ship unloader）等。该种方式设备简易，效率高，清仓量可以减少到船舶总装载量的5%左右，粉尘污染少，适用于大宗散货。

## 三、干散货码头堆场作业工艺

干散货的堆场作业主要利用堆料机（stacker）、取料机（reclaimer）和堆取料机（stacker-reclaimer），与皮带机系统一起，分别形成地下系统和地面系统。地下系统由堆料机与坑道皮带机组成。大型散货码头多采用的地面系统由堆料机、取料机和斗轮堆取料机与地面皮带机构成，既可以采用堆料机进行堆料、取料机进行取料的工艺，也可以采用只配备斗轮堆取料机进行堆料和取料的工艺。

## 四、散粮装卸工艺

散粮码头主要采用门机抓斗（portal grab）和吸粮机（pneumatic grain elevator）的卸船工艺。大型专业化散粮接卸码头采用夹皮带机（double belt conveyor）、埋刮板机（en-masse conveyor）等国际上先进的散粮卸船机械，具有效率高、能耗低、清仓量少等优点，但初期投资较大。

散粮装船时，可采用专用的装船机，也可选用皮带输送机——自流管系统。

散粮码头的长距离运输一般采用皮带输送机。输送系统中应考虑防尘、除尘、防爆等措施。

专业化散粮码头多采用散粮筒仓（silo）作为散粮存储手段，筒仓工作楼内的垂直输送采用提升机，水平输送一般采用皮带输送机和埋刮板机输送机。

散粮进口时，先完成散粮卸船进仓的作业，即通过散粮码头的岸壁卸船机、输送机系统将散粮运送到圆筒仓库内储存，流程如下：

船舶→卸船机→输送设备→计量→输送设备→筒仓。

存储于码头筒仓的散粮还要完成出仓至出港的作业。运出散粮时，经计量、灌包、装船或装车运出港区，流程如下：

散粮出筒仓→运输设备→计量→输送设备→装船(车)。

散粮出口时,先完成散粮经火车(汽车)运输进入港区的作业,卸下后,进入码头筒仓,流程如下:

火车(汽车)→卸车→卸车地沟→输送设备→杂物清除筛→计量→输送设备→筒仓。

## 第四节　液体散货码头装卸工艺

液体散货是指以液体形态运输和装卸、储存的货物,包括在常温、常压下为液体状态的货物(如原油、各种石油制品)和经加压后成为液体状进行运输、装卸、储存的货物(如天然气、石油气),不包括桶装液体货物。通过船舶经水路运输的液体散货主要有原油及其制品和液体化工原料。

液体散货装卸工艺的设计和选择必须要考虑所要装卸的液体散货的特性及其对装卸保管的一般要求。不同油品应分罐存储。装卸设备主要包括输油泵、输油管、输油软管或输油臂及附加设备。

液体散货装卸船作业是用岸上油泵或自流方式进行的。油船上的接卸油口与码头上的输油臂相连,使油船油舱与岸上油罐之间形成联通密闭系统。选择输油臂的工作范围,应满足潮位变化、船舱吃水变化、船舶纵移和横移时油船接油口位移的空间尺度。

液体散货装船工艺流程为:

贮油罐→输油管→输油泵→计量(流量计)→装卸油臂(软管)→船舱。

有条件时,液体散货装船可以采用自流方式。例如,秦皇岛港和大连港,油罐区设在距海平面几十米高的山坡上,可以保持较高的自流装油速度。

液体散货卸船应充分利用油船泵压输油至港区油库,若输油管线较长或其他特殊情况,可考虑设置加压泵、抽油泵及相应工艺设施。

液体散货卸船工艺流程为:

油船船舱→输油泵→输油管→计量(流量计)→输油管→港区贮罐或油罐车。

输送管道的工艺布置要注意:管道力求短而直,少设阀门以减少阻力,但要考虑阀门故障或其他意外时管道关闭以防止油品泄漏;管道要向油泵方向倾斜,以便于排空管道剩油;管道每隔 100m 左右,要装设一个补偿器(伸缩接头),以补偿或包容由于气温等因素而引起的管道的热胀冷缩。石油在远距离运输时,须在管系中增加加压泵。为了使粘度大的油品在输送过程中不冷凝和降温不致过大,油管必须采用伴热和保温措施。

## 第五节　滚装码头装卸工艺

滚装码头,又称开上开下(roll on / roll off)码头,能够满足滚装船的装卸作业,即车辆开上或开下滚装船。滚装船的优点表现在:①装卸速度快;②不需要码头装卸机械设备;③货物装车后不需要中间装卸,可进行“门到门”的运输;④可装运小汽车、货车、载箱的拖车等多种型式的货物。缺点是船舶造价高,潮差大时斜坡道投资大。滚装码头接岸设施可分为固定岸坡道和可调节岸坡道。接岸设施型式应根据滚装码头的水位变化合理选择。设计高水位和设计低水位相差较小时，可采用固定岸坡道（图3-20）；水位差较大时，宜采用可调岸坡道（图3-21）。

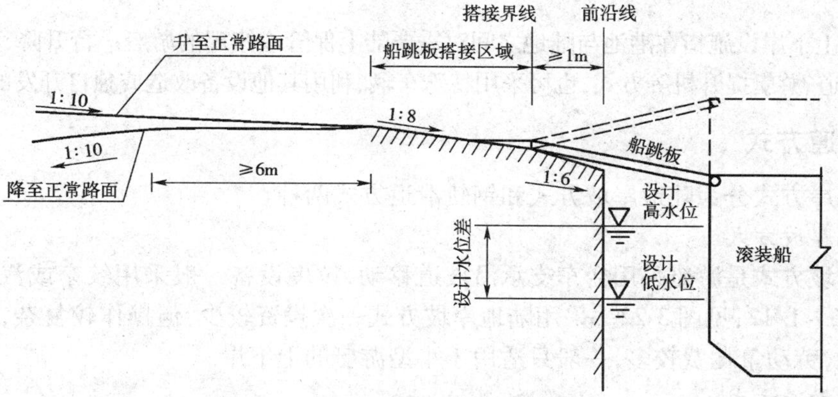


图3-20　固定岸坡道示意图

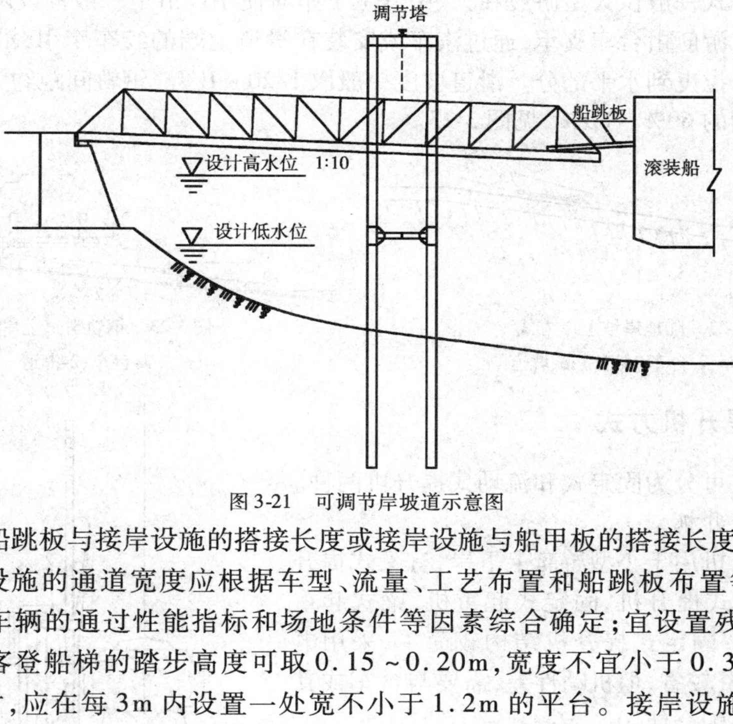


图3-21　可调节岸坡道示意图

滚装码头船跳板与接岸设施的搭接长度或接岸设施与船甲板的搭接长度不应小于1m。

车辆接岸设施的通道宽度应根据车型、流量、工艺布置和船跳板布置等因素确定，纵向坡度应根据车辆的通过性能指标和场地条件等因素综合确定；宜设置残疾人上下船设施。固定式旅客登船梯的踏步高度可取0.15～0.20m，宽度不宜小于0.3m；旅客登船梯高度大于3m时，应在每3m内设置一处宽不小于1.2m的平台。接岸设施通道主要尺度见表3-2。

**滚装码头接岸设施通道尺度**　　表3-2

| | 普通客货车辆通道 | | 小汽车通道 | | 旅客通道 |
|---|---|---|---|---|---|
| | 双车道 | 单车道 | 双车道 | 单车道 | |
| 最小净宽（m） | 7 | 4.5 | 6.5 | 4.0 | 旅客跳板最大宽度≥1.0 |
| 净空高度（m） | ≥5.5 | | ≥3.0 | | ≥2.1 |
| 纵向坡度 | 工作状态纵向坡度≤1:10 | | | | ≤1:8 |

# 第六节　游艇上下岸工艺

游艇的上下岸设施指在港池与陆地之间对需要陆上保管或修理的游艇进行升降、移动的设施，一般采用坡道、游艇提升机等方式，也可采用特殊车辆、利用其他设备改造或独自开发的设备等。

## 一、坡道方式

坡道上岸方式分为陆地岸坡方式和钢轨滑道方式两种。

1. 陆地岸坡方式

陆地岸坡方式是游艇采用台车支承沿坡道移动，拉曳设备一般采用绞车或汽车。坡道坡度宜为1/16～1/12，见图3-22。采用陆地岸坡方式一次投资较少，但操作较复杂，游艇上岸摩擦阻力较大，劳动量耗费较多，一般只适用于小型游艇的上下岸。

2. 钢轨滑道方式

钢轨滑道方式一般供大型游艇在大、中修上下岸时使用。滑道一般铺设两条钢轨，以减少上岸摩擦阻力。游艇由台车支承，通过汽车或安装在滑道上端的绞车牵引，沿轨道移动，可以直接从斜坡部分拉曳到水平部分。滑道坡度一般取1/20～1/8。钢轨间距约为船宽的1/3，台车宽度约为船宽的60%～80%，见图3-23。

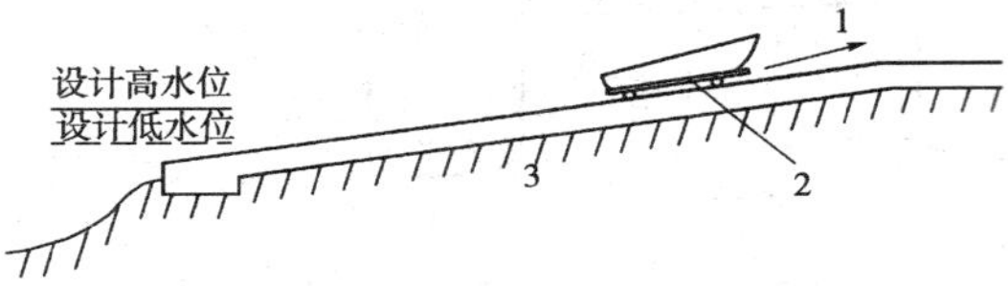


图3-22　陆地岸坡上岸方式

1-绞车；2-台车（船台）；3-坡道

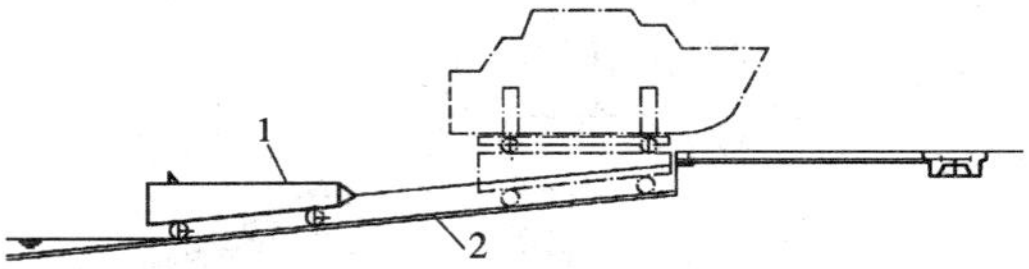


图3-23　钢轨滑道上岸方式

1-台车；2-滑道

## 二、游艇提升机方式

游艇提升机可分为固定式和流动式提升机两种。

1. 固定式提升机

固定式提升机用于小型游艇上下岸，有叉式提升机（图3-24）、台式提升机、固定式起重机、梁式起重机（图3-25）等。固定式提升机结构较简单，采用电力驱动，设备投资较省，但机动性差，需要与台车或其他水平运输设备配合使用。

2. 流动式提升机

流动式提升机包括叉车和起重机两种。

（1）叉车。分为正面叉车和侧面叉车，不仅进行提升作业，还可进行水平搬运和堆放作业，适合对小型游艇上下岸搬运至陆上保管设施堆放的流程。起重量一般不宜大于10t。

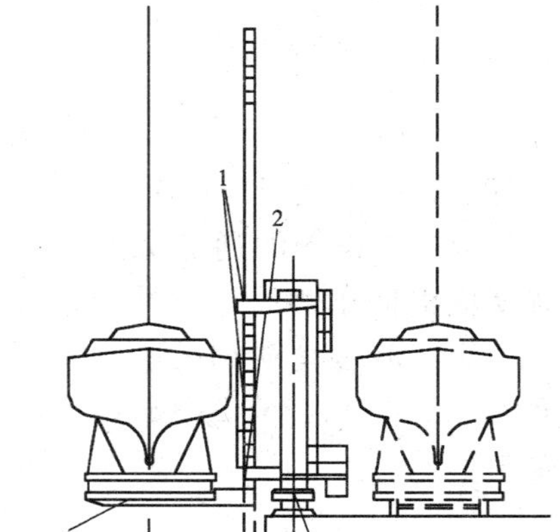


图3-24　叉式游艇提升机

1-导辊；2-卷扬设备；3-旋转装置（回转180°）；4-托盘

（2）起重机。主要有行走式起重机、汽车起重机、轮胎式起重机等。其特点为起重量一般较大(可达50t),对游艇适应性较好,适用于中小型游艇的上下岸提升。

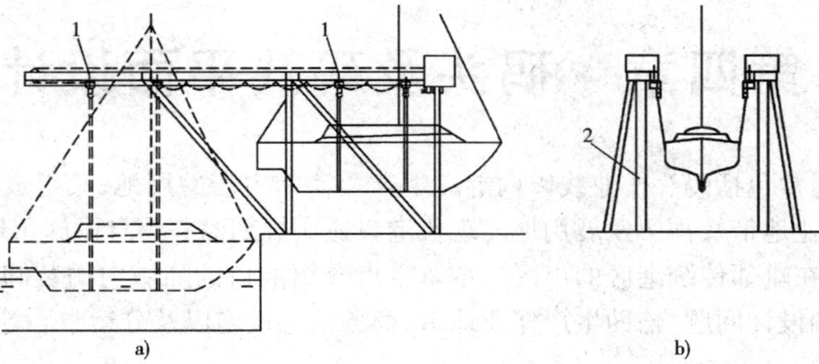


图3-25 梁式游艇提升机

1-电动葫芦;2-立柱

行走式起重机结构型式与龙门起重机、跨运车相似,具有行走、起升机构,可进行升降、搬运作业,在游艇基地使用较广泛。采用此方式时,供游艇上下岸的泊位为专用的船坞式泊位,见图3-26。

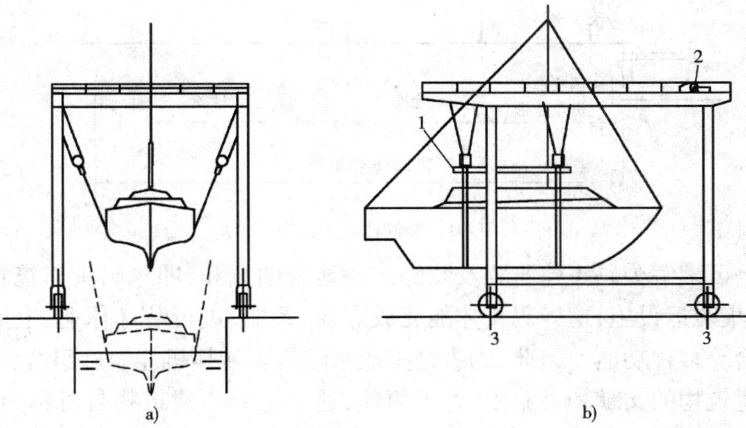


图3-26 行走式起重机

1-吊具;2-卷扬装置;3-行走装置

## 习 题

3.1 综述件杂货码头水平运输机械的选型原则。

3.2 简述集装箱装卸桥-轨道(轮胎)式龙门起重机装卸工艺的流程及优缺点。

3.3 收集新型干散货装卸机械的应用情况,比较其适用范围。

3.4 分析液体散货码头在装卸工艺上应注意的安全问题。

# 第四章　码头及码头平面设计

港口陆域通常包括码头作业线以内港口生产及辅助生产的用地，其组成包括装卸作业地带、辅助生产作业地带及预留发展用地。现代港口还应规划商务信息设施用地、分运中心等用地，其位置宜选在毗邻传统港区的市区。本章重点介绍港口的陆域内的装卸作业地带及毗连水域有关的平面设计问题，辅助生产作业地带、商务信息设施以及分运中心等将在第六章港口配套设施中讨论。

装卸作业地带布置有供装卸运输机械操作运行的码头前沿作业地带、仓库堆场及集疏运设施，见图4-1。辅助作业地带布置有各种流动机械库、工具库、机具修理厂、总降压站及变电站、供热建筑、消防车库、材料库、作业区办公楼等设施。

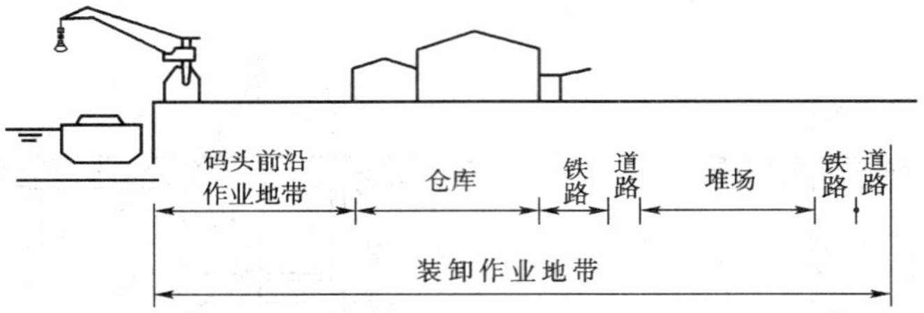


图4-1　装卸作业地带

码头从广义上可理解为码头建筑物及装卸作业地带的总和，即除码头建筑物自身外还有装卸设备、库场和集疏运设施，这样码头才能完成靠船、系船、进行装卸作业、上下旅客和对船舶进行必要的补给等多种功能。因此，码头是完成水陆货客转换机能设施组合的总称。

在码头水工建筑物的文献和书籍中，为了简便，通常把码头建筑物自身称为码头，这是对码头狭义的定义，而本书指的是广义的码头定义。

码头可按照功能和平面布置型式进行分类。按功能进行分类：以货物种类和包装型式将码头分为件杂货码头、集装箱码头、多用途码头等；也可从贸易和商务的角度分为外贸码头和内贸码头；按隶属关系，可分为业主码头和公用码头；按平面布置型式可分为顺岸式布置、突堤式布置、挖入式布置、沿防波堤内侧布置、岛式及栈桥式布置。

## 第一节　码头规模的确定

码头是港口生产的中心。码头规模包括泊位的数量、水深及装卸设备的数量、技术性能和技术状态等。港口其他设施的规模一般都与码头规模配套或相互协调。因此，确定码头规模是确定港口规模的主要内容之一。港口规划时应确定合理的码头规模，以最大限度地适应未来航运发展的需要。

码头规模主要由泊位停船吨级和泊位数量两个指标体现。

停船吨级主要取决于货种、航线运距和吞吐量。一般情况，运距越长、船舶吨位越大，单吨运输成本越低。码头停船吨级可参考表2-19中的吨级。

泊位数是指港口可同时停靠码头进行装卸作业的船舶数量，是反映港口规模的重要指标之一，主要取决于港口吞吐量和单个泊位通过能力。泊位数的确定，涉及因素较多，包括货运量、不平衡系数、营运天数、货种、船型、装卸工艺以及管理水平等，具体方法可分为以下四种类型：

(1)根据原有港口统计资料，对一些货种，按每泊位或每延米码头岸线的通过能力，估算所需的泊位数。

(2)根据装卸工艺，选用适当的系数、指标，按《海港总平面设计规范》、《海港集装箱码头设计规范》规定的方法，计算泊位数。

(3)根据船舶到达规律、泊位服务状况等经验资料，运用排队论方法，计算最优泊位数。

(4)将港口作业的全过程(包括船舶在港动态、码头及库场设备运行以及集疏运作业等)作为一个整体，建立仿真模型，仿真模拟港口作业的随机过程，通过调整模型的参数，探求港口配置的最佳状态。

本节介绍前三种方法，方法(4)由于仿真模拟中的参变量众多，影响因素复杂，尚处于探索阶段，所以暂时不作介绍。

## 一、岸线能力法估算泊位数

根据港口实际平均水平确定码头单位岸线长度的通过能力，按照设计船型尺度，简便地估算泊位数量。

港口的性质、货物的种类、单船装卸量以及装卸机械的数量和效率都对单位岸线长度的通过能力有影响。因此这种方法多用于估算时使用。

## 二、泊位能力法估算泊位数

泊位能力法估算泊位数，按下式计算：

$$N = \frac{Q}{P_t} \tag{4-1}$$

式中：$N$——泊位数；

$Q$——码头年作业量(t)，指通过码头装卸的货物吨数，根据设计吞吐量和操作过程确定；

$P_t$——单个泊位的年通过能力(t)。

泊位的通过能力是指1年内在既定的码头设备和设施并满足一定的服务水平的条件下，按合理的生产组织所允许通过该泊位的货物数量。通常根据装卸系统设计，选择适当的系数、指标，按式(4-2)估算泊位通过能力，较精确地确定泊位数；在规划阶段，单个泊位年通过能力也可以参考表4-1估算。

各货种泊位通过能力 表 4-1

| 泊位种类 | 停船吨级(万t) | 流向 | 通过能力 | 备注 |
|---|---|---|---|---|
| 多用途 | 0.5 | 装·卸 | 20万~30万t | 以件杂货为主,当集装箱超过1万TEU时,可提高20%~30% |
| | | 装·卸 | 30万~40万t | 以散杂货为主 |
| | 1.5 | 装·卸 | 40万~50万t | 以件杂货为主,当集装箱超过1万TEU时,可提高10%~20% |
| | | 装·卸 | 50万~60万t | 以散杂货为主 |
| 集装箱 | 2 | 装·卸 | 25万~35万TEU | |
| | 5 | 装·卸 | 60万~70万TEU | |
| | 7~10 | 装·卸 | 70万~80万TEU | |
| 成品油 | 0.3 | 装·卸 | 50万~70万t | |
| | 3 | 装·卸 | 400万~500万t | |
| | 6~8 | 装·卸 | 600万~700万t | |
| 原油 | 5 | 装·卸 | 500万~600万t | |
| | 25~28 | 装·卸 | 1 700万~2 000万t | |
| 矿石 | 15~18 | 卸 | 1 200万~1 300万t | 2台卸船机2×2 500t/h |
| 散粮 | 3 | 卸 | 150万~200万t | 采用大船是为降低单吨运输成本 |
| | | 装 | 300万~350万t | |
| | 8~12 | 卸 | 500万~700万t | |
| 煤 | 5 | 卸 | 300万~400万t | 门座抓斗起重机3~4台 |
| | | 装 | 800万~1 000万t | 装船机6 000t/h,串联翻车机 |

$$P_t = \frac{TG}{\dfrac{t_z}{t_d - \sum t} + \dfrac{t_f}{t_d}}\rho \tag{4-2}$$

$$t_z = \frac{G}{p} \tag{4-3}$$

式中:$T$——年日历天数,取365;

$G$——设计船型的实际载货量(t);

$t_z$——装卸一艘设计船型所需的时间(h);

$p$——设计船时效率(t/h),按年运量、货舱、船舶性能、设备能力、作业线数和管理等因素综合考虑;

$t_d$——昼夜小时数,取24h;

$\sum t$——昼夜非生产时间之和(h),包括工间休息、吃饭及交接班时间,应根据各港实际情况确定,可取2~4h;

$\rho$——泊位利用率,为船舶年占用泊位时间与年日历时间之比,应根据运量、到港船型、泊位装卸效率、泊位数、服务水平、船舶在港费用和港口投资及营运费用等因素综合考虑,并以港航整体经济效率为目标确定。各货类分泊位的泊位利用率可参考

表 4-2 中的数值，原油码头泊位利用率可取 50% ~60%；

$t_f$——船舶的装卸辅助作业、技术作业时间以及船舶靠离泊时间之和(h)。当无统计资料时，可参考表 4-3 选取。

**货类分泊位的泊位利用率(%)取值范围**　　表 4-2

| 货种 / 泊位数 / 流向 | 煤炭 | | | 件杂货 | | | 散粮 | | |
|---|---|---|---|---|---|---|---|---|---|
| | 1 | 2~3 | ≥4 | 1 | 2~3 | ≥4 | 1 | 2~3 | ≥4 |
| 进　口 | 0.56~0.60 | 0.57~0.70 | 0.60~0.75 | 0.57~0.65 | 0.60~0.70 | 0.64~0.75 | 0.47~0.50 | 0.64~0.70 | 0.65~0.70 |
| 出　口 | 0.58~0.63 | 0.60~0.65 | 0.65~0.75 | — | — | — | — | — | — |

**部分单项作业时间**　　表 4-3

| 项　目 | 靠泊时间 | 离泊时间 | 开工准备 | 结束 | 公估 | 联检 |
|---|---|---|---|---|---|---|
| 时间(h) | 0.50~1.00 | 0.50~1.75 | 0.75~1.00 | 0.75~1.00 | 1.50~2.00 | 1.00~2.00 |

## 三、码头最优泊位数

对港口而言，最理想的情况是港口的全部泊位始终被使用，而所有的到港船舶不需要等待靠泊就可以直接进港装卸货物，此时泊位利用率达到最高。但在实际中，由于船舶到港的随机性以及船型大小(吨位)和装卸货物的多样性，再加上港口堆存能力、集疏运能力以及一些不可预测因素的影响，理想状态是永远达不到的。

从经济效益角度来看，一方面，港口泊位数越多，则港口建设费用和港口运营管理成本就越大，泊位过剩会造成岸线资源和经济上的巨大浪费；另一方面，如果泊位数太少，将导致到港船舶等待靠泊时排队过长，造成船舶和货物的大量积压，会给船东带来经济损失。因此，从宏观控制的角度，使完成港口总吞吐任务的全过程发生在港方和船方的总费用最小，此时港口规模是最佳的，相应的泊位数常称为最优泊位数。

本节将要用到的符号意义如下，

$S$——码头泊位数；

$N$——港口营运期，通常 $N=365$ 天；

$Q$——$N$ 期间港口吞吐量(t)；

$R$——一个泊位的日平均装卸效率(t/日)，即船天量；

$\bar{n}_{b\cdot S}$、$\bar{n}_{w\cdot S}$、$\bar{n}_S$——分别为泊位数为 $S$ 时，$N$ 期间内平均在泊位装卸的船数、平均等待泊位的船数和平均在港的船数(艘/日)；

$\rho_S$——泊位数为 $S$ 的泊位利用率；

$\lambda$——平均到船率(艘/日)，即 1 天内平均到船数；

$\mu$——平均装卸船率(艘/日)，即 1 天内装卸的船数；

$G$——船舶在本港的平均装卸量(吨/艘)；

$T_w$、$T_b$——船舶平均待泊时间和平均靠泊时间(日)。

### 1. 最优泊位数的表达式

以 $c_b$ 表示泊位日平均营运费(元/日)，可通过本泊位投资和港内设施投资总额分摊到本泊位的数额之和近似估算，表 4-4 是参考值；以 $c_S$ 表示船舶在港日均费用（元/日），可近似参考表 1-5。

$N$ 期间发生的泊位总费用：$C_b = c_b NS$

$N$ 期间船舶在港发生的总费用：$C_S = c_S N \bar{n}_S$

港口和船舶发生的总费用：$C_S^T = C_b + C_S = c_b NS + c_S N \bar{n}_S$ （4-4）

**泊位日平均营运费参考值** 表 4-4

| 泊位种类 | 停船吨级 | $c_b$（万元/日） |
|---|---|---|
| 多用途 | 5 000t | 1.55 |
| | 15 000t | 2.92 |
| 集装箱 | 1 500～2 100TEU | 3.89 |
| | 4 300～6 000TEU | 6.98 |

使 $C_S^T$ 为最小时的泊位数 $S$ 是决策目标。假定 $S$ 为最优泊位数，则：

$$C_S^T < C_{S+1}^T \quad (4\text{-}5)$$

$$C_S^T < C_{S-1}^T \quad (4\text{-}6)$$

$C_{S+1}^T$ 和 $C_{S-1}^T$ 分别为 $(S+1)$ 个泊位和 $(S-1)$ 个泊位时的总费用。

由式(4-5)可得：

$$c_b NS + c_S N \bar{n}_S < c_b N(S+1) + c_S N \bar{n}_{S+1}$$

$$c_b > c_S(\bar{n}_S - \bar{n}_{S+1})$$

$$\therefore \quad \frac{c_b}{c_S} > \bar{n}_S - \bar{n}_{S+1}$$

由式(4-6)可得：$\frac{c_b}{c_S} < \bar{n}_{S-1} - \bar{n}_S$

这样，式(4-5)和(4-6)可综合为：

$$\bar{n}_S - \bar{n}_{S+1} < \frac{c_b}{c_S} < \bar{n}_{S-1} - \bar{n}_S \quad (4\text{-}7)$$

在已知 $c_b$、$c_S$ 后，最优泊位数的确定，可归结为如何预测 $\bar{n}_{S-1}$、$\bar{n}_S$ 和 $\bar{n}_{S+1}$，使之满足式(4-7)的要求。

2. 船舶进出港及其分布模式

船舶从到港至离港的作业流程可用图 1-8 说明。大量统计研究表明，船舶到港时间间隔分布是随机的，船舶在泊位上作业占用泊位的模式也是随机的，可以用某种理论分布函数来近似描述。

(1)船舶到港分布。多种原因导致船舶（包括班轮）无法按规定时间准确到港。首先，由于风、浪、流的影响，船舶的航速产生 2kn 左右的变化是完全可能的，这种变化会使 15～20kn 航速、航期为 5 天左右的船舶，到港时间与既定时刻表相差 12～16h；其次，船舶到离港还会受到气候恶劣、库场货物不足、装卸速度缓慢以及调度上的种种因素影响。因此，船舶不能准时到港是一种正常现象。统计所有到港船舶提前或延迟到港的现象，发现它与典型的随机分布模式相近，用得比较多的是泊松分布：

$$P_n = \frac{(\lambda t)^n}{n!}e^{-\lambda t} \tag{4-8}$$

式中：$P_n$——$t$ 时段内到达 $n$ 艘船的概率；

$\lambda$——$t$ 时段内平均到船率，即单位时间（通常取 1 天）内平均到船数（艘/日）。

$t$ 取 1 天，式（4-8）可写成依赖于一个常数 $\lambda$ 的（概率）分布函数：

$$P_n = \frac{\lambda^n}{n!}e^{-\lambda} \tag{4-9}$$

在一年内到港 $n$ 艘船的理论频率 $F_n$：

$$F_n = 365P_n（天） \tag{4-10}$$

例如，研究我国某港口实际统计数据，根据港口 1 年间每天到达船舶艘数，统计 1 天内到达 1 艘、2 艘、3 艘……的天数，然后计算经验频率和平均到船率，列于表 4-5。

根据 $\lambda=4.418$，用式（4-9）和式（4-10）计算 $P_n$ 和 $F_n$ 的数值列入表 4-5 中。将经验频率与泊松分布比较，并绘于图 4-2 中，两者是很接近的。

**经验频率和平均到船率计算结果** 表 4-5

| 日到港船数 $n$ | 艘/天 | 0 | 1 | 2 | 3 | 4 | 5 | 6 | 7 | 8 | 9 | 10 | 11 | |
|---|---|---|---|---|---|---|---|---|---|---|---|---|---|---|
| 经验频率 | 天 | 7 | 20 | 44 | 63 | 72 | 54 | 42 | 32 | 14 | 7 | 10 | 1 | $\Sigma=366$ |
| | % | 1.91 | 5.46 | 12.02 | 17.21 | 19.67 | 14.75 | 11.48 | 8.74 | 3.83 | 1.91 | 2.73 | 0.27 | |
| 到港船数 | 艘 | 0 | 20 | 88 | 189 | 288 | 270 | 252 | 224 | 112 | 63 | 100 | 11 | $\Sigma=1\,617$ |
| 平均到船率 | 日均到船率 $\lambda=1\,617/366=4.418$ 艘/天 | | | | | | | | | | | | | |
| 泊松分布 $P_n$ | % | 1.21 | 5.33 | 11.77 | 17.33 | 19.14 | 16.91 | 12.45 | 7.86 | 4.34 | 2.13 | 0.94 | 0.38 | |
| $F_n=P_n\times365$ | 天 | 4.43 | 19.51 | 43.08 | 63.43 | 70.05 | 61.89 | 45.57 | 28.77 | 15.88 | 7.80 | 3.44 | 1.39 | |

（2）船舶占用泊位时间分布。船舶占用泊位时间通常指从靠泊到离泊的总时间。这个时间的长短会因气象条件、装卸货物量多少、装卸效率波动、货物存储及集疏运变化、船舶装载情况等许多因素的影响而具有随机性。大量统计资料分析表明，它大体上符合负指数分布或爱尔兰分布。

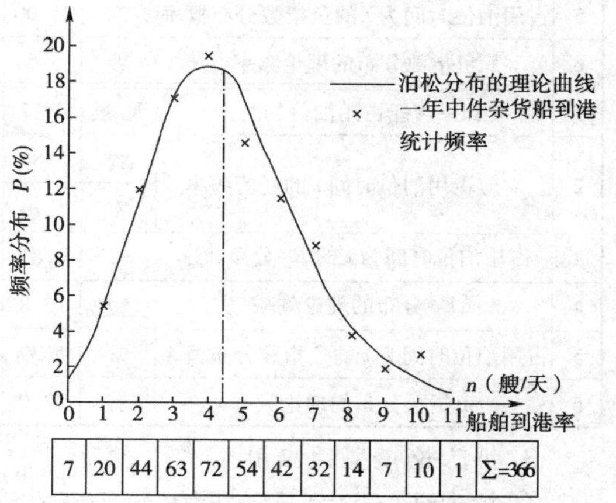


图 4-2 船舶到达的概率分布

当装卸一艘船占用泊位为 $t$ 天的概率 $f(t)$ 符合负指数分布时：

$$f(t) = \mu e^{-\mu t} \tag{4-11}$$

符合爱尔兰分布时：

$$f_K(t) = \frac{K\mu(K\mu t)^{K-1}}{(K-1)!}e^{K\mu t} \tag{4-12}$$

式中：$\mu$——平均装船效率，即单位时间（通常取 1 天）装卸的船数（艘/日）；

$K$——爱尔兰分布函数的阶。

$1/\mu$ 就是平均装卸每艘船的时间。除了反映装卸效率水平外，由于它包含了非生产性靠泊时间，也是营运管理综合水平的反映。

爱尔兰分布函数常用 $E_K$ 表示。当 $K=1$ 时，式(4-12)即为负指数分布函数；$K=2$ 称为二阶爱尔兰分布函数：

$$E_2 = 4\mu^2 te^{-2\mu t} \tag{4-13}$$

图 4-3 是不同 $K$ 值的爱尔兰分布。

表 4-6 是我国某港船舶占用泊位时间统计分布，表中也计算了二阶爱尔兰分布和负指数分布。对本港二阶爱尔兰分布与实际吻合较好。

认识船舶运行实际符合某种数学规律是十分有益的，它可以使预测和规划不仅仅采用纯经验性方法，可以从模型化、最优化决策方法中得到许多有益的启示，弥补经验判断方法的不足。将平均到船率 $\lambda$ 和平均装卸船率 $\mu$ 与吞吐量和泊位的装卸效率联系起来，运用数学方法，预测未来港口生产的某些特征。

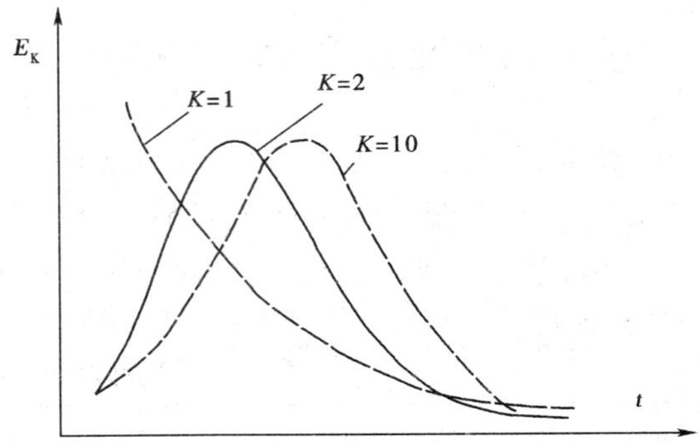


图 4-3 爱尔兰分布

**我国某港船舶占用泊位时间统计分布** 表 4-6

| | | | | | | | | | | | | |
|---|---|---|---|---|---|---|---|---|---|---|---|---|
| 1 | 装卸一艘船占用泊位的时间 $t$ | 天/艘 | 0~1 | 1~2 | 2~3 | 3~4 | 4~5 | 5~6 | 6~7 | 7~8 | 8~9 | 9~10 |
| 2 | 对应占用泊位时间 $t$ 的经验频率 | 艘 | 195 | 359 | 304 | 224 | 153 | 123 | 78 | 41 | 32 | 24 |
| | | % | 12.31 | 22.66 | 19.19 | 14.14 | 9.66 | 7.77 | 4.92 | 2.59 | 2.02 | 1.52 |
| 3 | 占用泊位时间为 $t$ 的 $E_2$ 分布频率 | % | 12.50 | 21.05 | 19.69 | 15.47 | 11.16 | 7.65 | 5.08 | 3.29 | 2.09 | 1.31 |
| 4 | $E_2$ 分布的理论频率 | 艘 | 198.0 | 333.4 | 311.9 | 245.0 | 176.8 | 121.2 | 80.5 | 52.1 | 33.1 | 20.8 |
| 5 | 占用泊位时间为 $t$ 的负指数分布概率 | % | 25.00 | 18.73 | 14.03 | 10.51 | 7.87 | 5.90 | 4.42 | 3.31 | 2.48 | 1.86 |
| 6 | 负指数分布的理论频率 | 艘 | 396 | 296.6 | 222.2 | 166.5 | 124.7 | 93.5 | 70.0 | 52.4 | 39.3 | 29.5 |
| 1 | 装卸一艘船占用泊位的时间 $t$ | 天/艘 | 10~11 | 11~12 | 12~13 | 13~14 | 14~15 | 15~16 | 16~17 | 17~18 | 18~19 | |
| 2 | 对应占用泊位时间 $t$ 的经验频率 | 艘 | 18 | 12 | 3 | 7 | 4 | 1 | 2 | 3 | 1 | |
| | | % | 1.14 | 0.76 | 0.19 | 0.44 | 0.25 | 0.06 | 0.13 | 0.19 | 0.06 | |
| 3 | 占用泊位时间为 $t$ 的 $E_2$ 分布频率 | % | 0.81 | 0.50 | 0.30 | 0.18 | 0.11 | 0.07 | 0.04 | 0.02 | 0.01 | |
| 4 | $E_2$ 分布的理论频率 | 艘 | 12.8 | 7.9 | 4.8 | 2.9 | 1.7 | 1.1 | 0.6 | 0.3 | 0.2 | |
| 5 | 占用泊位时间为 $t$ 的负指数分布概率 | % | 1.39 | 1.04 | 0.78 | 0.58 | 0.44 | 0.33 | 0.25 | 0.18 | 0.14 | |
| 6 | 负指数分布的理论频率 | 艘 | 22.0 | 16.5 | 12.3 | 9.2 | 6.9 | 5.2 | 4.0 | 2.9 | 2.2 | |

3. 排队论模型的应用

船舶到港(到达)是随机的，每艘船在港装卸服务的时间也是随机的，这种随机服务系统可以用排队论方法进行计算。船舶到港，假如此时所有泊位都已停满，到港船舶依次排队待泊，泊位一空闲，立刻依次靠泊作业，作业结束即离开泊位。假设货源充足且船舶不断到达。船舶在港内排队概念见图 4-4。

反映船舶到达规律的参数，平均到船率 $\lambda$，可通过吞吐量 $Q$ 求得：

$$\lambda = \frac{Q/N}{G} \tag{4-14}$$

平均每艘船的装卸时间用平均装卸船率 $\mu$ 表示时，$\frac{1}{\mu}$ 可通过下式求得：

$$\frac{1}{\mu} = \frac{G}{R} \tag{4-15}$$

合并上两式：

$$\frac{\lambda}{\mu} = \frac{Q}{RN} \tag{4-16}$$

在排队论模型中，将船流密度 $a$ 定义为：

$$a = \frac{\lambda}{\mu} = \frac{Q}{RN} \tag{4-17}$$

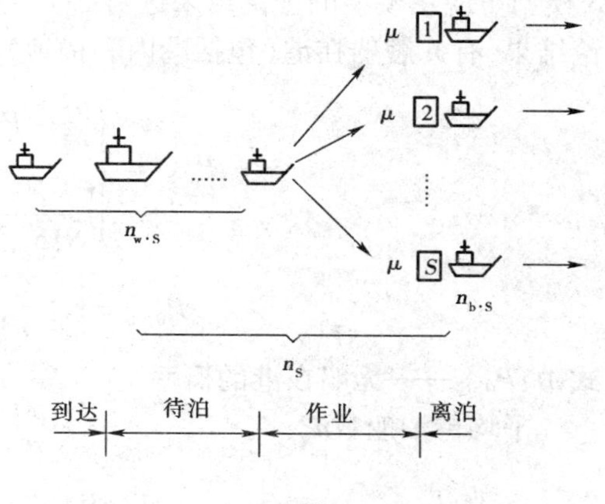


图 4-4　$S$ 个泊位（多窗口）单队排队系统

$N$ 期间，$S$ 个泊位的港口吞吐量 $Q$：

$$Q = R \cdot S \cdot N \cdot \rho_S$$

即：

$$\frac{Q}{RN} = S \cdot \rho_S = \bar{n}_{b \cdot s} = a \tag{4-18}$$

说明船流密度 $a$ 在数值上等于日平均装卸船数 $\bar{n}_{b \cdot s}$，这对于理解排队论中 $a$ 的物理意义是很有帮助的。

港口服务系统中，不同的输入过程、服务机构和排队规则就构成不同的排队模型。实践证明，大多数港口随机服务系统的排队模型为 $M/E_k/S(\infty)$，其中 $M$ 表示船舶到达服从泊松分布，$E_K$ 表示船舶占用泊位时间服从 $K$ 阶爱尔兰分布，$S$ 是港口的泊位数，$(\infty)$ 表示船舶排队长度无限制。

当 $K \to \infty$ 时，爱尔兰分布就变成定长分布，即 $M/D/S(\infty)$ 排队模型。对装卸效率稳定、船型较统一、载货量相差不大的情况，每装卸一艘船所需时间可以近似认为是定值。如专业化的油码头和矿石、煤炭等码头，就可以用 $M/D/S(\infty)$ 模型分析。

当 $K = 1$ 时，爱尔兰分布就是负指数分布，即 $M/M/S(\infty)$ 排队模型。该模型计算公式齐全，使用方便，并且适合多数港口随机服务系统。$K < 1$ 为超指数分布。

利用排队论模型确定平均在港船数的步骤见图 4-5。

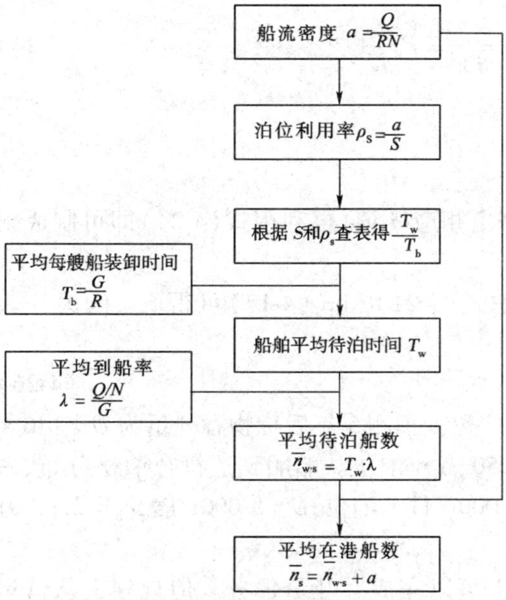


图 4-5　排队论模型确定平均在港船数步骤

（1）$M/M/S$ 模型。当船舶到港规律符合泊松分布，占用泊位时间符合负指数分布，泊位数为 $S$，并按图 4-4 排队，在排队论中常记为 $M/M/$

$S$ 模型。应用模型的理论结果进行必要的估算，以作出适当的决策。根据排队论此模型的理论结果，有 $n$ 艘船在港（包括港内和锚地）的概率 $P_{n \cdot S}$：

$$P_{n \cdot S} = \begin{cases} \dfrac{a^n}{n!} \cdot P_{0 \cdot S} & (0 \leqslant n < S) \\ \dfrac{a^n}{S!S^{n-S}} \cdot P_{0 \cdot S} & (n \geqslant S) \end{cases} \tag{4-19}$$

$$P_{0 \cdot S} = \left[ \sum_{n=0}^{S-1} \frac{a^n}{n!} + \frac{a^S}{(S-1)!\ (S-a)} \right]^{-1} \tag{4-20}$$

式中：$P_{0 \cdot S}$——无船在港的概率。

平均待泊船数 $\bar{n}_{w \cdot S}$：

$$\bar{n}_{w \cdot S} = \frac{a^{s+1}}{(S-1)!(S-a)^2} \cdot P_{0 \cdot S} \tag{4-21}$$

平均待泊时间 $T_w$：

$$T_w = \frac{a^s}{(S-1)!(S-a)^2} \cdot \frac{1}{\mu} \cdot P_{0 \cdot S} \tag{4-22}$$

平均在港船舶数 $\bar{n}_S$，综合式(4-21)、(4-18)：

$$\bar{n}_S = \bar{n}_{w \cdot S} + \bar{n}_{b \cdot S} = \frac{a^{s+1}}{(S-1)!\ (S-a)^2} \cdot P_{0 \cdot S} + a \tag{4-23}$$

利用式(4-23)、(4-7)，对符合 $M / M / S$ 模型条件的港口，可确定其最优泊位数。

为了计算方便，将上述各式制成附表3-1，下面简要地说明此表的制法。表中数据为平均排队时间 $T_w$ 与平均靠泊时间 $T_b$ 的比值，它是反映港口服务水平高低的重要指标。为了计算 $\dfrac{T_w}{T_b}$，将式(4-22)变形，并注意 $\dfrac{1}{\mu}$ 即是 $T_b$：

$$\frac{T_w}{T_b} = \frac{a^s}{(S-1)!(S-a)^2} \cdot P_{0 \cdot S} \tag{4-24}$$

由式(4-18)：

$$\rho_S = \frac{a}{S} \tag{4-25}$$

给定一系列 $S$ 和 $\rho_S$ 数值，利用式(4-25)可计算出相应 $a$ 值，再利用式(4-24)即可制成附表3-1。

为了计算 $\bar{n}_{w \cdot S}$，在式(4-22)两边各乘 $a$，并考虑式(4-21)和式(4-17)可得 $\bar{n}_{w \cdot S}$ 的另一表达式：

$$\bar{n}_{w \cdot S} = T_w \cdot \lambda \tag{4-26}$$

**例题4-1** 研究A港一作业区5年后的最优泊位数。预测5年后货物吞吐量为 $Q = 146 \times 10^4$ t/年，1.5万吨级多用途泊位通过能力约40万～50万t/泊位。船舶到达符合泊松分布、占用泊位时间基本符合负指数分布。有关参数：$R = 2\ 000$t/日·泊位，$G = 5\ 000$t/艘，$c_b = 2.92$ 万元/日·泊位，$c_S = 8.00$ 万元/日·艘。

由已知条件可知，3个1.5万吨级泊位在能力上可以完成吞吐量任务。但规划上从营运竞争力考虑，期望5年后的泊位数，既有利于吸引船公司来港，又使本港有合理的投资效益。

估算最优泊位数：

$$\lambda = \frac{Q/N}{G} = \frac{1\,460\,000/365}{5\,000} = 0.8 \text{ 艘 / 日}$$

$$\frac{1}{\mu} = T_b = \frac{G}{R} = \frac{5\,000}{2\,000} = 2.5 \text{ 日 / 艘}$$

$$a = \frac{\lambda}{\mu} = 0.8 \times 2.5 = 2$$

假定 $S=3$：

由式(4-25)：$\rho_3 = \frac{a}{S} = \frac{2}{3} = 0.67$，由附表 3-1 得：

$$\frac{T_w}{T_b} = 0.454\text{，} T_w = 0.454 \times 2.5 = 1.135 \text{ 日}$$

利用式(4-26)：$\bar{n}_{w\cdot3} = T_w \cdot \lambda = 1.135 \times 0.8 = 0.91$

$$\bar{n}_3 = \bar{n}_{w\cdot3} + a = 0.91 + 2 = 2.91$$

假定 $S=4$、$S=5$，计算结果列于表 4-7 中。从表中数据可以看出，满足不等式(4-7)条件的泊位数为 $S=4$，即应当增加一个泊位。

***M/M/S* 模型最优泊位数计算结果** 表 4-7

| $S$ | $\rho$ | $T_w$(日) | $\bar{n}_{w\cdot S}$(艘/日) | $\bar{n}_S$(艘/日) | $\bar{n}_S - \bar{n}_{S+1}$ |
|---|---|---|---|---|---|
| 3 | 0.67 | 1.135 | 0.91 | 2.91 | 0.74 |
| 4 | 0.50 | 0.218 | 0.174 | 2.17 | 0.13 |
| 5 | 0.40 | 0.050 | 0.040 | 2.04 | |
| $\frac{c_b}{c_S} = \frac{2.92}{8} = 0.365$　　$\bar{n}_3 - \bar{n}_4 < \frac{c_b}{c_S} < \bar{n}_4 - \bar{n}_5$　　$0.74 > 0.365 > 0.13$ | | | | | |

**例题 4-2** 试估算前例 $S=4$、3 和 5 时，船舶待泊损失费和泊位闲置损失费的大致数值。

当 $S=4$ 时：

泊位闲置损失费 $C_b$：

$C_b = c_b(1-\rho_4)SN = 2.92 \times (1-0.5) \times 4 \times 365 = 2\,131.6$ 万元

船舶待泊损失费 $C_S$：

$C_S = c_S \bar{n}_{w\cdot4} N = 8 \times 0.174 \times 365 = 508.1$ 万元

当 $S$ 为 3 和 5 时的结果均列于表 4-8 中。

**$C_b$、$C_S$ 计算结果** 表 4-8

| $S$ | 3 | 4 | 5 |
|---|---|---|---|
| $C_b$(万元) | 1 055.2 | 2 131.6 | 3 197.4 |
| $C_S$(万元) | 2 657.2 | 508.1 | 116.8 |

以上两例题的结果是对未来生产状态一个方面的描绘。$S=4$ 时，船舶平均待泊时间为 5.2h，待泊时间为作业时间的 9% 左右，港方损失费为船方损失费的 4 倍多；当 $S=5$ 时，泊位利用率为 40%，船舶平均待泊时间仅 1.2h，待泊时间为作业时间的 2%，几乎就是随到随靠，但港方泊位闲置损失费较大；当 $S=3$ 时，船舶平均待泊时间太长，船方或货主损失较大，是船

方较难接受的,不利于吸引货源并影响港口的竞争力。

(2)$M/E_K/S$ 模型。当船舶随机到港的规律符合泊松分布,船舶靠泊作业占用泊位时间符合爱尔兰 $K$ 阶分布,泊位数为 $S$ 并按图 4-4 排队时,在排队论中常记为 $M/E_K/S$ 模型。

采用下列符号;

$(T_w)_1$——$M/M/S$ 模型的平均待泊时间;

$(T_w)_K$——$M/E_K/S$ 模型的平均待泊时间;

$(\bar{n}_{w\cdot S})_1$——$M/M/S$ 模型的平均待泊船数;

$(\bar{n}_{w\cdot S})_K$、$(\bar{n}_S)_K$——分别为 $M/E_K/S$ 模型的平均待泊船数、平均在港船数。

根据研究,两模型关系可近似表示为:

$$(T_w)_K = (T_w)_1\left\{\frac{1+(1/K)}{2} + \left(1-\frac{1}{K}\right)(1-\rho_S)(S-1)\frac{\sqrt{4+5S}-2}{32S\rho_S}\right\} \tag{4-27}$$

$$(\bar{n}_{w\cdot S})_K = (\bar{n}_{w\cdot S})_1\left\{\frac{1+(1/K)}{2} + \left(1-\frac{1}{K}\right)(1-\rho_S)(S-1)\frac{\sqrt{4+5S}-2}{32S\rho_S}\right\} \tag{4-28}$$

$$(\bar{n}_S)_K = (\bar{n}_{w\cdot S})_K + \bar{n}_{b\cdot S} = (\bar{n}_{w\cdot S})_K + a \tag{4-29}$$

很多研究表明,爱尔兰二阶函数有较好的适用性,为了计算方便,$M/E_2/S$ 制成附表 3-2。

**例题 4-3** 与例题 4-1 相同条件,利用 $M/E_2/S$ 模型计算最优泊位数。

利用附表 3-2 的数据,计算结果列于表 4-9 中:

**$M/E_2/S$ 模型最优泊位数计算结果** 表 4-9

| $S$ | $\rho$ | $T_w$ | $\bar{n}_{w\cdot S}$ | $\bar{n}_S$ | $\bar{n}_S-\bar{n}_{S+1}$ |
|---|---|---|---|---|---|
| 3 | 0.67 | 0.865 | 0.69 | 2.69 | |
| 4 | 0.50 | 0.170 | 0.14 | 2.14 | 0.55<br>0.11 |
| 5 | 0.40 | 0.040 | 0.03 | 2.03 | |

最优泊位数仍为 $S=4$,船舶平均待泊时间、平均待泊艘数均较 $M/M/S$ 模型小。

(3)$E_2/E_2/S$ 模型。船舶到达的时间间隔分布,符合爱尔兰二阶分布,船舶靠泊作业占用泊位时间亦符合爱尔兰二阶分布,泊位数为 $S$ 并按图 4-4 排队时,记为 $E_2/E_2/S$ 模型。此模型的计算用表列于附表 3-3。

4.模型选择

多数件杂货码头的船舶随机到港的模式比较接近于泊松分布,船舶占用泊位时间分布,接近爱尔兰二阶分布,也有一些港口船舶占用泊位时间符合负指数分布。对专业码头或以停靠班轮为主的码头,由于使用码头的船方、货主相对集中,因而在某种程度上比较容易做到合理安排船舶到港,随机性更多源于自然因素,故一般认为船舶相继到港的时间间隔分布用爱尔兰二阶分布更适宜,即采用 $E_2/E_2/S$ 模型。

定量的数学方法,在决策制定过程中会起重要的作用,但这些模型毕竟把变化多端的港口营运过程典型化了。不能过分的依赖模型的结果,而把它看成是"准确的"数据。

在选择模型时,考虑到实际问题的复杂性,掌握它们的差异大小,有时是很有用的。图4-6是 $S=6$ 时三种模型的比较,$M/M/S$ 给出的结果反映其泊拉利用率较低。图中可以看出,高泊位利用率时三种模型的差别比较明显。

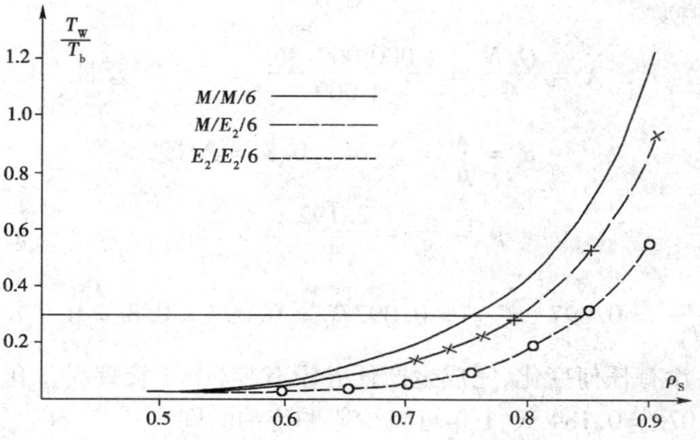


图 4-6　$M/M/6$、$M/E_2/6$、$E_2/E_2/6$ 比较

## 第二节　提高港口效率的方式

港口作为国际物流与供应链的主要环节,能够提供快速、可靠、灵活的综合物流经营服务是现代港口的重要特点。在港口规划时,必须考虑通过合理利用资源,提高港口的服务水平,以使船舶总在港时间最短或总费用最低,从而提高港口的竞争力。本节介绍几种提高港口服务效率的主要措施。

### 一、泊位组统一管理、调度

由于港口生产的随机性,集中管理、统一调度,在一定程度上可以提高服务水平,增加经济效益。这是因为集中管理使得在分散经营时,泊位出现的闲置时间被充分利用起来。为了说明这一问题的性质,下面把问题典型化后加以研究。

某港口有两个作业区,各有 2 个集装箱泊位,分别完成年吞吐量 50 万 TEU,平均单船装卸量 $G=1\,000$TEU/艘,装卸船时间均为 $\frac{1}{\mu}=0.8$ 日/艘。应用 $M/E_2/S$ 模型开展研究。

1. 单独管理、调度

$$\lambda = \frac{Q/N}{G} = \frac{500\,000/365}{1\,000} = 1.37 \text{ 艘/日}$$

$$a = \frac{\lambda}{\mu} = 1.37 \times 0.8 = 1.096$$

$$\rho = \frac{a}{S} = \frac{1.096}{2} = 0.548$$

由附表 3-2, $\frac{T_{w\cdot2}}{T_b} = 0.327$ , $T_{w\cdot2} = 0.327T_b = 0.327 \times 0.8 = 0.262$ 天。

2. 统一管理、调度

$$\lambda = \frac{Q/N}{G} = \frac{1\ 000\ 000/365}{1\ 000} = 2.74\ 艘/日$$

$$a = \frac{\lambda}{\mu} = 2.74 \times 0.8 = 2.192$$

$$\rho = \frac{a}{S} = \frac{2.192}{4} = 0.548$$

由附表 3-2，$\frac{T_{w\cdot4}}{T_b} = 0.097$，$T_{w\cdot2} = 0.097T_b = 0.097 \times 0.8 = 0.078$ 天。

生产设备条件没有任何变化，完成生产任务没有变，由于管理科学化，使船舶平均待泊时间减少：0.262 − 0.078 = 0.184 天，1 年可减少船舶待泊时间：

$$\frac{NS\rho}{1/\mu}(T_{w\cdot2} - T_{w\cdot4}) = \frac{365 \times 4 \times 0.548}{0.8} \times 0.184 = 184.0\ 天$$

若 $c_S = 17.2$ 万元/艘 · 日，则全年可节省船舶待泊费 17.2 × 184.0 = 3 164.8 万元。实际问题并不一定这样典型，但是，即使把参差不齐的泊位，在调度上归并为统一管理的泊位组，也会收到比分散调度好的经济效益和较高的通过能力。

## 二、提高装卸效率

港口为了适应吞吐量增加，扩建新泊位是理所当然的，也是不可避免的。增加新泊位不仅增加了通过能力，而且可以使船舶待泊时间降低，提高港口服务水平。

下面讨论在不增加泊位数量的前提下，采取提高泊位装卸效率的方法，达到提高泊位通过能力的目的。

**例题 4-4**　用例题 4-1 中 A 港一作业区多用途泊位的数据。为完成 146 万 t 的吞吐量，在原装卸作业系统的条件下，其最优泊位数 $S = 4$，即需增建一新泊位。现研究将泊位装卸效率由 2 000t/日 · 泊位提高到 3 000t/日 · 泊位，也就是将每个泊位由 2 条装卸作业线增加到 3 条装卸作业线，泊位数仍然是 3 个。

$$\frac{1}{\mu} = \frac{G}{R} = \frac{5\ 000}{3\ 000} = 1.67\ 日/艘$$

$$a = \frac{\lambda}{\mu} = 1.67 \times 0.8 = 1.33$$

$$\rho = \frac{a}{S} = \frac{1.33}{3} = 0.444$$

利用 $M/M/S$ 模型，由附表 3-1 查得：

$$\frac{T_w}{T_b} = 0.108,\ T_w = 0.108T_b = 0.108 \times 1.67 = 0.18\ 日$$

船舶平均在港时间：

$$T = T_w + T_b = 0.18 + 1.67 = 1.85\ 日$$

将例题 4-1 与本例结果汇总于表 4-10。

提高港口装卸效率前后对比　　　　表 4-10

| 对比内容 | 原设施 | 提高能力 | |
|---|---|---|---|
| | | 增加 1 个泊位 | 装卸效率提高 50% |
| | $S=3;\ \frac{1}{\mu}=2.5$ | $S=4;\ \frac{1}{\mu}=2.5$ 日/艘 | $S=3;\ \frac{1}{\mu}=1.67$ 日/艘 |
| $\rho$ | 0.67 | 0.5 | 0.44 |
| $T_w$(日) | 1.135 | 0.218 | 0.18 |
| $T=T_w+T_b$(日) | 1.135+2.5=3.64 | 0.218+2.5=2.72 | 0.18+1.67=1.85 |

从表 4-10 可以看出，提高泊位装卸效率效果是很好的，与增加泊位数相比，船舶在港时间减少了 0.87 日。表 4-10 虽把问题典型化了，但可以给出下列启示：

(1)从营运的角度，在技术上可能的条件下，应尽量选择装卸效率高的装卸系统，以取得缩短船舶在港时间的效果，有利于吸引船舶来港。

当每个集装箱泊位只配备 2 台装卸桥情况时，若将毗邻泊位的装卸桥调至本泊位，形成 3 条装卸作业线，此时可使装卸效率得到很大提高，其理论背景与本例是一致的。

(2)表 4-10 中的结果在理论上说明了高效专业化泊位在营运上的优越性。因此，对批量大、货源稳定的运量，宜优先选择高效专业化泊位。

(3)加速老码头的技术改造，淘汰落后的装卸系统，选用较先进、高效率的装卸系统是提高港口通过能力的有效途径。

由表 4-10 的启示，再考察下例：2 艘船同时到港，假定刚好有 2 个空泊位。但是，由于种种原因没有能力使 2 艘船的所有舱口全部作业。方案 1 按常规把设备和班组均匀分到 2 艘船上(如图 4-7)，2 艘船舶总在港天数为 8 天。方案 2 把设备班组集中在船 A，用 2 天装卸完让其提前离港，然后再用 2 天装卸完船 B，2 艘船舶在港总天数为 6 天。两个方案的设备班组条件基本上是一样的。显然方案 2 较好，使船 A 得到"速遣"。

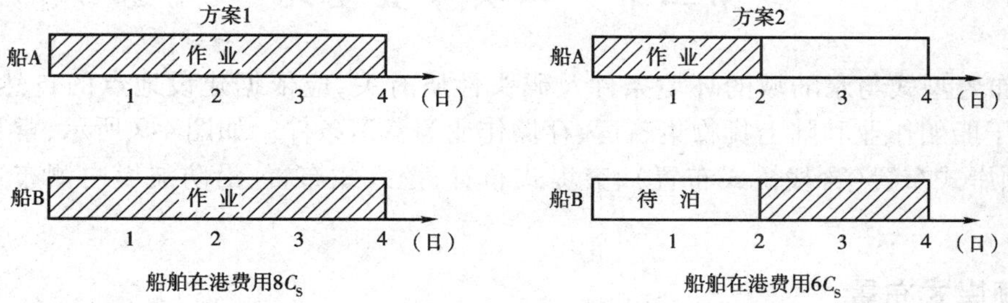


图 4-7　速遣示意图

## 三、新增港口能力时机

泊位利用率只是码头设施利用程度的指标。反映港口服务水平的指标，可用船舶待泊时间与装卸作业时间的比值$\left(\frac{T_w}{T_b}\right)$以及船舶在港总时间。随着泊位利用率的升高，$\frac{T_w}{T_b}$的比值亦随之提高，且与港口拥有的同类型泊位数量关系密切，见图 4-8。

由式(4-18)，$\rho=\frac{Q}{NRS}$，如果装卸效率 $R$ 一定，泊位数 $S$ 不变，随着运量 $Q$ 的增加，泊位利用率随之提高，到一定程度就会影响港口的服务水平。从规划的角度，要研究增建新泊位的时机，既要保持港口有较高的服务水平和竞争力，同时又要适当兼顾港、航多方利益，通常应把 $\frac{T_w}{T_b}$ 的标准控制在0.1～0.5之间。如果以 $\frac{T_w}{T_b}=0.1$ 作为一个初步标准，超出此值时宜考虑新泊位投产；以 $\frac{T_w}{T_b}=0.2$ 作为"极限点"的控制标准，则对应上述服务标准和"极限点"的泊位利用率列于表4-11。

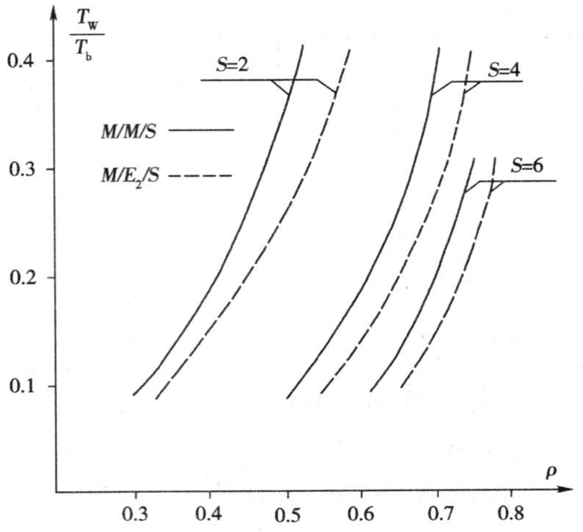


图4-8 $\frac{T_w}{T_b}$ 与泊位利用率及泊位数的关系

**泊位利用率(%)的适宜值与极限点** 表4-11

| 泊位数 $S$ | | 2 | 4 | 6 |
|---|---|---|---|---|
| 停靠不定期船 | 适宜值 | 33 | 54 | 64 |
| | 极限点 | 43 | 63 | 72 |
| 停靠班轮 | 适宜值 | 46 | 66 | 74 |
| | 极限点 | 58 | 73 | 80 |

## 第三节 码头布置型式

码头布置型式与水陆域的环境条件及码头性质有关，应依据建设地点的自然条件，并考虑有利于船舶作业和陆上货物集疏运、存储作业等营运条件。如图4-9所示，常见的布置型式有：顺岸式布置(含栈桥式布置)、突堤式布置、挖入式布置、沿防波堤内侧布置及岛式布置。

### 一、顺岸式布置

码头前沿线与自然大陆岸线大致平行或成较小角度的布置型式，见图4-10a)，是最常见的布置型式，尤其适合于港口规模不大，可利用的岸线较多、水域宽度有限制的港口，是河口港常见的布置型式。这种布置型式的优点是利用天然岸线建设码头，工程量小，泊位可占用的陆域面积较大，便于仓库、堆场以及其他辅助设施的设置，大型装卸机械可以灵活调度，适合于杂货及集装箱作业。但每泊位平均占用的水、陆域面积较多，如果岸线有限，则布置的泊位数较少。

顺岸式布置的前沿如果需要布置铁路线，当泊位数量较多时，将它们布置成一条直线对铁路调车行走十分不便。在这种情况下,为方便火车掉头,可以将前沿线布置成锯齿形,见图4-10b)。在河港和河口港,为顺应河道自然走向,常将前沿线布置成折线形,见图4-10c)和图 4-10d)。

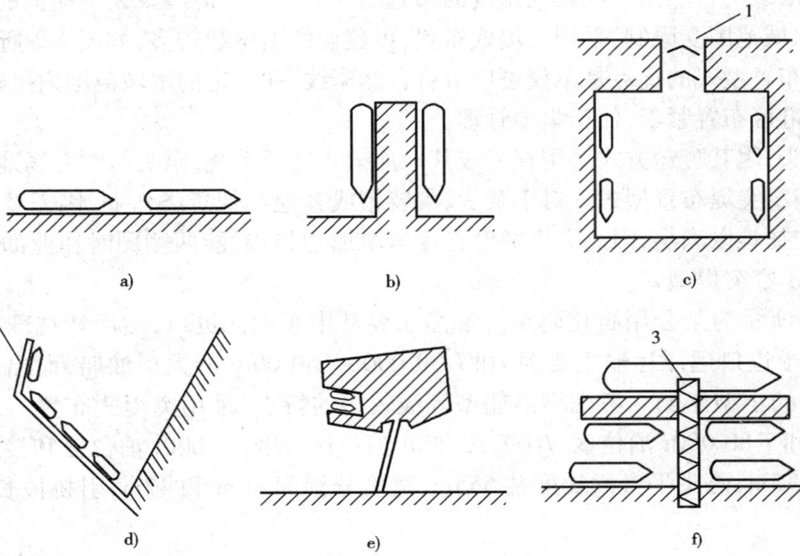


图 4-9　码头平面布置型式

a)顺岸式布置;b)突堤式布置;c)挖入式布置;d)沿防波堤内侧布置;e)岛式布置;f)栈桥式布置

1-口门或闸门;2-防波堤;3-起重机

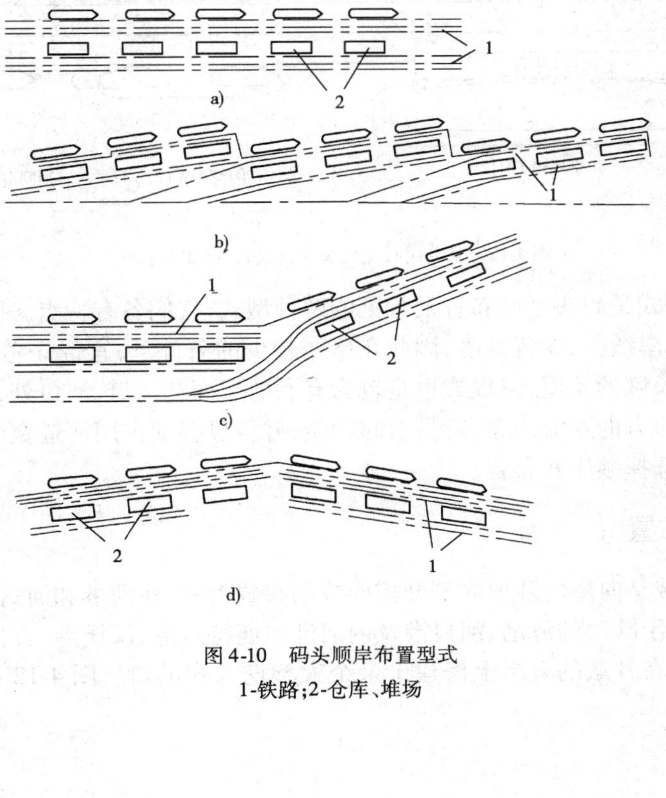


图 4-10　码头顺岸布置型式

1-铁路;2-仓库、堆场

## 二、突堤式布置

码头前沿线与自然岸线成较大角度的布置型式。在天然海湾及人工掩护的水域中建设的港口，由于水域范围受限制，采用突堤式布置，可建设的泊位数较多，如图1-2所示大连港大港港区。这种布置型式的优点是不仅可以节省自然岸线，在一定的水域范围内可建较多的泊位，而且使整个港区布置紧凑，便于集中管理。

散货码头，因其疏运方式采用管道或其他连续式输送系统，码头与贮存场地可以保持较远距离，常采用窄突堤布置型式。对于杂货、集装箱或其他类似货类作业，因需要一定的堆存能力，窄突堤往往难以满足，因此突堤宽度有逐渐增加的趋势，能两侧同时作业的宽突堤布置型式逐渐取代了窄突堤型式。

图4-11所示为某公用石化码头。油品主要从中东地区进口，然后转往珠江三角洲的各个地区。由于进口远洋运输主要为*DWT* 80 000～150 000t的大型油船，而出口中转主要为低于1 000t的小型船舶。考虑靠泊船型等级较多的特点，采用突堤式布置。依次布置有两个系缆墩、*DWT* 80 000t泊位区、*DWT* 10 000t泊位区、*DWT* 1 000t泊位区和接岸引桥。系缆墩段长度为75m，码头平台段长度共555m，宽度分别为36m和42m，引桥段长度为75m，宽度为20m。

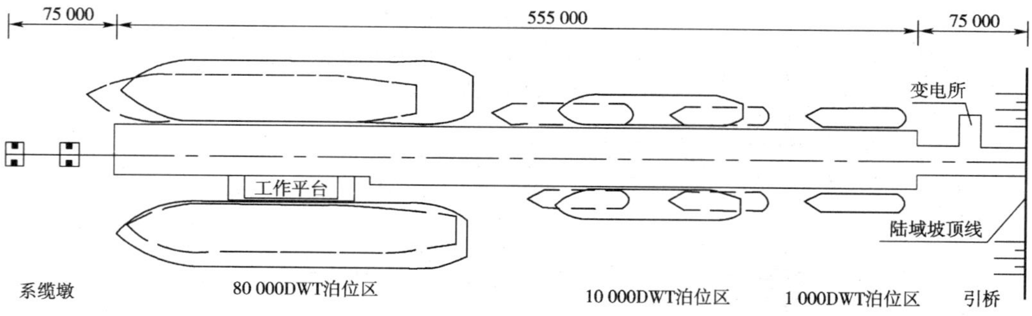


图4-11　某公用石化码头突堤式布置（单位：mm）

顺岸式和突堤式是码头平面布置最常见的两种型式，它们各有特点。同样的泊位数量，突堤式较顺岸式占用岸线少，布置紧凑，因此在岸线较少的条件下，宜优先考虑突堤式布置。同时，从减少防波堤长度的角度，突堤式也是较为有利的。而在河道、河口处，由于突堤式过多的伸向河中，改变了原有的水流形态，容易引起冲淤；并且过多地占用河道宽度会影响船舶通航，在这种条件下，宜选择顺岸式布置。

## 三、挖入式布置

码头、港池水域是向岸的陆地内侧开挖而成的布置型式，在河港和河口港中较为多见。挖入式布置广泛应用于欧美的海港、河口港及内河港。鹿特丹港、汉堡港、安特卫普港，均为挖入式布置方式。日本在开敞的海岸上修建十余个大型挖入式港口。图4-12是日本苫小牧港西港区平面图。

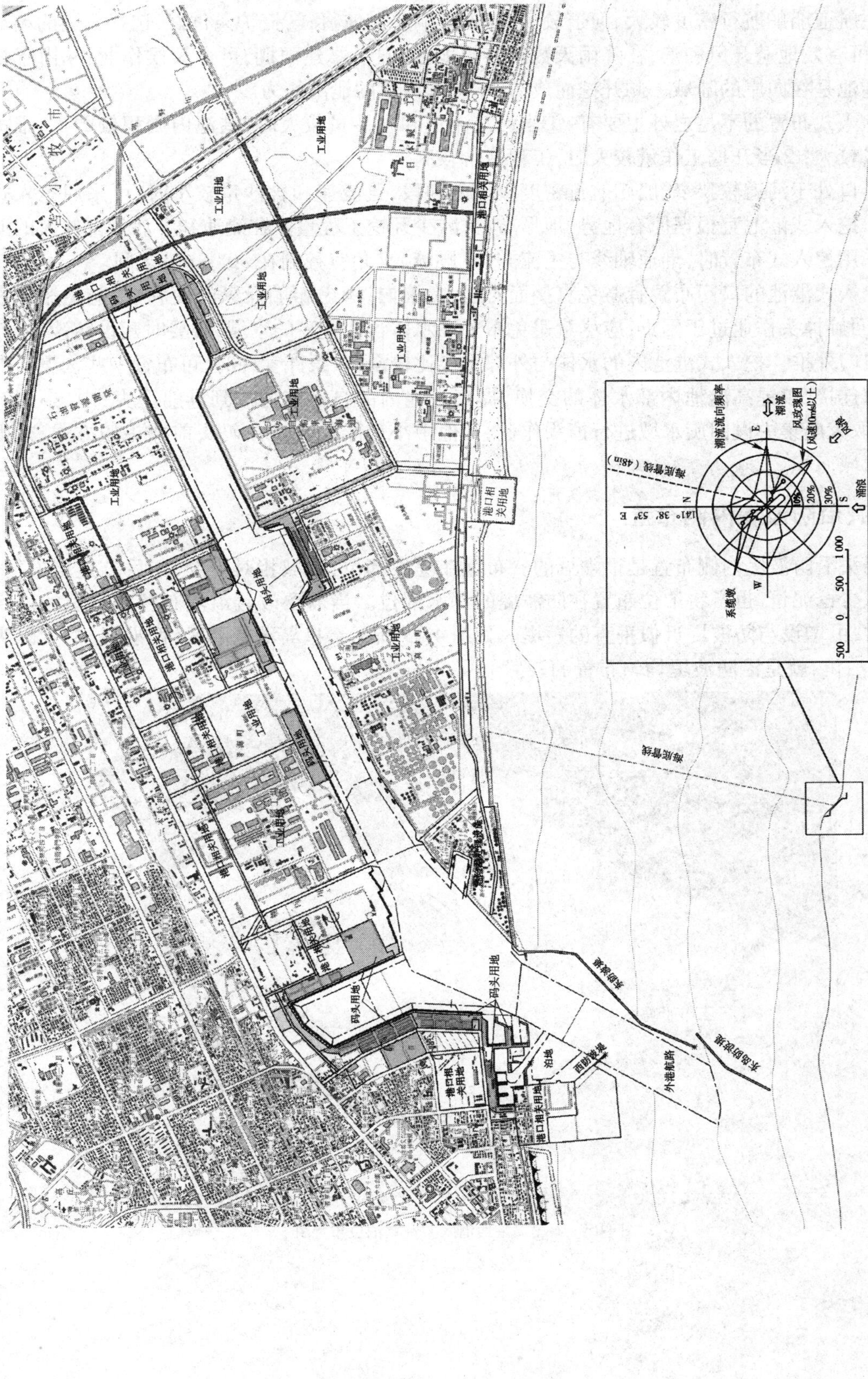


图 4-12　苫小牧港西港区平面图

挖入式布置的优点:①充分利用天然岸线,在有限的岸线上可根据需要建设较多的泊位;②当主航道船舶航行密度较大、河道较窄时,不影响船舶航行;③掩护条件好,选择合适的港池轴线,可有效地避开风和浪,在降雨天数较多的地区,便于修建雨棚,可全天候作业;④由于挖入式港池是在向岸的陆域一侧开挖而成的,不降低河道的泄洪能力。

挖入式布置的不足之处主要有:①当河流流速和含沙量较大时,港池内淤积较严重,维护工作量较大;②当开挖工作量较大时,工程造价较高。

港口处于河道较狭窄,船舶航行密度较大的河段,且流速和含沙量较小时,可采用挖入式布置。挖入式港池宜根据原有地势、地形布置,减少开挖工程量。在流速和含沙量都较大的河流上采用挖入式布置时,港池轴线与主流方向(顺流)夹角宜控制在30°~60°之间。

挖入式港池的口门布置宜避免直接面对强、常浪向;考虑船舶操纵的便利性,避免船舶靠离泊、回旋掉头作业过于困难;应尽量避免布置在水体含沙量高的水域,必要时建设防沙、导流堤将口门外推。挖入式港池内的水体与外部交换比较慢,在条件容许时,可布置一些沟渠与港池内部连接,以提高港池内部水体的交换,提高港池内的自净能力。到港船型大、中、小都有时,采取大船集中设回旋水域进行掉头作业、其他中小型船舶直接在码头前掉头的方式,减少开挖水域面积。

## 四、沿防波堤内侧布置

码头沿防波堤内侧布置是很常见的。布置在堤根部位,水域相对平静,与后方连接方便。为了减少挖泥量,也常将泊位布置在防波堤的深水部位。当需要改善沿堤布置的泊位的泊稳条件时,可增设与防波堤近似垂直的短堤。如图4-13所示秦皇岛港老港区(西港区)的大码头3#~7#泊位,就是沿防波堤均匀布置的。

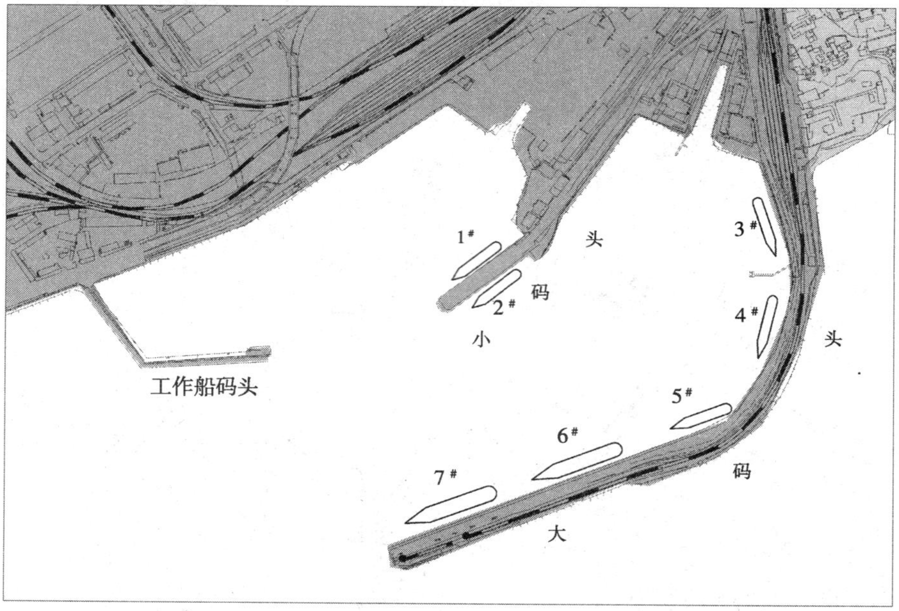


图4-13　秦皇岛港西港区1#~7#泊位布置图

对于有防浪要求的泊位，为了防止越浪，防波堤顶部应该有防浪措施，会增加工程量。从现实的角度讲，越浪是不可避免的。经验表明，当防波堤外波浪较大时（$H_{1/10}>3\text{m}$），即使防波堤胸墙设计很高，在风的伴随下，溅浪越过堤顶是不可避免的，这种溅浪可飞溅至距胸墙十几米远处。因此，在此范围内，不宜布置固定的装卸运输设备，可布置如矿石类不致因溅浪而影响货物质量的堆场。

## 五、岛式及栈桥式布置

岛式及栈桥式码头常布置在离自然岸线较远的深水区，在码头与岸线之间的水域也可以用于布置驳船泊位，进行水上过驳作业。通常在码头前沿设置大型装卸机械。为解决货物的运输问题，可采取栈桥或水下管线（油、气）与岸相接，堆场或灌区设在岸上。这种布置一般为开敞式，不设防波堤，大型散货船、油船和液体化工船多采用这种型式。

图 4-12 中由海底管线与陆域衔接的苫小牧港原油进口岛式码头，最大停船吨级为 28 万 t。码头由装卸作业平台、两个靠船墩和四个系缆墩所组成，原油通过长 3km、管径为 1.219m（48in）的海底管线输到岸上。

大型干散货码头也多采用开敞式布置。通过布置在栈桥上的工艺设备与岸上连接，所以被称为栈桥式布置。图 4-14 为阿根廷建于 20 世纪 70 年代末的矿石出口码头，采用弧线式装船机，船舶根据流向条件可在 3 个不同方向的码头前沿线上停泊，增加了码头的作业天数。

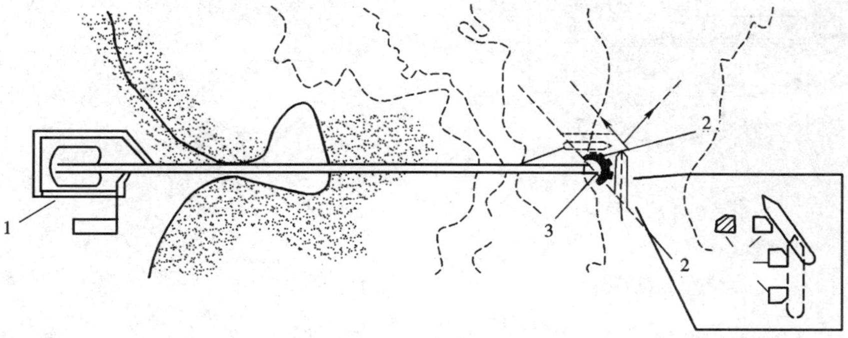


图 4-14　离岸干散货栈桥码头

1-堆场；2-靠船墩；3-装船机轨道

大型原油码头，当深水区距岸不太远时，也可以采用栈桥式布置，例如大连港鲇鱼湾油码头（图 4-15）、青岛港黄岛 20 万吨级油码头等。

大型开敞式离岸码头常采用蝶形布置型式（图 4-16），一般由工作平台、靠船墩、系缆墩组成，其中靠船墩有主靠船墩（靠泊大型船舶）和副靠船墩（靠泊小型船舶）。

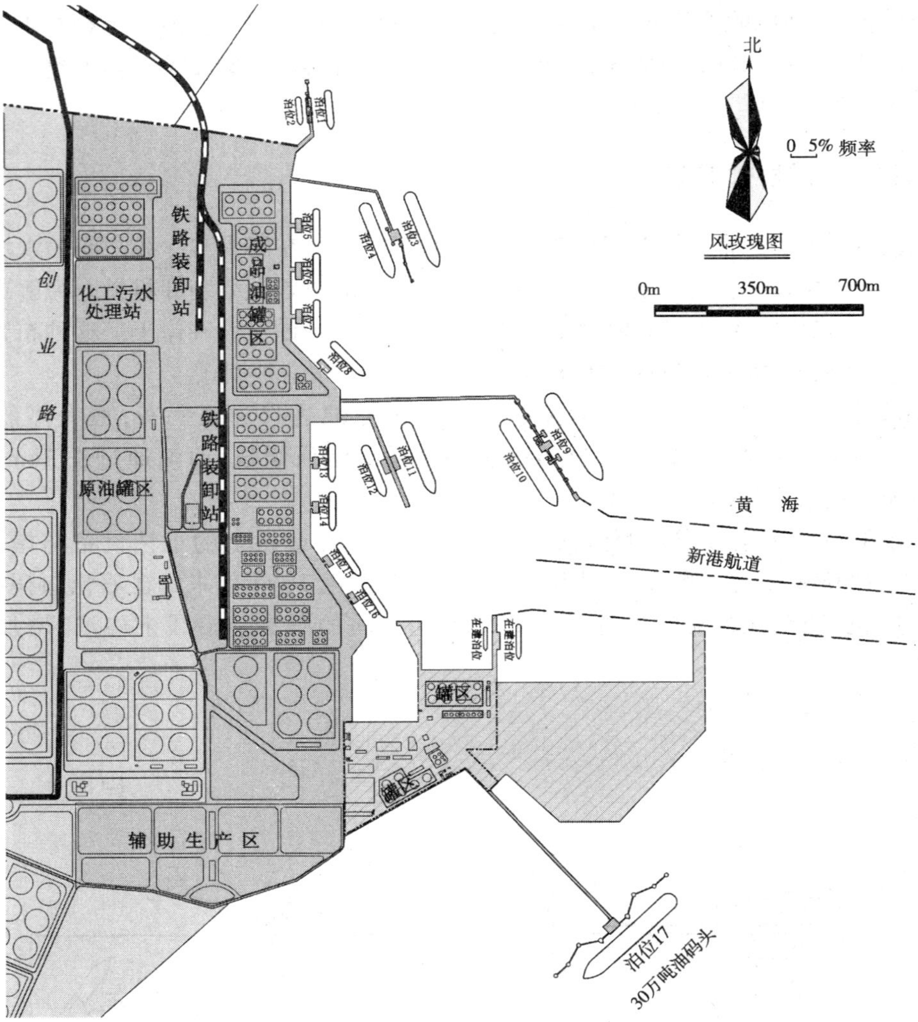


图 4-15　大连港 30 万 t 油码头

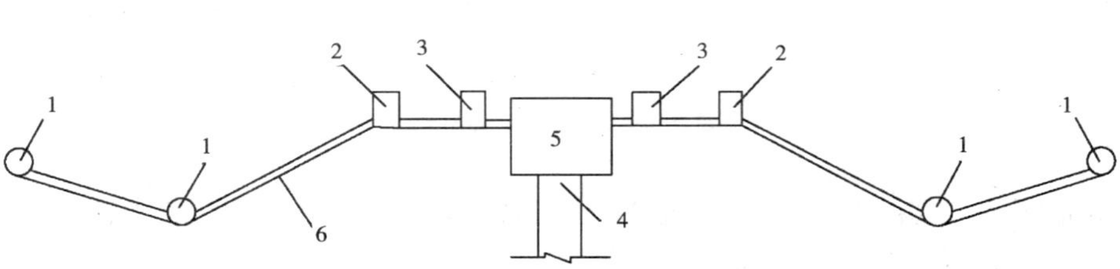


图 4-16　液体化工码头蝶形布置

1-系缆墩;2-主靠船墩;3-副靠船墩;4-引桥和管廊;5-工作平台;6-人行便桥

# 第四节　港口陆域尺度

## 一、码头泊位尺度

泊位尺度包括泊位长度、泊位宽度和泊位水深三个方面。泊位尺度的确定以设计船型尺度为基本依据，并考虑适当的富余量，以保证船舶在码头停靠作业的安全。

泊位长度 $L_b$ 是泊位占用岸线的长度，一般由设计船长 $L$ 和富余①长度 $d$ 构成。富余长度 $d$ 是船与船之间或船与岸之间的必要间隔，$d$ 的确定要考虑系缆要求，船舶靠离安全、方便，一个泊位的装卸作业对相邻泊位作业不产生妨碍，还要考虑装卸机械的检修方便等因素。为了提高泊位的利用效率，确定富余长度时，应充分考虑多种因素的影响，包括对柔性靠泊的适应性等。

泊位宽度是码头前水域宽度，也是保持码头前水深不变的宽度。确定此宽度要求考虑到船舶系泊时可能产生的漂移量。吹开风，缆绳的变形以及潮位变化均是导致船舶漂移的原因。一般泊位宽度取 2 倍船宽。回淤严重的泊位应适当增加宽度；丁靠（船舶靠泊时，其纵轴线与码头前沿线垂直的靠泊方式）时应考虑设计船型的具体情况而确定。

本节重点讨论泊位长度的确定，泊位水深将在第五章港口水域及外堤布置中介绍。

1. 单个泊位

有掩护码头和开敞式码头单个泊位长度的确定方法不同。规划时应首先判断属于哪一种码头。有掩护码头，通常是指在具有良好天然掩护或人工掩护的水域内建设的码头，船舶靠泊和系泊在有掩护水域内的码头，通常码头前波高 $H_{4\%}$ 不超过 0.6m。开敞式码头是指既无天然掩护又无人工掩护的水域内的码头，外海波浪可直接作用在码头结构上。对于实际工程中出现的掩护条件介于有掩护和开敞式之间的码头，可通过分析海域的特征，确定其按照有掩护码头还是开敞式码头计算泊位长度。

对有掩护的水域，当整个码头岸线只布置一个泊位时，泊位长度主要取决于首尾缆的系缆角度和长度。首尾缆限制船舶移动的功能取决于首尾缆的水平系缆角 $\alpha$ 和垂直系缆角 $\beta$，这是因为 $\alpha$ 和 $\beta$ 决定着首尾缆平行码头线和垂直码头线的系缆力。$\alpha$ 和 $\beta$ 与船型尺度、潮位及装卸状态有直接关系，使 $\alpha$ 在 35°～40°之间时系缆综合效果较好。单个泊位的长度 $L_b$ 可按式（4-30）确定，其中 $d$ 可按表 4-12 选取。专业化码头的泊位长度，有时按式（4-30）确定的长度不能满足装卸要求，此时泊位长度的选取应服从工艺要求。

$$L_b = L + 2d \tag{4-30}$$

**富余长度 $d$**　　表 4-12

| 设计船长(m) | <40 | 41～85 | 86～150 | 151～200 | 201～230 | >230 |
|---|---|---|---|---|---|---|
| 富余值 $d$(m) | 5 | 8～10 | 12～15 | 18～20 | 22～25 | 30 |

---

① 本书中涉及“富余”的概念在部分港口工程相关资料和规范中用“富裕”表示，它们在工程上表示的内容是一致的。

对开敞式码头，船舶的受力情况复杂，除系缆角度适宜外，缆绳应有足够长度以吸收船舶动能减少系船力。因此开敞式码头泊位长度要大于同一吨级有掩护泊位长度，见图4-17，可按式(4-31)初步估算。通过系泊试验可以优化系缆墩布置，最终确定泊位的平面布置及泊位长度。

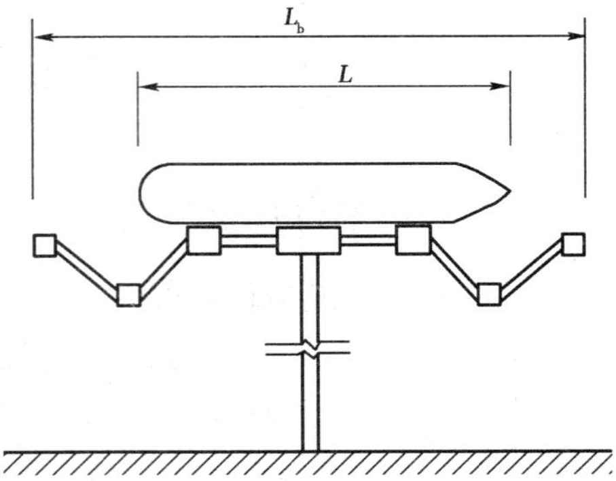


图4-17 开敞式码头的泊位长度

$$L_b = k \cdot L \tag{4-31}$$

式中：$k$——系数，对液化天然气码头，可取1.0～1.2；其他码头，可取1.4～1.5，经论证可减小但不小于1。

开敞式码头，两靠船墩之间的距离等于船舶平直段长度，为(0.3～0.45)$L$。表4-13为国内部分开敞式码头泊位长度统计。

**部分开敞式码头泊位长度举例表** 表4-13

| 类　型 | 名　称 | 泊位长度(m) |
|---|---|---|
| LNG | 大连26.7万$m^3$LNG码头 | 446 |
| LPG | 汕头5万吨级LPG码头 | 350 |
| 原油 | 惠州华德30万吨级原油码头 | 490 |
| | 大连港30万吨级原油码头 | 510 |
| 矿石 | 大连港25万吨级矿石专用码头 | 450 |

滚装码头应根据设计船型的船跳板类型、吨级和自然条件进行布置，其泊位长度应满足船舶安全靠离、系缆和装卸作业的要求。图4-18为滚装码头单个泊位5种典型布置型式。

对图4-18中a)情况，当$L_t + L_j > d$时，其泊位长度可按下式计算：

$$L_b = L + L_t + L_j + d \tag{4-32}$$

式中：$L_t$——船跳板在顺岸码头方向上的投影长度(m)；

$L_j$——接岸设施长度(m)，根据港址水位差、接岸设施的类型和车辆的转弯半径等确定。

当$L_t + L_j \leqslant d$时，长度计算同式(4-30)。

对图4-18中b)情况，其泊位长度计算同式(4-32)。

对图4-18中c)情况，其泊位长度按下式计算：

$$L_b = 3B \tag{4-33}$$

式中：$B$——滚装船型宽(m)。

对图4-18中d)情况，其泊位长度计算同式(4-30)。

对图4-18中e)情况，码头宜设置两个主靠船墩，必要时可增设一个辅助靠船墩，两个主靠船墩中心间距可取设计船长的30%～45%，辅助靠船墩靠接岸设施一侧的端线宜与设计船型尾或首部持平。

2. 连续布置多个泊位

在同一码头线上连续布置泊位时，端部泊位的一侧相当于单个泊位，相邻泊位允许交叉带缆和压缆，见图4-19。泊位长度$L_b$可按式(4-34)确定。$d$仍按照表4-12选取，相邻泊位船型尺度不同时，$d$按照较大船型选取。

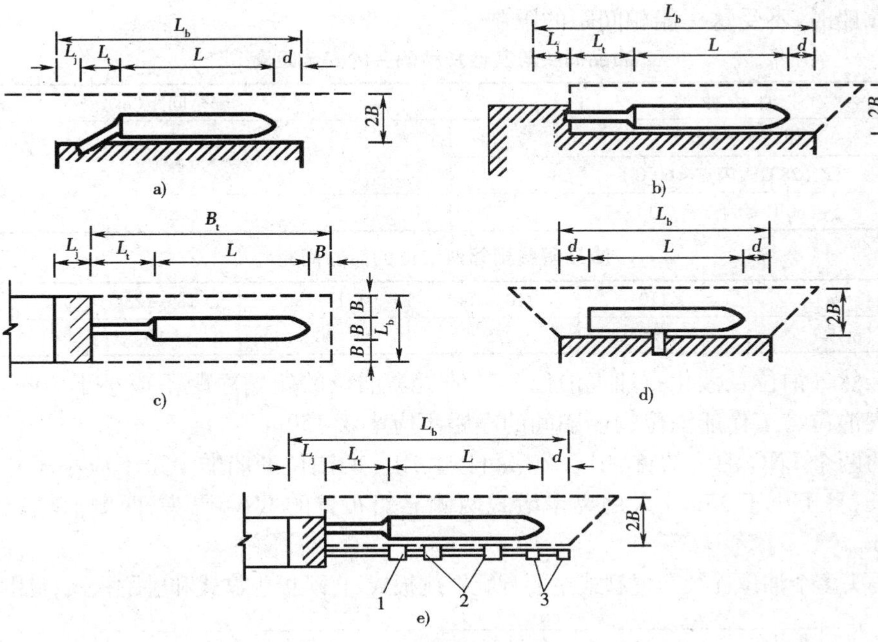


图 4-18　滚装码头单个泊位典型布置形式

a)艉斜跳板式;b)艉直跳板顺岸式;c)艉直跳板丁靠式;d)舯跳板式;e)墩式

1-辅助靠船墩;2-主靠船墩;3-系缆墩

在规划码头岸线时,经常把多个相同规模的同类泊位在同一码头线上连续布置。这种情况多为集装箱或杂货码头,且顺岸布置。在港口运营时,允许泊位数不按设计船型分割,而按照码头连续岸线长度和到港船舶实际长度制订柔性靠泊计划。例如,按设计船型设计4 个连续泊位,实际运营时,在满足水深等其他条件要求的前提下,可以安排 4 条以上不同吨级的船舶同时靠泊在连续岸线上进行生产作业。因此,规划和设计过程中,当连续布置同类泊位时,在条件允许的情况下,应尽可能使码头前沿线在同一直线上(图 4-19),形成泊位组,以利于港口运营。多泊位连续布置的集装箱港区容易形成规模,便于增加集装箱作业的效率和设备调度使用的灵活性,降低项目的工程投资,如上海港外高桥港区五期(图 1-3)工程连续布置 4 个集装箱泊位,总长度 1 100m。有时,这种连续岸线的长度比泊位数量更能反映码头的规模。

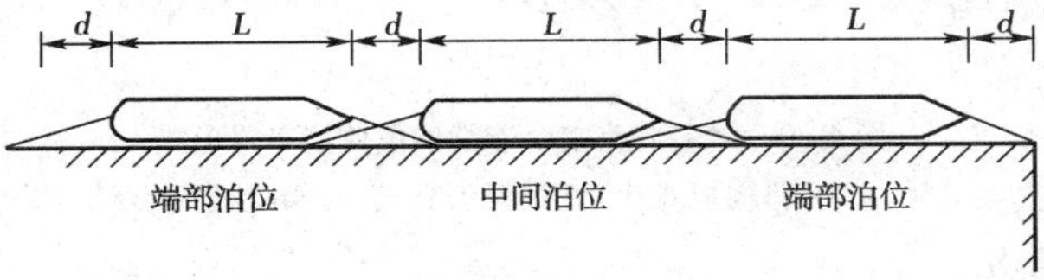


图 4-19　连续布置多个泊位长度

$$L_b = \begin{cases} L + 1.5d & \text{端部泊位} \\ L + d & \text{中间泊位} \end{cases} \tag{4-34}$$

油品码头及其他危险品码头有严格的防火要求。油品码头与其他货种码头的安全距离,不应小于表 4-14 的规定。油品码头相邻两泊位的船舶间距应不小于表4-15的规定。突堤或栈桥两侧靠船时,不受这一船舶间距的限制。

**油品码头与其他货种码头的安全距离** 表 4-14

| 油 品 种 类 | 安全间距(m) |
|---|---|
| 甲(闪点<28℃) | 150 |
| 乙(28℃≤闪点<60℃) | |
| 丙(60℃≤闪点≤120℃) | 50 |

**油品码头相邻两泊位的船舶间距** 表 4-15

| 设计船长(m) | <110 | 110~150 | 151~182 | 183~235 | >235 |
|---|---|---|---|---|---|
| 间距(m) | 25 | 35 | 40 | 50 | 55 |

液化天然气泊位及液化石油气泊位与其他货类泊位的船舶净距不应小于200m。停泊在液化天然气泊位与工作船泊位的船舶间的净距不应小于150m。

相邻的两个LNG泊位的首、尾系缆墩可以共用。两泊位的船舶净距不应小于0.3倍的最大设计船长,且不小于35m。采用离岸墩式两侧靠船布置的LNG码头,两侧泊位船舶净距不应小于60m。

滚装码头多个泊位连续布置型式主要有艉斜跳板式、直跳板丁靠式和舯跳板式,见图4-20。

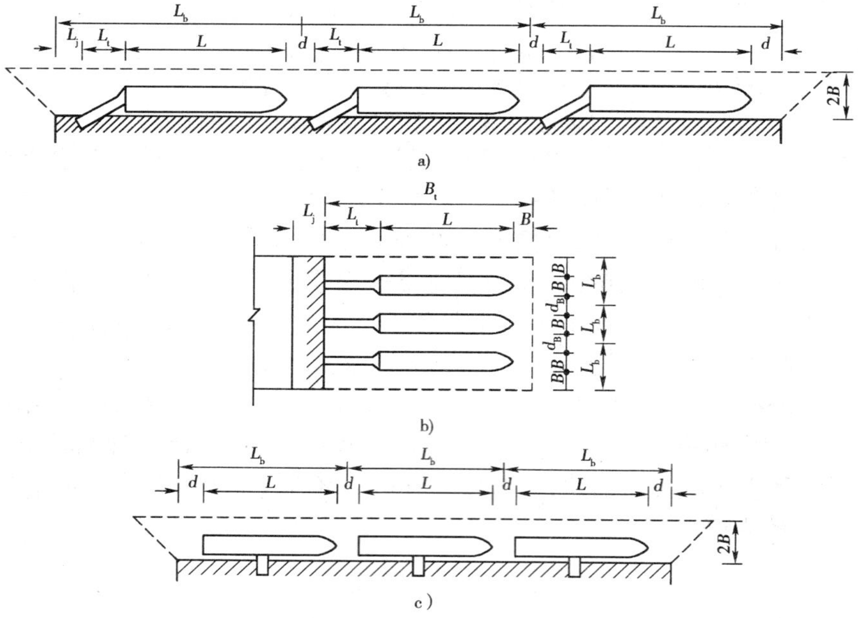


图4-20 滚装码头多个连续泊位典型布置形式

a)艉斜跳板式;b)直跳板丁靠式;c)舯跳板式

对图4-20中a)情况:

$$L_b=\begin{cases}L+L_t+L_j+0.5d & \text{左端部泊位},L_t+L_j>d\\ L+1.5d & \text{左端部泊位},L_t+L_j\leqslant d\\ L+L_t+d & \text{中间泊位}\\ L+L_t+1.5d & \text{右端部泊位}\end{cases} \tag{4-35}$$

对图 4-20 中 b)情况：

$$L_b = \begin{cases} 2B + 0.5d_B & \text{端部泊位} \\ B + d_B & \text{中间泊位} \end{cases} \tag{4-36}$$

式中：$d_B$——船舶间富余宽度(m)，河港可采用 1.0m，海港不宜小于 1 倍设计船型型宽。

对图 4-20 中 c)情况：

$$L_b = \begin{cases} L + 1.5d & \text{端部泊位} \\ L + d & \text{中间泊位} \end{cases} \tag{4-37}$$

3. 折角布置的泊位

在突堤式码头布置中，突堤与顺岸相接的两泊位成折角布置。码头岸线折角 $\theta$ 有 45°～90°，从使用上看大于 70°为好，折角太小岸线损失太大，而且不利于港内水体的交换。转折处的泊位长度应满足船舶靠离作业的要求，并根据码头结构型式及转折角度确定。

直立式码头折角处的泊位长度 $L_b$(图 4-21)按式(4-38)确定：

$$L_b = \zeta L + \frac{d}{2} \tag{4-38}$$

式中：$\zeta$——船长系数，按表 4-16 选取。

**船长系数 $\zeta$**　　表 4-16

| 两直立式岸壁间夹角 $\theta$ | 60° | 70° | 90° | 120° |
|---|---|---|---|---|
| $DWT > 5\,000t$ | 1.45 | 1.35 | 1.25 | 1.15 |
| $DWT \leqslant 5\,000t$ | 1.55 | 1.40 | 1.30 | 1.20 |

直立式码头与斜坡式护岸或水下挖泥边坡边线的夹角 $\theta \geqslant 90°$时，靠近护岸处的泊位长度(图 4-22)可按式(4-34)确定。

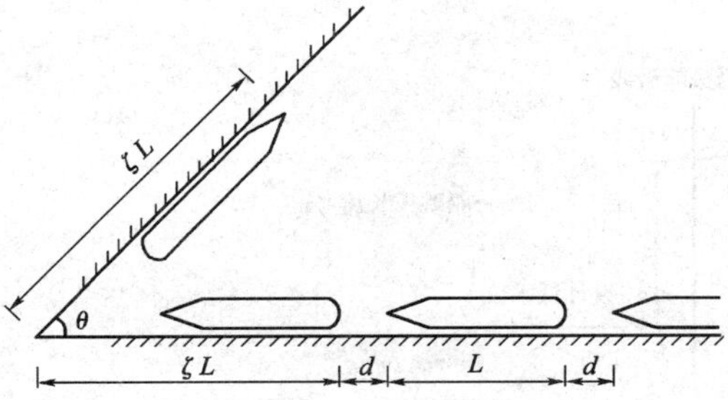


图 4-21　直立式码头折角处的泊位长度

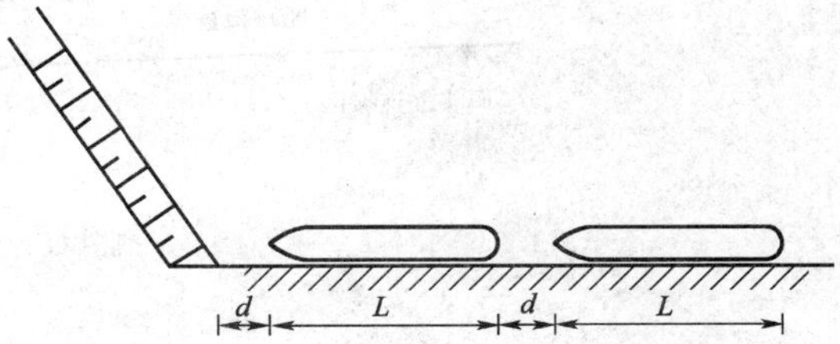


图 4-22　直立式码头与斜坡护岸处的泊位长度

## 二、码头前沿高程

码头前沿高程的确定与港口营运要求、当地水文和地形等因素有关。营运要求在大潮时不被淹没，便于生产作业并与码头后方及港外道路有效衔接。

对于有掩护码头的前沿高程，按照两种标准计算：

(1)基本标准：码头前沿高程 = 设计高水位 + 超高值(取 1.0～1.5m)。

(2)复核标准：码头前沿高程 = 极端高水位 + 超高值(取 0.0～0.5m)。

上述两种标准中按高值选取，并注意对沉降较大的码头应预留沉降量，并充分考虑相邻泊位及后方已形成的陆域、铁路、道路的高程，经论证后可以适当调整计算得出的高程。

开敞式码头应满足码头面不被波浪淹没的要求。对于桩式结构的开敞式码头，为了避免上部结构包括栈桥直接承受波浪力，码头面高程确定时应考虑上部结构高度，按下式确定码头前沿高程 $E$ 。

$$E = HWL + \eta_0 + h + \Delta \tag{4-39}$$

式中：$HWL$ ——设计高水位（m）；

$\eta_0$ ——设计高水位时的 50 年一遇波列 $H_{1\%}$ 波峰面高度（m）；

$h$ ——码头上部结构高度（m）；

$\Delta$——波峰面以上至上部结构底面的富余高度（m），一般取 0.0 ~ 1.0m。

对于上部结构可以承受波浪力的开敞式码头，可以根据结构受力条件，适当降低码头面高程。

码头前沿高程确定之后，还应根据排水、装卸工艺及运输系统的要求，结合当地地形、地质等条件，确定库（场）、道路、铁路、停车场、辅建区和排水系统等的高程。高程设计应尽可能减少土石方工程量，使港区挖填基本平衡，降低工程投资；同时，须与周边已建工程和后续工程场区标高相协调衔接，并根据使用要求，考虑地基沉降情况进行适当预留。

为使码头陆域地面排水能顺利地汇集到集水口或明沟中，其坡度不应小于 5‰。权衡考虑地面排水、堆货、流动机械运行等要求，库场地面坡度宜取 5‰ ~ 10‰；但当库场后方设置装卸站台时，其坡度可加大至 15‰。

滚装码头前沿线标高可参考图 4-23 确定，再根据设计高潮位确定坡道的长度，如潮差比较大，船跳板比较短，无法满足在设计潮位条件下跳板坡度不陡于 1∶8，此时可设计专门的浮式坡道，或在限制潮位下作业。图中船跳板下干舷的最小值为船在满载时的舱内行车甲板槛高（通常 2m 左右）。

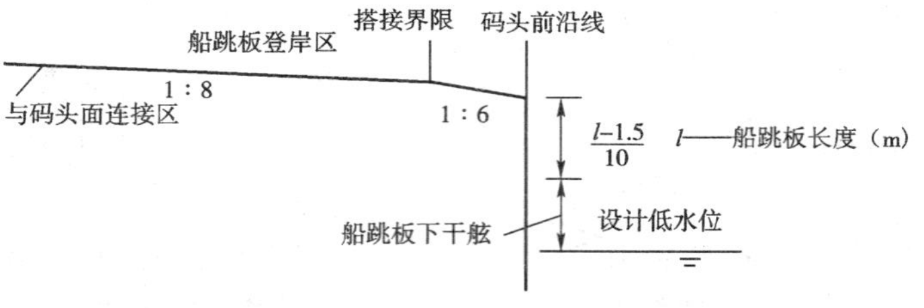


图 4-23　滚装码头前沿线标高示意图

## 三、陆域纵深的确定

码头陆域纵深指码头岸线陆侧直接或间接用于港口生产和辅助生产用地的尺度。受后方地形等条件的限制，多数港口陆域不是规则的图形，不具备统一的纵深尺度，一般所说的陆域纵深是指从码头前沿线（突堤式码头自根部算起）至后方港界线的平均宽度，数值上等于单位长度码头岸线拥有的土地面积。陆域纵深的确定应根据泊位性质、货种、运量、装卸工艺及集疏运条件等综合分析。陆域纵深过小会对港口生产产生限制，过大则会浪费宝贵的土地资源。

集装箱码头堆场作业模式的不同使得堆场面积具有更大的弹性。欧洲港口堆场面积大，堆箱层数少，个别港口采用底盘车堆存；亚洲港口堆场容量大，堆箱层数多，堆场密度高。根据对各国集装箱码头的调查，用于集装箱装卸、堆存的港口作业用地的陆域纵深一般在450～650m，如果考虑仓储业、物流业等的需要，还应该再增加额外的使用面积。

我国沿海港口集装箱码头的陆域纵深已有超过1 000m，例如青岛港前湾集装箱港区三期采用顺岸式布置，建设了7个大型集装箱泊位，全长2 413m，水深16～17.5m，陆域纵深1.5～2km。从使用功能来看，已超出了集装箱堆存、装卸的使用要求而扩展到仓储、物流和其他相关产业。

## 第五节　码头陆域布置

码头陆域平面布置主要包括生产区内的码头前沿作业地带、码头存储作业区、道路、关检设施、管网、集疏运通道等设施以及辅助区和生活区的布置。

码头陆域布置的基本模式是以生产区为单元将各部分组合成一体：生产性建筑物及主要辅助生产建筑物宜布置在陆域前方的生产区，其他辅助生产建筑物及生活建筑物宜布置在陆域后方的辅助区，且使用功能相近的辅助建筑物宜集中组合布置。

对不同类型码头，其陆域平面布置原则和方法存在一定差别，以下分别阐述。

### 一、件杂货、多用途码头

件杂货码头由数个泊位（一般3～8个）组成一个作业区，其陆域布置基本趋于定型化。件杂货码头生产区纵深不宜小于250m，可分为如下三个相关的部分：

（1）码头前沿作业地带，范围为自码头前沿至前方库（场），包括前沿通道及门机、货物接卸操作场（有时包括临时堆场）以及库（场）前道路，其总宽度宜为40～50m，可根据地形条件及工艺布置作适当调整。前方作业带无地面坡度的特殊要求，可以是平坡或小于1%的排水缓坡。码头前沿的装卸船作业可选用门机或船上吊机，布置门机时，这一宽度为14～15m。考虑到对流动机械的干扰，码头前沿通常不设铁路。

（2）前方库（场）区，包括库（场）及铁路（或公路）装卸作业带。前方库（场）建在码头前沿近旁，供进港货物暂时存放和出港货物在装船前临时集中之用，以缩短货物的搬运距离，加快装卸船速度。前方库（场）的容量，应能接卸相应泊位设计船型的载货量。考虑到道路及引道的占用，前方库（场）的长度一般为泊位长度减20～30m，且在布置上尽可能与泊位对应。前方库（场）的宽度通常为40～60m，库（场）后铁路作业站台（或平台）的宽度宜为7～9m，再加上铁路装卸线占用的宽度，即构成前方库（场）区的总宽度（汽车作业带的宽度与火车基本相当）。

（3）后方库（场）区，一般紧邻前方库（场）区布置，供货物集中和疏运的周转之用，也应满足设计船型一次载货量的需要。后方库（场）区同样需要有装卸车的便利条件，可选择布置铁路及道路。

除上述生产区外，码头还需设置辅助生产及管理机构，在平面布置上既要紧临生产区，又要靠近出入口，并利用一部分生产区的边缘地带布置建筑物，如可将工具库、工人休息室布置在靠近作业现场,避免相互干扰。

由于车船载货量相差较大,必须设置缓冲存储区,以加快车船周转。此外,进出口货种繁多、到发地各异,在库场内还需分类、核查,履行必要的验关和发货手续。码头上的库场对加速车船周转、提高港口通过能力是十分重要的。

库场面积参考《海港总平面设计规范》确定。件杂货、散货库(场)所需容量按下式确定:

$$E = \frac{Q_h K_{BK} K_r}{T_{yk} \alpha_K} t_{dc} \tag{4-40}$$

$$K_{BK} = \frac{H_{max}}{\overline{H}} \tag{4-41}$$

式中:$E$——库(场)所需容量(t);

$Q_h$——年货运量(t);

$K_{BK}$——库(场)不平衡系数;

$K_r$——货物最大入库(场)百分比(%);

$T_{yk}$——库(场)年营运天(d),取350~365d;

$\alpha_K$——堆场容积利用系数,对件杂货取1.0;对散货取0.7~0.9;

$t_{dc}$——货物平均堆存期(d),可取7~15d,码头前方库(场)不宜超过10d;

$H_{max}$——月最大货物堆存吨天(t·d);

$\overline{H}$——月平均货物堆存吨天(t·d)。

件杂货库(场)总面积通常按下式估算:

$$A = \frac{E}{qK_k} \tag{4-42}$$

式中:$A$——库(场)总面积($m^2$);

$q$——单位有效面积的货物堆存量($t/m^2$),应根据库(场)条件、货物特性、堆垛要求及型式、所选用的机械和工艺要求确定,可参考附录四;

$K_k$——库(场)总面积利用率,为有效面积占总面积的百分比(%),可参考表4-17。

**库场总面积利用率** 表4-17

| 库场类型 | $K_k$(%) | |
|---|---|---|
| | 大批量货物 | 小批量货物 |
| 单层库 | 65~75 | 60~65 |
| 多层库 | 55~65 | 50~60 |
| 堆场 | 70~80 | |

表4-18是我国几个港口件杂货码头实际库场总面积。一般而言,停靠1.5万吨级杂货船的泊位,临近前沿部分的前方库(场)面积不宜小于10 000~12 000$m^2$,相当于容纳混合货物6 000~8 000t。

**我国几个主要港口的泊位库场面积** 表4-18

| 港 区 | 平均每泊位库场面积($m^2$) | 港 区 | 平均每泊位库场面积($m^2$) |
|---|---|---|---|
| 秦皇岛港甲码头 | 18 200 | 上海港张华浜作业区 | 21 600 |
| 天津港三突堤 | 30 000 | 上海港军工路作业区 | 16 100 |
| 天津港三港池 | 31 000 | 南京港新生圩 | 24 000 |
| 连云港一、二码头 | 23 700 | 南通港狼山 | 30 000 |
| 上海港新华作业区 | 22 400 | 黄埔港东墩头基 | 29 000 |

随着传统的多甲板杂货船运力逐步减少,件杂货码头也逐渐向多用途杂货码头转变。多用途杂货码头与件杂货码头的差别主要有两点:①多用途杂货船装载货物类型比较多,从集装箱到各种包装型式的杂货,乃至散货。因此,装卸设备配套能力比传统件杂货码头强;②多用途杂货码头纵深大,以适应多类型货物存储,特别是集装箱占用场地大。

根据货种的不同,件杂货码头有三种布置方式:①前沿仓库式,即临近前沿布置仓库,适用于货物入库比重较大泊位;②前沿堆场式,即临近前沿为堆场,其后为仓库;③半库半场式,即前沿同时有仓库和堆场,是一种灵活布置,对货种的适应性好一些。

厦门港东渡港区一期工程码头为顺岸式4个泊位,由南向北,1号泊位为1万吨级多用途泊位,2号泊位为5万吨级散粮杂货泊位,3号、4号泊位为1.5万吨级和1万吨级杂货泊位,总长771.5m。码头陆域的平面布置,见图4-24。

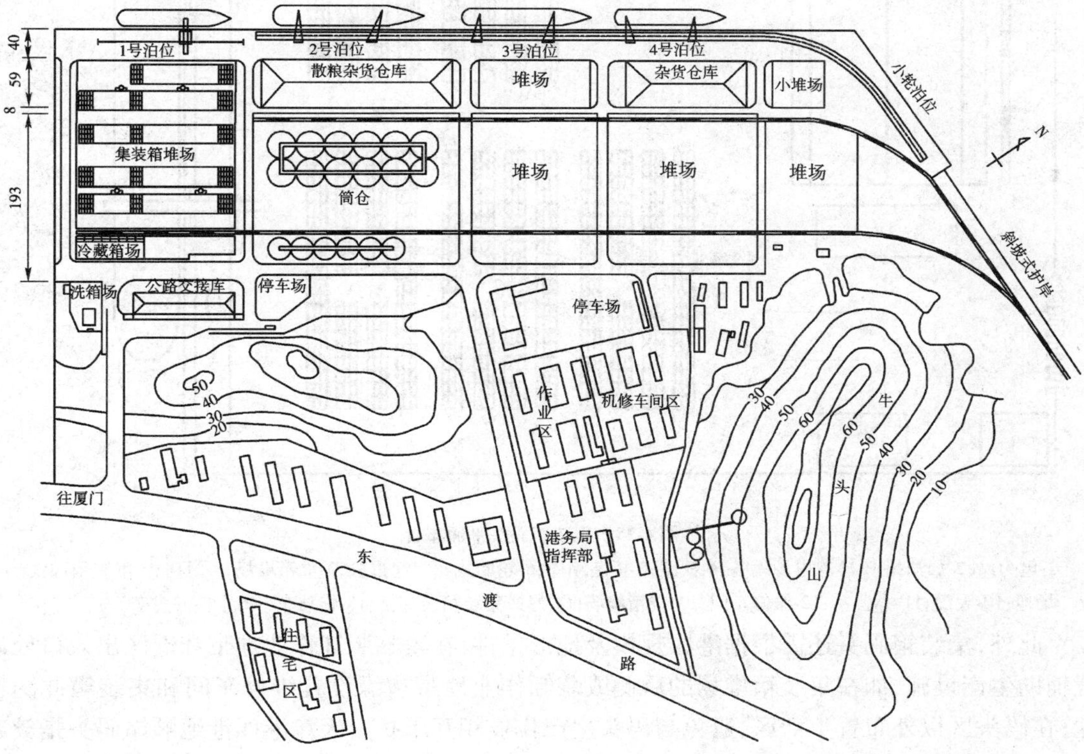


图4-24 厦门港东渡港区一期码头陆域布置

## 二、集装箱码头

集装箱码头陆域布置基本上已形成典型的模式。专业化的集装箱码头,均采用封闭式管理,要求在平面布置上便于与周边其他作业区建筑物实现隔离。

图4-25是停靠巴拿马型集装箱船的码头装卸作业地带布置图。集装箱码头装卸作业地带一般包括:①码头前沿作业地带;②集装箱堆场;③拆装箱库、货运站;④大门、港内道路、通道及调度管理中心。码头前沿作业地带至集装箱堆场,除特殊情况下布置变电所外,无其他固定建筑物。大门及检查桥通常是港区的唯一出入口,调度管理中心集中设置在大门的一侧,大门外与交通干道的连接段,应尽可能留有一定的空间,供集装箱车辆进入大门前的临时等待。拆、装箱库设于大门的一侧,其内侧为待拆、装集装箱的停靠区,靠港外一侧为汽车(或铁路)的装卸线。

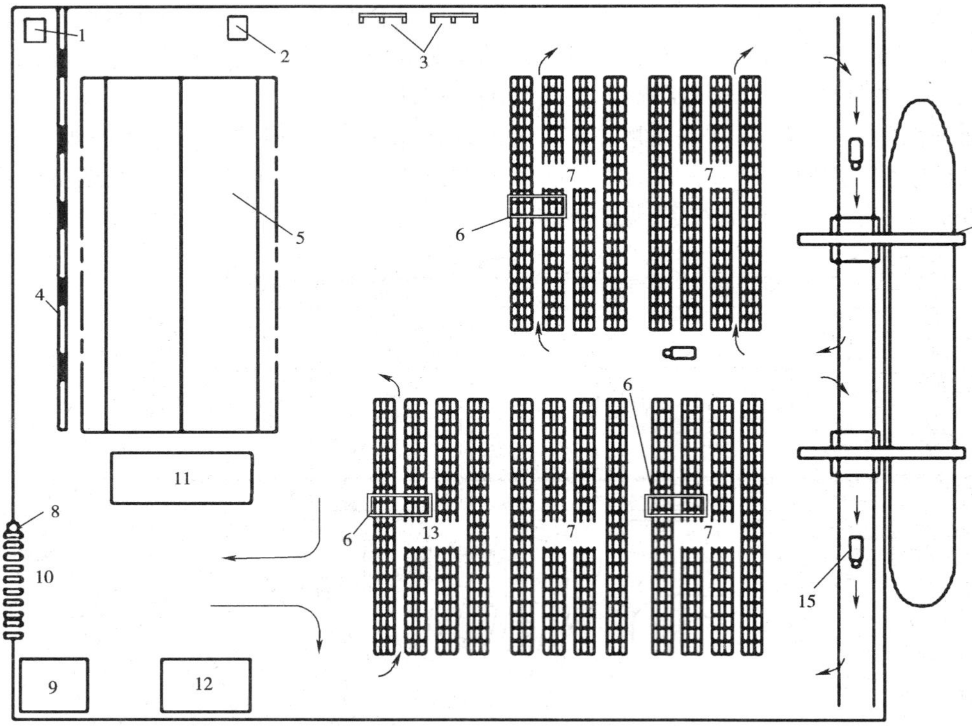


图4-25 集装箱码头平面布置

1-电力站;2-加油站;3-冷冻电源设备;4-铁路;5-拆装箱库;6-轮胎式龙门起重机;7-重箱堆场;8-门房;9-集装箱冲洗场地;10-大门;11-办公室;12-维修车间;13-空箱堆场;14-岸边集装箱装卸桥;15-拖挂车(牵引车-底盘车)

此外,集装箱码头还需根据港区规模及地形条件,在紧临装卸作业地带和港区出入口处设置辅助生产设施,如在集装箱堆场的后侧或装卸作业地带边缘设置维修车间和集装箱冲洗场地;在码头区以外布置生活区,避免与码头生产作业相互干扰。天津港四港池顺岸码头是较典型的现代化集装箱专用码头,其陆域平面布置见图4-26。

集装箱码头的主要技术参数可参考表4-19。

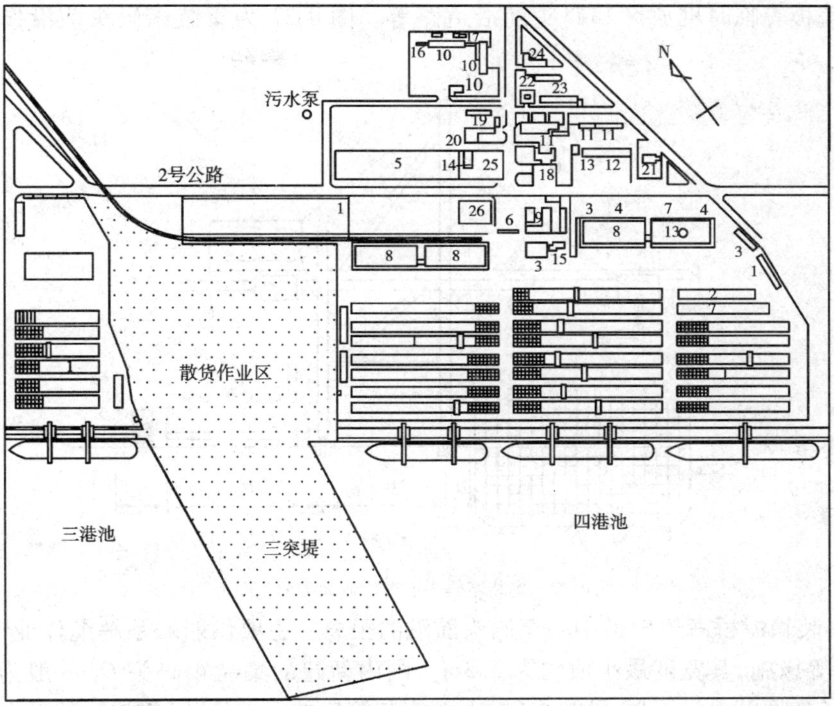


图 4-26　天津港四港池集装箱码头平面布置

1-集装箱堆场；2-冷藏箱堆场；3-底盘车停放场地；4-卡车停放场地；5-空箱和危险货物集装箱；6-称重桥和检验桥；7-卡车进出大门；8-拆装箱库房；9-调度员办公室；10-集装箱修理车间；11-装备修理站；12-装备仓库；13-仓库办公室；14-集装箱冲洗车间；15 ~ 24-附属设施；25-集装箱冲洗场地；26-空箱堆场

**集装箱码头主要技术参数**　　表 4-19

| 设计船型 | | 主要技术参数 | | | | | 所属港口类型 |
|---|---|---|---|---|---|---|---|
| | | 码头尺度 | | | 集装箱装卸桥配备数量（台/泊位） | 泊位通过能力（万 TEU/年） | |
| 吨级 *DWT*（万 t） | 载箱量（TEU） | 泊位平均长度（m） | 码头前沿水深（m） | 陆域纵深（m） | | | |
| 1 | ≤1 050 | 161 | 9.0 | ≤400 | 2 | 25 | 喂给港 |
| 2 | 1 900 | 210 | 11.6 | 400 ~ 500 | 2 ~ 3 | 25 ~ 30 | 支线港 |
| 3 | 3 500 | 281 | 13.2 | 500 ~ 600 | 3 ~ 4 | 30 ~ 50 | 支线港 |
| 5 | 5 650 | 333 | 14.3 | 600 ~ 700 | 4 | 50 ~ 80 | 干线港 |
| 7 | 6 630 | 340 | 15.4 | 700 ~ 800 | 4 | | |
| 10 | 9 500 | 386 | 16.0 | 800 ~ 900 | 4 ~ 5 | | |
| 15 | 12 500 | 438 | 18.2 | ~ 1 000 | 5 | 80 ~ 100 | 干线港 |
| 20 | 18 000 | 440 | 23.1 | ~ 1 000 | 5 ~ 6 | | |

1. 码头前沿作业地带

码头前沿作业地带主要布置集装箱船舶装卸机械，如岸边集装箱装卸桥，并为水平流动机械提供接卸集装箱的工作场所。这一区域主要包括集装箱岸桥海侧轨道至码头前沿段、岸桥轨间段、舱盖板等临时堆放区和码头前沿道路等。图 4-27 为集装箱码头前沿作业地带典型断面。

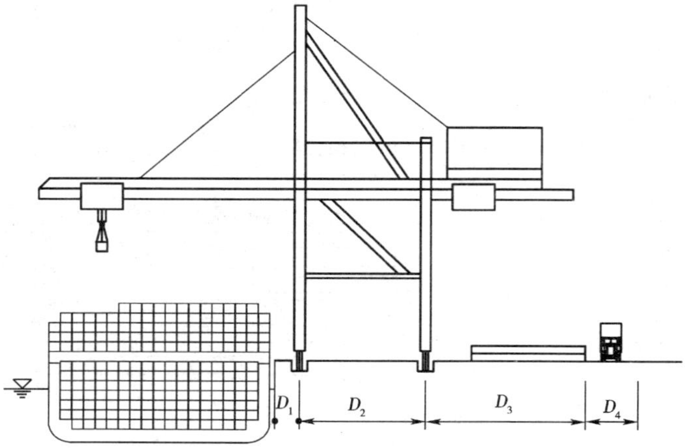


图 4-27　集装箱码头前沿作业地带典型断面

$D_1$ 为集装箱岸桥海侧轨道中心至码头前沿的距离。主要供船舶系解缆作业、放置舷梯及布置电缆槽等设施，其宽度最小值约为 2.5m。国内新建的集装箱码头 $D_1$ 一般为 3～4m。国外有些码头(如鹿特丹港 ETC 码头)考虑大型集装箱船的船首形状、靠泊时的最大角度等因素取 7.5m(含护舷)。

$D_2$ 为集装箱岸桥的轨距。国内集装箱码头岸桥轨距大多为 30m 或 35m，最小也有 16m。枢纽港干线班轮靠泊时，多由 3～7 台岸桥并联作业。这种情况下，集卡的通道布置一般不采用"一机一道"方式，而是采用对角式布置，在 30m 轨距范围内布置 6 条通道，即 2 条集卡行车通道，2 条停车作业通道和 2 条辅助作业通道。

$D_3$ 为舱盖板堆放区。集装箱船舱盖板堆放区一般布置在岸桥后轨外，宽度为 16～20m，该区域也可作为临时堆箱区。

$D_4$ 为舱盖板外侧行车通道。在舱盖板外侧布置 1 或 2 条行车通道，在装卸船作业密度较大、效率较高时尤为重要。

表 4-20 统计了国内部分集装箱码头前沿作业地带宽度。

**国内部分集装箱码头前沿作业地带宽度**　　表 4-20

| 码头 \ 分区 | $D_1$(m) | $D_2$(m) | $D_3$(m) | $D_4$(m) | 合计(m) |
|---|---|---|---|---|---|
| 丹东大东 8# 泊位 | 3 | 22 | 20 | 0 | 45 |
| 大连大窑湾二期 | 3.5 | 35 | 16.5 | 11 | 66 |
| 大连大窑湾三期 | 3.5 | 35 | 20 | 19 | 77.5 |
| 日照港一期 | 3.5 | 30 | 17 | 7.5 | 58 |
| 青岛前湾三期 | 3.5 | 35 | 18 | 8 | 64.5 |
| 上海外高桥二、三期 | 3 | 30 | 17 | 0 | 50 |

续上表

| 码头 \ 分区 | $D_1$(m) | $D_2$(m) | $D_3$(m) | $D_4$(m) | 合计(m) |
|---|---|---|---|---|---|
| 上海外高桥四期 | 4 | 30 | 16 | 4.5 | 54.5 |
| 上海外高桥五期 | 4 | 30 | 16 | 8 | 58 |
| 宁波北仑四、五期 | 3.5 | 35 | 16.5 | 0 | 55 |
| 厦门港嵩屿港区一期 | 4 | 35 | 17 | 8 | 64 |
| 厦门海沧 14# ~17#泊位 | 3.5 | 35 | 23.5 | 15 | 77 |
| 厦门海沧 18# ~19#泊位 | 3.5 | 35 | 19 | 9 | 66.5 |
| 深圳盐田一期 | 3 | 30 | 0 | 11 | 44 |
| 深圳大铲湾一期 | 4 | 35 | 19.5 | 18 | 76.5 |
| 海口港二期深水泊位 | 3 | 30 | 17 | 12 | 62 |

2. 集装箱堆场

集装箱堆场(container yard,CY)是集装箱码头进行集装箱装卸、交接、存放以及保管的场地。为提高码头作业效率,有些集装箱码头将堆场分为前方堆场和后方堆场两个部分。前方堆场位于码头前沿与后方堆场之间,主要用于出口或进口集装箱的临时堆放,其面积应能堆放该泊位可靠泊的最大船舶载箱量的2倍;后方堆场紧邻前方堆场,是码头堆放集装箱的主要部分,按用途又可分为重箱、空箱、冷藏箱、特种箱场地等几个部分。

(1)集装箱堆场规模。集装箱堆场所需平面箱位数(也称地面箱位数)和面积大小决定于泊位运量、到港集装箱平均堆存期、堆箱层数和装卸系统等因素。集装箱码头堆场所需容量及地面箱位数可按下式计算:

$$E_y = \frac{Q_h t_{dc} K_{BK}}{T_{yk}} \tag{4-43}$$

$$N_S = \frac{E_y}{N_1 A_S} \tag{4-44}$$

式中:$E_y$——集装箱堆场容量(TEU);

$Q_h$——集装箱码头年运量(TEU);

$t_{dc}$——到港集装箱平均堆存期(d),按本港统计资料确定,若无资料可采用表4-21中的数值;

**集装箱堆场平均堆存期** 表4-21

| 项目 | 集装箱类别 | | | | | |
|---|---|---|---|---|---|---|
| | 进口箱 | 出口箱 | 中转箱 | 空箱 | 冷藏箱 | 危险品箱 |
| 平均堆存期 $t_{dc}$(d) | 7 ~ 10 | 3 ~ 5 | 7 | 10 | 2 ~ 4 | 1 ~ 3 |
| 运量比例(%) | 0 ~ 50 | 0 ~ 50 | 0 ~ 30 | 10 ~ 30 | 1 ~ 5 | 1 ~ 6 |

$K_{BK}$——堆场集装箱不平衡系数,按本港统计资料确定,若无资料可取1.1 ~ 1.3;

$T_{yk}$——集装箱堆场年工作天数(d),取350 ~ 365d;

$N_S$——集装箱码头堆场所需地面箱位数(TEU);

$N_1$——堆场设备堆箱层数,采用表 4-22 中的数值;

$A_S$——堆场容量利用率(%),采用表 4-22 中的数值。

**集装箱堆场堆箱层数及容量利用率** 表 4-22

| 项　目 | 堆场作业设备 | | | | |
|---|---|---|---|---|---|
| | 轮胎龙门起重机 | 跨运车 | 轨道龙门起重机 | 正面吊 | 空箱堆箱机 |
| 堆箱层数 $N_1$ | 3～5 | 2～3 | 5～8 | 3～4 | 5～8 |
| 堆场容量利用率 $A_S$(%) | 55～70 | 70～80 | 60～70 | 60～70 | 70～80 |

每个 20ft 箱平面箱位所需面积依据装卸系统一般在 22.7～28.8$m^2$,40ft 箱为 44.6～56.8$m^2$。年通过能力 20 万 TEU 的堆场约需 2 000 个平面箱位;年通过能力 30 万 TEU 时约需 3 200 个平面箱位,此时堆场面积 7.3～9.3 万 $m^2$。

(2)集装箱堆场布置形式。集装箱堆场应根据装卸工艺的设计要求进行布置,按照集装箱的摆放方向可分为顺岸式和垂岸式两种方式。选择布置方式时主要考虑的因素是:①堆场装卸设备有一定的调配使用余地,以降低设备故障时对营运效率造成影响的风险;②使集卡的行走路线尽可能顺畅,减少转弯次数;③尽可能减少堆场作业与水平运输之间的干扰。

在陆域面积充足,采用传统集装箱装卸工艺的情况下,堆场一般采用顺岸式布置。其优点在于后方有较大的陆域面积,以便布置各类堆场及其他辅助设施,装卸工艺的配置、生产作业的组织、码头交通流的安排等比较成熟。垂岸式布置多见于自动化集装箱码头。

(3)集装箱在堆场的位置表示。根据堆场位置,将其划分为若干个分堆场,如 1 号堆场、2 号堆场等。对每个分堆场可划分为若干个区,如 1 区、2 区等。然后再对每个区划分为若干个段,如 A 段、B 段等。每个段均为矩形状,宽度为 6 个标准箱的宽度(并留有一定空隙)时,共分为 6 行(row),用 01、02、…、05、06 表示,见图 4-28。

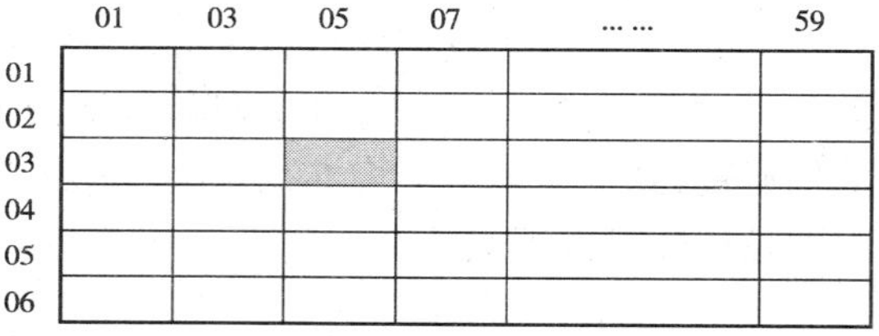


图 4-28　码头堆场平面行、间示意图

每个段长度的选择要考虑装卸设备的合理服务半径和水平运输车流较为顺畅的要求,通常为 30 个 20ft(6.1m)标准箱的长度,故每行有 30 个 20ft 箱长度方向的堆放位置,每个位置称为间(或称为贝位,bay),用 01、03、…、57、59 表示,共 30 个间位;40ft 箱占 2 个间位,编号用偶数表示,通常 20ft 箱和 40ft 箱不混堆。另外,集装箱堆场允许堆高的层数在堆场强度足够的情况下决定于集装箱堆码的机械,堆放高度通常为 4～6 层,从地面往上用 01、02、…、05、06 表示。

明确集装箱堆场箱位(slot)的划分后,以一个 20ft 箱的外形尺码为标准,按坐标定位法,用数字或字母组合编订场区号、行号、间号、层号,即能确定集装箱在堆场的具体位置。如代码 2B030502,表示该集装箱在 2 区 B 段 3 行 5 间 2 层。各码头由于堆码设备不同,编码方式略有差异,但原理一样。

(4)集装箱堆放原则。采用轮胎式龙门起重机工艺,码头堆场一般为六行箱位加一条集卡通道的格局。额定起重量为 30.5t 型的轮胎式龙门起重机的跨度为 23.74m(77ft),通常情况下堆高为四层,堆放重箱时,在每一行靠边的 1～2 间位需留出 3 个翻箱位,故每间实际最多只能堆放 21 个集装箱,见图 4-29;若堆放空箱,由于空箱一般按不同的持箱人分别堆放,出场时无需进行翻箱作业,在图 4-29 的情况下,空箱通常能比重箱多放 3 个集装箱。

采用跨运车运输系统时,集装箱在堆场上应垂直于码头岸线摆放,使集装箱平均水平运距最短,同时跨运车循环运行操作方便顺畅。每个场区垂直于码头岸线方向布置纵深,最多不应超过 20 个标准箱,最好控制在 15 个标准箱位左右,即纵深控制在 100m 左右。在集装箱宽度方向上,每隔一个箱位必须设置跨运车通道。通道宽度宜为 1.5 ~1.6m,见图 4-30。

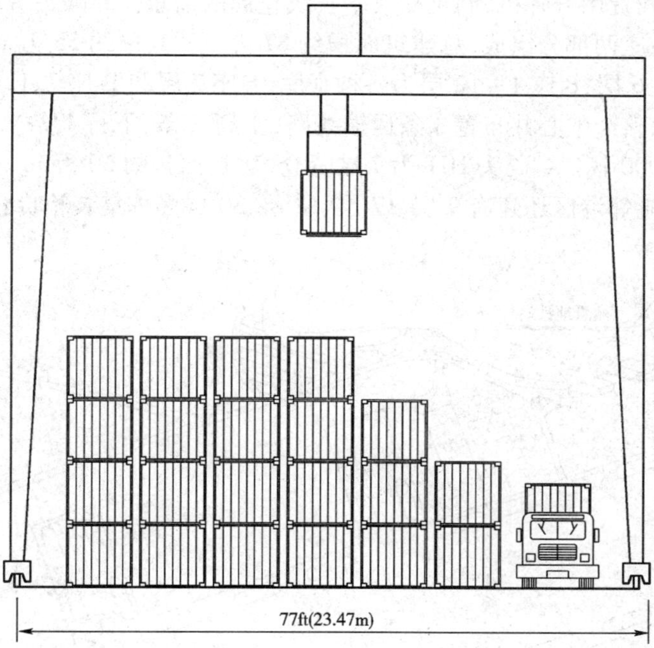


图 4-29 轮胎式龙门起重机跨下集装箱的布置

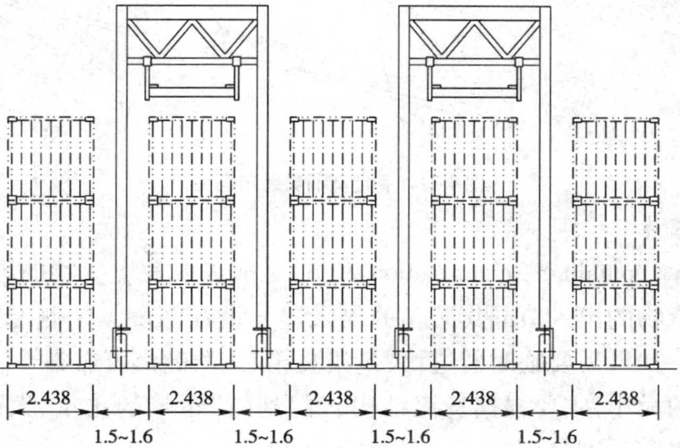


图 4-30 跨运车系统集装箱的布置(单位:m)

堆场一般都设有专用的冷藏箱场地,配备专用的电力装置。冷藏箱场地堆高通常为两层,电力装置以 40ft 集装箱为单位设立,每一单位可堆放一排 40ft 或两排 20ft 集装箱。特种箱区为超高、超宽等大型设备的专用场地,一般只能堆放一层高。空箱堆场一般不与重箱堆场布置在一起,应在适当的边缘地带单设堆场,采用专用集装箱叉车密集堆码方式,堆高一般在4～6层或更高。

香港葵涌集装箱码头除布置堆场外,还建有高层集装箱库,图4-31中1#码头MTL为12层货仓大厦,仓储空间逾9万$m^2$,集卡从港区外可通过斜坡道直接驶入大厦二楼平台,其余楼层设有特别设计的载货用升降机,满足高效率长线仓储的需求。3#码头ATL中心由7层高的A座和13层高的B座两部分组成,总建筑面积约87万$m^2$,其中约55万$m^2$可出租用于各类物流活动。A座1～6层、B座1～12层为各种仓库,A座7层和B座7、12层设候车位。为满足进出车辆的要求,整个中心共布置3条运输线路(上行2条,下行1条),全长27km,设计能力为日进出车辆8 000辆。4#码头HIT为7层货仓,建筑面积约50万$m^2$,集卡可达各层仓库和天台停车场。在毗邻港区还建有9层,17层、18层、30层多栋集装箱货仓大厦。

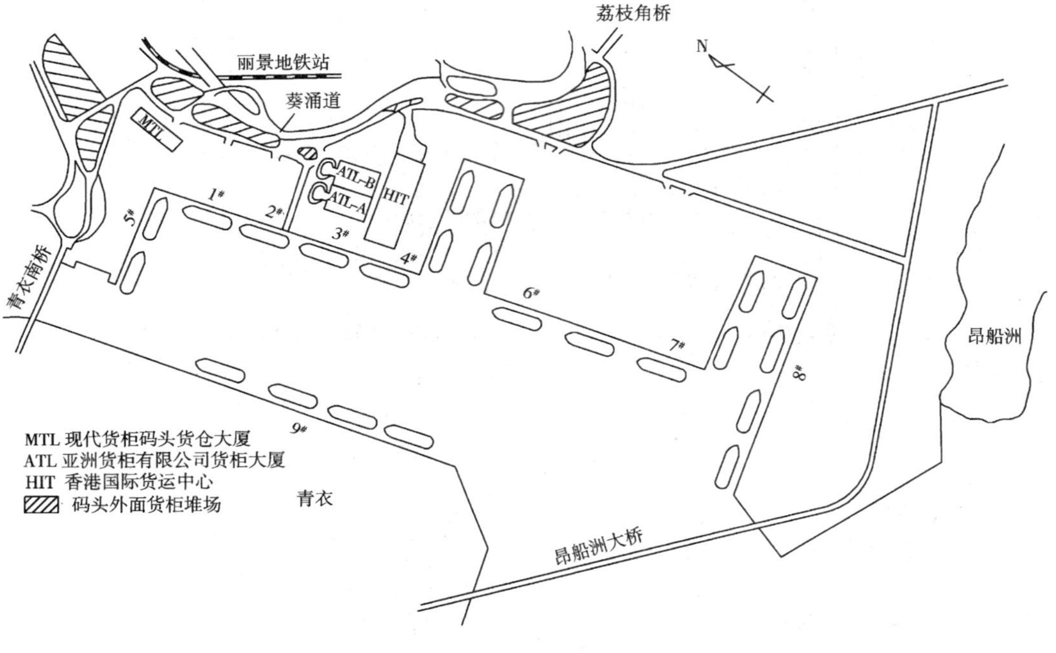


图4-31　香港葵涌集装箱码头

3. 集装箱拆装箱库

集装箱拆装箱库(container freight station,CFS)是散进或散出货物的堆存和拆装箱作业的场所。通常将拼箱货物的出入口同集装箱的出入口分设在两侧。一侧专门用于停靠卡车,另一侧专门停靠集卡。如果需要临时装、拆大量集装箱时,两侧都可靠集卡。

拆装箱库面积的大小,主要根据货流结构、“门到门”运输的比重、大宗货的多少、使用的机械设备等情况来决定。

集装箱码头拆装箱库所需容量按下式计算:

$$E_w = \frac{Q_h K_c q_t K_{BK}}{T_{yk}} t_{dc} \qquad (4\text{-}45)$$

式中:$E_w$——拆装箱库所需容量(t);

$Q_h$——集装箱码头年运量(TEU)；

$K_c$——拆装箱比例(%)，不宜大于15%；

$q_t$——标准箱平均货物重量(t/TEU)，根据本港统计资料确定，无资料时可取5~10t/TEU；

$t_{dc}$——货物在库平均堆存期(d)，根据本港统计资料确定，无资料时可取3~5d；

$K_{BK}$——拆装箱库货物不平衡系数，按本港统计资料确定，若无资料可取1.1~1.3；

$T_{yk}$——拆装箱库年工作天数(d)，取350~365d。

4. 调度管理中心

调度管理中心常设在码头生产区建筑的最高层，以便能环视整个码头的作业情况。随着计算机、通信技术的快速发展与应用，通过全球定位系统(GPS)、地理信息系统(GIS)等技术，可以实现集装箱码头的虚拟可视化控制，其位置安排变得更加灵活、方便。

5. 进出港大门、检查桥

集装箱码头的大门不仅是集卡的出入口，还承担称重、检查、交接、指挥等功能。集装箱码头车流量较大，大门出入口车道数要充分考虑通过大门的集装箱年运量、大门年工作总时间、车辆平均载箱量、车辆到港不平衡系数、单车道小时通过车辆数等因素，可参考表4-23选取。

集装箱码头大门宜布置成"一岛一道"的型式。检查桥的净空高度应根据最大到港集装箱与最高底盘车的组合高度设置，其净空高度不宜小于5m。大门出入口处应设有计量设备和超限车道，大门外宜布置集装箱车辆等候区。

**集装箱港区大门车道数的参考值**　　表4-23

| 年运量 $Q$(万TEU) | $Q \leqslant 30$ | $30 < Q \leqslant 100$ | $100 < Q \leqslant 300$ | $Q > 300$ |
|---|---|---|---|---|
| 大门车道数(道) | ≥4 | ≥6 | ≥10 | ≥24 |

6. 集装箱码头的横断面布置实例

以上海港外高桥港区为例，其功能横断面布置模式见图4-32。在平面布置上，采用大纵深的规划方法，为进一步拓展港口物流服务活动布置充足的空间，同时也为延长港口产业链创造基础性条件。堆场的布局注重与港区内交通组织、集装箱装卸过程所涉及的各个功能相协调。在平面布局中将港区划分为8个功能明确的分区(A~H)，条块划分合理，且这种功能分区有利于港区内的交通组织。港区功能区划与平面布局符合系统布置设计方法。

港区规划布置具有经济、高效的特点，对码头面宽度进行了充分的论证，根据集装箱船型现状及远期发展预测，分析了泊位作业线的近、远期配置、码头车流组织及集装箱高效化发展趋势等因素。基于各期的具体适应船型和工艺流程，确定码头面宽从45m到58+30m不等(图4-32中A与B)。

外高桥集装箱港区作为江海联运、水水中转等集疏运网络的节点，在四、五期规划中，根据水水中转的特点，规划设计了长180~200m、码头前沿宽度为30m的长江内支线泊位。该泊位使外高桥集装箱港区以高效率、低成本的服务通过江海联运，使货物可直达武汉、重庆，并沟通长江、京杭大运河，直接覆盖整个华东及经济发达的长江流域。

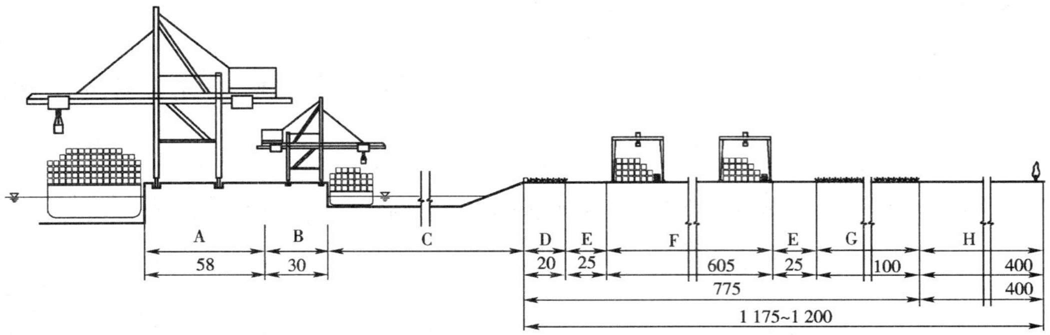


| 符号 | 名称、功能 | 参数及说明 |
| --- | --- | --- |
| A | 码头前沿作业地带 | 停船吨级:载箱量 250 ~7 200TEU;泊位组岸线长 900m,通过能力 210 万 ~240 万 TEU/年泊位组(32.2 万 ~35 万 TEU/100m 岸线) |
| B | 内河驳船码头前沿地带 | 停船吨级:载箱量 36 ~250TEU;岸线 180 ~200m,通过能力 10 万 ~12 万 TEU/年泊位组 |
| C | 引桥、连接码头与陆域 | 引桥宽度 20m,紧邻驳船泊位的引桥适度加宽,引桥长度取决于码头位置 |
| D | 防洪通道、绿地、岸坡减负带 | 多种功能集合,一地三用 |
| E | 港内道路 | 港内主干道宽度 15 ~30m |
| F | 集装箱堆场 | 泊位组 900m 岸线,15 200 平面箱位,通过能力 290 万 ~320 万 TEU/年 |
| G | 绿地、公共地下管线 | 一地两用 |
| H | 辅建区、港口物流园区 | |

图 4-32　上海港外高桥港区集装箱码头功能横断面布置模式(单位:m)

## 三、干散货码头

专业化散货码头前沿作业较为单一,采用连续作业设备或门机进行水平或垂直作业,允许较长的输送距离,库场至码头之间的距离不受严格限制,在布置上有一定的灵活性。

干散货码头陆域组成主要包括:码头前沿作业地带,贮存库场及装卸车设施,辅助设施及管理区。其陆域布置与货种、工艺方案及地形条件有密切关系。

散货码头,堆场容量计算方法与件杂货相同。通常,大型散货码头的堆场容量可按与码头能力的比值确定,外贸码头不应大于 10%,内贸码头不应大于 7%。

煤炭、矿石及其他大宗散货库(场)面积应根据年货运量、货物特性、品种、机械类型和工艺布置等因素确定。

*1. 煤炭、矿石码头*

煤炭与矿石的容重有较大的差别,其他特性基本相似,除设备规格选型不同外,两者平面布置大体相同。根据地形条件及装卸工艺的不同,煤炭、矿石码头的陆域布置可分为靠岸式和离岸式两类。靠岸式堆场布置在靠近码头的陆域,辅助生产区临近生产作业区,布置紧凑;离岸式则通过长栈桥与陆上相连,用于装卸大吨级船舶。进口和出口码头布局基本相似,堆场均设在陆上,位置的选择主要取决于地形、疏运条件以及城市和环境要求。为减小码头作业产生的粉尘对环境的污染,堆场应设在城市下风向,尽可能远离市区,同时应设置除尘设施、洒水系统、供水调节站、污水收集及处理设施,因而相应配备的机、电修设备及物资储存仓库等也较多。

除与生产直接有关的部分（如除尘水池、泵站及污水处理系统）利用生产区的边角地段布置外，其他建筑物和构筑物可集中设置辅助区，与生产区保持一定距离，以减少粉尘污染。生产区、生产辅助区和生活区的卫生防护距离内可设防护林，选择满足防护功能、抗盐碱和适合当地气候条件的树种。由于疏运量大，码头疏运系统需作专门的考虑，尤其采用铁路作为集疏运手段，占用的陆域较大，有时会影响港区陆域的位置及布置。

以上海港罗泾港区二期工程为例，说明现代大型散杂货码头平面布置的特点。罗泾港区二期工程包括矿石、煤炭和钢杂码头三大装卸作业区，使用岸线长度 2 720m，陆域纵深约 700m，用地面积 144.9 万 $m^2$，形成 11 个大型海轮泊位、30 个中小型水水中转泊位、码头岸线 6 210m，其平面布置见图 4-33。码头平面布置的特点在于：规划的水转水直取码头，可减少二次倒运的作业次数；港区把公共码头和企业专用码头合二为一，以提高岸线使用效率；通过前方转运储存区和后方加工储存区的方式实现公用港区与企业专用码头的有机结合，以适应临港工业的需求；根据作用不同分为四个功能区（生产区、生产辅助区、联检及支持系统用地区、绿化预留区），各区自成系统，相互联系；精细化运作的"前港后厂"物流工艺组织系统，使港区与钢厂间的物料配送实现无缝衔接，提高了港区物流系统的运行效率，降低了能源消耗。

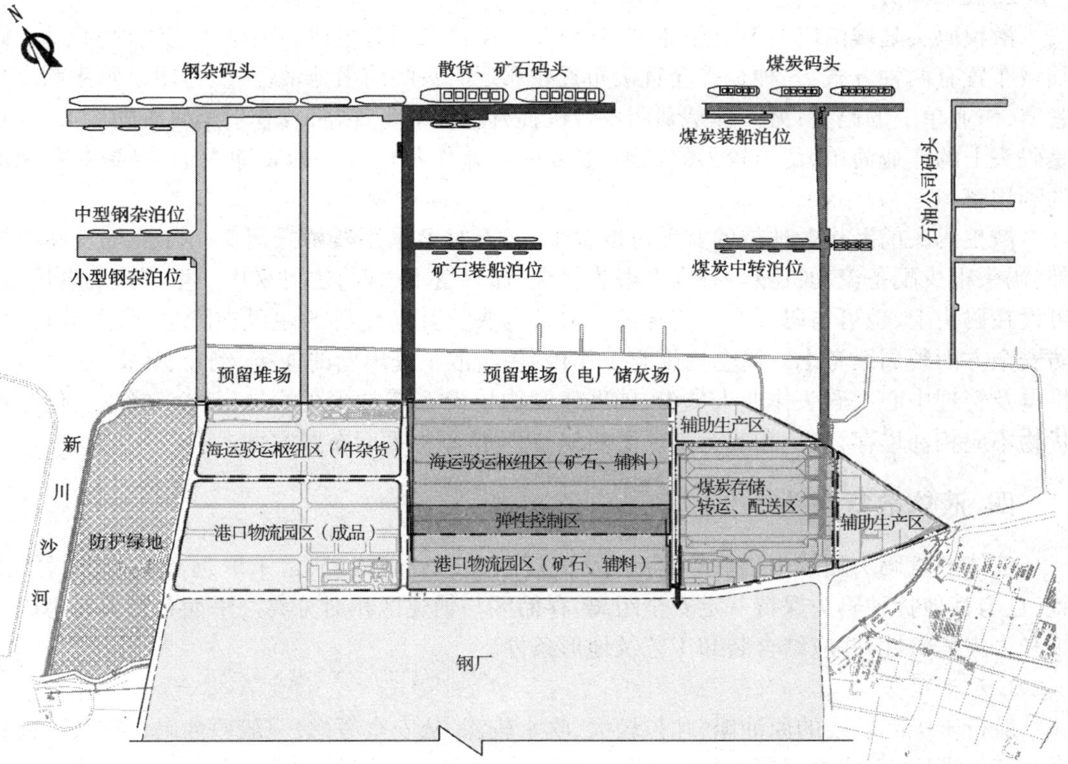


图 4-33　罗泾港区平面示意图

罗泾港区的规划与布置加强了港口物流功能的提升，实现港口物流与企业生产物流的有效衔接，把港口功能拓展到国际供应链管理中，将枢纽港功能与物流港功能有机地结合在一起，通过平面布置，实现枢纽港与物流港的协调与统一，形成了集约型、环保型和高效型的散杂货港区。以港口转运物流通道、港口配送与分拨物流通道为引领，对物流节点单元的港口主要基础设施采用平行结构的平面布置模式，运用准时制的精益生产物流理念，进行功能拓展，优化装卸工艺和港口平面布置，提升服务水平，延伸港口服务链条。

在港口物流园区散货（矿石、辅料）物流通道上，配置供料点（20 个）与进入钢厂的输送带接口衔接，取得向炼炉供料点（喂料筒仓）直接对接的功能效果，优化了生产要素，实现物流流程高度一体化、同步化；在港口物流园区钢厂产品分拨出口物流通道上，规划配置 2 个用地 $4.0hm^2$ 和 1 个 $2.3hm^2$ 钢厂加工、分拨的物流中心，并在码头配置相应装卸设备，为第三方物流企业进入港区创造基础性条件。

堆场设计按功能配置矿石中转堆场和矿石（含辅料）配送堆场，在两堆场之间配置具有转换功能的弹性控制堆场，以适应堆场功能需求不平衡运营的生产需要，最大限度满足钢厂堆存品种多、分类细、小批量、多频次、实效性和连续性强的物流配送要求。配送堆场物流流转过程控制设计，选用准时制生产的精益生产物流控制原理，通过看板系统与钢厂生产物流过程同步，即堆场物料配送是根据钢厂生产物流流转所需要的矿石（或辅料）品种、数量、到达时间，到达指令的钢厂供料接口点并流畅地与钢厂喂料筒仓对接。

2. 散粮码头

散粮码头陆域由码头前沿作业带、谷仓及工作楼三部分组成。根据工艺流程的不同，码头陆域布置有两种方式：一种是谷仓直接布置在靠近码头的前沿地带，一般适用于码头前沿陆域紧凑，作业单一的码头；另一种是利用皮带机提升爬坡的条件，将谷仓引至码头的后方，其特点是码头上的作业简单，留出较大的场地，必要时可兼作其他货类的装卸用地，提高专业化泊位的利用率。

散粮码头前沿作业地带的宽度可以很窄，必要时可采用栈桥式码头。除清舱及卸船抓斗外，码头很少配备流动机械。谷仓一般为筒仓，储存量不大时，也可采用一般型式的仓库，位置可设在码头上，也可与码头有一定距离。散粮码头及其筒仓群的建设在除尘、防爆等环保、消防安全方面须周全考虑。筒仓均配有工作楼，用于散粮进出仓的连接、倒仓、计量、提升、控制、供电及管理中心。码头作业人员少，辅助建筑物较少。需要注意的是，粮食与食盐、化肥类等货物不应相邻堆存，以免相互污染。图 4-34 为散粮码头平面布置实例。

## 四、液体散货码头

液体散货码头陆域由码头、存储区及辅建区三部分组成，通常采取远离城市的封闭式布置，且与其他货种码头保持一定安全距离，存储区与辅建区相对分离。平面布置要考虑码头等级和火灾危险性，并应结合装卸工艺及地形条件。

1. 原油码头

航行于国际航线的原油船，吨位较大，吃水较深，从安全考虑，一般原油码头都采用远离市区和其他港区、天然水深较大的新辟作业区。

原油船的船岸间装卸通过设在码头上的输油臂或软管。输油臂在油船横移 5 ~ 6m，纵移 ±3.0m 均可正常工作，竖向工作范围可达 15 ~ 20m，加之油船吨级大、耐波力强，因此，装卸系统泊稳要求较低，原油码头多为开敞式布置，有以下两种基本型式：

(1) 单点系泊式（如图 4-35）。在海中设一装卸油的专门浮筒，浮筒通过软管与海底管线

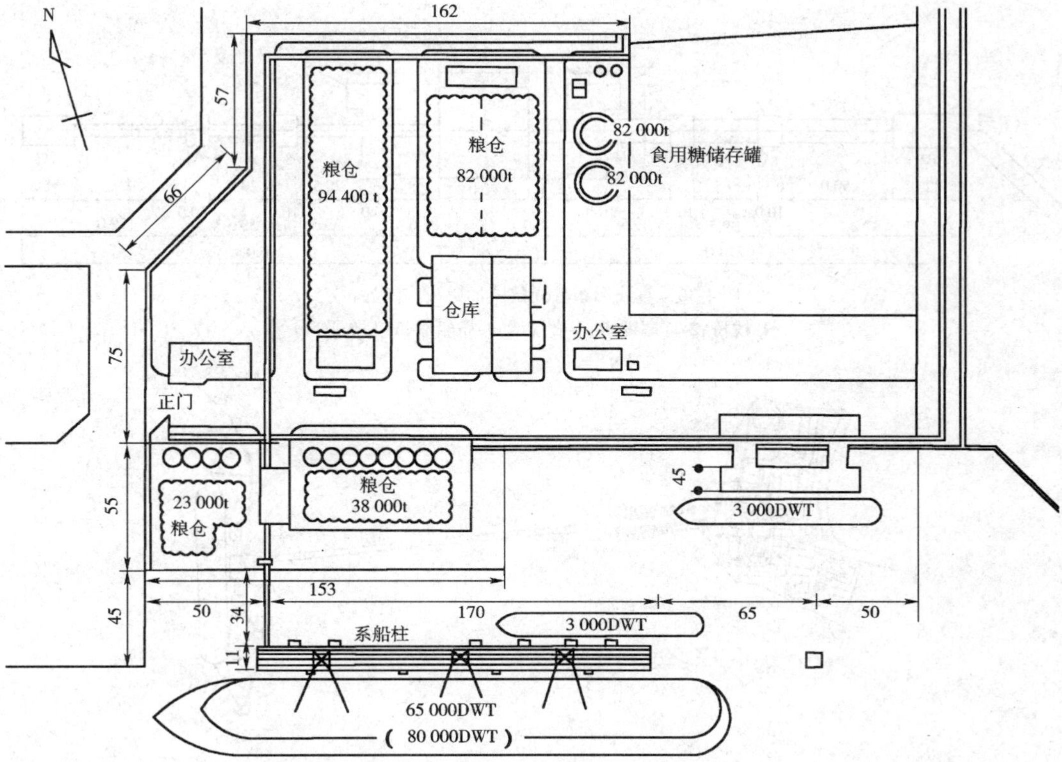


图 4-34　散粮码头平面布置(单位:m)

相连,海底管线通至陆域油罐区。油船到港后系在浮筒上,并将浮筒之水上油管与船上接油口连接,这样船与陆域罐区间形成连通系统,即可进行装卸作业。单点系泊浮筒在工厂制作,这种型式的最大特点是建造周期短、投产快。

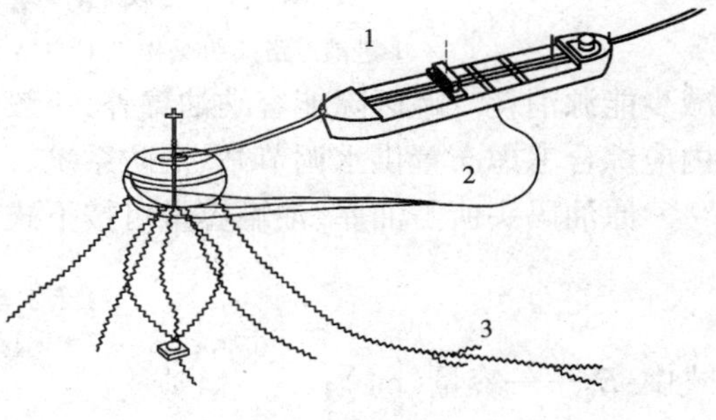


图 4-35　单点系泊示意图
1-油船;2-油管;3-输油至陆上的管线

(2)固定码头式。固定式油码头布置型式,当需要两侧靠船时,可呈直线式布置。图4-36是大连港鲇鱼湾油码头平面布置图,东侧停靠 10 万吨级油船,设计水深 17.5m,西侧停靠 5 万吨级油船,设计水深 14.0m。

为改善横缆的系缆条件,固定式油码头多采用蝶形布置。图 4-37 是青岛港黄岛二期原油码头平面布置,码头结构较为简单,由装油平台、靠船墩和系缆墩组成。该码头长 498m,设计水深 22m,可停靠 20 万吨级油船,码头及港内输油管管径 1 020mm,码头装油效率 10 000t/h (20 万吨级油船通常配备主泵 5 000$m^3$/h ×140m ×3 台)。

固定式码头与陆上罐区之间可采用栈桥或水下管线连接,以解决原油及压舱水的输送问题。一般而言,码头距岸 700 ~1 000m 以内,栈桥连接较适宜。

罐区是油码头陆域布置的主要部分,其位置应便于陆上输油管线及油码头管线的引入,以

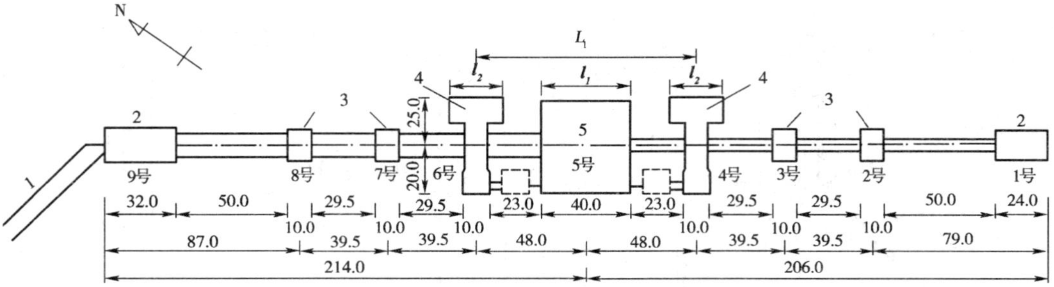


图 4-36　直线形布置固定式油码头(单位:m)

1-栈桥;2-首尾缆墩;3-横缆墩;4-靠船墩;5-工作平台

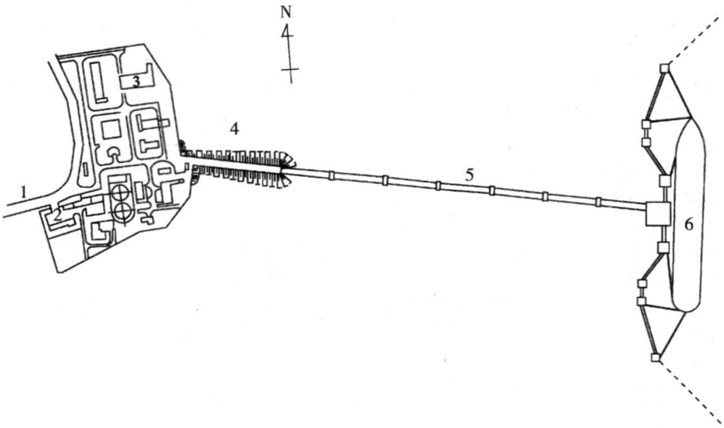


图 4-37　蝶形布置固定式油码头

1-进港道路;2-办公楼;3-计量站及中控室;4-引堤;5-栈桥;6-二期原油码头

减少能源消耗。罐区除能容纳油罐外,一般还需设置泵房、阀室及加热锅炉房等设施。辅建区内应综合考虑布置供水调节站、消防系统、污水处理设施以及管理和生活设施。

原油码头所需油库、油罐容量可按下式计算:

$$E_0 = \frac{Q_h K_{BK}}{T_{yk}\gamma\eta_y}t_{dc} \tag{4-46}$$

式中:$E_0$——容量($m^3$);

$Q_h$——年货运量(t);

$t_{dc}$——平均储存期(d),取6~7d;

$\gamma$——油品密度($t/m^3$);

$\eta_y$——油库或油罐容积利用系数,取0.85;

$T_{yk}$——油库或油罐年作业天数;

$K_{BK}$——油库或油罐不平衡系数。

专业化炼油厂所在港区往往同时布置原油进口码头及成品油出运码头,港区陆域设有炼油设备、便利的集疏运设施和必要的储存设备,便于石油的炼制流程及供应链在港区中得以展开。图4-38为炼油厂业主码头平面布置实例。

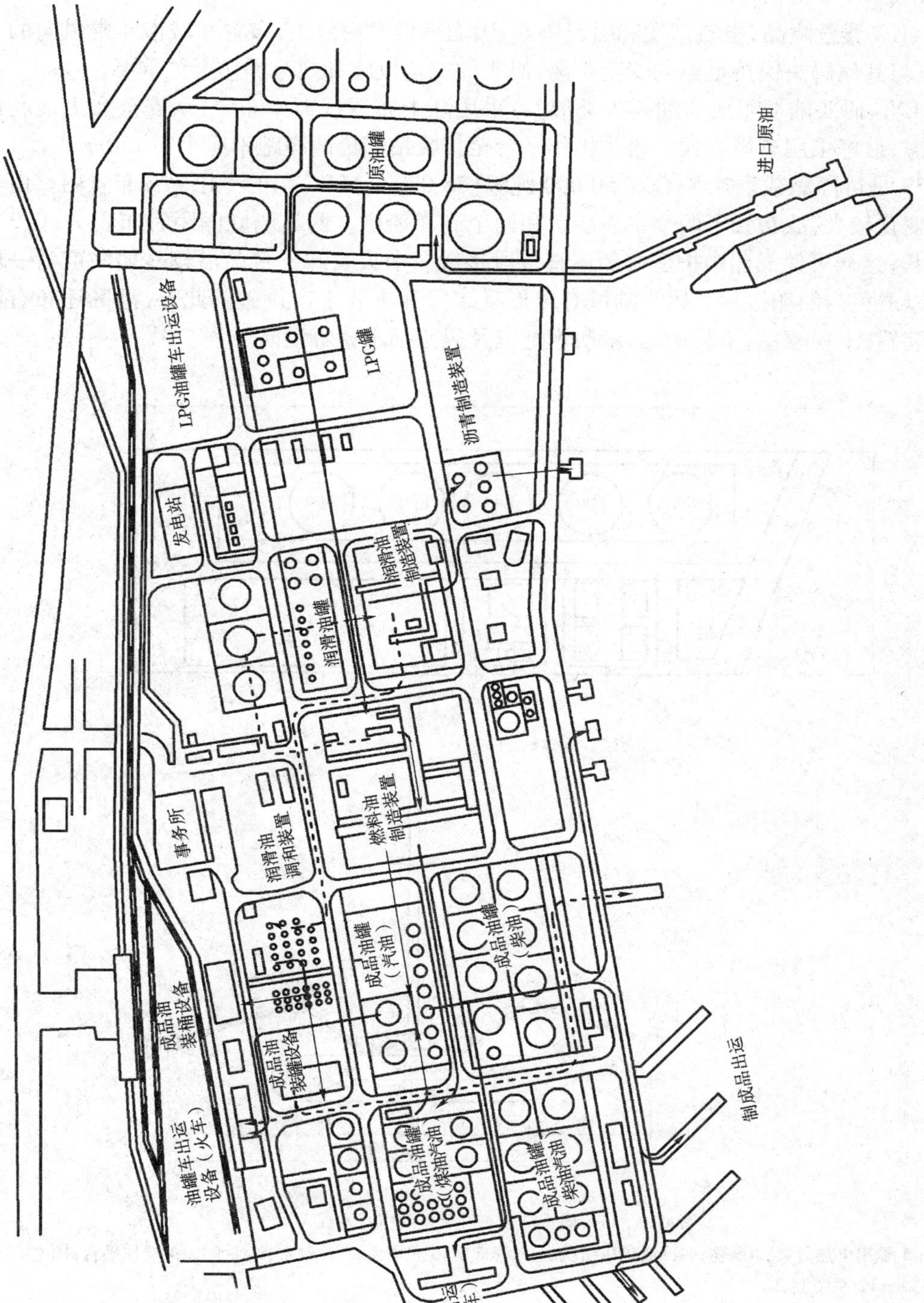


图4-38　炼油厂业主码头平面布置

2. LPG、LNG 专用码头

LPG、LNG 属危险品，极易挥发和引起爆炸，因而需设专用码头，布置在城市年常风向的下风侧，且应与其他码头保持足够的安全距离，码头的安全设施和规范操作至关重要。

LPG、LNG 码头陆域组成与油码头类似，可采用陆上布置或离岸布置，从安全和土地利用的角度考虑，最好采用离岸方式。码头操作平台至接收站储罐的净距不应小于 150m。

图 4-39 是可停靠载重吨 5 000 ~ 50 000 吨级（75 000m$^3$）LPG 船的专用码头布置图。由于船型吨级变化较大，故布置了两个主靠船墩和两个副靠船墩。两靠船墩间距宜布置为（0.3 ~ 0.4）倍船长，这样可使靠船墩护舷与船体直线段接触。中央装卸平台前沿较靠船墩前沿一般后退 2m，以避免与船舶接触。码头陆域有球形罐罐区和主要生产设施。此外，港区还布有液化气放散装置、干粉罐室、干粉罐塔、消防水炮以及码头前水幕等消防工程。

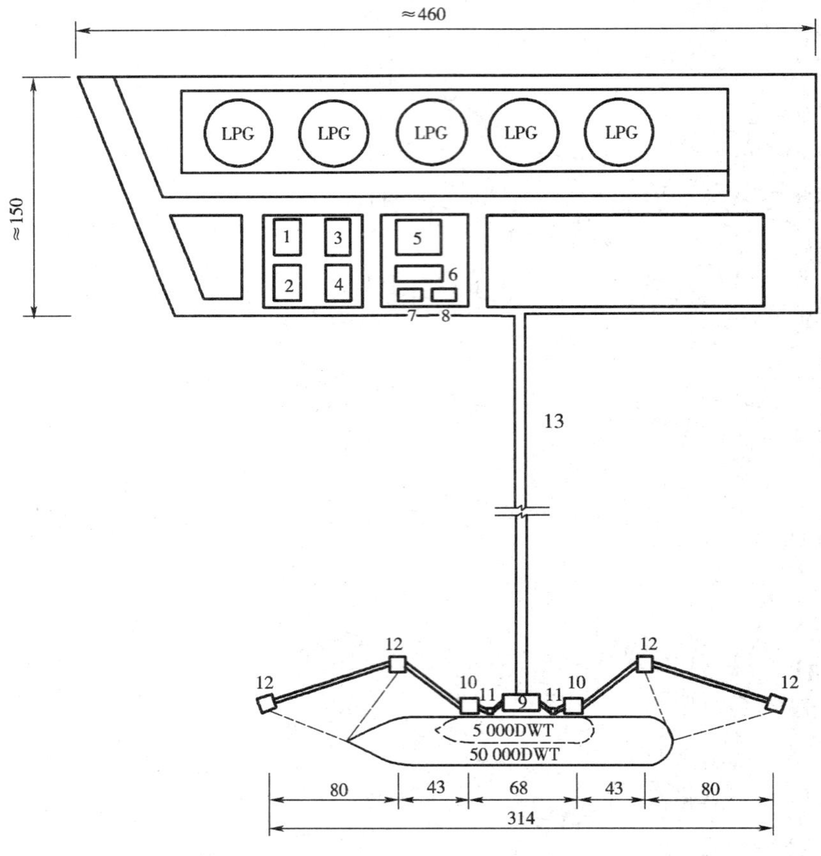


图 4-39　LPG 码头陆域布置示意图（单位：m）

1-热交换器；2-输出电热装置；3-泵房；4-再液化压缩机房；5-管理室；6-机电室；7-计量室；8-抽水站；9-操作平台；10-主靠船墩；11-副靠船墩；12-系缆墩；13-栈桥

## 五、滚装码头

滚装码头布置型式可分为平行式与突堤式，见图 4-40。跳板是滚装码头的主要接卸设施，其布置型式主要有直跳板、斜跳板和艏跳板三类，长度一般为12～22m。

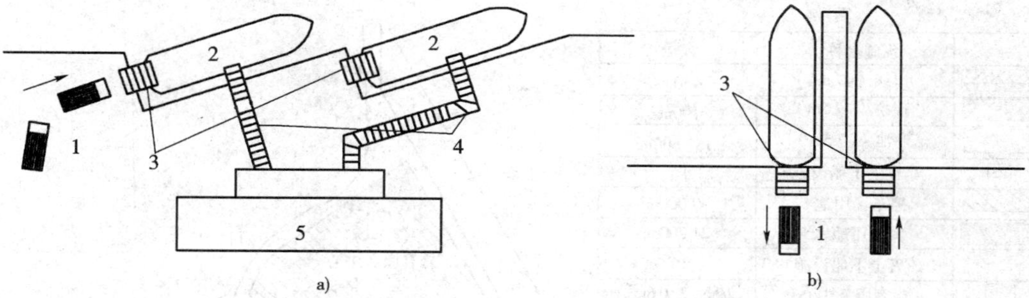


图4-40 滚装码头布置型式

a）平行式；b）突堤式

1-汽车；2-滚装船；3-跳板；4-旅客通道；5-客运站

按装卸货物的种类不同，滚装码头可分为客货滚装、货物滚装和汽车滚装码头，其陆域功能分区如下：

（1）客货滚装码头：站前广场、候船建筑物、汽车待渡场、货物堆场、生产和辅助生产设施、辅助生活设施等。

（2）货物滚装码头：货物堆场、汽车待渡场、生产和辅助生产设施、辅助生活设施等。

（3）汽车滚装码头：汽车停放场、汽车接收检查区、汽车卸货检查区、生产和辅助生产设施、辅助生活设施等。

客货滚装码头陆域布置原则为便于滚装车辆的集散和乘客上下船。堆场上一般不需大型装卸设备，堆场分区清晰，延伸服务发达。旅客与车辆接岸设施应分离设置，无条件时应采取人车分时作业等保证安全措施。

站前广场包括停车场、道路、旅客活动、绿化等用地，其设计应合理组织客流、车流，力求流线短捷，顺畅；候船建筑物宜靠近码头前沿布置，与接岸设施间设置全天候专用旅客通道。汽车待渡场宜与泊位对应，布置在码头陆域的前方，供汽车临时停放，通常采用单层存放方式，故所需面积相对较大，但也有采用多层存放方式。汽车待渡场规模不宜小于设计船型额定装载车辆数的2倍，2个或2个以上泊位时经论证待渡场规模可适当折减。

客货滚装码头通常还设有检前停车场，为需接受检查的入港车辆提供等候区。港区内靠近公路的区域一般还设置延伸服务区。辅助生产区、生活区及道路采用乔木、灌木、绿篱、草坪、花卉及建筑小品相结合布置绿化带，满足吸尘、防尘和美化环境的要求。

为保证港区服务的综合性和高效性，提高车客滚装码头的集疏运能力，区外通常与疏港公路、铁路、轨道交通相连，建立港区综合交通枢纽。图4-41为名古屋客滚码头平面布置图。

## 六、游艇码头

通常，游艇码头的规模在300～1 000个泊位比较适宜，泊位过少会因建设防波堤而不经济。游艇码头的特点是设计船型不大，对水域面积、水深的要求不高，但对泊稳和景观设计有较高的要求，根据系泊目的（港内系泊、临时系泊）和当地潮差特征，适当确定系泊结构型式。系泊设施一般可分为系泊岸壁、栈桥、系船柱和系船浮筒，其尺度可结合图4-42和表4-24

确定。

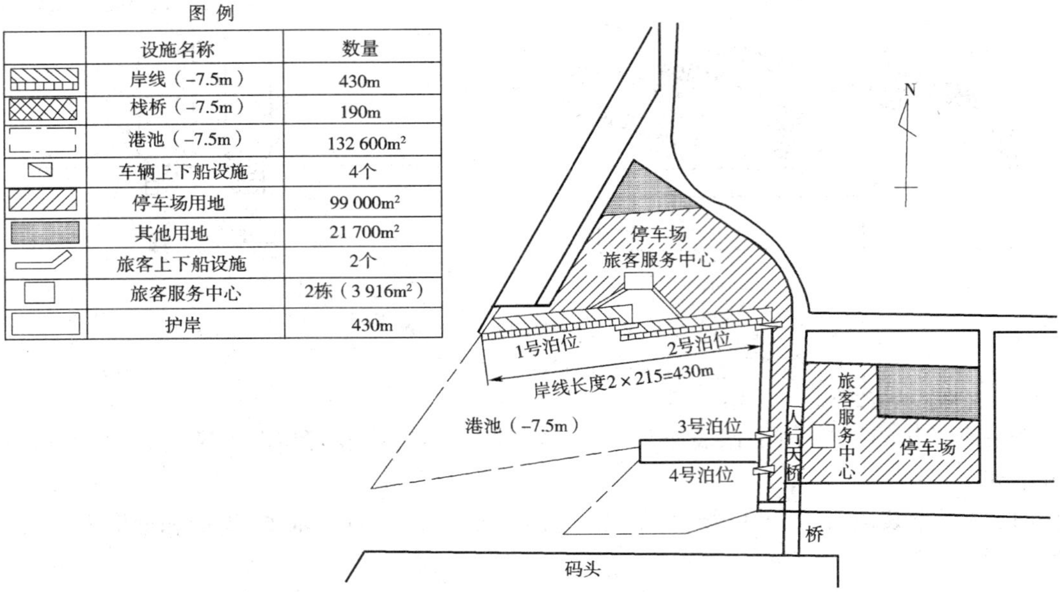


图 4-41　名古屋客滚码头

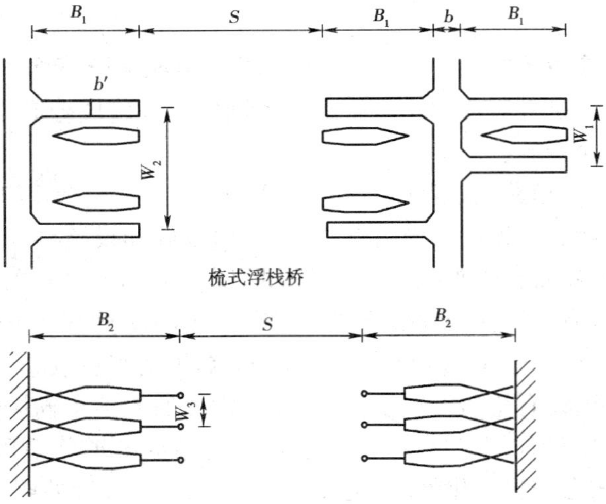


图 4-42　游艇码头系泊设施示意图

**码头尺度计算表**　　表 4-24

| 泊位长 | 净距 | 栈桥宽 | 栈桥间最小距离 |
|---|---|---|---|
| $B_1 = (1.0 \sim 1.2)L$<br>$B_2 = (1.5 \sim 2.0)L$ | $S = (1.5 \sim 2.0)L$ | 主栈桥 $b$:2～3m<br>辅助栈桥 $b'$:1～1.5m | $W_1$ = 船宽 + $b$ + 0.6m<br>$W_2$ = 2 × 船宽 + $b$ + (1.5 ～ 2.0)m<br>$W_3$ = 船宽 + (1.0 ～ 2.0)m |

注：$L$——设计船长。

游艇码头陆域包括坡道、提升机、修船坞、艇库、加油站、俱乐部以及其他的配套项目,如停车场、零售、餐饮、酒店、休闲娱乐设施和延伸服务(培训、展示、交易)功能区等。

游艇需要定期上岸修理和保养。我国北方地区冬季有结冰现象,南方沿海夏季时常有台风的侵扰,为防止游艇损坏,游艇需上岸保管。因此在港池与陆地之间要设置游艇升降、移动的上下岸设施,一般有坡道和游艇提升机两种方式,选型及布置方式见第三章港口装卸工艺第六节游艇上下水工艺。

游艇的陆上保管方式有游艇堆放场、艇库和艇架三种。游艇堆放场用于游艇的室外临时性保管,采用单层布置。建设费用较低,但土地利用率低,同时由于布置在室外,保养效果不好。游艇堆放场中船位长为(1.0~1.2)$L$,宽为(1.0~1.5)倍船宽。艇库也称干船舱,是大型游艇基地的必要建筑物,保养效果好。艇库内游艇的堆存可采用单层或多层,常见的作业机械为叉车。艇库宜按照4层布置,每层约2~2.5m高。艇库的大门净宽不小于4.5m,净高不小于5m。艇库所需的容量为码头停靠游艇数量的(0.5~0.6)倍。艇架为简易的多层保管设施,与艇库相比其建设费用较低,适用于在狭窄场地大量保管小型游艇。

游艇港内道路宽度一般为9~12m。停车场面积一般按每条船配备0.5~1.2辆车位布置,海滨游艇码头取大值,内陆游艇码头或小型游艇比例高时取小值。

修船坞应设置在紧临码头的区域,以便定期对船只进行修理和保养。码头上还应设置为船只添加油料的设备和区域。

## 七、人工岛

土地资源日益紧张,人们已认识到海岸线的稀缺与不可再生性,对海域的开发和利用也越来越谨慎。人工岛方式填海造地——“离岸建岛”,是国际上一种先进的用海理念,它在解决土地资源短缺问题的同时,不仅能保护原始的自然岸线,还可最大限度地延长新形成土地的人工岸线,成为人们拓展生产、生活和生态空间的新载体,正日渐被更多的国家和地区所认同和实行。

国外人工岛建设历史已久,20世纪60年代,日本就开始建设现代人工岛,如神户人工岛和关西国际机场等。美国、荷兰等国也很重视发展人工岛。通过对国外人工岛建设的研究考查,结合神户港实例(图4-43),总结规划过程中应注意的一些问题。

1. 选址问题

考虑到人工岛位于远离陆地,无遮掩,受风、浪、潮影响的区域,填海所需土石方量巨大,选址时应充分考虑当地自然条件和材料供应。神户港地处大阪湾的西北部,北靠绵延起伏的六甲连山,填海造地材料充足。南濒烟波浩渺的太平洋,受海岬、岛屿掩护,港内风平浪静,优越的地理位置为人工岛的建设提供了有利的条件。

2. 城市功能

现代港口的发展趋势为港城一体化和功能多样化,除发挥其传统运输功能外,还需为城市经济发展提供高质多样的产业空间,为城市居民提供充实的生活空间。神户港所辖的港湾人工岛和六甲人工岛总面积达1 428万$m^2$,平面布局总体上可分为码头港口用地及城市生活用地。人工岛外围设有各种高标准、大型化的深水集装箱泊位,其后布置港湾功能用地。作为城市设施，岛中心建有住宅、国际饭店、商店、博物馆、学校、医院、公园、娱乐场等公共设施和商业设施，人工岛已成为一个具备“居住、工作、休息、学习”等综合城市功能的一体化城市空间。

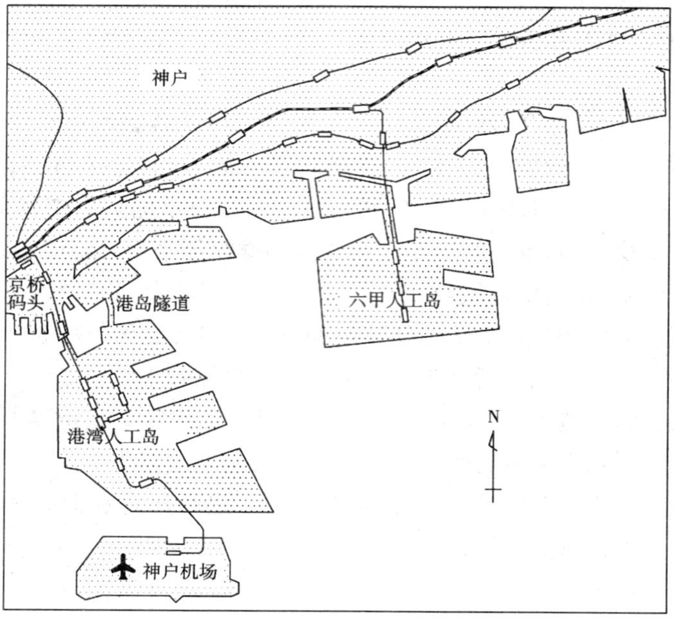


图 4-43 神户人工岛平面图

3. 生态连续性

水体的保持与交换，原有生态系统的维持等在人工岛规划过程中需重点考虑。神户人工岛将陆域原有海岸线完整保留，对海洋整体功能的影响较小，不会间断海水的交换，对海洋生态环境影响不大。

4. 与外界的联系

填海区域与外界的交通联系，在规划中占据重要地位。神户人工岛与神户市交通联系十分便利，大型港湾桥、四通八达的疏港公路、由计算机控制的无人驾驶电车，低环境负荷的公用渡船运输，以及与神户机场和关西国际机场连接的交通中枢，共同构筑了人工岛对外联系的立体交通网络。

5. 经济效益

人工岛的建设往往耗资巨大，从规划阶段就应着力研究其经济效益。神户人工岛的规划体现出以“港”为中心的指导思想，港湾人工岛呈 E 字形，造型美观，大大延长了海岸线，有利于增加装卸泊位，扩大货物吞吐量。人工岛的规划，不仅着眼于岛屿本身，还和神户全市的发展联系在一起，将填海造地与削平六甲山结合起来，开辟能容纳 13 万人的新的住宅用地。同时，人工岛建设引起了一系列新投资，增加了国民收入和就业，成为新的经济增长的载体。通过打造新型的、海陆空一体的综合交通和物流枢纽，也有利于神户港跻身国际性贸易大港行列。

# 习　　题

4.1　某油港日到港船数如下：

| 艘/日 | 0 | 1 | 2 | 3 | 4 | 5 | 6 |
|---|---|---|---|---|---|---|---|
| 天 | 174 | 130 | 48 | 11 | 2 | 0 | 0 |

试分析船舶到港分布情况(经验值、理论值均用直方图示)。

4.2　分析最优泊位数的影响因素及其实际意义。

4.3　由习题2.11预测2015年某港的吞吐量为$Q$,其中15%为水上过驳吞吐量,经验证该港船舶到达符合泊松分布,占用泊位时间符合负指数分布,试规划2015年的合理泊位数。估算泊位数为$S$、$S-1$、$S+1$时船舶的待泊费和泊位闲置费的大致数值。

已知:$R=1\,000$t/日·泊, $G=5\,000$t/艘,$c_b=4\,000$元/日·泊,$c_S=10\,000$元/日·艘。

若泊位的日平均装卸效率$R=900$t/日·泊,规划几个泊位较为合理？若运量$Q$有10%波动,对泊位数影响如何?

4.4　简述码头布置型式,比较不同码头布置型式的优缺点及适用范围。

4.5　在防波堤内侧布置泊位时,应如何考虑越浪、溅浪对生产作业的影响?

4.6　试比较图1-2大连港大港港区和图5-27青岛港老港区突堤式布置的优缺点。

4.7　分析码头前沿作业地带的功能,比较集装箱与件杂货泊位在码头前沿作业地带布置上的区别。

4.8　简述装卸作业地带的功能,分析促使陆域纵深不断加大的内在原因。

4.9　专业集装箱码头的陆域布置包括哪几部分？其作用分别是什么？

4.10　如何在液体散货码头的平面布置中体现安全性?

# 第五章　港口水域及外堤布置

港口水域是指港界以内的水域，包括船舶进出港航道、制动水域、回旋水域、港池、码头前水域以及过驳水转水作业和停泊的锚地水域。

合理布置港口水域将有利于港口水上作业系统的有效运作。港口水域尺度应能满足船舶回旋、制动、港内航行、停泊作业的要求。航道和港池的维护性挖泥量应尽量小。港池内应有良好的泊稳条件，以便船舶能安全、顺利地完成货物装卸作业和旅客上下船。港口水域除应满足设计船型的航行、停泊所需的水域外，还应考虑港口辅助船舶（港作、工程、海事、边防等）的航行和停泊要求，在有小船运输的港口，还应考虑这部分船舶对水域的要求，但在布置上应尽量减少大小船之间的干扰。

外堤是防波堤、防沙堤和导流堤的总称，除按功能分类外，也常按其所在位置，特别是按其与岸边的相对位置分为突堤和岛堤。岛堤是两端均不与岸相连接的外堤，突堤是一端与岸连接，一端伸入海中的外堤，见图 5-1。

防波堤（breakwater）是指以防御外海波浪侵袭港池、码头前沿水域为主要功能的水工建筑物，所围水域水面平稳、水深足够，使船舶能安全进行装卸作业、停泊和进出港口；有时也兼防泥沙、水流及冰凌等对港口的侵袭。

防沙堤是以防止或减少泥沙侵入港口或航道为主要功能的水工建筑物，常兼有防波的作用。在沙质海岸修建防波堤，常兼有防沙功能。图 5-1 中的 2 是为防止港池淤积而修建的防沙堤，也兼有防波功能。

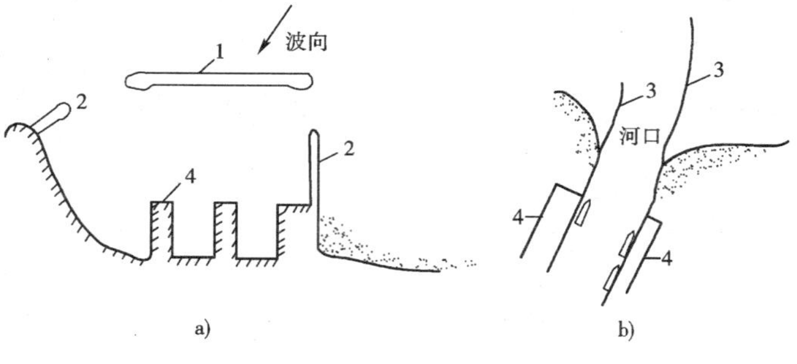


图 5-1　外堤图示

1-岛堤；2-突堤；3-导流堤；4-码头

导流堤是以束水导流、维持航道和口门水深为主要功能的水工建筑物，一般布置在河口或泻湖口，用于河口入海段的治理，如图 5-1 中的 3。导流堤的作用是使河流输送泥沙的动力向外海延伸至适当水深处，避免在海浪作用下在出口处形成浅滩。我国典型的河口导流堤是上海黄浦江汇入长江的导流堤及营口港辽河入海段的导流堤（图 5-2）。

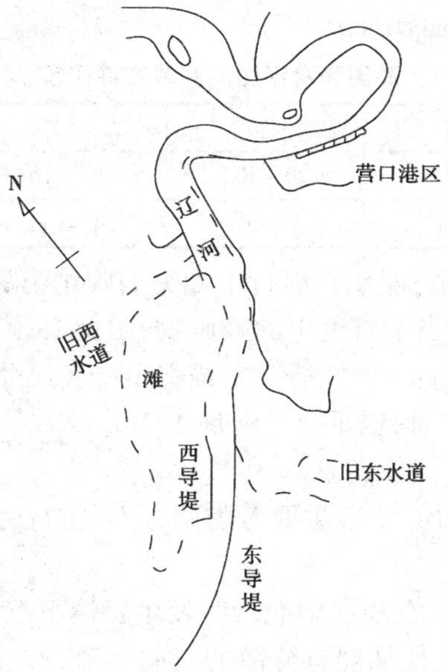


图 5-2　营口港辽河入海处导流堤图

## 第一节　港口水深

港口水深是港口主要技术特征之一,它应保证船舶安全行驶和停泊。一般来说,港口应具备比进港船舶吃水大得多的水深,也就是船底和水底之间留有足够厚的水层,即富余水深,为船舶进出港创造安全方便的航行条件。但人工增加港口水深,会增加港口水工建筑物的造价和挖泥费用。所以,港口水深应该既能满足使用要求又不必过大,也就是要确定一个合理的富余水深。

### 一、富余水深的构成和决定条件

富余水深依据所考虑的条件不同可区分为两类:

(1)船舶航行或停泊不致触底所需要的富余水深;

(2)减少船舶操纵困难所需要的富余水深。

第一类条件中影响船舶触底的因素可能来自两个方面:水深误差和因船舶运动导致的吃水增加,见图 5-3。

1. 水深误差及水中障碍

(1)水位变化。实际水位与测量水位间存在的差异,可能来自潮高测验或预报误差。水位预测误差一般为 0.2m,但由于营运港口均有自己的验潮站,并以验潮数据为依据,故此项误差一般不超过 0.01 ~0.02m。

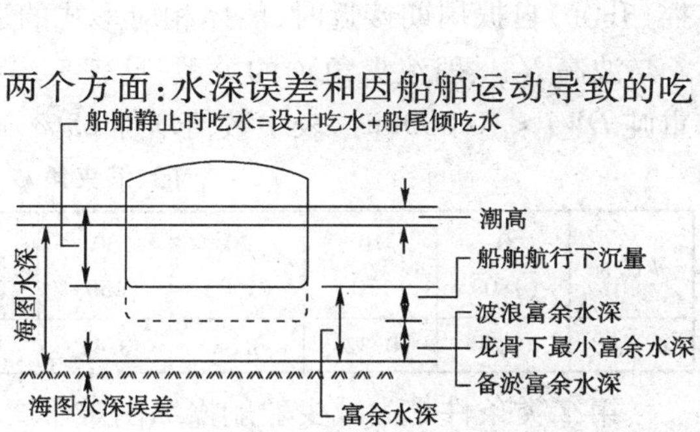


图 5-3　影响富余水深的构成因素

(2)海图、水深图测量误差。浅海测深仪的测深精度一般为 ±(0.05m + 水深/250),国际上和我国的海图标准容许误差见表 5-1。

**海图和水深图的测量容许误差** 表 5-1

| | 国际上规定 | | 我国规定 | | |
|---|---|---|---|---|---|
| 水深(m) | 小于 20 | 20 ~ 100 | 小于 10 | 小于 20 | 大于 20 |
| 海图、水深图测量容许误差 | 0.3 m | 1 m | 0.15 m | 0.2 m | 水深的 1/50 |

(3)船舶抛锚引起的富余量:船舶在航行中如突遇险情需紧急停船时,在倒车的同时抛左右锚使船急速停止。此时锚相当于航道中的障碍物,因此必须有不让锚碰坏其船底的富余水深。锚的型式、重量、尺寸和底质土壤性质决定锚突出海底尺寸的大小。如 10 万吨级船,配锚重 13t 左右,在不利的下锚状态时,锚爪突出海底 1.3m。

2. 船舶运动时吃水增大

船舶运动较静止时吃水增加,一般主要考虑两方面:航行时船体下沉和因波浪作用船体产生的垂直运动。

(1)航行时船体下沉。船舶在浅水中航行时发生船体下沉和纵倾变化。这主要是由于船舶航行时将部分水体推向船后,使从船首分散的三向水流,在浅水中被强制变为二向水流,船侧流速较在深水中航行时大,船体周围的水位降低也较在深水航行时大,因而促使船体下沉和纵倾。浅水是个相对的概念,与水深 $h$ 和船舶吃水 $d$ 相关,浅水通常指水深吃水比 $h/d < 1.5$ 的航行水域。船舶在浅水中航行增加的下沉量与弗洛德数(Froude Number)$v \sqrt{Lg}$($v$——船速,$L$——船长,$g$——重力加速度)有关。为了便于使用,以船舶载重量表示船舶尺度,船体下沉量与航速、载重量间的关系,可参考图 5-4。

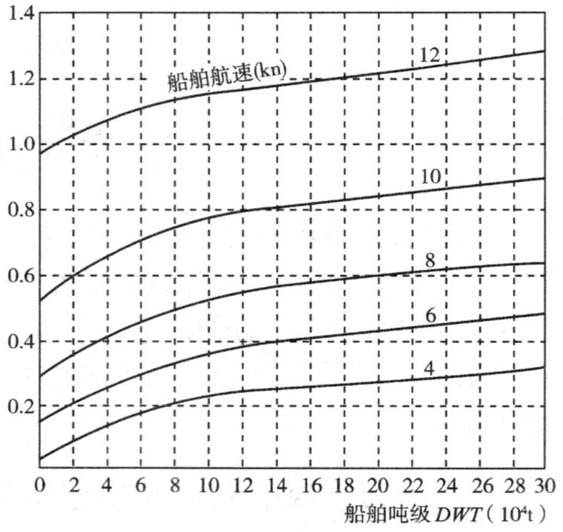


图 5-4 船舶航行时船体下沉值曲线

(2)航行时波浪作用下的船体下沉。船舶在波浪中航行时,随波高、波周期、波向、船舶吨级和水深不同,将产生不同程度的纵摇、横摇和升沉三种垂直运动。一般而言,当波浪周期与船舶(纵摇、横摇、升沉)自振周期接近时,船体相应形式的运动将会增大。近似反映上述现象可采用下沉量 $Z$ 与波高 $H_{4\%}$、船浪夹角 $\psi$ 的关系,见表 5-2。表中数据适用于波浪平均周期 $T < 10$s,当船舶载重吨 $DWT < 10\,000$t 时,表中数值增加 25%。表 5-2 中 $\psi$ 为 0°或 180°时是顺浪。

**船、浪夹角 $\psi$ 与下沉量 $Z$ 的关系** 表 5-2

| $\psi$(°) | 0 (180) | 10 (170) | 20 (160) | 30 (150) | 40 (140) | 50 (130) | 60 (120) | 70 (110) | 80 (100) | 90 (90) |
|---|---|---|---|---|---|---|---|---|---|---|
| $Z/H_{4\%}$ | 0.24 | 0.32 | 0.38 | 0.42 | 0.44 | 0.46 | 0.48 | 0.49 | 0.50 | 0.52 |

第二类条件是为减少船舶操纵困难所要求的富余水深,包含两方面:考虑船舶操纵性能和保护主机避免冷凝器取水口堵塞所要求的富余水深。船舶进入浅水域中航行,舵效明显降低,

船舶回旋性能下降，回旋直径比在深水中增大。主机冷凝器冷却水取水口距海底泥面太近，泥沙被吸入而易损坏冷凝器。一般富余水深大于冷却取水口口径的1.5～2.0倍是必要的。取水口口径很少会超过0.2m。

## 二、码头前沿水深

码头前沿水深，即泊位水深，通常是指在设计低水位以下的深度，由停靠本泊位的设计船型满载吃水和必要的富余水深构成。船舶在码头前航速很小，一般不超过0.2m/s，几乎不存在因船舶航行增加船舶吃水的现象。因此，富余水深主要考虑水深误差、波浪引起的船舶垂直升降、配载增加的吃水等因素。码头前沿设计水深可用下式计算：

$$D = T + Z_1 + Z_2 + Z_3 + Z_4 \tag{5-1}$$

$$Z_2 = KH_{4\%} - Z_1 \tag{5-2}$$

式中：$D$——码头前沿设计水深（m）；

$T$——设计船型满载吃水（m）；

$Z_1$——龙骨下最小富余水深（m）；

$Z_2$——波浪富余深度（m），当计算结果为负值时，取$Z_2=0$；

$K$——系数，顺浪取0.3，横浪取0.5；

$H_{4\%}$——码头前允许停泊的波高（m）；

$Z_3$——船舶因配载不均匀而增加的尾吃水（m）；

$Z_4$——备淤深度（m）。

对于开敞式码头，波浪富余水深$Z_2=KH_{4\%}$，必要时可通过模型试验确定。

船舶龙骨下最小富余深度$Z_1$，主要是防止船舶触底，同时兼顾防止从冷却取水口吸入泥沙。防止船舶触底需要考虑水位、水深测量误差和海底土壤的软硬程度。深度测量误差一般不会超过0.2m，软土万一触底也不会招致严重后果；防止从冷却取水口吸入泥沙一般不超过0.3m。依据海底土壤性质，$Z_1$可采用表5-3中的数值。对重力式码头，$Z_1$应按岩石土考虑。

**龙骨下最小富余水深的取值**　　表5-3

| 海底底质 | $Z_1$（m） | 海底底质 | $Z_1$（m） |
|---|---|---|---|
| 淤泥质 | 0.2 | 含沙或含粘土的块状土 | 0.4 |
| 含淤泥的沙、含粘土沙、松沙土 | 0.3 | 岩石土 | 0.6 |

船舶配载从航行方面考虑，尾倾（船尾吃水大于船首吃水）有利于减少航行阻力且对舵效、车效有利并增加安全感，油船和散货船多为满载营运。远洋船舶一般满载时首尾吃水差控制在0.3～0.6m之间，空载时控制在0.9～1.9m之间。此项配载尾倾系人为控制因素，为节省投资，对设计船型不宜取得过大。油船和散货船$Z_3=0.15$m，其他船舶考虑实载率的影响，$Z_3=0$。

备淤富余深度$Z_4$决定于码头前回淤情况及前后两次疏浚时间间隔。$Z_4$不应小于挖泥船挖土的最小厚度，一般不小于0.4m。

值得指出，式（5-1）所确定的水深$D$为设计水深。码头的“有效”水深或公告水深不包含回淤富余深度$Z_4$。

在可行性研究阶段，当自然资料不足时，码头前沿设计水深可按下式估算：

$$D = kT \tag{5-3}$$

式中:$k$——系数,有掩护码头取1.10~1.15,开敞式码头取1.15~1.20。

## 三、海港航道水深

与确定码头水深相比,航道水深需要考虑船舶航行时船体下沉增加的富余水深,即:

$$D = T + Z_0 + Z_1 + Z_2 + Z_3 + Z_4 \tag{5-4}$$

式中:$D$——航道设计水深(m);

$Z_0$——船舶航行时船体下沉增加的富余水深(m),按图5-4确定;

$Z_1$——龙骨下最小富余深度(m),取决于不同底质条件和船舶吨位,采用表5-4中的数值;

$Z_2$——波浪富余深度(m),按表5-2确定;

其余符号意义与取值同前。

**航行时龙骨下最小富余深度 $Z_1$(m)** 表5-4

| 土质类别 \ 船舶吨级(t) | $DWT<$ 5 000 | 5 000≤$DWT$ <10 000 | 10 000≤$DWT$ <50 000 | 50 000≤$DWT$ <100 000 | 100 000≤$DWT$ <300 000 |
|---|---|---|---|---|---|
| 淤泥土 | 0.2 | 0.2 | 0.3 | 0.4 | 0.4 |
| 含淤泥沙、含粘土的沙、松沙 | 0.3 | 0.3 | 0.4 | 0.5 | 0.6 |
| 含沙或含粘土的块状土 | 0.4 | 0.4 | 0.5 | 0.6 | 0.6 |
| 岩石土 | 0.5 | 0.6 | 0.7 | 0.8 | 0.8 |

若式(5-4)不计$Z_4$,即得到航道通航水深$D_0$:

$$D_0 = T + Z_0 + Z_1 + Z_2 + Z_3 \tag{5-5}$$

在设计河口港时,要注意到船舶吃水$T$由海水域进入河口水域,因水密度减小吃水$T$增大。例如上海港,长江口外航道在枯洪季的涨落潮时,铜沙段水密度$\rho = 1.015\text{t/m}^3$,进入黄浦江口内航道高桥段$\rho = 1.000\,2\text{t/m}^3$,吃水9m的船舷由外海至铜沙吃水约增0.09m,由铜沙至高桥吃水再增加约0.13m。

确定富余水深时,既要保证船舶具备一定的操作性能,又能发挥航道潜力。因此,富余水深应根据船舶状态(如船速、吃水、纵倾等)和环境条件(如海况、气象、潮汐、航道宽度、水深、船舶通航密度等)加以确定。各国根据港口的具体情况,对富余水深都有规定。欧洲引航协会(EMPA)对进出鹿特丹、安特卫普等水深受限的港口采用表5-5的富余水深标准。美国纽约新泽西港港口管理局对所辖水域的部分航道和航行水域的富余水深建议不得小于2ft(约0.61m)。但对受涌浪影响较大的水域,建议最小富余水深为3ft(约0.91m)。日本港湾协会要求外海航道,特别是易受尾随长浪和舷侧涌浪影响的外航道水深应不小于1.2$T$($T$为船舶满载吃水);港外航道,易受涌浪影响的航道和锚地的水深应不小于1.15$T$;港内和受浪影响较小的航道的水深应不小于1.10$T$。

**欧洲引航协会富余水深标准** 表5-5

| 航道类别 | 外海水道 | 港外水道 | 港内 | 说明 |
|---|---|---|---|---|
| 富余水深 | 0.20$T$ | 0.15$T$ | 0.10$T$ | $T$为船舶满载吃水 |

## 第二节　航　　道

航道(navigation channel;fairway)是指在江河、湖泊、水库等内陆水域和沿海水域中能满足船舶和其他水上交通工具安全航行要求的通道。按形成原因分天然航道和人工航道,按使用性质分专用航道和公用航道,按管理归属分国家航道和地方航道。

天然航道在低潮时其水深已足够船舶航行需要,即无需人工开挖航道;多数情况下,近海自然水深不能满足船舶航行所需的深度和宽度等要求,需开挖人工航道。专用航道是指由军事、水利电力、林业、水产等部门以及其他企业事业单位自行建设、使用的航道。公用航道是指由国家各级政府部门建设和维护、供社会使用的航道。国家航道主要指:①构成国家航道网、可以通航 500 吨级以上船舶的内河干线航道;②跨省、自治区、直辖市,可以常年通航 300 吨级以上船舶的内河干线航道;③沿海干线航道和主要海港航道;④国家指定的重要航道。地方航道是指国家航道和专用航道以外的航道。

船舶进出港口必须按照航行标志航行,遵守航行规则,避免发生海事事故。进出港航道常常是港口规划、设计和维护的最棘手问题之一。

航道设计包括航道选线(航道轴线的确定)、航道尺度的确定(包括水深、宽度和转弯段参数等)以及导助航标志的设置等内容。设计过程中应考虑船舶的安全航行、船舶操作方便、地形、气象和海象条件以及与其他设施的协调配合等。航道线数的选择也是航道规划的重要内容。

在港口货物吞吐量的增加和船舶大型化的发展趋势下,有时航道会成为限制港口通过能力发展的瓶颈。为提高航道通航能力,需适时增加航道线数。规划时需结合港区的服务水平,确定航道线数的最佳扩建时机,实现港口经济效益的最大化。

### 一、海上航道轴线

选择海上航道轴线必须掌握建港地区海域海象、气象和地质条件的特点,充分利用自然条件来最大限度地满足船舶航行要求,注意适应港口平面布置和远景发展对航道的要求。

为提高船舶进出港的安全性,满足良好的操船作业条件,航道选线应注意:

(1)当横风风力超过 7 级时,以微速(4kn)航行的大型船舶较难控制航向。因此,航道轴线应尽量避免与风力大于 7 级、频率较高的风向正交,以减少船舶在强横风下航行的机率。

(2)1kn 横流使微速航行的大型船舶产生较大的偏位,航道轴线宜尽量避免与大于 1kn 横流正交。强风力很容易被发现,而流压力则比较隐蔽。

(3)航道轴线应尽量顺直,避免 S 形航路。受地形、地质条件限制必须多次转向时,宜加长两次转向间距,两个连续转弯之间的直线长度宜大于 5 倍船长。转向角 $\phi$ 宜控制在 30°以内,见图 5-5,航

图 5-5　航道轴线转向图

道转弯半径 $R$ 宜大于 $(3\sim5)L$（$L$——船长），并需将航道加宽。转向角 $\phi$ 大于 30°、航速超过 8kn、航道水流条件较差时，均应加大转弯半径 $R$，一般大于 $10L$ 是理想的。但是，当航道专为游艇使用或当航道的标志和信号能保障船舶安全而平稳地航行时，则不受此限。

（4）为了防止船舶进入防波堤口门前发生事故，防波堤口门外的航道直线段应不小于船舶制动距离。不同吨级船舶制动距离可参考表 2-5 中数据。

（5）在波浪和潮流的作用下，航道靠近天然岸线和水深变浅的地方，泥沙可能产生较大的移动。几乎所有的航道都有不同程度的回淤，需要维护疏浚，所以减少回淤量是选择航道轴线的最重要因素。一般而言，推移为主的输沙情况，航道轴线与主波向、主流向交角越大，淤积率亦越大。在泥沙活跃的海岸，航道淤积应作为专门课题，结合模型试验研究确定合理的布置方案。

## 二、航道有效宽度

航道有效宽度是指航槽断面通航水深处两底边线之间的宽度，通常用 $W$ 表示。航道有效宽度由航迹带宽度 $A$、船舶间错船富余间距 $b$ 和船舶与航道侧壁间富余间距 $C$ 组成，见图 5-6。

### 1. 航迹带宽度

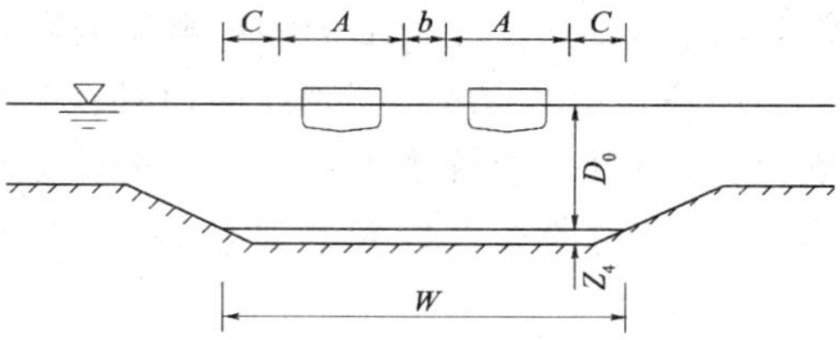

图 5-6　航道有效宽度

船舶在航道上行驶受风、流影响，其航迹很难与航道轴线平行，即使在无风流状态下行驶，由于螺旋桨产生的横力矩，亦迫使船舶偏转。船舶常需不断地操纵舵角才能保持航向，故其航迹是在导航中线左右摆动呈蛇形的路线，图 5-7 是稍加夸张的船舶航迹。船舶为了克服风和流的影响，常使船舶实际航向与真航向保持风流压偏角 $\gamma$，见图 5-8。船舶以风流压偏角在导航中线左右摆动前进所占用的水域宽度称为航迹带宽度。航迹带宽度 $A$（单位：m）按下式确定：

$$A = n(L\sin\gamma + B) \tag{5-6}$$

式中：$n$——船舶漂移倍数，见表 5-6；

$\gamma$——风、流压偏角（°），见表 5-6；

$L$、$B$——分别为设计船长和设计船宽（m）。

航迹带宽度一般在 $(2.0\sim4.5)B$ 的范围内。

**满载船舶飘移倍数 $n$ 和风、流压偏角 $\gamma$ 值**　　表 5-6

| 风力 | 横风≤7 级 | | | |
|---|---|---|---|---|
| 横流 $V$(m/s) | $V\le0.25$ | $0.25<V\le0.5$ | $0.5<V\le0.75$ | $0.75<V\le1.0$ |
| $n$ | 1.81 | 1.69 | 1.59 | 1.45 |
| $\gamma$(°) | 3 | 7 | 10 | 14 |

注：当斜向风、流作用时，可近似取其横向投影值查表。

### 2. 船舶错船富余间距

船舶相遇错船时，为了防止船吸现象，保证安全，两航迹带间应留有一定距离。由于航迹带有一定宽度，错船时两船可注意调整船位，使船舶尽量靠右舷侧航行。受航速、交会密度以及内、外航道等因素影响，船舶错船富余间距的取值不小于设计船宽 $B$。对于交会密度小的内航道，船舶错船富余间距取设计船宽 $B$；船速为 8～12kn、交会密度较大的外航道取值为 $2.1B$，船速大于 12kn、交会密度较大的外航道取值为 $2.5B$，船速为 8～12kn、交会密度较大的内航道取值为 $1.8B$。

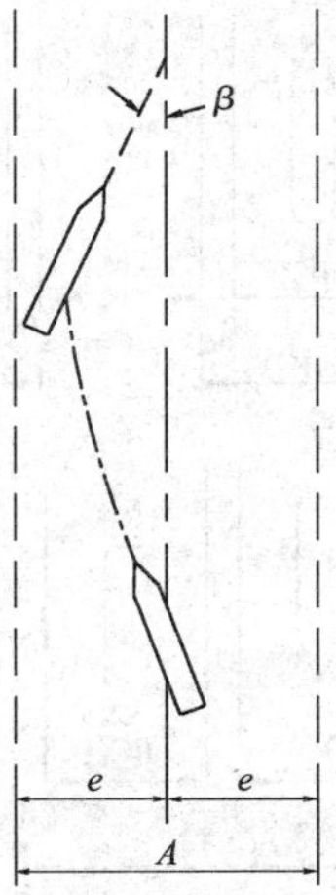


图 5-7　船舶航行的蛇形路线

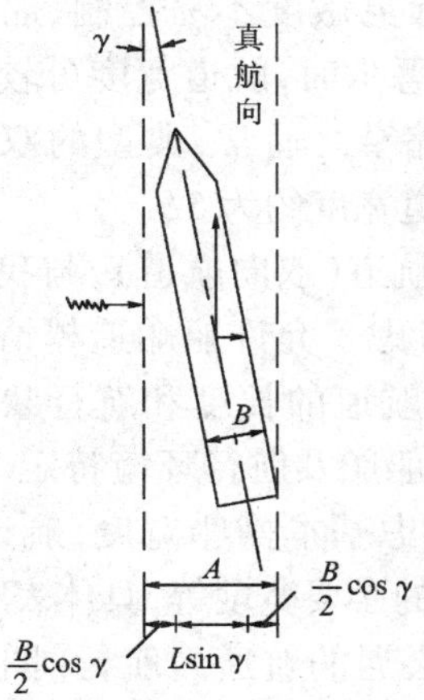


图 5-8　船舶真航向与风流压偏角

3. 船舶与航道底边间的富余间距

人工开挖的航道，由于航槽内外水深差形成航槽壁，船舶在这样狭窄的航道内航行，为防止擦壁或搁浅船舷，必须与槽壁保持一定距离。如果舷边与槽壁边坡没有足够的距离，船舶有被吸向岸坡的趋势，这将引起操纵上的困难。图 5-9 是船舶岸吸力模型试验资料，其中图 5-9a）说明间距越小、航速越大，岸吸力越大，必须用大舵角才能克服岸吸力以维持航向；图 5-9b）说明富余水深越小，岸吸力越大。另一些试验资料表明，排水量及方形系数大的船较排水量及方形系数小的船岸吸力大。富余间距 $C$ 可按表 5-7 取值。

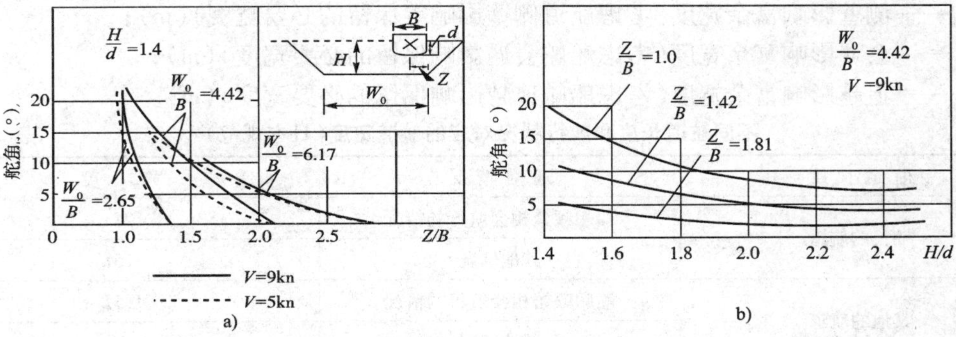


图 5-9　船舶岸吸力试验

**船舶与航道底边间的富余宽度 $C$**　　表 5-7

| 船种 | 杂货船、集装箱船 | | 散货船 | | 油船或其他危险品船 | |
|---|---|---|---|---|---|---|
| 航速（kn） | ≤6 | >6 | ≤6 | >6 | ≤6 | >6 |
| $C$（m） | $0.5B$ | $0.75B$ | $0.75B$ | $B$ | $B$ | $1.5B$ |

综上所述，航道宽度 $W$ 按下式计算：

双向航道：
$$W = 2A + B + 2C \tag{5-7}$$

单向航道：
$$W = A + 2C \tag{5-8}$$

当航道较长、导标灵敏度不易控制、船舶定位困难和自然条件特别恶劣时，航道宽度可较上式加宽；相反的情况可以缩窄。通常，典型的双向航道宽度约为 $8B$；单向航道宽度约为 $5B$。

日本规范对一般航道（双向航道），与我国规范相比，其区别主要是考虑了允许船舶追越情况下航道宽度的确定。根据航道的长度和航行状况按表5-8确定航道宽度；当船舶及航行环境特定时，确定航道宽度时应适当考虑基本操船宽度，航道侧壁、船舶会遇及追越对应的必要宽度等，具体表现在：

（1）船舶在不能会遇的航道内航行［图5-10a）单向航道］：

$$W = W_{b1} + W_{m0} + W_{b2} \tag{5-9}$$

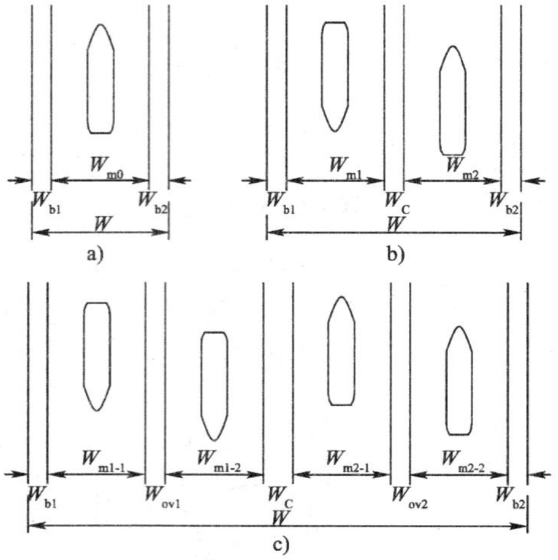


图5-10 不同航道对应的宽度确定图

（2）船舶在能够会遇的航道内航行［图5-10b）双向航道］：

$$W = W_{b1} + W_{m1} + W_C + W_{m2} + W_{b2} \tag{5-10}$$

（3）船舶在能够会遇且允许追越的航道内航行［图5-10c）设想船舶在双向航道内实现追越的情况］：

$$W = W_{b1} + W_{m1-1} + W_{ov1} + W_{m1-2} + W_C + W_{m2-1} + W_{ov2} + W_{m2-2} + W_{b2} \tag{5-11}$$

式中：$W$——航道宽度（m）；

$W_{m1}$——基本操船宽度（m）；

$W_{b1}$——侧壁影响富余宽度（考虑航道侧壁影响等保留的必要宽度）（m）；

$W_C$——会遇影响富余宽度（考虑船舶会遇影响保留的必要宽度）（m）；

$W_{ov1}$——追越影响富余宽度（考虑船舶追越影响保留的必要宽度）（m）。

**不同航道长度和航行状况对应的航道宽度**（日本规范） 表5-8

| 航道长度 | 通航情况 | 宽　度 |
|---|---|---|
| 较长的航道 | 船舶频繁相会航行的情况 | $2L$ |
| | 其他情况 | $1.5L$ |
| 其他的航道 | 船舶频繁相会航行的情况 | $1.5L$ |
| | 其他情况 | $L$ |

注：$L$——设计船型的船长。

游艇港的航道宽度可按双向航道设计。

## 三、航道转弯段

船舶在航道转弯段航行，由于船舶在转向时受到风、浪、流的影响以及航道断面的变化，将引起水流强度的改变等，要求的航道宽度比直线段大，因此，必须增加宽度并确定航道转弯半径。需要加宽的数值与转向角 $\phi$ 和转弯半径 $R$ 有关，可采用图解法设计航道转弯段，见图5-11。

当 $10° < \phi \leqslant 30°$，$R = (3 \sim 5)L$ 时，通常采用切角法加宽，水域狭窄，切角困难时经论证可采用折线切割法。

当 $\phi > 30°$，$R = (5 \sim 10)L$ 时，通常采用折线切割法加宽。

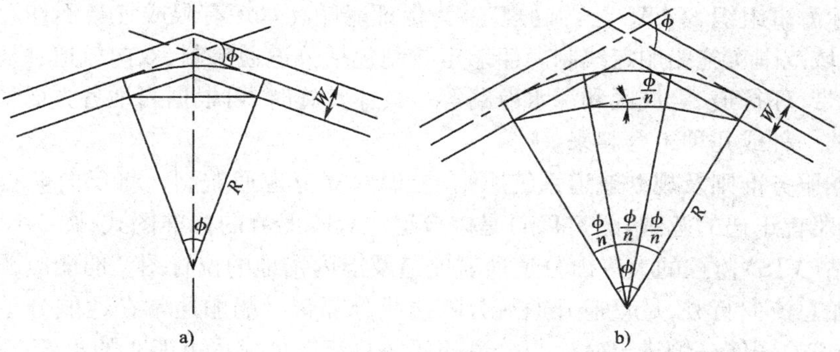


图 5-11 航道转弯段加宽图解法

a）切角法；b）折线切割法

日本规范对轴线夹角不大于30°且船舶及舵角、船速等航行环境不确定的情况下，航道的转弯半径取值不小于4倍船长，双向航道需做切角处理；轴线夹角大于30°且船舶及舵角、船速等航行环境确定的情况，航道转弯段的转弯半径应基于船舶旋回性能按式(5-12)计算。

$$R = L_{pp'}/(K'\delta) = U/(K\delta) \tag{5-12}$$

式中：$R$——航道转弯段中心线的转弯半径(m)；

$K$——船舶旋回性能指数；

$K'$——船舶旋回性能指数的无因次量[$K' = K/(U/L_{pp'})$]，浅海区域(即水深与吃水比值不大于1.2)$K'$值可参照表5-9确定，对处于强风状况及上部构造较大的船舶，$K'$值的确定需进行专门研究；

$L_{pp'}$——船舶垂线间长(m)；

$\delta$——船舶在转弯段航行的舵角(rad)；

$U$——船舶在转弯段航行的船速(m/s)。

**浅海区域不同船舶种类对应 $K'$ 值** 表5-9

| 船舶种类 | $K'$ | 船舶种类 | $K'$ |
|---|---|---|---|
| 普通杂货船 | 0.58 | 超大型油船 | 0.62 |
| 小型杂货船 | 0.47 | 小型油船 | 0.60 |
| 超巴拿马型集装箱船 | 0.42 | LNG船 | 0.75 |
| 巴拿马型集装箱船 | 0.52 | 冷冻船 | 0.63 |
| 超大型散货船 | 0.52 | 旅客船 | 0.66 |
| 大型散货船 | 0.49 | 渡轮 | 0.55 |
| 小型散货船 | 0.62 | | |

转弯段航道需做切角处理，当轴线夹角过大时，即使做切角处理也未必有效，此时转弯段

形状需进一步探讨。在确定航道转弯段轴线时，还应参考以往类似港口的实例，调查并绘制进出港船舶的航迹，并听取当地海事管理人员的意见。

## 四、航道通航方式

1. 通航原则

按照国际海事组织 SOLAS 公约的规定，为保证船舶在水深有限或气象不佳海域的航行安全，在特定海域范围实施船舶定线制。船舶定线制包括分道通航制、双向航道、推荐航线、避航区、沿岸通航带、环行道、警戒区和深水航路等。具体实施时，可根据当地各方面情况选择这几种定线形式的一种或几种组合起来。

结合船舶服务准则及规划航道系统原则，提倡建立分道通航制。将反向航行的船流予以分隔，以减少船首正遇的范围，图 5-12a）是以分道线分隔船流的标准图式；图 5-12b）是大连港黄白嘴交管站（VTS）监控的大三山分道通航航道及港内锚地的位置图。船舶应顺着相应通航分道内的船舶总流向行驶，尽量避开通航分隔线或分隔带。船舶通常在通航分道的端部驶进或驶出；从分道的任何一侧进出时应与分道的船舶总流向形成尽可能小的角度；尽可能避免穿越通航分道；不得不穿越时，应尽量采用与分道内的船舶总流向成直角的航向穿越。

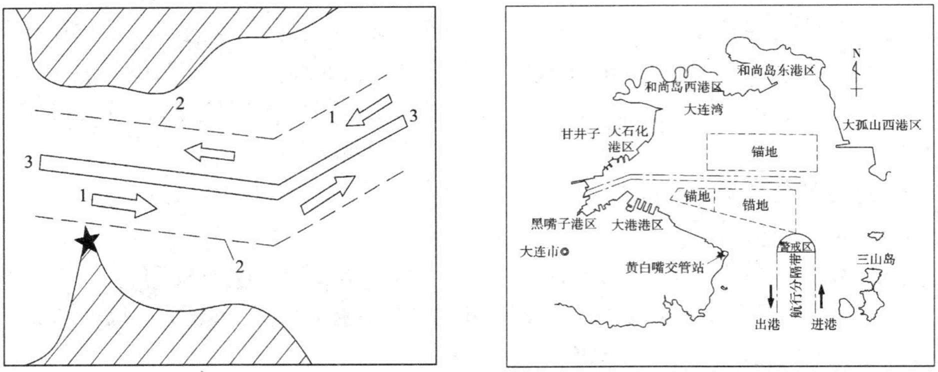


a)　　b)

图 5-12　航道分道通航图

a）以分道线分隔船流；b）大连港黄白嘴交管站及进出港分隔带

1-通航方向；2-外界线；3-分道线

2. 乘潮水位

乘潮水位是指船舶乘潮进出港口的某一潮位，并以该潮位作为航道和不包括码头前沿水域、锚地的港内水域的设计通航水位。乘潮水位应根据每潮次船舶乘潮进出港所需的持续时间，选取每一个潮峰上与此延时相当的水位进行频率统计，一般取乘潮累积频率 90% ~95% 的水位。每潮次船舶乘潮进出港口所需的持续时间可按下式确定：

$$t_s = K_t(t_1 + t_2 + t_3) \tag{5-13}$$

式中：$t_s$——每潮次船舶乘潮进出港所需的持续时间（h）；

$K_t$——时间富余系数，取 1.1 ~1.3；

$t_1$——每潮次船舶通过航道的持续时间（h），其中包括船舶间追踪航行的间隔时间；

$t_2$——一艘船舶在港内转头的时间（h）；

$t_3$——一艘船舶靠离码头的时间(h)。

需要注意的是:当潮位受气象影响季节性变化较大时,对所选用的乘潮水位,应核算低水位月份的航道通过能力及其对港口正常营运的影响。乘潮水位的统计,应有一年以上的实测潮位资料;对开敞式布置方案,选择乘潮水位要特别慎重研究低潮、大浪时船舶离泊的安全保障问题。

客运船舶、集装箱班轮、LNG 船舶和各类工作船,一般不乘潮进出港口。

3. 安全航速

船舶应以安全航速在航道内行驶,且与前船保持适当间距,以便能采取适当有效的避碰行动,并能在适合当时环境和情况的距离内把船停住。影响安全航速的因素包括:能见度;航行密度;船舶的操纵性能,特别是在当时情况下的冲程和回转性能;夜间出现的背景亮光,诸如来自岸上的灯光或本船灯光的反向散射;风、浪和流的状况以及靠近航海危险物的情况;船舶吃水与水深的关系等。

各港根据实际情况,为确保船舶在航道内航行的畅通和安全,对航道内船舶速度作出了具体规定,称为限制速度。这种限制速度的规定,不能认为是对"安全航速"的量化,它仅仅是对船舶在特定水域内的航行速度作出的限制性规定。我国上海港港内航道限速 6 ~ 8kn,港外航道不限速。欧洲引航协会推荐:港内航道航速 6kn,港外航道航速 8kn,外海航道航速 12kn。安全航速随船舶吨级的增加而减小,万吨级以下小船航速 8 ~ 10kn,万吨级以上大船航速 6 ~ 8kn,10 万吨级以上大型船舶航速为 4 ~ 6kn。

4. 航行规则及避让

(1)船舶在航道内行驶时应尽量靠近航道的右侧外缘行驶。

(2)穿越主航道的船舶应当避让顺主航道行驶的船舶并不得抢越他船船首,不得妨碍主航道内船舶的安全行驶。

(3)船舶应选择在平直、通航密度小的允许追越的航段进行追越,并尽量保持足够的横距;在船舶航行密度大的航道,结合实际条件限制超越、实行大小船分开航行。

(4)在深水航道中快速追越时,两船间应至少保持大船的一倍船长,最好能大于两船船长之和。在港内低速追越时,两船间的横距至少要保持一倍船宽,若考虑操船上的安全,最好能大于大船的一倍船长。

(5)在航道弯曲及交叉处,为保证航行安全,船舶应减速慢行,不允许追越;船舶会遇前应减速缓慢行驶,尽量保持两船间的横距大于大船的船长,避免在复杂的航段会船。

(6)船舶在追越、会遇时为避免碰撞而作的航向和(或)航速的任何变动,如当时环境许可,应足以使他船用视觉或雷达观测时容易察觉到;应避免对航向和(或)航速作一连串的小变动。

(7)即使当时环境允许,船舶都应避免在航道内锚泊。

5. 助航与强制引领

对于自然条件恶劣、航道狭窄且难以改善的港口,规划时应明确配备拖轮(tug boat),实行强制引领的制度,对较大型船舶助航。一般助航是在航行船舶可以继续发挥自己的主机、舵效情况下运行的。对装置船首(转向)推进器的船舶,一般可免于拖轮助航。由于船舶在进港过程中,舵机和动力部分有可能出现故障,所以在危险货物运输时,应该全部助航。

拖轮的拖力与推进器类型有关，功率与拖力的大致关系见表5-10。根据初步估算和营运经验，两艘配备Z型推进器的拖轮可为一艘大型船舶助航，总功率(kW)为船舶载重吨的5%～6%为宜。

**不同拖轮推进器类型功率与拖力的关系**　　表5-10

| 拖轮推进器类型 | 每100kW产生拖力(kN) | |
|---|---|---|
| | 前进 | 后退 |
| 全回转型(Z型) | 20.4 | 18.4～19.7 |
| 带导流管固定螺距(FPP) | 15.0 | 13.5～14.0 |
| 可变螺距(CPP) | 17.7 | 15.9～16.8 |

港作拖轮所需的总功率，应根据进出港船舶的载重吨位按下式计算：

$$BHP = kQ \tag{5-14}$$

式中：$BHP$——所需港作拖轮总功率(kW)；

$k$——系数，$DWT \leqslant 20\ 000$t，取0.075；$20\ 000\text{t} < DWT \leqslant 50\ 000$t，取0.060；$DWT > 50\ 000$t，取0.050；

$Q$——进出港设计船型的载重吨(t)。

式(5-14)计算的是助航一艘船舶所需的拖轮总功率。拖轮功率的选择受诸多因素影响，主要有港口条件(航道尺度、口门、回旋水域、码头结构型式等)、船舶条件(船型、吃水、纵倾、受风面积、螺旋桨等)、自然条件(风、浪、流、能见度、冰等)。应根据计算的拖轮总功率、作业方式和拖轮类型规格，合理配备拖轮的艘数。对于小型船舶，一般1～2艘功率不大的拖轮即可，如1.5万吨级杂货船需要2艘总拖力为35～80t的拖轮；而大型船舶常需要多艘大功率拖轮，如5万吨级集装箱船需要2～3艘总拖力为50～150t的拖轮。可参考表5-11确定拖轮的总拖力和艘数。

**船舶进出港所需拖轮的总拖力与数量的参考值**　　表5-11

| 船舶吨级DWT(万t) | 拖轮总拖力(t) | 拖轮数量(艘) |
|---|---|---|
| 2 | 50～100 | 1～2 |
| 10 | 90～180 | 2～3 |
| 15 | 120～220 | 3～4 |
| 20 | 140～250 | 4～5 |
| 30 | 150～250 | 5～6 |

# 第三节　锚地与回旋水域

## 一、锚地的选择

专供船舶停泊及进行水上装卸作业的指定水域称为锚地(anchorage area)。锚地按位置可划分为港外锚地(outer roadstead)和港内锚地(harbor anchorage)。一般以防波堤为界，防波堤以外为港外锚地，以内为港内锚地。港外锚地供船舶候潮、待泊、联检及避风使用，有时也进行水上装卸作业；港内锚地供待泊或水上装卸作业使用。

按功能划分，可分为候潮、引航、检疫、避风、过驳、危险品、熏蒸等多种锚地。在我国常用的锚地有：

（1）引航锚地（pilotage anchorage）：等候引航员执行引航任务的锚地。

（2）检疫锚地（quarantine anchorage）：供外轮抵港后进行卫生检疫的锚地，有时则兼供引水、海关、联检使用。

（3）停泊锚地（lying anchorage）：船舶到离港的锚地，供船舶待泊、候潮。

（4）避风锚地（sheltered anchorage）：供船舶躲避风浪的锚地。

（5）过驳锚地（lighterage anchorage）：供船舶在水上过驳作业的锚地。

1. 船舶的锚泊方式

船舶在锚地停泊的方式主要有抛锚系泊（anchoring）和浮筒系泊（buoy mooring）两种，见图5-13。由于锚地的条件和抛锚的目的不同，锚泊方式一般也可分为单锚泊和双锚泊两种；浮筒系泊包括单浮筒系泊（mono-buoy mooring）和双浮筒系泊（double buoys mooring）。港外锚地宜采取锚泊，港内锚地宜采用锚泊或设置系船浮筒等设施。

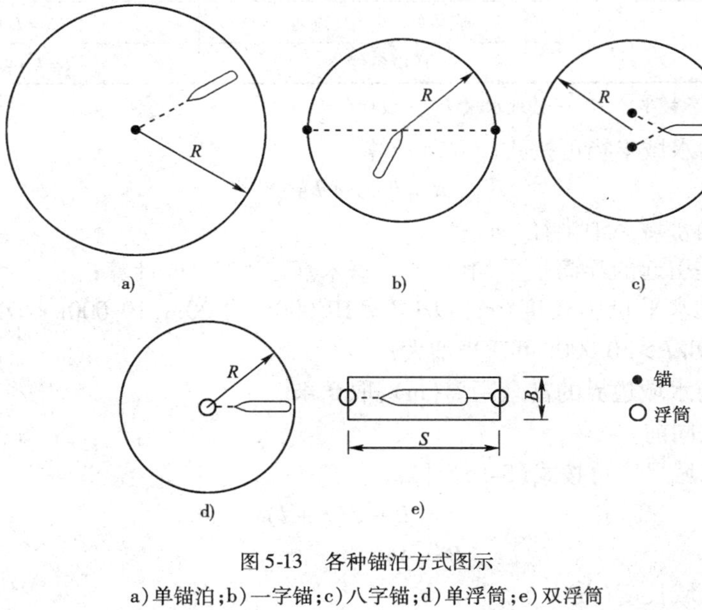


图5-13 各种锚泊方式图示

a）单锚泊；b）一字锚；c）八字锚；d）单浮筒；e）双浮筒

（1）单锚泊（riding at single anchor）。当锚泊时间不长，锚地宽敞，风浪不是很大时，船舶通常抛单锚进行锚泊。这种方式作业容易，抛起锚方便，不足之处是风浪较大时，偏荡严重，且所需水域面积相对较大。

（2）双锚泊（riding at two anchors）：

①一字锚（flying moor or ordinary moor）。在船舶锚泊旋回受限的水域，如在有潮汐影响的狭窄河道中，可在与潮流流向相一致的方向上，先后抛下两只首锚成一直线，双链交角近180°，使船首系留在两锚之间，这种锚泊方式称为一字锚。在风流影响下，船舶随风流的变向而转动，其中对外力影响起主要系留作用的锚和链称为力锚（riding anchor）和力链（riding cable），而另一锚和锚链称为惰锚（lee anchor）和惰链（lee cable）。

一字锚方式回旋所需水域最小，主要适用于狭窄水域或内陆江河，短时间锚泊，但一字锚操作较为复杂和费时，风流方向多次变化后，双链容易绞缠，锚泊抓力也较小，故不宜在抗风防台时使用。

②八字锚(open mooring)。在锚地底质较差、风大流急、单锚泊抓力不足时，可(改)抛八字锚。八字锚是将左右两锚先后抛出，使双链保持一定交角(一般为50°~60°)成倒八字形。这种锚泊方式可同时起到增大锚抓力和抑制偏荡两方面的作用。其作用的大小随两链的交角不同而不同，若夹角为60°时，则上述两方面均有明显增强。缺点是操作较复杂，而且在风流多次变向后双链常发生绞缠。

船舶锚泊时所占水域尺度可参考表5-12，浮筒系泊时所占水域面积可参考式(5-15)和式(5-16)确定。

**船舶锚泊时所需水域尺度** 表5-12

| 锚泊方式 | 环境条件 | 所需水域尺度(m) |
|---|---|---|
| 单锚泊 | 风力≤7级 | $R=L+3D+90$ |
| | 风力>7级 | $R=L+4D+145$ |
| 双锚泊 | 底质好，风、浪、流弱 | $R=L+4.5D$ |
| | 环境条件差 | $R=L+4.5D+25$ |

注：表中$R$——圆形水域半径；$D$——锚地水深；$L$——设计船长。

单浮筒系泊的水域半径可按式(5-15)计算。

$$R=L+r+l+e \tag{5-15}$$

式中：$R$——单浮筒水域系泊半径(m)；

$r$——由潮差引起的浮筒水平偏位(m)，每米潮差可按1m计算；

$l$——系缆的水平投影长度(m)，$DWT\leqslant10\ 000$t，取20m，$10\ 000\text{t}<DWT\leqslant30\ 000$t，取25m，$DWT>30\ 000$t可适当增大；

$e$——船尾与水域边界的富余距离(m)，取$0.4L$。

其余符号意义同前。

双浮筒系泊水域尺度可按式(5-16)计算。

$$S=L+2(r+l)$$
$$B=4b \tag{5-16}$$

式中：$S$——所需水域长度(m)；

$B$——所需水域宽度(m)；

$b$——设计船型宽度(m)。

其余符号意义同前。

当双浮筒系泊用于过驳作业时，应按工艺要求，增加驳船及浮式装卸设备所占用的水域宽度。

2. 锚地位置

锚地位置应选在靠近港口，天然水深适宜，海底平坦，锚抓力好，水域开阔，风、浪和水流较小，便于船舶进出航道，并远离礁石、浅滩以及具有良好定位条件的水域。选择锚地位置时，应注意以下几点：

(1)港外锚地的位置应临近航道的出入口,但锚地边缘距航道边线不应小于2~3倍船长;港内锚地采用单锚或单浮筒系泊时,距航道边线不应小于1倍船长,而双浮筒系泊时应不小于2倍船宽。

(2)港外锚地水深不应小于船舶满载吃水的1.2倍,当波高($H_{4\%}$)超过2m时,尚应增加波浪富余深度,但也不宜过大,一般最大水深不超过一舷锚链总长的1/4,即85m左右,万吨级货船适合的锚地水深约为15~20m。一般锚地不采取人工浚深。港内锚地水深一般可与码头前沿水深一样。

(3)锚地底质要具备良好的锚抓力。锚抓住海底的状态见图5-14。软硬适度的亚砂土和亚粘土底质锚抓力最好,淤泥质沙土次之。应避免在硬粘土、硬砂土、多礁石与抛石地区设置锚地,以免发生走锚。

(4)选择锚地时,考虑便于船舶寻找和方便设标,并满足各类船舶锚泊安全要求。

(5)应尽量避免在横流较大地区设置双浮筒锚地。

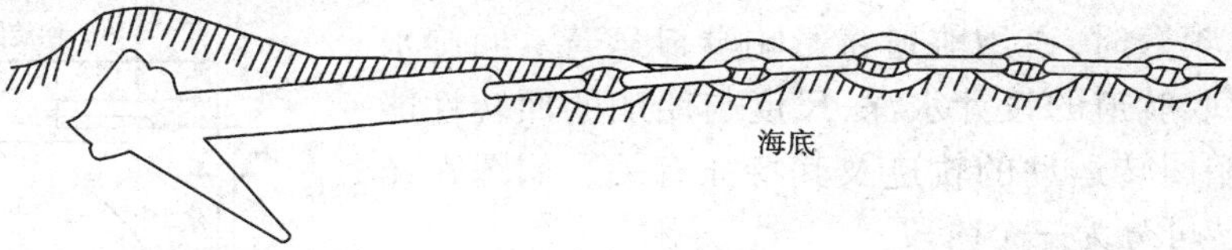


图5-14　锚抓住海底的状态

## 二、锚地的规模

锚地的锚位数取决于同时系泊的船数,可根据排队论的理论和数学模拟的方法推算。利用第四章码头及码头平面设计第一节码头规模的确定中排队论模型可计算少于和等于$n$艘船在港的概率之和$Q_n$,则$1-Q_n$表示港内多于$n$艘船的概率之和。$Q_n$的选取可以根据港口的重要性、附近有无其他锚地或其他港口锚地是否可以临时借用等情况确定。此外,也要考虑当地自然条件,如果设置锚地的费用很少则保证率可以取高一些,如果设置锚地费用很多则保证率可以取低一些。也可以通过国内外大量的锚地资料进行分析对比,在港口总体规划中予以确定。可采用试算的办法,例如取$Q_n$等于95%、98%、99%等,求出相应在港(包括港内和锚地)船舶艘数$n$,则锚位数$A_n$为:

$$A_n = n - S \tag{5-17}$$

**例题5-1**　某港有$S=4$个泊位,船舶随机到港规律符合泊松分布,船舶靠泊作业占用泊位时间符合负指数分布。$\lambda=0.8$艘/天,$\frac{1}{\mu}=3.5$泊位·天/艘。求保证率为95%、98%、99%时应设置的锚位数。

船流密度$a=\frac{\lambda}{\mu}=2.8$,则泊位利用率$\rho=\frac{\lambda}{S\cdot\mu}=\frac{a}{S}=0.7$

根据式(4-19),计算在港有$n$艘船的状态概率$P_n$,见图5-15。并据此求得不同保证率下锚位数,见表5-13。

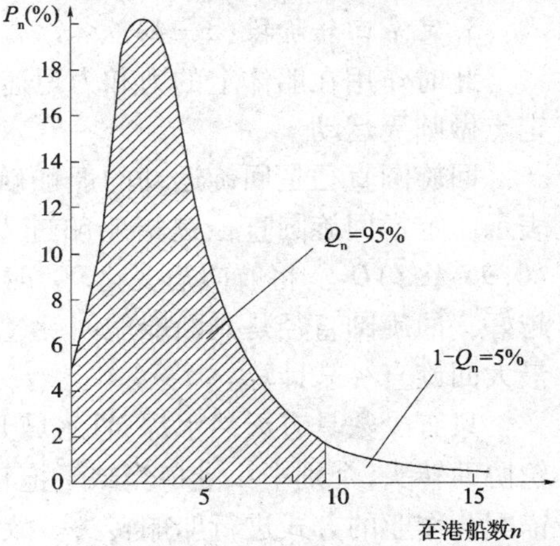


图5-15　在港有$n$艘船的状态概率图

不同保证率情况下的锚位数计算过程　　表 5-13

| 保证率 $Q_n$ | 95% | 98% | 99% |
|---|---|---|---|
| 在港船舶艘数（包括港内和锚地）$n$ | 9 | 12 | 14 |
| 锚位数 $A_n$ | 5 | 8 | 10 |

港口锚地数量的配置，应根据到港船舶密度、港口生产组织以及港口水域自然环境等因素综合确定。一些港口仅设有一个锚地而担负各种锚地功能和用途。另一些港口则因航道、水深、底质以及掩护条件影响设置多处专用锚地。如天津港 1# ~ 4# 锚地分布于新港航道两侧，主要服务于北疆、东疆港区。一般情况下，油船应设置专用锚地。

## 三、回旋水域的确定

船舶的回旋水域（turning basin）是指船舶掉头（亦称调头）或回旋转向所需的水域。船舶回旋水域应设置在方便船舶靠离码头或进出港口的地点。回旋水域可以占用航行水域，当航道上船舶进出频繁时，占用航道将影响港口运营。回旋水域的设计水深取航道的设计水深，尺度与船舶的回转性能有关，即与船舶回转运动的轨迹及其特征有关。如图 5-16 所示，船舶回转可分为三个阶段：

1. 转舵阶段（1—2）

从开始转舵 1 至规定的舵角 2，由于船体惯性很大，转舵时间很短，船体尚未产生侧向速度和回转加速度，因此船舶基本仍沿原航向运动。在舵产生的横向力的作用下，产生横向移动加速度，一定时间后产生横向移动速度，使船舶重心产生向转舵相反方向的横移量 $L_K$。

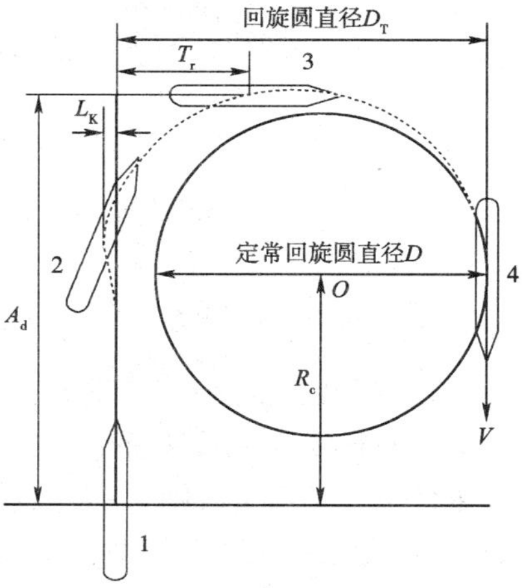

图 5-16　船舶回旋水域图

2. 过渡阶段（2—3）

此阶段是船舶结束转舵进入定常回转运动的过程。由于舵力的影响，在船体重心处侧向速度和回转角速度发生作用，开始克服船舶沿原航向运动的惯性力，此时船舶出现向转舵反方向运动的趋势。

3. 定常回转阶段（3—4）

此时作用在船体上的力和力矩达到新的平衡，船舶以一定的侧向速度和回转角速度绕固定点做圆周运动。

回旋圆直径是回旋运动的船舶航向角变化 180°时船舶重心的横向移动距离，一般用 $D_T$ 表示。定常回旋圆直径是指船舶进入定常回旋时的回旋圆直径，一般用 $D$ 表示。通常 $D \approx (0.9 \sim 1.2) D_T$。将航向角变化 90°时船舶重心的纵向移动距离称为进距 $A_d$，进距越小，舵效越好。回旋圆直径是判断船舶回旋过程中所占用水域范围的依据。回旋水域的尺度由船舶的最大回旋直径来计算。

只有少数具有天然水深，且水域开阔的港口，船舶可自航转头，大多数的人工港是借助拖轮协助转头，个别中小港口当缺乏拖轮时也有利用当时的风、浪、流等条件运用船舶的车、舵、锚配合作业的方式进行船舶转头。故回旋水域的尺度还应考虑当地风、浪、流等条件和港作拖轮设备、定位标志等因素，按表 5-14 确定，表中 $L$ 为设计船长（m）。

回旋圆直径　　表5-14

| 适用范围 | 回旋圆直径 |
|---|---|
| 允许借码头或转头墩协助转头的水域 | 1.5$L$ |
| 有掩护水域，港作拖轮条件较好，可借岸标定位 | 2.0$L$ |
| 无掩护的开敞水域，或港作拖轮条件差 | 2.5$L$ |
| 受水流影响较大的河口港： | |
| 回旋椭圆水域宽度（垂直水流方向） | (1.5～2.0)$L$ |
| 回旋椭圆水域长度（沿水流方向） | (2.5～3.0)$L$ |

船舶自行操作掉头，水域比较平稳、风力小于5级时，回旋圆直径一般大于表中数值，常需3$L$，如图5-17所示在狭窄水域内回旋时掉头的方式。

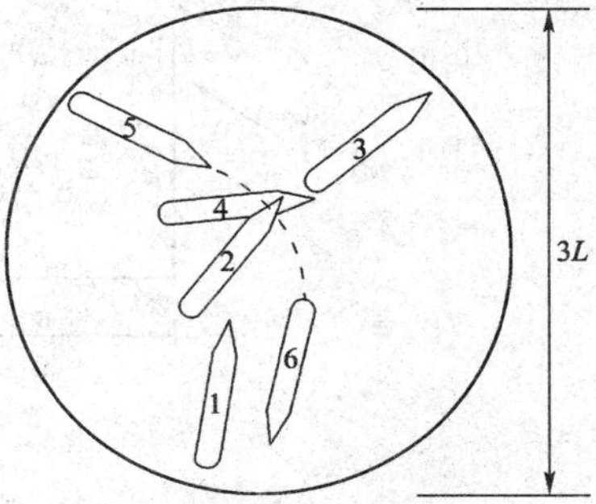

图5-17　船舶自行操作掉头

随着船舶大型化的发展，船舶的操纵性能也在不断改善。因此港内水域的布置形式也在不断发展，其尺度的选择也应更加灵活。早期港口设计中，由于受限于当时的港作拖轮条件，船舶多利用自身的车和舵转头。目前港作拖轮的性能已有很大的改善，因此回旋水域的尺度也作了相应的调整。国内新建和扩建的港口5 000～100 000吨级码头，回旋圆直径多按2.0$L$设计。在码头前沿转头时，船舶可利用系缆桩作掉头靠泊，此时可相应减小回旋水域面积。上海港和天津港专用回旋水域$D=(1.2\sim1.5)L$。但在规划港区水域时注意不要压缩港池水域面积，特别是集装箱港区，在船舶进出港和掉头作业时，由于船上堆积的集装箱极易遮挡驾驶室中操船人员的视线，故较其他类型船舶，回旋水域以及口门到码头的距离都应有足够的富余，以确保船舶在掉头运动和进港时的安全。

## 第四节　港　　池

突堤码头自岸边伸入水域中，突堤码头之间的水域称为港池（basin）。顺岸码头前供船舶靠离作业的水域亦称为港池。泊位水域尺度与港池尺度是不同的概念，前者要保证船舶在码头停靠作业安全；而后者要保证船舶靠离出入安全。泊位水域包含于港池水域内，在有潮汐的海港中，根据需要两者的深度可能不同。

港池的尺度主要取决于船舶在码头前的操作方式。因此，需对船舶掉头与靠离岸的方法有一个初步了解。

### 一、船舶靠离岸

海船一般为单车单桨，正车（加速）时船首向左转；倒车（减速）时船首向右转。因此从船舶靠码头的角度来看，码头设置在进港航道的右侧较好，这样船舶进口门后，可以利用倒车使船舶减速，同时船首自动向右偏转，船舶易平稳地停靠在码头上。

船舶顶风顶流靠码头易于防止船舶以较高速度撞击码头。吹拢风、拢流、船左舷靠岸是不利的靠泊条件。近代港口，较大吨位船舶靠离码头均由全回转拖轮协助，全回转拖轮几乎可以原地旋转 360°，操作灵活，功率大。

如图 5-18a）所示为在吹拢风的不利靠泊条件下，较大吨位船停靠码头的过程。船到位置 1 时开始转向，拖轮准备协助，转向角一般不会超过 10°；图 5-18b）为在吹拢风的困难条件下用 2 艘拖轮协助离码头。

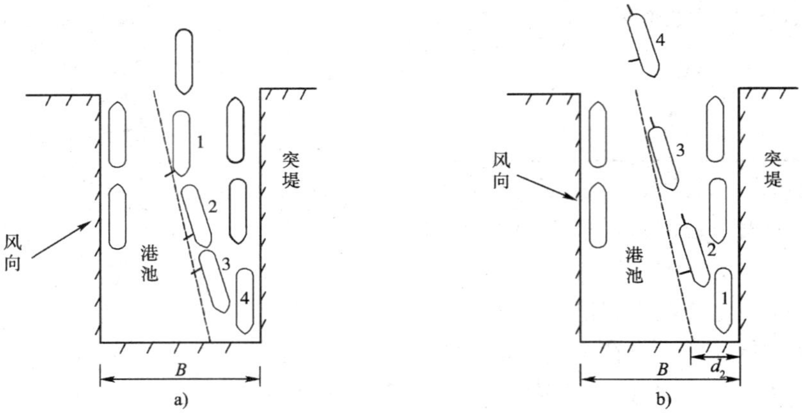


图 5-18　船舶靠离码头示意图

a）靠码头；b）离码头

图 5-19 为船舶在泊位掉头离泊，在 2 艘拖轮的协助下，向内掉头需水域宽度 1.5$L$；而向外掉头需 2$L$ 水域宽度。

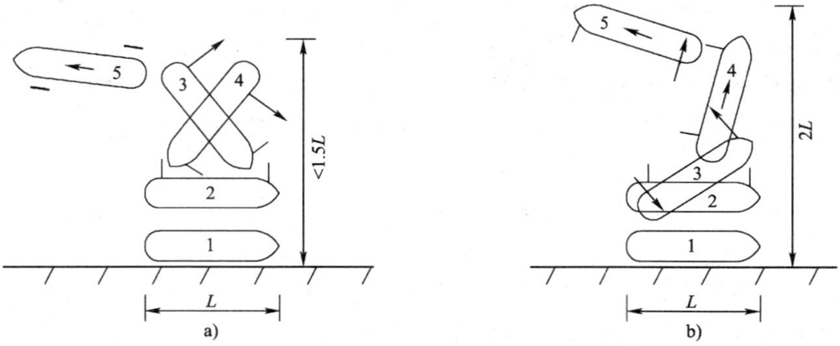


图 5-19　船舶离泊时掉头出港示意图

a）船首内转；b）船首外转

## 二、港池尺度

港池的设计水深宜与航道设计水深一致。

顺岸码头端部泊位港池底边线与码头前沿线的夹角 $\alpha$（图 5-20）可采用 30°～45°。当航道离码头较远，并有拖轮配合作业时，$\alpha$ 可适当增大。港池顶端泊位的 $\alpha$ 不受此限制。

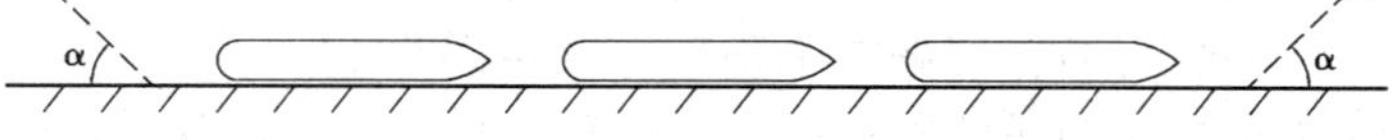


图 5-20　顺岸码头端部泊位港池底边线与码头前沿线的夹角图

突堤码头的港池长度,取决于码头一侧连续布置的泊位数。从营运管理效率考虑,当水域足够宽阔时,可连续布置多泊位,形成泊位组,便于设备相互调度和营运管理。

港池宽度应综合考虑船舶操纵的便利性和码头生产需要,港池宽度过小,将会造成船舶进出港不便。

突堤式码头两侧均有泊位且沿港池方向布置2个以上泊位时,港池宽度 $B$ 不小于1.5倍设计船长,以便于根部泊位靠离操作;若港池两侧为单个泊位或风向对船舶靠离作业有利,可适当缩窄港池宽度。

顺岸式码头前沿港池,当考虑船舶转头要求时,其宽度不应小于1.5倍设计船长。对多泊位连续布置的顺岸码头,当水域狭窄或疏浚困难时,经技术经济论证,可在码头两端设置回旋水域,但码头前沿港池宽度不应小于0.8倍设计船长。

挖入式港池宽度,根据回旋水域布置的不同分别确定:若船舶停泊水域前方均可掉头,港池宽度为停泊水域宽度加回旋水域宽度,当港池两侧均靠船时,港池宽度为 $2B+2L+2B$ ($B$——设计船宽,$L$——设计船长);若回旋水域集中布置,非回旋区的港池宽度各有不同:美国休斯敦 Bayport 港区,单侧靠泊,港池宽度为停泊水域宽度 $2B$ 加航道宽度;德国汉堡港 Burchardkai 港区,两侧靠泊,港池宽度为1倍船长。国外部分挖入式港池尺度见表5-15。

**国外部分大型挖入式港池尺度**　　表5-15

| 港　池 | 吨级（万t） | 泊位情况 | 港池尺度(m) | | |
|---|---|---|---|---|---|
| | | | 水深 | 长度 | 宽度 |
| 鹿特丹港 Maasvlakte II | 5~20 | 35个集装箱泊位<br>8个液体化工泊位 | 16~20 | 9 000 | 600,局部1 000 |
| 安特卫普港 VERREBROEKDOK 港池 | 5 | 14个集装箱泊位 | 14 | 3 000 | 400~500 |
| 汉堡港 Burchardkai 港区 | 5 | 12个集装箱泊位 | 14 | 2 400 | 300,局部500 |
| 汉堡港 Altenwerder 港区 | 10 | 4个集装箱泊位 | 17 | 1 400 | 300,局部500 |
| 休斯敦港 Bayport 码头 | 5 | 7个集装箱泊位<br>5个液体化工泊位 | 13 | 2 000 | 300,局部500 |

## 第五节　港内泊稳标准及波况估算

### 一、港内泊稳标准

船舶停靠码头进行装卸作业或上下旅客,要求船舶平稳和颠簸小,所以港内泊稳标准从实质上讲就是限制船舶运动量。测定和估算在波浪作用下系泊在码头上的船舶运动量是很难的,长期以来都是利用码头前的波高值来间接反映是否影响装卸作业,也形成了一些估算绕射后码头前波高值的近似方法。这些方法简单易行,在初步的方案设计阶段被广泛采用。

近些年来,国内外都在研究、探讨将码头前波高允许值转化到泊稳标准的实质,即根据不同的船舶作业性质,限制船舶的运动量。已提出一些参考性的允许作业标准,表5-16列出了部分参考值。

**各类船舶装卸作业允许位移量** 表 5-16

| 船舶类型 | 装卸机械 | 纵移(m) | 横移(m) | 升沉(m) | 回转(°) | 横摇(°) | 纵摇(°) |
|---|---|---|---|---|---|---|---|
| 近洋货船 | 船吊 | 1.0 | 1.2 | 0.6 | 1 | 1 | 2 |
| | 岸吊 | 1.0 | 1.2 | 0.8 | 2 | 1 | 3 |
| 轮渡及滚装船 | 斜坡道 | 0.8 | 0.6 | 0.8 | 1 | 1 | 4 |
| | 连接桥 | 0.4 | 0.6 | 0.8 | 3 | 2 | 4 |
| | 轨道斜坡 | 0.1 | 0.1 | 0.4 | | 1 | 1 |
| 集装箱船 | 100%装卸效率 | 1.0 | 0.6 | 0.8 | 1 | 1 | 3 |
| | 50%装卸效率 | 2.0 | 1.2 | 1.2 | 1.5 | 2 | 6 |
| 散货船 | 起重机 | 2.0 | 1.0 | 1.0 | 2 | 2 | 6 |
| | 斗轮机 | 1.0 | 0.5 | 1.0 | 2 | 2 | 2 |
| | 传送带 | 5.0 | 2.5 | | 3 | | |
| 油船 | 输油臂 | 3.0 | 3.0 | | | | |
| 液化气船 | 装载臂 | 2.0 | 2.0 | | 2 | 2 | 2 |

对较大型工程，进行模型试验是必要的。在试验中测定船舶运动量的数值，以便于研究装卸工艺设备是否安全和获得较高效率。在设计大连港鲇鱼湾油码头时，曾系统地进行了系泊油船运动量测定。在横浪 $H_{1/10} \leqslant 1.5$m、周期 $T<6\sim7$s，顺浪 $H_{1/10}<2.0$m、周期 $T<8$s 的波浪作用下，测得的船舶运动量列于表 5-17 中。该码头采用 30.48cm 的输油臂，横移工作范围 6m，纵移工作范围 ±3m，竖向工作范围 17m。测定的船舶运动量不影响输油臂工作安全和效率发挥。

**鲇鱼湾码头系泊油船运动量测定结果** 表 5-17

| 停泊条件 \ 运动形式 | | 升沉(m) | 装油口横移(m) | 装油口纵移(m) | 横摇角 | 纵摇角 |
|---|---|---|---|---|---|---|
| 横浪 | 满载 | 0.8 | ≤1.1 | | <1°30′ | |
| | 压载 | 小于波高值 | ≤2.3 | | ≤5°45′ | |
| 斜浪 | 满载 | <0.3 | | ≤0.6 | <37′ | ≤23′ |
| | 压载 | <0.9 | | | ≤3° | ≤17′ |
| 顺浪 | 满载 | <0.3 | | ≤0.8 | ≤36′ | ≤18′ |
| | 压载 | <0.9 | | ≤0.4 | ≤40′ | ≤23′ |

码头前进行装卸作业的允许波高值，与装卸货种及装卸工艺、船种及船型大小和码头方位与波向间的夹角等因素有关。表 5-18 是船舶装卸作业允许波高和风力的参考值。表中顺浪为波向与船舶纵轴线夹角小于 45°；大于或等于 45°为横浪。表中允许波高对应的波平均周期 $\overline{T}$ 为：当 $DWT \leqslant 20\,000$t 时，$\overline{T} \leqslant 6$s；$DWT>20\,000$t 时，$\overline{T} \leqslant 8$s。对周期更长的波应进行专门的研究。长周期波对斜坡式护面抛石防波堤，有一定的穿透能力，使港内泊稳条件恶化。不少实例说明，系泊船舶断缆，多数情况是长周期波引起的，而其波高仅几十厘米。

船舶装卸作业的允许波高和风力　　表 5-18

| 船舶吨级 DWT (t) | 允许波高(m) | | | | | | | | 允许风力 |
|---|---|---|---|---|---|---|---|---|---|
| | 顺浪 $H_{4\%}$ | | | | 横浪 $H_{4\%}$ | | | | |
| | 油船 | 散货船 | 杂货船 | 集装箱船 | 油船 | 散货船 | 杂货船 | 集装箱船 | |
| 1 000 | 0.6 | — | 0.6 | — | 0.6 | — | 0.6 | — | ≤6 级 |
| 2 000 | 0.6 | — | 0.6 | — | 0.6 | — | 0.6 | — | |
| 3 000 | 1.0 | — | 0.8 | — | 0.8 | — | 0.6 | — | |
| 5 000 | 1.0 | — | 0.8 | — | 0.8 | — | 0.6 | — | |
| 10 000 | 1.0 | 1.0 | 1.0 | 0.8 | 0.8 | 0.8 | 0.8 | 0.6 | |
| 15 000 | — | 1.0 | 1.0 | 0.8 | — | 0.8 | 0.8 | 0.6 | |
| 20 000 | 1.2 | 1.2 | 1.0 | — | 1.0 | 1.0 | 0.8 | — | |
| 25 000 | — | — | — | 1.0 | — | — | — | 0.8 | |
| 30 000 | 1.2 | 1.2 | — | 1.0 | 1.0 | 1.0 | — | 0.8 | |
| 35 000 | — | — | — | 1.0 | — | — | — | 0.8 | |
| 40 000 | — | 1.2 | — | — | — | 1.0 | — | — | |
| 50 000 | 1.5 | 1.5 | — | — | 1.2 | 1.2 | — | — | |
| 70 000 | — | 1.5 | — | — | — | 1.2 | — | — | |
| 80 000 | 1.5 | — | — | — | 1.2 | — | — | — | |
| 100 000 | 1.5 | 1.5 | — | — | 1.2 | 1.2 | — | — | |
| 120 000 | 1.5 | 1.5 | — | — | 1.2 | 1.2 | — | — | |
| ≥150 000 | 2.0 | 2.0 | — | — | 1.5 | 1.5 | — | — | |

## 二、波浪绕射

波浪在行进过程中，遇到建筑物或岛屿，除在建筑物或岸坡前发生反射现象外，部分波浪还将绕过建筑物或岛屿继续传播，并在建筑物或岛屿后面扩散，这种现象称为波浪绕射，见图5-21，水域 A 受到掩护，波能扩散，波高减小。绕射后港内某点 $P$ 处的波高 $H_d$ 可按下式计算：

$$H_d = K_d H_i \tag{5-18}$$

式中：$H_i$——入射波的波高，取波列累积频率 $H_{4\%}$，重现期可视情况取不高于 10 年一遇；

$K_d$——绕射系数，与波浪入射波向和堤轴线的夹角 $\theta_0$、计算点所在位置、防波堤布置情况及断面形式有关，规则波绕射系数按附录五确定。

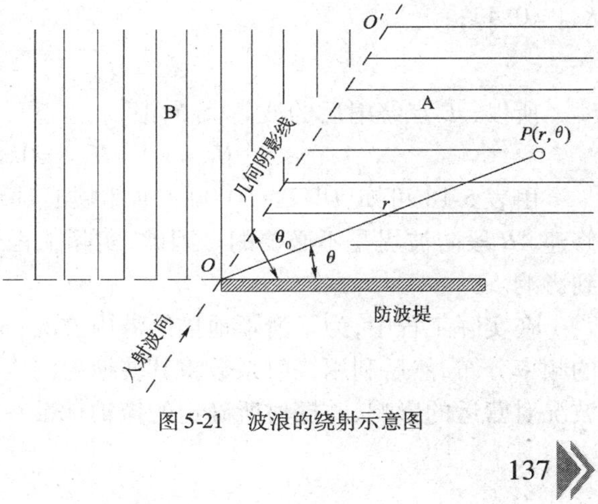


图 5-21　波浪的绕射示意图

图 5-22 是大连港鲇鱼湾港区沙砣子岛礁和油码头平面位置图。规划时有人建议在

沙砣子与岸之间修建近 300m 的防波堤，以掩护 S 向的波浪（$H_{4\%}=2.5$m，$L=60$m）。以码头端点 $E$ 为估算对象，根据地形和潮位资料，$BC$ 相当于岛式防波堤，港口口门由 $AB$ 有限宽口门和以 $C$ 为堤头的半无限宽口门所组成。

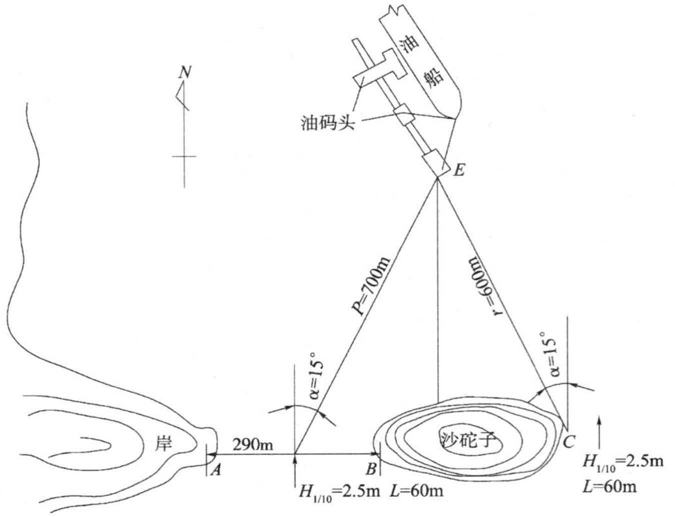


图 5-22　多口门绕射波高叠加

$E$ 点的绕射波高可认为由两部分组成：

(1) 假定 $AB$ 段修堤形成以 $C$ 点为堤头的半无限宽口门的绕射，由于沙砣子相当于斜坡堤，计算绕射系数 $K_C$。

(2) 以 $AB$ 为双突堤口门，假定 $BC$ 向东延至无限长，计算由 $AB$ 段进入的波浪绕射至 $E$ 点的绕射系数 $K_{AB}$。$E$ 点的真正绕射系数 $K_D$ 应是两者的叠加。由于波高是能量的叠加，故：

$$K_D = \sqrt{K_C^2 + K_{AB}^2} \tag{5-19}$$

由式（附 5-1）计算得 $K_C=0.33$；

由附图 5-1，$\frac{B}{L}=\frac{290}{60}=4.8$，$\alpha=15°$，查得 $K_d\sqrt{\frac{\rho}{L}}=1.47$，将 $\rho=700$m，$L=60$m 代入得 $K_d=K_{AB}=0.43$；

$$K_D=\sqrt{0.33^2+0.43^2}=0.54$$

所以，$E$ 点绕射后的波高（S 向浪）：

$$H_E=K_D\cdot H_{4\%}=0.54\times2.5=1.35\text{m}$$

由表 5-18 可知，$DWT\geq$50 000t 油船顺浪时允许作业波高为 1.5m，通过上述粗略地估算，修建 $AB$ 段防波堤是不必要的。因此，实际工程未建此段防波堤，且多年的营运实践也没有受到影响。

在实际工程中，为了清晰地描绘港内波况，根据波浪观测资料，首先绘出口门处各级波高的频率分布，然后利用绕射系数将其转换为港内各点的波况频率分布。这样，可以方便地考虑波况对营运的影响，并探讨所确定的掩护标准在经济上是否合理。

# 第六节　外堤布置

外堤布置必须在满足港口水域尺度要求的前提下，考虑波浪、流、风、泥沙、地形及地质等自然条件，船舶航行、泊稳和码头装卸等运营要求以及建设施工、投资等因素，为港口提供对波浪、泥沙、水流及海冰的防护条件。为了控制外堤工程的投资，宜力求缩短外堤的总长度。外堤布置是海港总平面布置的关键性工作之一，直接影响港口营运、固定资产投资及维护费用大小和长远发展。外堤布置常见型式见图5-23。

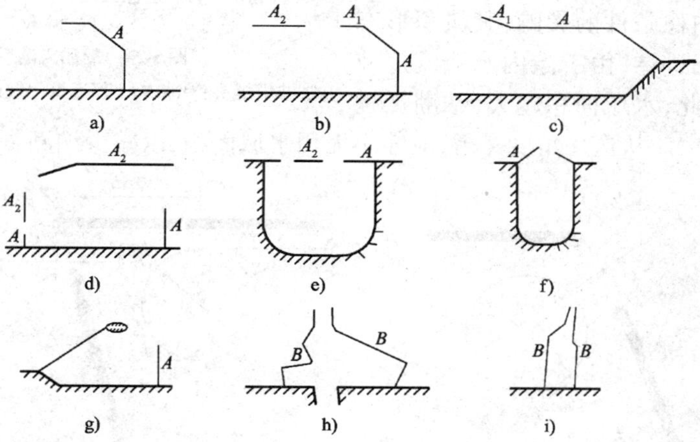


图5-23　外堤布置型式

a)秦皇岛港（东港区）；b)营口港（鲅鱼圈港区）、秦皇岛港（西港区）；c)青岛港（老港区）；d)大连港（老港区）；e)大连港（大窑湾港区）；f)青岛港（前湾港区）；g)连云港港；h)京唐港；i)黄骅港

*A*-防波堤兼码头；$A_1$-防波堤；$A_2$-岛式防波堤；*B*-防沙堤

口门（breakwater gap）是外堤堤头之间或堤头与天然屏障之间的船舶出入口。口门既要方便船舶航行，又要尽量减少进港的波能及泥沙，同时充分注意口门处的流速。

防波堤是最常见的外堤，本节主要讨论防波堤的布置。防沙堤和导流堤的布置应通过对当地河口和海岸的地貌特征、泥沙来源、动力条件、运移方式及方向、输沙量以及冲淤演变等资料进行分析、研究，并根据工程要求，结合防波堤的布置原则，经技术经济论证后确定，必要时应通过模拟试验验证。

## 一、防波堤布置原则

（1）布置防波堤轴线时，要与码头线布置相配合，码头前水域应满足表5-18的允许作业波高值。

长周期波对船舶装卸作业及安全停靠危害极大，对有长周期波的地点，应研究防波堤所围成的水域、港池的自振周期，防止与长周期波产生共振；还应防止长周期波穿透抛石堤对港内泊稳的影响，如毛里塔尼亚友谊港曾出现长周期波穿透块石堤而引起船舶断缆的现象。

（2）防波堤所环抱水域应有足够的面积和水深，应能满足船舶在港内航行、掉头、停泊所需的各部分水域的面积，以及为建设港区而填海造陆与布置码头岸线所需的面积。有横流的情况下，船舶进入口门后横流减少，船舶偏航，见图5-24。从船舶航行安全方面考虑，进入口门后应有足够的航行水域供对准泊位航行，或惯性航行，或供意外操纵等因素下的正常行驶，邻近口门内水域面积轮廓宜容纳一直径为3倍船长的圆，见图5-25。充足的水域有利于船舶在港内作业，但水域面积也不是越大越好，尤其在淤泥质海岸建港时，需注意大风在港内自生波浪对泊稳条件的影响，其淤积形态是泥沙以悬移状态进港，由于港内水流流速减小，悬沙落淤。因此，水域面积越大，纳潮量越大，淤积总量亦越大。从这一角度考虑，应缩小无用水域面积，以减少纳潮量和进港泥沙。

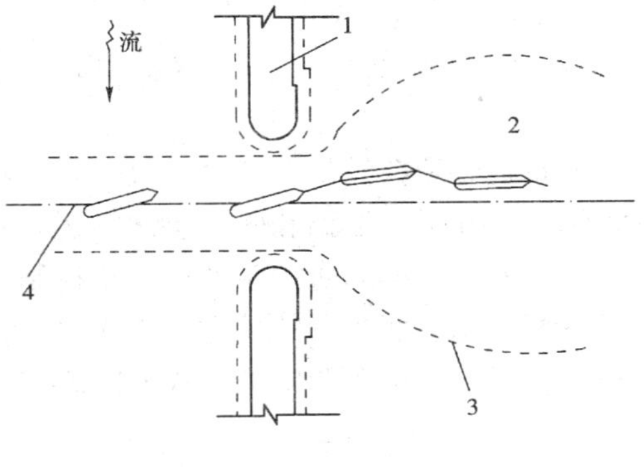


图5-24　船舶入港后航迹

1-防波堤堤头；2-港内；3-邻近口门航道底边线；4-航道轴线

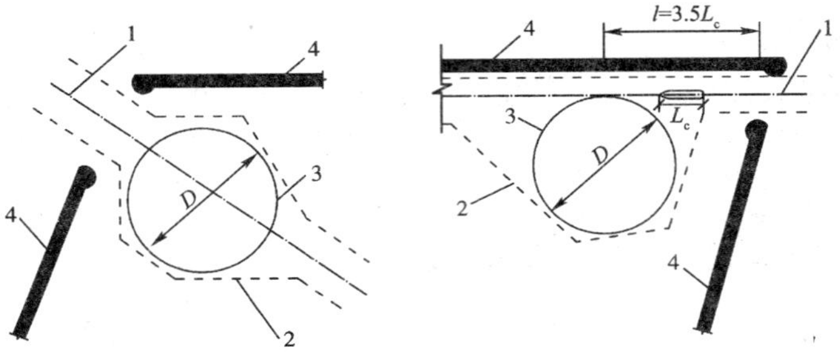


图5-25　口门附近水域

1-口门轴线；2-航道边界；3-掉头水域边界；4-防波堤

(3)防波堤所围成的水域要适当留有发展余地，兼顾港口未来发展和港口极限尺度的船型。如我国八所港最初的设计船型为5 000t，很快船型增至16 000t，便显防波堤布置不当，水域狭小，无发展余地，经常发生撞船事故。后采取拆除西防波堤的措施，重新调整港区布置，见图5-26。

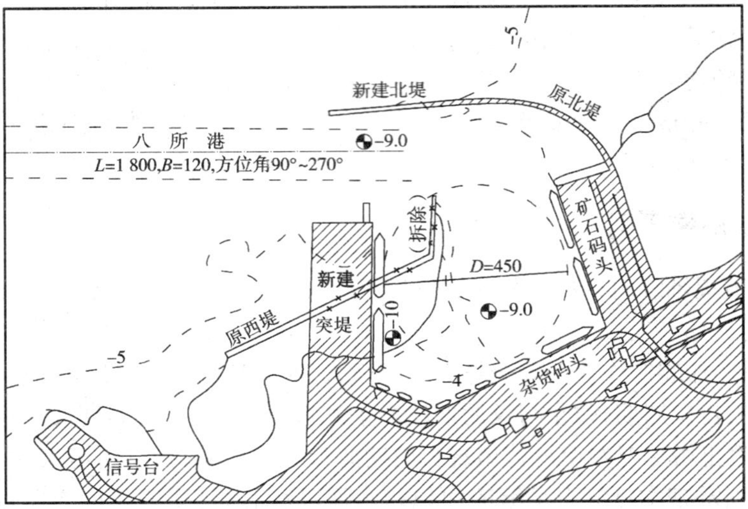


图5-26　八所港拆除西防波堤改建(单位：m)

(4)防波堤的布置要充分利用地形地质条件,避免在水深过大的位置布置防波堤,可将防波堤布置在可利用的暗礁、浅滩、沙洲及其他水深相对较浅的位置,以减少防波堤投资。在泥沙运动不十分活跃的海岸,把防波堤布置在近岸浅水区,人工疏浚航道港池,并将挖泥吹填至陆域,在很多情况下是可选择的方案之一。青岛港老港区的大港(图 5-27)原为一浅滩,水深 0 ~4m,防波堤就修建在这样的水深上,航道和部分港池挖至水深为 10m,挖出的沙土吹填至港区陆域。图 5-23 中连云港港利用小岛建设防波堤,也是减少防波堤长度的一种措施。

图 5-27　青岛港老港区布置示意图

(5)从口门进港的波浪,遇堤身反射,反复干扰亦是恶化港内泊稳条件的因素。图 5-28 的布置导致连续反射,造成外港营运困难,必须将直对强浪向 *mn* 岸段作成消波护岸才能改善泊稳条件。

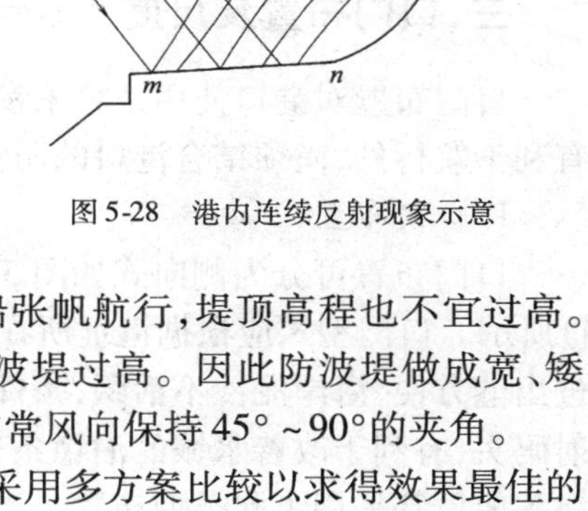


图 5-28　港内连续反射现象示意

(6)对于游艇码头,港内掩护要求主要考虑游艇上人员的舒适性,并兼顾波浪作用下浮码头结构的抗浪能力及系泊游艇与码头之间相互碰撞的安全性。从舒适性来看,泊稳允许波高 $H_{4\%}$(2 年一遇)在 0.1 ~0.3m 之间,小型游艇取小值;从安全性考虑,泊稳允许波高 $H_{4\%}$(25 年一遇)为 0.3 ~0.5m,柔性结构取小值;防波堤的堤顶高程设计应确保即使在异常波况条件下,港内也能获得所需的平稳度,但为确保游艇安全航行对视野的要求和不妨碍小型帆船张帆航行,堤顶高程也不宜过高。对于在系泊游艇上休闲的乘客,从景观的角度,也不希望防波堤过高。因此防波堤做成宽、矮为宜。考虑到小型帆船不能顶风直线前进,口门方向最好与常风向保持 45° ~90°的夹角。

在具体港口防波堤布置中,上述原则有时是矛盾的,应采用多方案比较以求得效果最佳的方案。

## 二、防波堤轴线布置

(1)防波堤轴线布置应该是扩散式的,使进入口门的波能快速扩散在较长的波峰线上,波高迅速减少,见图5-29,距口门不远的波峰线c,远大于口门宽度,扩散式布置轴线也有利于在口门附近布置回旋水域。

(2)防波堤轴线应尽可能取直线,便于施工;防波堤轴线的布置应注意避免在港内侧对入射波的反射,有利于进入港内水域波浪的消能。必要时可通过模型试验改善港内的边界条件。试验表明,防波堤转弯处采用圆弧型要比折线型的波高有明显降低,两堤轴线的折角 $\theta$ 宜在120°~180°之间,见图5-30。折角处根据结构可能,尽量圆滑或多折线型连接。

(3)防波堤轴线与强波向尽可能避免正交。图5-31示出单宽波能在防波堤上的波力分布,作用于垂直堤轴线上的波力强度为 $P\sin r$,入射波单宽波力分布在堤长的 $\frac{1}{\sin r}$ 上,与波向斜交时,防波堤所受波力随 $\sin^2 r$ 而衰减。$r$ 太小将形成沿堤水流(顺堤波),一般60°~80°比较适宜,这样可以增加直立式防波堤的安全储备。

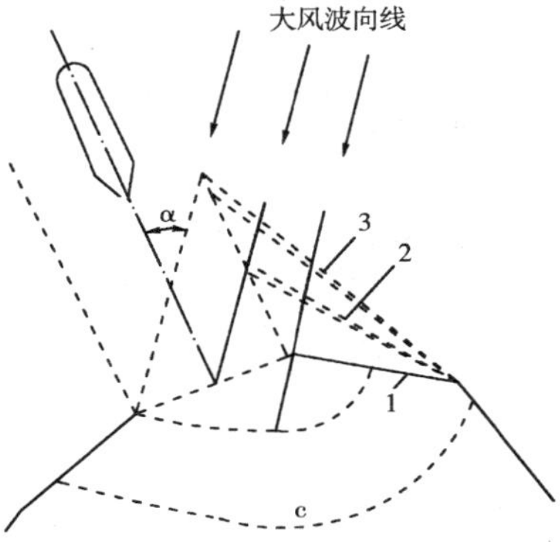


图5-29 口门方向图

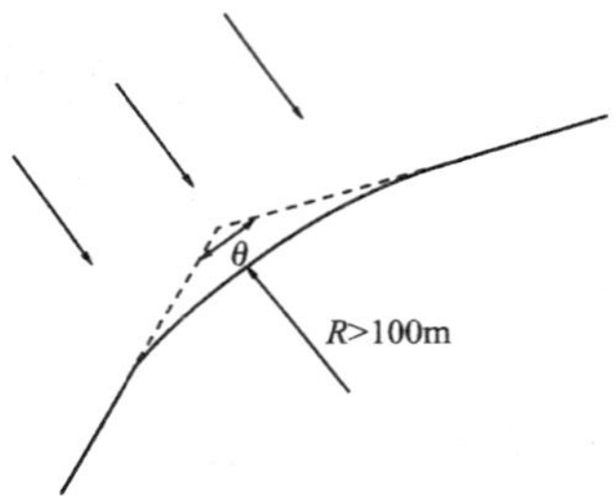


图5-30 防波堤轴线转弯图

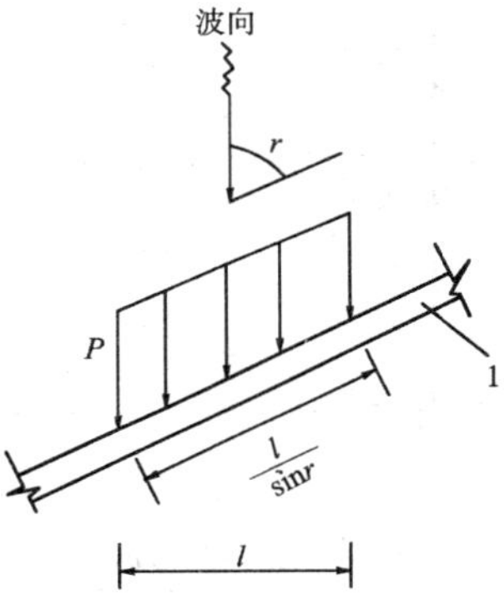


图5-31 单宽波能在单宽堤上波力分布
1-防波堤

(4)布置防波堤轴线要注意小范围内地质条件的变化,有时轴线稍加移动,可减少大量的地基处理费用。

## 三、口门布置及尺度

口门布置对港口使用及将来发展影响较大。口门的方向、位置及口门附近外堤的布置,除有利于航行外,尚须结合港口的防浪、防沙以及改善口门附近的水流条件,进行综合考虑。

1. 口门布置

口门布置可分为侧向式如图5-23中a)、c)、d)、g),或正向式如图5-23中b)、e)、f)、h)、i)所示。口门型式应根据港址所在地的地形、水文、泥沙等因素以及航道的方位而定。若船舶进出港方便、海岸泥沙不活跃,条件许可时,尽量采用侧向口门。采用侧向口门可避免强浪直射码头,有利于改善水域的泊稳条件,为码头布置有更多灵活性创造条件,如大连港老港区、山海关船厂等采用了此类型布置。当然不能避开正向口门布置的方式,如秦皇岛西港区及烟台港新港区，由于正向口门的掩护条件相对较差，口门的朝向尽可能避开强浪向，港内岸壁布置避免形成反射面或造成多次反射。以下几点值得特别注意：

(1)口门位置应尽可能位于防波堤突出海中最远、水深最大的地方，并与进港航道协调，方便船舶出入。泥沙移动临界水深的计算方法见附录六。

(2)口门方向力求避免大于7级横风和大于0.8kn的横流，避免强浪对港内水域主要部位的直射，对泊稳要求高的泊位，尽量不布置在面向口门外主浪向的位置。船尾直向风(即从船尾方向吹来)和尾追波浪，使操舵困难，尤其是对空载船影响更大。故船舶进口门时应力求避免大于7级的船尾直向风和大于2.5～3.0m尾向浪。

进入口门的航向与强浪向的夹角不宜过大，以不超过30°～35°为宜。在条件困难时，口门布置应专门考虑，一般采取将口门外航道上风侧强浪一侧的防波堤延长，以掩护即将进入口门的船舶免受横浪作用。

(3)当外堤所围的港内水域较大时，要注意到口门处形成过大的流速可能影响船舶航行，一般宜控制在2.5kn以下，以方便进口船舶的操作。

(4)船舶进口门时通常航速为4～6kn，故从口门至码头泊位，一般布置大于4倍船长的直线航行水域和回旋圆(图5-25)，以便于船舶进入口门后控制航向、减低航速、与拖轮配合或完成紧急转头等操作。布置直线航行水域有困难时，亦可布置在半径大于3～4倍船长的曲线上。

(5)口门轴线的确定应考虑船舶航行安全，使从口门进入的波能尽可能少，以保证水域泊稳要求。为了减少口门进入的波能，见图5-29，可将防波堤由位置1改为位置2，则进入的波能约减少1/2，位置3几乎是全掩护，但防波堤的投资也相应增加了。

(6)当口门外天然水深较浅，进港航道的开挖相对较深时，航道边坡对入射波的折射作用非常明显。折射作用改变了波浪在口门附近的能量分布，一般是能量向口门两侧集中，而进入口门的波能相对减少，有利于改善港内的泊稳状况。

2. 口门数量

口门数量与航行密度、航行要求、港口性质、环境条件等因素有关，一般为1～2个。对进港时间性要求很强的渔港，为减少进出港高峰时间的拥挤现象，在条件允许的情况下，可设置多个口门。在满足泊稳要求的条件下，2个口门一般比1个好。对于大、小船混用的综合性港口，为保证航行安全采用大、小船分流，设置2个或2个以上的口门是有利的，还可以分别适宜于不同风浪向进出、或不同性质船舶(商港、渔港等)分开进出等，增加运行的灵活性，也有利于环保，增强港内水域的自净能力。

烟台港老港区，曾是商、军、渔合用的港口，渔汛期渔船出入港口频繁，采用了2个口门方案(图5-32)，当时规定大船走东口门、小船走北口门。早期建成的大连港，也是考虑了大、小船分行的口门方案，布置了3个口门，如图5-23中d)所示。

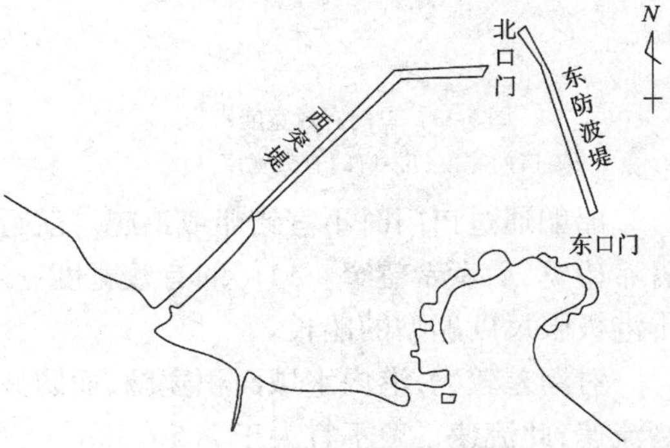

图5-32　烟台老港区的防波堤布置

口门数量的确定，除上述因素外，尚须结合

当地地形，是否具备设置2个以上口门的条件，同时也要考虑多口门对港内防浪掩护，泥沙以及冰、流对港口水域的影响等因素。

另外，口门数量与泊位数量的关系应由航道线数来体现。也就是说，随着到港船舶数量的增大，在增加泊位数量的同时，为避免船舶在港外等待时间过长，就会对现有航道提出新的要求，如扩建航道等。此时，根据航道线数确定口门数量，如单线航道为单一口门，双线航道为单一口门或2个口门，三线航道为2个或3个口门。具体确定口门数量时，还应考虑港区的掩护效果、泊稳条件等，建议双线航道设2个口门，三线航道设2个或2个以上口门。国内部分港区已建（在建）或已规划的有防波堤掩护港区口门数量与航道线数的关系见表5-19。

**部分有防波堤掩护港区口门数量与航道线数统计表**　　表5-19

| 港区名称 | 大连大窑湾港区 | 大连长兴岛港区 | 日照石臼港区东作业区 | 营口鲅鱼圈港区 | 连云港海头港区 | 连云港埒子口港区 |
|---|---|---|---|---|---|---|
| 口门数量 | 2 | 1 | 1 | 1 | 1 | 1 |
| 航道线数 | 双线 | 双线 | 双线 | 单线 | 单线 | 单线 |

3. 口门宽度

口门宽度通常大于其有效宽度。口门有效宽度是在通航水深处，沿航道中心线的垂线上的投影宽度 $B_0$，见图5-33。口门有效宽度底边线至防波堤的距离 $d_0$ 应根据堤的结构型式及其安全要求确定，见图5-34。

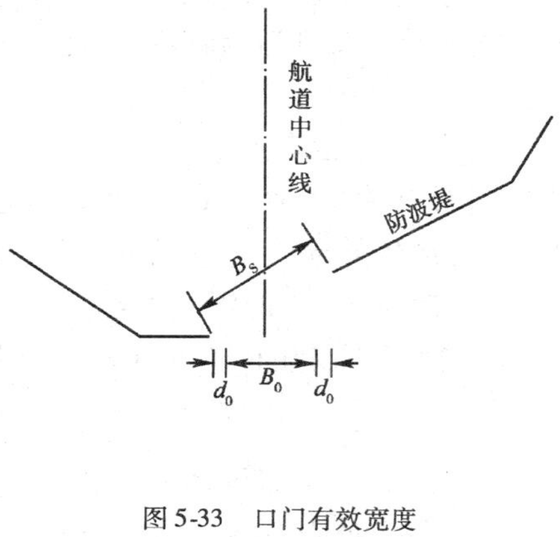


图5-33　口门有效宽度

$B_S$-口门宽度；$B_0$-口门有效宽度

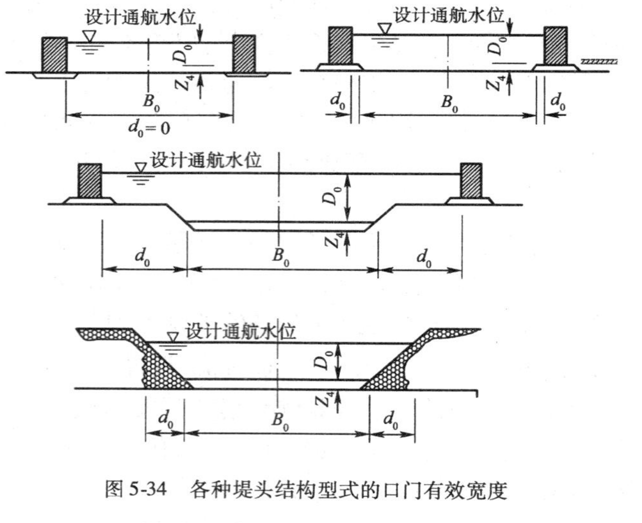


图5-34　各种堤头结构型式的口门有效宽度

船舶通过口门时不宜错船或追越。航行安全与港内泊稳对口门宽度的要求是矛盾的。前者希望宽，后者希望窄。口门的有效宽度一般可以取设计船长的1.0～1.5倍，并应研究预测本港极限尺度船型的船长。

对潮差较大，港内水域面积宽阔，而防波堤结构又是不透水时，应该验算通过口门的涨落潮流速，此流速一般不宜大于2.5～3kn。

日本规范建议口门的宽度大体与航道的宽度一致，单向航行航道的最小宽度为0.5$L$、双向航道的最小宽度为 $L$,$L$ 是指最大的设计船型长度。对不同船型的标准航道的宽度建议值见表 5-20,亦可作为口门的有效宽度的参考值。

船型和标准航道宽度　　表 5-20

| 船舶吨级 $DWT$(t) | 标准航道宽(m) | 船舶吨级 $DWT$(t) | 标准航道宽(m) |
|---|---|---|---|
| <50 | 约 30 | 5 000 ~ 10 000 | 约 150 |
| 50 ~ 500 | 约 50 | 10 000 ~ 50 000 | 约 200 ~ 250 |
| 500 ~ 5 000 | 约 100 | 50 000 ~ 100 000 | 约 300 |

分析国外部分港口的口门宽度与设计船长之间的关系后得出:口门宽度与设计船长的比值介于 1 ~ 2 之间的占 60%;介于 2 ~ 3 之间的占 30%;最小的比值为 0.7。

对于游艇港的防波堤,建议口门宽度取 10 倍最大游艇的宽度。据统计,口门最小宽度为 20 ~ 30m。大型游艇基地(超过 1 000 个游艇泊位)口门宽度约为 90m,游艇码头的水域部分通常会占港区总面积的 80% 左右。

## 第七节　港 口 导 航

港口导航分三类:第一类是常规的助航标志,即航标;第二类是海上交通监管设施,包括引航站和电子方面的助航设施,即船舶通航服务站(VTS),利用岸上雷达测定进出港船位,用甚高频无线电话(VHF),向船舶提供导航信息,协助船舶进出港航行,将在第六章港口配套设施第五节水上安全监督介绍;第三类是卫星导航(GPS)系统,在船上配备卫星导航接收机,可准确地确定船位,使船舶安全进出港口。卫星导航系统不需要在港口规划中布置相关功能设施,这里省略对其介绍。

航标可标明航道的界限,使船舶安全地到达目的地。针对有岩礁、浅滩、拦门沙和航道弯段等危险海域,航标还有警告和引导作用。航标包括以下多种类型:用于标示航道和港口水域中通航部分的外轮廓线的浮标和固定标;引导船舶通过航道和港口口门,设立在岸上塔架结构上的导标;用以引导远处船舶接近港口,或用以指示礁石、浅滩等危险及航行的障碍物的灯塔;设置于防波堤堤头、码头、系船墩和其他突出于航行水域中的建筑物上的灯标;难以建立灯塔的地点设置的灯船。

### 一、浮标

浮标是漂浮于水面上的标志,用锚固定在需要的位置处。它可以是有灯光的,也可以是无光的,视其目的而定。按照浮标的位置、作用(如航道侧标、方位标志、孤立危险物标志和安全水域标志等),其外部应漆一定颜色和附加一定标志性的上部轮廓。我国海区航标采用国际航标协会(IALA)推荐,并为多数航海国家所接受的海上 A 系统浮标。

从助航作用和特性分为 5 类:

(1)侧面标志。用于标示航道左右侧界线,有左侧标、右侧标、推荐航道左侧标和推荐航道右侧标。

(2)方位标志。用于标示各种危险物及危险水域的界线(可行水域在标志的同名侧),有北方位标、东方位标、南方位标和西方位标。

(3)孤立危险物标志。设置或系泊在范围有限的危险物上,船舶应避开本标航行。

(4)安全水域标志。设在航道中间,表示来往船舶可靠近该标志的任何一侧驶过,一般在比较宽阔的航道或航道进口处使用。

(5)专用标志。用于指示某一特定水域或专门功能而设置的标志,一般有检疫锚地标、沉船标、测量标、捕鱼作业区标、水中构筑物标和分道航标等。

对利用自然水深的宽阔水域,宜连续等距设置浮标,并尽量取直航线和减少弯曲。浮标间距应根据通航船舶的船型、航速和设标水域的水文、气象等因素综合分析确定。对直线段的浮标间距,原则上应达到白天从一个标能看到同一航向上相邻的下一个灯标,夜间从一个灯标能看到同一航向上相邻的下两个灯标。连续设置侧面标的间距宜取 1 ~ 2n mile;安全水域标的间距不宜大于 3n mile。浮标锚链的长度,应根据设标地点的水文、气象条件、底质情况、允许浮标回旋范围以及锚系方式等因素综合分析确定。在风浪、流速较小,底质锚抓力较好的港区水域,可采用单锚系方式,链长宜取最大水深的 3 ~ 4 倍;如采用双锚系方式,浮标锚链的长度可相应缩短。风浪、流速较大的开阔水域,锚链长度应根据具体情况适当增加。

## 二、导标

为了引导船舶安全地通过狭窄而有危险性的或曲折的航道和港口口门,除航道两侧设置灯浮标外,还需设置导标。导标是单向的,它成对地设置在航道中心线或港口口门中心线的延长线上。导标的塔架一般均建在岸上,后标须在前标之后有一定距离,且应较前标为高,以保证必要的精度。导标的灯光可有各种颜色,可以为固定光或闪光。它必须在其周围环境中极易识别。塔架可安装雷达反射器。导标设计时应注意以下问题:

(1)后标应比前标高出充分的高度,当船舶驶近到最小距离时,前后两标的灯光不应重合成一个灯。同时,前标和后标之间应有一定距离,使它在导向上具有要求的灵敏度。

(2)前后标之间的最小间距必须保证船舶在航道边界范围内航行,而最大间距应便于船舶驾驶员可利用航道的侧边部分。

(3)航道转弯时若采用多组导向灯标,船舶转向时的活动范围要大于 3 倍船长,以便使船舶从一对导标转到另一对导标继续航行。

(4)导标的灯光亮度应为所要求的能见度,且前后标的亮度应大致相同。

(5)在向港一侧的航道延长线上,应选择最近水域或陆域的有利地形和场地设标。

(6)在航道宽度外侧各 100 ~ 200m(视航道长度和水深而定)范围内,划定导标通视走廊,其间不得有高于影响通视要求的码头门机、船舶、塔杆、高大建筑物和树木等。

(7)对于夜标,要躲开城市闹区和码头作业区的各种灯光,以免影响夜标的识别。

(8)前后标间距和高度以及船舶侧向允许偏航距离,应满足不同船型的引航要求。

(9)导标的标体和标牌应选择适当的大小和颜色,以便驾驶人员观察和识别。

前标与后标的高程差和距离(图 5-35),可按下式确定:

$$H - h = \frac{D}{650} \tag{5-20}$$

$$R=\frac{KD(H-h)}{B} \tag{5-21}$$

式中：$H$——后标灯光在设计高水位以上的高度(m)；

$h$——前标灯光在设计高水位以上的高度(m)；

$D$——前标至航道最远端的距离(m)；

$R$——前标与后标间的距离(m)；

$B$——航道宽度(m)；

$K$——灵敏度系数，可参考表5-21。

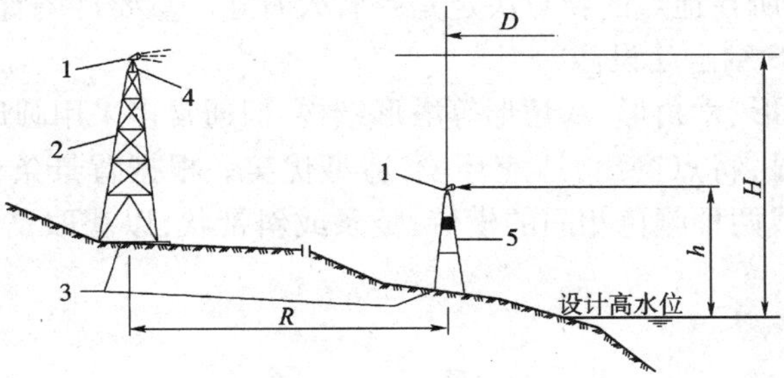


图5-35 前导标与后导标布置

1-灯光；2-后导标；3-燃料容器；4-雷达反射器4片；5-前导标

灵敏度系数 表5-21

| $K$ | 关于灵敏度的说明 |
|---|---|
| 0.6~1.0 | 不佳，宜增大灵敏度 |
| 1.0~1.5 | 尚好 |
| 1.5~2.5 | 良好 |
| 2.5~3.5 | 很好 |
| 3.5~4.5 | 极为优良 |

大连港大港港区东口门外主航道轴线(图1-2)正好通过北口门两堤头连线中心，这两堤头灯同时也是岸上导标，设计构思比较合理。

## 三、灯塔

灯塔是高塔形建筑物，在塔顶装设灯光设备，是建立在海岸岬角、岛礁、航道入口、深水锚地附近、浅水岸滩或港口临海岸边的高大塔状建筑物。为便于识别，在塔上涂有显著颜色，顶部装有远程的发光灯器，作为白天和夜间测定船位、确定航行方向、标示港口位置或标示危险区域之用。如位置显要应注意其建筑造型，使其成为港口景点之一。

由于地球表面为一曲面，故塔身须有充分的高度，使灯光能为相当远距离的航船所察见，一般视距15~25n mile。灯光也不宜过高，以免受到高处云雾的遮蔽。图5-36是按灯光视距确定灯塔高度的方法。

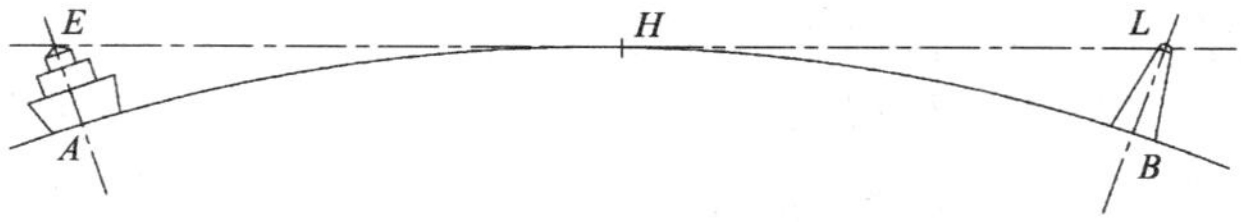


$AHB$ = 地球表面　　$HL$(n mile) = 2.083 $\sqrt{BL(\text{m})}$

$BL$ = 灯塔高度　　$HE$(n mile) = 2.083 $\sqrt{AE(\text{m})}$

图 5-36　灯塔高度确定方法

根据灯塔大小和所在地点的特点决定是否有人看守。重要灯塔宜有人看守。大型灯塔地点合适时,可以和 VTS 结合建设。

灯塔的形状有圆形、六角形、八角形等塔形结构,但通常多采用圆形,要求以灯塔中心线为轴四周对称,目标明显,特点突出,适应环境,造型优美。根据背景条件,塔身外部通常用白、黑、红颜色涂成单一或两种颜色相间的横带、竖条或斜带状,以获取良好的观测效果。灯塔顶部装设避雷针。

## 习　　题

5.1　海港富余水深的构成包括哪些?

5.2　试比较泊位水深与航道水深计算公式的异同点。

5.3　航道轴线布置应注意哪些问题?为保证船舶在航道中的航行安全,可采取哪些措施?

5.4　锚地布置有哪些注意事项?

5.5　校验港内水域泊稳条件时,波浪标准应该如何考虑?

5.6　防波堤布置应如何考虑波浪破碎带、泥沙活动过渡带和泥沙活动相对稳定带的分布?

5.7　口门数量与哪些因素有关?如何确定航道线数的扩建时机?

5.8　已知:波浪周期 $T = 10\text{s}$,$H_0 = 3\text{m}$,底质粒径 $d_{50} = 0.5\text{mm}$,试估计泥沙的完全移动临界水深。在粉沙质海岸选定口门位置时应注意什么问题?

5.9　某港原有泊位组(4 个 1 万吨级件杂货泊位),平面布置见图 5-37,西部为扩建区,规划防波堤距甲码头 500m,轴线为东西走向,口门 $AM$ 为南北向。

(1)若防波堤规划很长,该区盛行南向波,$H_{4\%} = 2.5\text{m}$,$L = 60\text{m}$,估算"1"点处绕射波高 $H_1 = ?$

(2)若 $MN$ 长度使 $N$ 距"1"点与 $M$ 对称(如图),南向浪,$H_{4\%} = 2.5\text{m}$,$L = 60\text{m}$,估算 $H_1 = ?$

(3)$E$ 向浪,$H_{4\%} = 2.0\text{m}$,$L = 60\text{m}$,估算 $H_1 = ?$

5.10　根据习题 4.3 和习题 5.9 的结果,进行 2015 年本港区码头水域及外堤的发展规划布置。

已知:扩建泊位为 1 万吨级件杂货泊位,原码头设计高水位 +1.76m,设计低水位 −0.15m,扩建区海底标高 −7.0m,地质柱状图见图 5-38,考虑年最大风速为 7 级、北向。

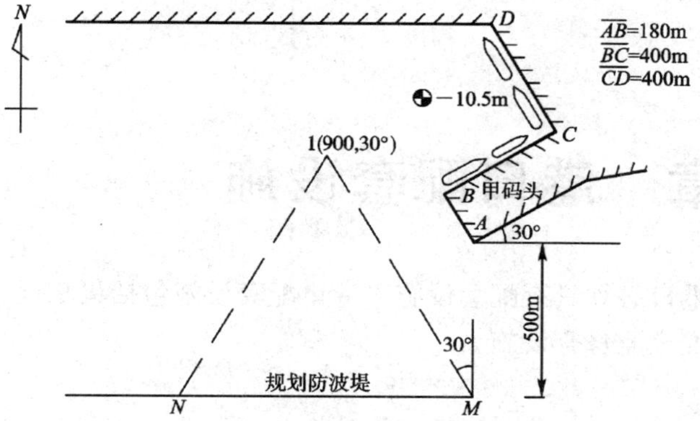


图 5-37　某港件杂货泊位组平面布置图

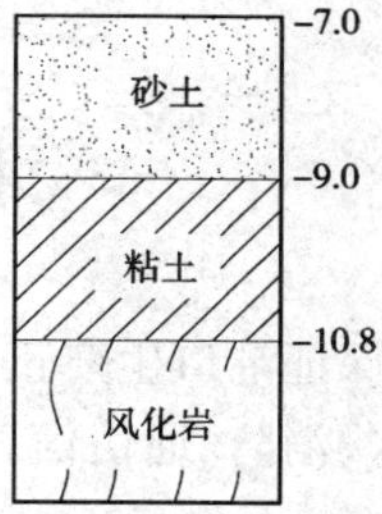


图 5-38　地质柱状图

# 第六章　港口配套设施

为了保证港口生产正常进行，港口必须具有配套设施。港口配套设施包括集疏运、供电照明、给排水、消防、通信信息及水上安全监督等设施。

## 第一节　集疏运设施

### 一、集疏运通道

集疏运系统包括集疏运设施、集疏运方式及集疏运管理。集疏运设施通常指公路、铁路、内河航运、港口、机场、仓库、堆场等；集疏运方式有水路运输、铁路运输、公路运输、航空运输和管道运输；集疏运管理指对运输计划的制定、组织、协调等。

陆上集疏运通道中，公路是港区必须具备的基础设施，而铁路是否进入港区则需要视情况而定。集装箱码头的集疏运，宜采用多式联运方式，积极发展门到门运输。陆上集疏运系统中的公路集疏运布置应作为城市规划中的专项，重点研究港区与规划主干路的衔接问题，通过港区疏港路方案设计，确保港区公路集疏运通道的畅通。疏港公路尽量采用封闭的快速疏港路，避免和铁路平交。

在集疏运设施设计中应优先布置港区铁路，避免铁路和公路的互相干扰。铁路装卸线直接进入码头作业区，可以降低运输成本；在港区设置货物中心站，效率较高，节省铁路投资。由于铁路的发展难以准确估计，在进行港区平面布置时应充分预留铁路的发展空间，并且需要对车场、车站能力都有所预留，以免铁路成为港口发展的瓶颈部位。

当港区只有公路集疏运需求时，布置方式比较简单，只要保证港区对外联系道路的通过能力满足港区需求，道路通畅即可。当既有公路又有铁路进入港区时，则需要综合考虑布置，一般有以下几种布置方式：①铁路和公路从一侧平行进入港区；②铁路平行码头布置，公路垂直进入港区；③公路、铁路垂直进入港区；④铁路和公路从两侧平行进入港区。

水上驳运是港口集疏运系统中的运输方式之一，尤其是江河水网密集发达的长江三角洲和珠江三角洲的各港口均利用自航驳与非自航驳进行货物集疏运。

管道运输是液体散货港区重要的集疏运方式。在规划该系统时，应着重从安全性、可靠性、先进性等方面做好规划工作。

港口集疏运系统规划作为港口规划中的重要组成部分，涉及综合运输系统中的铁路、公路、水运（驳运）、管道等各系统的自身规划，只有各系统衔接、匹配、协调，港口客货运输才能畅通。港区集疏运设施的布置还需要考虑和关检设施的关系。从广义上讲，港口业务相关信息也属于集疏运范畴，现代港口对传统货物装卸、存储、分拨等都包含着信息分送。

## 二、港口铁路

铁路是我国港口货物运输的主要手段。我国幅员辽阔，海港集中在东部地区，腹地纵深大，港口宜采用铁路运输的集疏运方式。海铁联运的方式，可减少运输环节，缩短运输周期，降低运输成本，对优化港口物流网络十分重要，有条件的集装箱码头应在码头后方布置铁路线。因此，铁路是港口重要的基础设施，在港口规划设计中应充分重视铁路的作用，合理配置港口铁路，对扩大港口的通过能力是十分重要的。

1. 港口铁路运输作业及其组成

完善的港口铁路系统一般应包括港口车站、分区车场、码头和库场的装卸线，以及将这些部分连成整体的港口铁路区间正线、联络线和连接线等，见图 6-1。

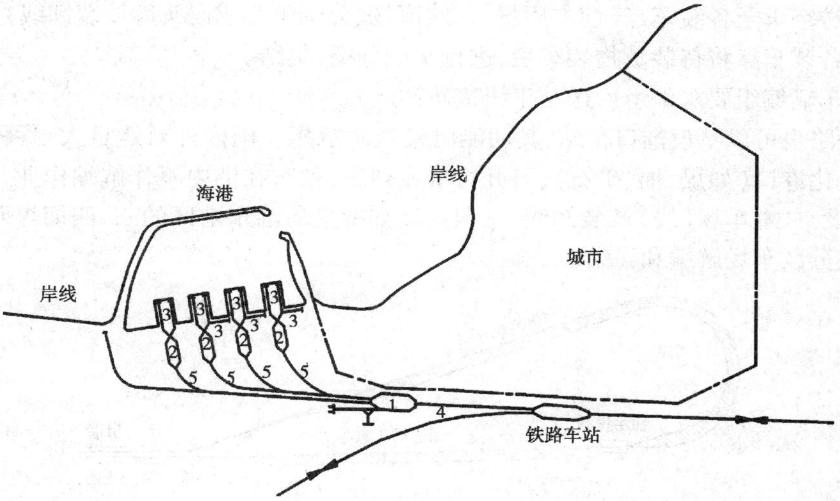


图 6-1 港口铁路的基本组成

1-港口车站;2-分区车场;3-码头库场装卸线;4-港口铁路区间正线;5-联络线

各部分的基本功能为：

(1)港口车站(port station)。承担列车到发、编组、选分车组和向分区车场或装卸线取送车辆等作业。港口车站位置的确定应考虑港区未来发展及其与路网铁路的有效衔接。

(2)分区车场(area yard of port)。承担分管范围内车辆分组、集结及向前方库场、二线库场、分运中心或码头装卸线取送车等作业。根据车流的性质，有条件时亦可编组直达列车。分区车场宜布置在临近泊位或库场装卸线的位置。

(3)装卸线(team track)。按工艺要求布置在码头上、库场内，供停车进行装卸作业的铁路线。根据需要考虑在装卸线旁布置重车和空车停留线。一般码头前沿不设供车船直取的码头装卸线，仅在重件码头等有特殊要求时才布置码头前沿装卸线。

(4)港口铁路区间正线。路网接轨站与港口车站之间的连接线路；规划时应科学确定港口铁路与路网铁路接轨点位置。

(5)联络线(connecting line)。分区车场与港口车站之间的连接线路。

(6)连接线(tieline)。分区车场与装卸线之间的连接线路。

来自路网的列车，一般在接轨站解编后，以小运转方式牵引至港口车站，路港之间一般在接轨站或港口车站的到发线办理车辆交接手续。到达港口车站的列车，在港口车站按码头作业区分类编组后送往分区车场。一个分区车场一般分管若干个泊位的库场装卸线。到达分区车场的车组，尚需按去往的装卸线解编，然后按作业进度随时向装卸线取送车辆。在港口完成装卸作业后的车辆，在港口车站集结后，以小运转方式牵引至接轨站。

港口出口货物时，铁路的作业步骤为：

(1)接入从正线铁路(接轨站)到达港口的列车。

(2)按货物的去向(前方库场、二线库场、分运中心或码头装卸线)进行车辆分类。

(3)将车辆按作业进度要求送至前方库场、二线库场、分运中心或码头库场装卸线。

港口进口货物时，铁路的作业步骤为：

(1)分送空车至各装车点(前方库场、二线库场、分运中心或码头库场装卸线)。

(2)在各装车点将待装货物装车后，进行车辆分类、集结。

(3)按车辆编组要求编组后送至正线接轨站。

港口铁路也可以不设港口车站，其功能由接轨站承担。国内外对运量大、货种单一、货源稳定的专业化港口(如煤、油、矿石)，可开行单元列车，列车在港内不作解编作业，港口铁路非常简化，只设空、重车场(线)及装卸线，见图6-2，如秦皇岛港东港区的三、四期煤码头；而集装箱专列宜在分区车场解编和集结。

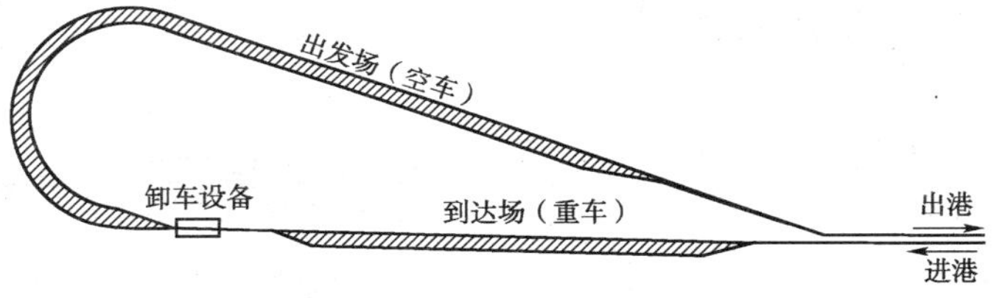


图6-2　适用于单元列车的港口铁路

港口铁路一般采用国家标准铁路轨距(即1 435mm)，以便与路网接轨；地方性小港或为厂矿服务的专用码头，可按具体条件，采用与之相适应的窄轨铁路。

2. 港口铁路的布置

港口铁路按其组成的各部分配列的位置，可分为纵列式、横列式和混合式三类。

(1)纵列式。港口车站、分区车场和装卸线纵列布置，见图6-3。

纵列式布置，其优点是调车机的取送车作业可以按顺序进行，没有折返的调车行程，有利于提高港区的调车作业效率，同时，各车场咽喉区的作业负担较为均衡，调车作业互不干扰。其缺点是纵列式布置占用场地较多，作业区较为分散，不便于管理。

(2)横列式。港口车站、分区车场与装卸线并列布置。

横列式布置，其优点是占用场地面积小；但其缺点是调车折返行程多，咽喉区干扰大，不便于调车作业。因此，在通常情况下，不宜采用这种布置型式。

(3)混合式。港口车站与分区车场纵列布置，分区车场与装卸线横列布置，见图6-4。

混合式布置，其优缺点介于纵列式与横列式之间。港口车站与分区车场间车辆取送按顺序进行，无折返行程，但分区车场与装卸线为非顺序取送车，交叉干扰较多。

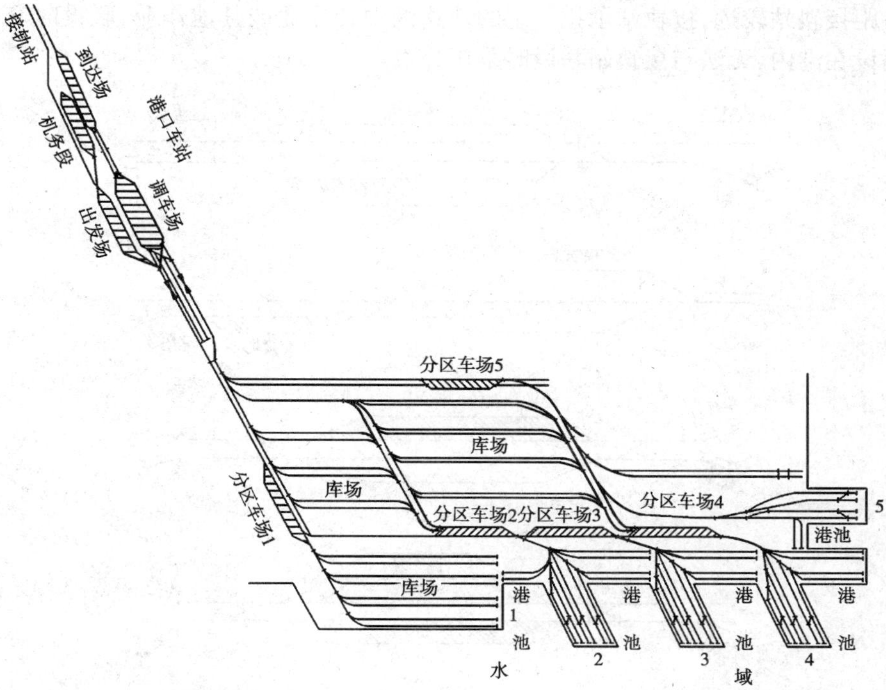


图 6-3　纵列式港口铁路布置

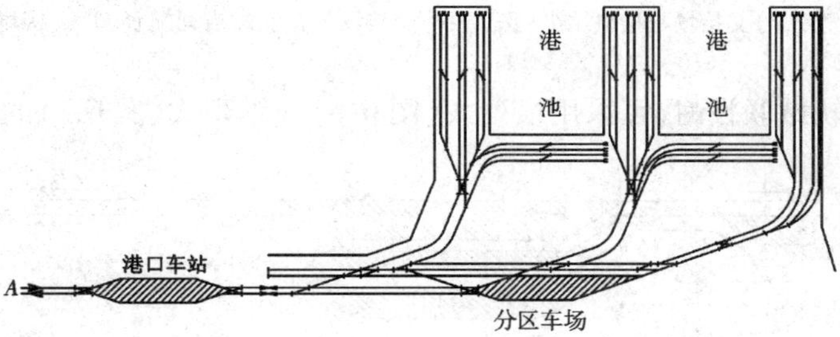


图 6-4　混合式港口铁路布置

3. 港口车站的布置型式

港口车站又称港前编组站，是专为港口服务的车站，是国家铁路网与港口铁路的结合点。

港口车站的规模应根据运量和作业要求确定，一般应具下列线路：

（1）接发接轨站列车的到发线，通常是小运转列车，即非正线整列到达。

（2）按港口各分区车场进行车辆选编的编组线。

（3）机车走行线、牵出线、连接线以及机务整备线等。

路网与港口之间，一般实行车辆交接和货物交接两种方式。交接场地配置要能最大限度地使用接轨站和港口车站，在作业上互相协调配合，便于直达列车直出直入。目前常用的几种交接场（站）的配置方式见图 6-5。

布置港口车站时，应结合港口的总平面布置和地形，确定港口站与接轨站联设还是分设。当港口距接轨站较近，且接轨站不承担（或很少承担）铁路网中转作业或其他作业时采用联设;当港口距接轨站较远,接轨站承担一定的铁路网中转作业或其他作业,联设时交叉干扰较大,港口站设在港内,无法与接轨站联设时采用分设。

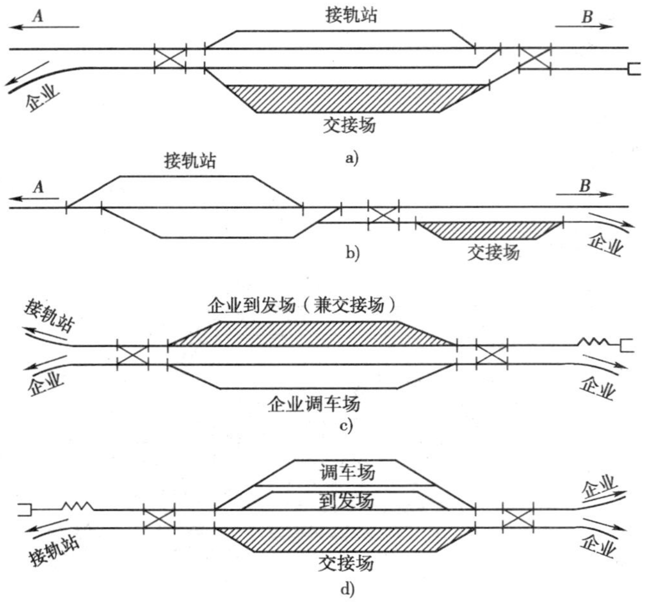


图 6-5　交接场(站)布置简图

a)交接场与接轨站横列配置;b)交接场与接轨站纵列配置;c)交接场与企业站横列配置;d)交接场与企业站横列配置,设置单独的交接场

港口车站与接轨站联设时,可采用横列式(图 6-6)或纵列式(图 6-7)的配置。

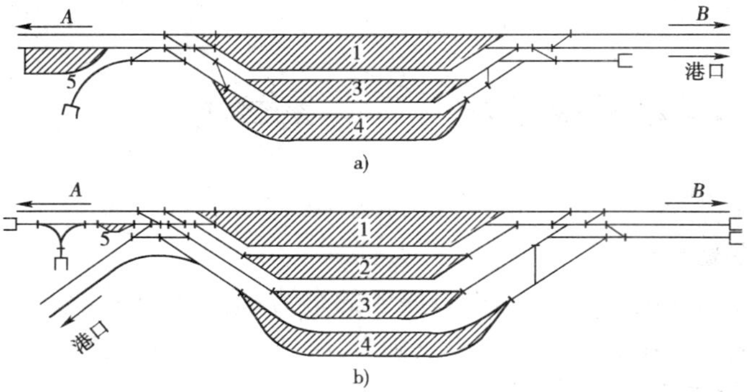


图 6-6　港口车站与接轨站横列式布置示意图

1-路局到发场;2-路局编组场;3-港口到发场;4-港口编组场;5-机车整备设施

港口车站与接轨站分设时,有横列式及混合式两种布置型式。

当编组作业量不大,在到发场坐编的方式编组列车时,采用横列式布置,占地少、管理方便,但作业量大时将会出现作业干扰大等缺点。小规模的港口车站可采用到达场与出发场合并成一个到发场,与编组场并列,形成横列式布置,见图 6-8a);规模稍大的港口车站,宜采用图 6-8b)的布置,优点是站坪长度短,当用地困难时,可以采用这种布置,但站内作业有折返行走,机车车辆的走向距离长,交叉干扰多。

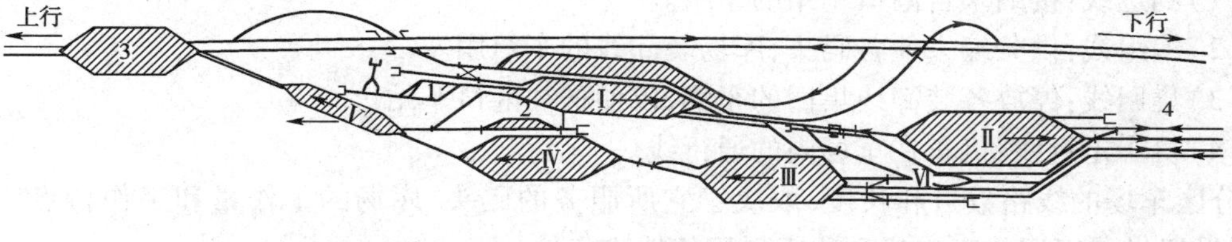


图 6-7　港口车站与接轨站纵列式布置示意图

Ⅰ-路局到达场;Ⅱ-港口编发场;Ⅲ-港口到达场;Ⅳ-路局编组场;Ⅴ-路局出发场;Ⅵ-港口折角车场;1-路局机务段;2-路局车辆段;3-路局车站;4-港口

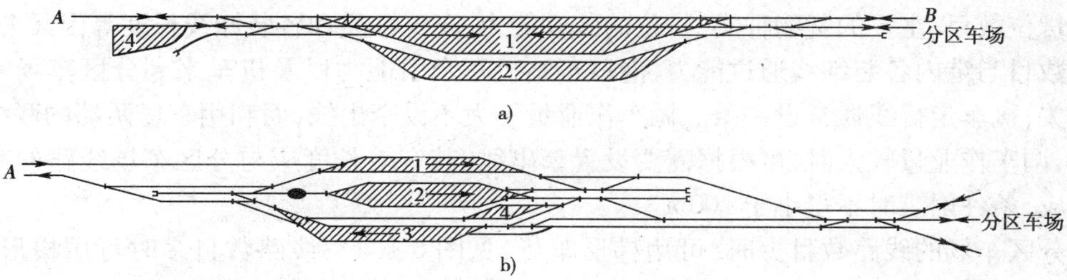


图 6-8　横列式港口车站示意图

1-到发场 a)、到达场 b);2-编组场;3-出发场;4-机车整备设备

混合式将到达场上移,使到达场与编组场纵列,见图 6-9。适宜港口吞吐量较大、编组作业量较多时,折返行程少,但占地较长、较多。

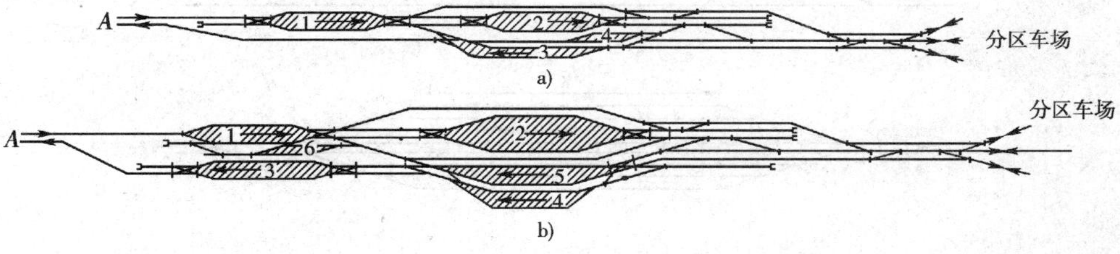


图 6-9　混合式港口车站示意图

1-到发场;2-编组场;3-出发场;4-编组场;5-到达场;6-机车整备设备

为便于提高港内取送调车作业的效率,港口车站距各分区车场之间的距离不宜过远,同时,港口车站与港区分区车场之间的联络线应为复线;这样,港口车站与各分区车场之间的取送作业可以达到平行作业。

4. 分区车场的布置

当港口规模较大、货种较多时,根据港口作业区的布置和货运情况,把港内的码头和库场装卸线划分为若干分区,并在每个分区设置分区车场。分区车场的主要功能是接纳从港口车站送来的车组、办理本区内的车辆分编和联运车辆作业,集结由码头、库场取回的车辆,送往港口车站。设置分区车场可以缩短装卸线调车作业时间,及时为装卸线供应所需车辆。

划分分区车场时各分区车场的作业量要大体均衡,且分区车场与所辖码头、库场装卸线的距离要尽量缩小。当港口作业区距车站较远,泊位数目较多时,就应设置分区车场;距车站很近,作业量又不大时则不必设分区车场。

分区车场的线路包括：

(1)到达线：接纳来自港口车站的车组。

(2)编组线：供分编去往各码头、库场装卸线的车组用。

(3)集回线：停放各装卸线集回的车辆，以便送往港口车站。

(4)机车走行线：机车在车场内的通行线。

分区车场的线路数目和长度，取决于它所服务的码头、库场的工作量和工作特点。必要时，还设置供编组用的牵出线和称重量用的轨道衡线。

通常分区车场设一股到达线，其有效长度应根据行车组织确定的到发车列长度和地形条件等确定，可按港口车站接发列车长度的一半设计。编组线数目和有效长度，应根据分区车场所辖的货位数目、主要的货物种类、货位的装卸能力、车流性质和各装卸线长度等因素来确定；集回线数目与港内各装卸线通过能力、港口车站机车牵引能力以及机车来到分区车场的时间间隔有关；机车走行线通常设一条。调车作业量不大不设牵出线，而利用车场两端的联络线进行调车，调车作业量较大时，可根据需要设置牵出线，其有效长度应与分区车场线路的有效长度相适应，条件困难时不得小于200m。

当分区车场的线路数目少时，可用梯形车场，见图6-10a)；线路数目多时可用梭形车场，见图6-10b)。梯形车场的主要缺点是线路数目多时，股道的长度差较大。梭形车场在股道有效长度与节省用地方面均较优越，由于车场两端各有两条进路，便于作业。

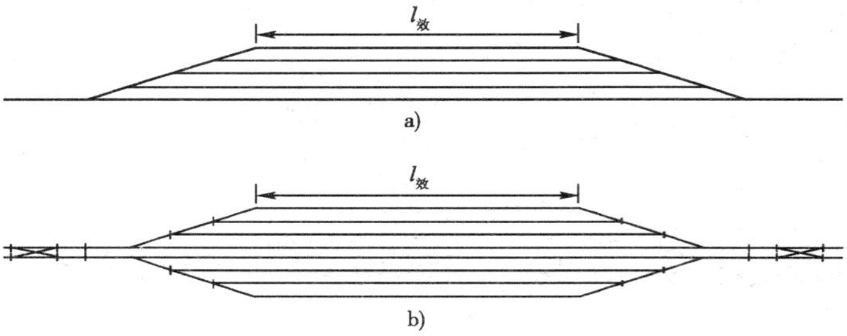


图6-10　车场布置型式

a)梯形车场；b)梭形车场

5. 联络线和装卸线的布置

根据港口铁路货运量及其性质，划定线路等级，然后再根据等级标准、牵引种类、地形条件与衔接的路网铁路技术标准、铁路运营管理方式等因素，经方案比选，确定线路的限制坡度和最小曲线半径。港内联络线的曲线半径不应小于250m。在困难条件下，也不得小于180m。仅行驶固定轴距小于4 600mm的机车时，可采用不小于150m的曲线半径。联络线的纵坡不大于25‰。

港内装卸线基本布置型式有：铁路与码头岸线垂直布置；铁路与码头岸线成斜交布置；铁路与码头岸线平行布置。有时在同一港区，可采取上述基本布置型式的混合布置。

(1)垂直布置时，铁路与码头装卸作业互不干扰，场地使用方便，相邻泊位的铁路作业互不干扰；但需要较大的港区陆域纵深，泊位较多时造成后方曲线地段多，铁路扇形面积大，适用于港区泊位少的大中型散货码头。

(2)斜交布置时,各个泊位有其单独的装卸线,铁路与码头装卸作业互不干扰,相邻泊位的铁路作业相互干扰少,便于铁路调车作业;但港区陆域的道路、库场布置不方正整齐,场地面积利用较差。

(3)平行布置多为新建港区所采用,库场布置方正整齐,陆域面积利用较充分,便于道路和各种管线布置。但是铁路作业时,平交道口中断行车,影响码头前沿与铁路后方库场之间的水平运输作业。

## 三、港口道路

港口道路包括进港道路与港内道路两部分。港口与全国公路网、城市或其他企业相衔接的对外道路称为进港道路。港区内部的道路系统称为港内道路。

*1. 港内道路*

港内道路除通行货运汽车外,还通行各种流动机械、车辆,按其重要性分为以下三种:

(1)主干道(arterial road)。全港(或作业区)的主要道路,为连接港区主要出入口的全港性道路;

(2)次干道(secondary trunk road)。港内码头、库场、流动机械库之间交通运输较繁忙的道路;

(3)支道(branch road)。消防车道及车辆、行人均较少的道路,如生产辅建区、生活辅建区中次干道以下的道路。

港内道路的布置在考虑生产工艺需求的同时,还应考虑港内的交通组织、道路与附近建筑物距离以及地磅等设施的位置。港内道路系统尚应包括停车场、汽车装卸台位等设施。集装箱码头的停车场需专门考虑。规划时应合理确定港内道路与铁路的立交与平交,根据港口的交通流特征设置人行天桥或地下通道。

以公路运输作为主要集疏运方式的港口,港内道路还应与港外道路在布局上、能力上相互匹配;以铁路、管道或其他疏运方式为主的港口,港内道路系统的组成简单,主要供辅助性质车辆及生产、生活、消防、警卫等使用。

港内道路除通行载重量较大的汽车外,常有各种流动机械如轮胎式起重机等大型机械行驶,因此,码头作业区内的道路路面较宽,有时超过港外道路的路面宽度。港内道路的路面一般选用高级或中级路面,行车速度一般不超过15km/h。

为了保证行车安全,司机应能看到车辆前方一定范围的路段,以便在望见障碍物或迎面来车时能及时制动,这段路的最小距离称为视距。常见的视距有两种:

(1)停车视距是在视点高于路面1.2m时,看到对面来车而进行制动及停车所需的最小距离。

(2)会车视距是两车司机的视点均高于路面1.2m时,看到对面来车,而分别制动所需的最小距离。

港内道路主要技术指标可按表6-1的数据采用。

港内道路的转弯半径,一般不小于表6-1中的规定,库、场引道和条件困难的主、次干道、支道,除陡坡处外,表6-1中的交叉口路面内边缘最小转弯半径可减少3m。

专供行驶电瓶车、内燃叉式装卸车的路面内边缘最小转弯半径,可按表6-2值采用。

**港内道路主要技术指标表**　　　　表 6-1

| 指标名称 | | 主干道 | 次干道 | 支道 |
|---|---|---|---|---|
| 计算行车速度(km/h) | | 15(25) | 15(25) | 15(25) |
| 路面宽度(m) | 一般港区 | 9~15 | 7~9 | 3.5~4.5 |
| | 集装箱港区 | 15~30 | | 3.5~7.0 |
| 最小圆曲线半径(m) | 行驶单辆汽车 | 15 | 15 | 15 |
| | 行驶拖挂车 | 20 | 20 | 20 |
| 交叉口路面内缘最小转弯半径(m) | 载重 4~8t 单辆汽车 | 9 | 9 | 9 |
| | 载重 10~15t 单辆汽车 | 12 | 12 | 12 |
| | 载重 4~8t 单辆汽车带挂车 | 12 | 12 | 12 |
| | 集装箱拖挂车、载重 15~25t 平板挂车 | 15 | 15 | 15 |
| | 载重 40~60t 平板挂车 | 18 | 18 | 18 |
| 停车视距(m) | | 15 | 15 | 15 |
| 会车视距(m) | | 30 | 30 | 30 |
| 交叉口停车视距(m) | | 20 | 20 | 20 |
| 最大纵坡(%) | | 5 | 5 | 8 |
| 竖曲线最小半径(m) | | 100 | 100 | 100 |

注:括号中的数值为运载集装箱车辆的行车速度。

**电瓶车、内燃叉车道转弯半径**　　　　表 6-2

| 行驶车辆类型 | 电瓶车 | 内燃叉车 | |
|---|---|---|---|
| | | 载重≤3t | 载重5t |
| 路面内边缘最小转弯半径(m) | 4 | 6 | 8 |
| 场地条件困难时,路面内边缘最小转弯半径(m) | 3 | 4 | 6 |

港内道路的纵坡,一般应不大于表 6-1 的规定。为了排除路面雨水,其最小纵坡一般不小于 3%;困难时也不宜小于 0.2%,但布置雨水井应加密;如纵坡小于 0.2%,则应采取特殊的排水方式,如路面采取横坡变化来排除雨水。为了顺畅地排水,港区内城市型道路的纵坡以不小于 0.4% 为宜。港内公路型道路可以采用道路的边沟排除雨水,纵坡为零。

当港内道路纵坡连续大于 5% 时,应设置缓和坡段,缓和坡段的坡度不应大于 3%,长度不应小于 50m。

停车场、停车道以及回车场的路面坡度在 0.5% ~1% 之间,最大坡度不宜大于 3%,最小不应小于 0.3%。

电瓶车道纵坡不宜大于 4%,专供内燃叉式装卸车行驶的道路的纵坡不宜大于 8%。人行道最大坡度为 8%。当纵坡大于 8% 时,应设置粗糙面层或踏步。沿干道两侧设置人行道的纵坡,一般应与干道的纵坡相同。

港内道路的横坡应满足路面排水和行车平稳的要求,根据路面面层类型和当地自然条件等因素按表 6-3 确定。

车行道路面横坡 表6-3

| 路面面层类型 | 路面横坡(%) | 路面面层类型 | 路面横坡(%) |
|---|---|---|---|
| 沥青混凝土、水泥混凝土路面 | 1.0~2.0 | 粒料路面 | 2.5~3.5 |
| 整齐块石、其他沥青路面 | 1.5~2.5 | 改善土路面 | 3.0~4.0 |
| 半整齐、不整齐块石路面 | 2.0~3.0 | | |

人行道横坡应根据人行道路面的种类、行人的安全与舒适,以及雨水能顺畅排除而定,一般采用1% ~2%为宜。在路面情况较好时,横坡可以适当减小。

公路型道路的路肩横坡,当路面为双坡时,路肩横坡应比路面横坡大1% ~2%,但在少雨地区和有较多慢速车辆混合运输的路段,宜比路面横坡大0.5%或与路面横坡相同;当路面为单坡时,一般与路面横坡相同,但邻接边沟的一侧,宜比路面横坡大1% ~2%。

2. 进港道路

进港道路为港区大门与城市道路、公路连接的道路,按港口公路货运量大小可分为下列两类:

Ⅰ类进港道路:汽车双向年货运量200万t及以上的道路;

Ⅱ类进港道路:汽车双向年货运量200万t以下的道路。

港区与生活区之间的道路,可按当地标准设计。位于市区以外的进港道路,其性质同一般公路;与城市相衔接的进港道路即是城市道路。进港道路应尽可能与公共快速公路网相连接,主要港区直达高速或使用专用疏港路,避免与城市道路混用。如果进港道路与城市道路平交,则应分析港口集疏运对城市交通的影响,提出交通组织方案。进港道路的主要技术指标见表6-4。

进港道路主要技术指标 表6-4

| 指标名称 | | 单位 | Ⅰ类进港道路 | Ⅱ类进港道路 |
|---|---|---|---|---|
| 计算行车速度 | | km/h | 80 | 60 |
| 路面宽度 | | m | 2×7.5 | 7.0~9.0 |
| 路肩宽度 | | m | 0.75~1.50 | 0.75~1.50 |
| 极限最小圆曲线半径 | | m | 250 | 125 |
| 不设超高最小圆曲线半径 | | m | 2 500 | 1500 |
| 停车视距 | | m | 110 | 75 |
| 会车视距 | | m | 220 | 150 |
| 最大纵坡 | | % | 5 | 6 |
| 极限最小竖曲线半径 | 凸形 | m | 3 000 | 1 400 |
| | 凹形 | m | 2 000 | 1 000 |

以公路疏运为主的集装箱码头,进港道路的宽度由进出港通道数和有关行车形式确定。

一般直线段越长,汽车超速行驶的可能越大,遇急转弯容易发生事故。在长直线段之后,或在大半径圆曲线连续延长的路段之后,必须尽量避免出现孤立的小半径圆曲线。曲线路段上允许的车速和曲线前的允许直线长度,可参考表6-5。进港道路的纵坡大于5%时,应设置缓和坡段,长度按表6-6确定,坡度不应大于3%,长度一般不应小于100m。

曲线路段允许车速与曲线前的允许直线长度　　表 6-5

| 曲线路段上的安全车速(km/h) | 30 | 40 | 50 | 60 | 70 | 80 |
|---|---|---|---|---|---|---|
| 曲线前的允许直线长度(m) | 300 | 300 | 300 | 450 | 600 | 800 |

纵 坡 限 制 坡 长　　表 6-6

| 纵坡(%) | >5~6 | >6~7 | >7~8 | >8~9 | >9~10 | >10~11 |
|---|---|---|---|---|---|---|
| 限制坡长(m) | 800 | 500 | 300 | 200 | 150 | 100 |

## 四、内河航运

我国以长江、珠江、黑龙江、京杭运河等水系为骨干形成了内河航运体系。内河航运具有运能大、占地面积小、能耗低、污染少和效益高的特点。内河航运的作用主要体现在：

(1)内河航运的发展可改善沿江河地区的投资环境和交通运输条件，推动工业企业沿江河地带布局，形成沿江沿河的产业带，促进区域经济的快速发展。

(2)完善区域综合交通体系，在大宗物资运输中发挥重要作用，并通过水路运输的成本优势，改善流域内的投资环境，促进投资增长。

(3)内河航运可作为河口港的重要集疏运方式，利用运量大、价廉、便捷、环保的内河航运发展绿色物流，为沿海港口拓展经济腹地提供重要保障。

(4)内河航运是综合利用水资源，促进自然、经济与社会的可持续发展的重要保障。研究表明，内河、铁路、公路的单位能耗比约为1:2.5:8.7，单位能耗比虽然由于各国国情不同，但可以看出内河航运具有保持生态环境良好、促进水资源综合利用、降低单位运输能耗、减小污染的作用。

1. 内河航运规划

内河航运规划是以内河航道、内河港口、内河船舶及保障系统等为对象，通过分析预测流域社会经济发展及内外部条件的需求，合理确定内河航运的功能定位；按照适应性、层次性、可持续发展和协调性的原则，科学地确定内河航运基础设施的规模和布局，并对基础设施的建设提出分期实施的安排。

内河航运规划包含四大要素：航道、港口、船舶和支持系统。因此，内河航运规划也就包含了内河航道规划、内河港口规划、船舶发展规划和支持系统规划这四个专业规划。从空间布局上分析，内河航运规划可分为：全国内河航运规划，如全国水运主通道总体布局规划；水系(流域)航运规划，如长江、珠江、黄河、黑龙江和松辽水系航运规划；区域航运规划，如西南地区航运规划；单一河流(区段)航运规划等。

内河航运规划是根据内河腹地社会经济、内外贸易发展对内河航运的需求，着眼于长远发展的需要，论证规划对象在社会经济系统及水运系统的地位、性质与功能，在合理利用水资源的前提下提出总体发展方向及分阶段建设发展目标，勾画出不同水平年的总体建设蓝图，重点研究实现功能定位所需要的建设方案，提出建设项目的建设地点、规模、投资和分期实施时间序列。

2. 内河船舶标准化

(1)内河船舶的航行方式。根据船舶的动力条件，内河船舶可分为自航与非自航两种。

自航船(self-propelled vessel)就是带有动力,可以自己单独行驶的船舶。非自航船也称驳船(barge),自己没有动力,需要由机动船带动行驶。根据相关标准及各大水系的现实情况,内河货运船舶包括分节驳(sectional barge)、普通驳船、机动驳船、普通货船、内河集装箱船及江海直达货船等几大系列。在内河上常见船舶编队航行,由多个驳船编结在一起,用机动船带动。编队航行的主要优点是运量大,比单船行驶运输单价低。我国内河上采用的编队方式主要有普通驳顶推船队和分节驳顶推船队,拖带船队多见于京杭大运河。

拖带船队(towing unit)是拖轮在前,用缆索拖带后面的驳船队,见图6-11。拖轮螺旋桨搅起的尾流冲击到驳船队,会加大船队的水流阻力,因此一般要求拖轮与第一艘驳船之间的缆索长度较长,具体长度按拖轮的动力大小而异。在航道尺度允许时,为了减小船队阻力,逆流行驶时,可以采取多排一列式,见图6-11a);顺流行驶时,可以采用多排并列式,见图6-11b)。拖带船队的编队方式行驶时产生的阻力大、成本高,但由于它是软联结,要求的航道条件可以低些,弯曲半径比顶推船队小。

顶推船队(push sets)是把动力船的推轮放在船队的后面,驳船之间联结成一个整体,见图6-12。顶推船队较拖带船队有以下优点:阻力小,消除了拖轮在前面搅起的水流对后面船队引起的冲击阻力;推船在驳船队的附随水流之中,减少了水流对推船的阻力;同时,螺旋桨也在附随水流之中,改善了螺旋桨的工作条件;减少或消除了由于驳船在拖带船队中的偏转摆动所增加的阻力;顶推船队联结为一个整体,偏转摆动幅度小,增加了船队的稳定性;顶推船队的船员数量相对大大减少;编队、解队的作业简便快速,提高了劳动效率。

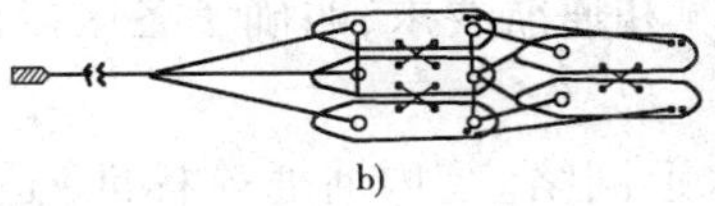


图6-11　拖带船队

a)多排一列式拖带;b)多排并列式拖带

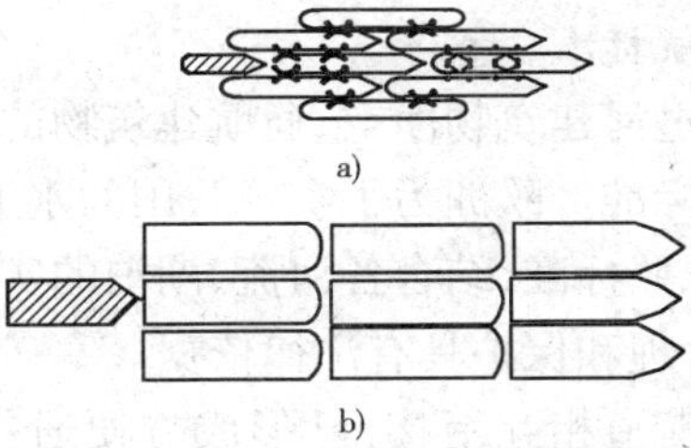


图6-12　顶推船队

a)普通驳顶推船队;b)分节驳顶推船队

在长江及其他一些水系分节驳顶推运输方式使用较多。分节驳顶推船队类似铁路列车,由许多艘统一规格驳节,编组成一支庞大的船队,由一艘推轮在后面顶推前进,如图6-12b)所示。这种船队与普通顶推船队相比,其技术性能和经济指标都显示出明显的优越性,具有如下优点:船队的整体线型得到改善,航速可提高6%~15%;由于取消了普通驳船的驾驶楼、舵设备、救生设备和船员住宿等设施,降低了分节驳造价;船型丰满,在船队长度不变的情况下,其载重量可增加8%~14%;若载重量不变,则船队长度可缩短,从而减少造船材料消耗量;驳船上可不配船员,节省人力;驳船建造易于标准化和系列化;线型简单,便于建造;船队驾驶操纵性能较好。

由于船型自身的特点,分节驳不宜单独使用,否则阻力很大;在同一船队中只能编入尺度相同的分节驳船,在装货时要严格控制配载,保证各分节驳船吃水均衡,以形成一定线型的整体。

(2)内河船舶标准化。我国内河船舶的技术和船型在不断发展,双尾船型、江海直达船型，襟翼舵、导流管、倒车舵、大径深比等的应用已达到比较高的水平。但是现有内河船舶仍存在船型杂乱，机型复杂等问题，不利于提高航道、船闸等基础设施的利用率，从而影响内河航道效益的发挥，成为内河航运竞争力提高的瓶颈之一。同时内河船舶总体技术水平不高，还存在水泥质船、木质船和挂桨机船等落后船型；内河船舶平均吨位较小，能耗高，营运效率低，操作性能差，航运安全存在隐患，易污染环境。因此，应以“安全、环保、经济、美观”标准船型的内河船队为主体，全面实现内河船型标准化、系列化和现代化。

船型标准化是一项复杂的系统工程，推进内河船型标准化，是内河航运结构调整的重要内容。船型标准化可推动内河运输船舶技术进步，提高内河运输船舶技术水平，优化内河运输船舶结构，提高航道和船闸等通航设施利用率，减少船舶污染，保障水上交通运输安全，降低内河船舶运输成本，提高内河航运竞争力，促进内河航运可持续发展，使我国内河船舶的安全、技术、环保性达到国际先进水平，适应我国经济社会发展需要。

通航河流中，运输船舶的主要限制性因素包括：船闸、升船机对船舶尺度进行限制；桥梁跨度和净空高度对船舶尺度和上层建筑进行限制；航道的宽度、水深和转弯半径对船舶尺度进行限制；水流速度和航道坡度对船舶尺度和船型进行限制；库区和湖泊航道对船舶环保产生的要求等。

具有限制性因素的航道应考虑各地区、各水系航道条件、船舶技术状况以及船舶特点等，推行船型标准化。已发布长江船型尺度系列国家标准、长江船型尺度系列行业标准、京杭运河标准船型（送审图纸）系列和川江及三峡库区标准船型（技术方案）系列。

3. 内河通航标准

为了明确过河建筑物净空、通航建筑物的尺度和通航水位标准，不少航运发达的国家制定了相关的通航标准。欧洲为了实现跨国的水上运输，还制定了可供有关国家共同遵守的通航标准。同时，依照标准，结合各河流、湖泊的实际情况和通航要求，明确了各区段的航道等级，使航道建设、管理和保护具有法律依据。

我国内河航道相互衔接，已形成方便通行的水运网络。《内河通航标准》适用于天然河流、渠化河流、湖泊、水库、运河和渠道等通航内河船舶的航道、船闸和过河建筑物的规划、设计和通航论证，主要包括航道、船闸、过河建筑物、通航水位等几个方面的标准要求。

（1）航道。我国境内河流、湖泊、水库及规划通航的航道按可通航内河船舶的吨级进行等级评定，定为Ⅰ～Ⅶ级航道（表6-7）。航道等级评定的原则包括：航道定级应充分考虑航运远期发展的需要；应考虑航道基本条件和开发治理的可能性；要有利于干支直达、江海直达运输，有利于水运主通道和现代化航道网的建设；应结合江河流域、铁路、公路、城市、军事、林业、船舶工业等部门的发展规划综合考虑；应综合考虑航道在综合交通运输网和水资源综合利用中的地位和作用及邻省干支航道的等级标准。

**航道等级划分** 表6-7

| 航道等级 | Ⅰ | Ⅱ | Ⅲ | Ⅳ | Ⅴ | Ⅵ | Ⅶ |
|---|---|---|---|---|---|---|---|
| 船舶吨级（t） | 3 000 | 2 000 | 1 000 | 500 | 300 | 100 | 50 |

注：①船舶吨级按船舶设计载重吨确定；

②通航3 000吨级以上船舶的航道列入Ⅰ级航道。

天然和渠化河流航道尺度、黑龙江水系航道尺度、珠江三角洲至港澳线内河航道尺度、限制性航道尺度不得小于附表 7-1 ~ 附表 7-4 所列数值；湖泊和水库航道尺度可采用附表 7-1 所列数值。

(2)船闸(navigation lock)。船闸级别应按通航的设计最大船舶吨级划分为Ⅶ级，船闸级别与航道分级指标相同。船闸的建设规模应保证船闸通过能力满足设计水平年内各期的客货运量和船舶过闸量要求。船闸的设计水平年应根据船闸的不同条件采用船闸建成后 20 ~ 30 年，对增建和改建、扩建船闸困难的工程，应采用更长的设计水平年。在通过能力不能满足设计水平年各期的客货运量和船舶过闸量要求等情况下，也可考虑设置双线或多线船闸。

各级船闸有效尺度必须满足船舶安全进出船闸和停泊的条件，船闸有效尺度可按《内河通航标准》附录中的计算方法进行计算，但不得小于附表 7-5 所列数值。

船闸引航道、口门区及连接段应避免出现影响船舶、船队航行和停泊安全的泄水波、泡漩和乱流等不良水流条件。船闸引航道口门区的水流表面最大流速，应符合表 6-8 的规定。

**口门区水流表面最大流速(m/s)**　　表 6-8

| 船闸级别 | 平行于航线的纵向流速 | 垂直于航线的横向流速 | 回流流速 |
|---|---|---|---|
| Ⅰ ~ Ⅳ | 2.0 | 0.30 | 0.4 |
| Ⅴ ~ Ⅶ | 1.5 | 0.25 | |

(3)过河建筑物(river-crossing structure)。《内河通航标准》对水上过河建筑物和水下过河建筑物的选址、布置(设)以及天然和渠化河流、黑龙江水系、珠江三角洲至港澳线、限制性航道、湖泊和水库水上建筑物的通航净空尺度等方面进行了明确要求。其中，天然和渠化河流水上过河建筑物的通航净空尺度不应小于附表 7-6 所列数值。

(4)通航水位。《内河通航标准》对确定通航水位所需的水位、流量资料的取用进行了明确要求，同时分别明确了天然河流和湖泊通航水位、运河和渠道通航水位、枢纽上下游通航水位的确定方法和标准。通航水位应根据河道水文条件变化情况，通过论证研究及时进行调整。

## 第二节　供电与照明

### 一、供电

港口供电对象主要是装卸机械、辅助设施、照明、通信及导航等设施。按供电负荷的重要性和中断供电所造成的损失或影响程度来划分，供电负荷一般分为三级。

一级负荷：突然中断供电将造成人身伤亡或重大政治、经济损失者，如重要通信导航设施、重要铁路信号等。必须由两个独立的电源供电，当从电力系统取得第二电源有困难时，可配柴油发电机组。

二级负荷：突然中断供电将造成较大的政治或经济损失者，如港口的主要生产用电等。应由一条专用线路供电，有条件宜再取得一条备用回路，以保证一般事故不至于中断供电(或能迅速恢复供电)，亦允许只由一条专业线路供电，备用回路的供电容量不低于全负荷的 1/3。

三级负荷是指不属于一、二级负荷者，采用一般供电的方式。

港口变、配电系统应简单可靠，在满足供电条件的情况下，尽量减少变、配电级数，简化中间环节，降低损耗。

大、中型港口一般采用双回路供电，双回路的电压等级相同，设有 35～110kV 变电站，是港口供电系统的中枢。中小型港口负荷不大时，可采用单电源 10(6)kV 供电。码头供电电压等级，高压多为 10kV 和 6kV 两种，低压宜为 380V/220V。

港区内各变电站位置应尽量靠近负荷中心，四周留有防火通道，室内地面宜高出室外 0.15～0.30m 并考虑预留沉降量。对于煤码头、散货码头，应注意变电站的位置，宜设置在上风向，以防止灰尘的污染。

港口供电系统的铁塔、照明灯塔、室外装卸设备以及油罐、粮仓，应考虑防雷接地，设置防直击雷的设施。

## 二、照明

港口室外照明包括码头面、堆场、铁路站场、道路等，各部分的照度要求见表 6-9。照明方式可分为一般照明和局部照明，一般照明是指大面积的普通照明，局部照明是指工作部位加强照明。

**港区照明照度标准值($Lx$)** 表 6-9

| 场所 | | 低值 | 中值 | 高值 |
|---|---|---|---|---|
| 码头 | 件杂货、钢材、木材、大宗散货、石油 | 5 | 10 | 15 |
| | 煤炭 | 3 | 5 | 10 |
| | 集装箱 | 15 | 20 | 30 |
| 堆场 | 件杂货 | 5 | 10 | 15 |
| | 散货 | 3 | 5 | 10 |
| | 集装箱 | 15 | 20 | 30 |
| 仓库 | 件杂货、散货 | 5 | 10 | 15 |
| 道路 | 主干道 | 2 | 3 | 5 |
| | 次干道 | 1 | 2 | 3 |

当路面宽度不大于 9m 时，路灯可单边布设，灯具一般用支架或悬臂挑出 1.5～3m。港区路灯的间距，宜采用 30～40m。在大面积的露天仓库及堆场可采用投光灯。

件杂货、木材、钢铁码头门机工作区域不允许装设任何照明灯杆，码头前沿的照明一般由码头后方高杆照明解决。码头高杆照明高度不应低于 30m，一般多采用 30m、35m、40m、45m 等规格高杆。照明高杆距码头前沿距离不应小于杆高 $h$ 的 1.5 倍，其最大距离为 2 倍灯杆高度。照明灯杆布置见图 6-13 和图 6-14。

集装箱码头和堆场的照明宜采用高度为 25m 的高杆，高杆距码头前沿距离不宜小于 45m。照明灯杆采用双列交错布置，见图 6-15。

当场地为非矩形布置时，应根据场地具体情况合理布置。对有冷藏箱的堆场，照明高杆布置时，视工艺布局相应调整杆位。

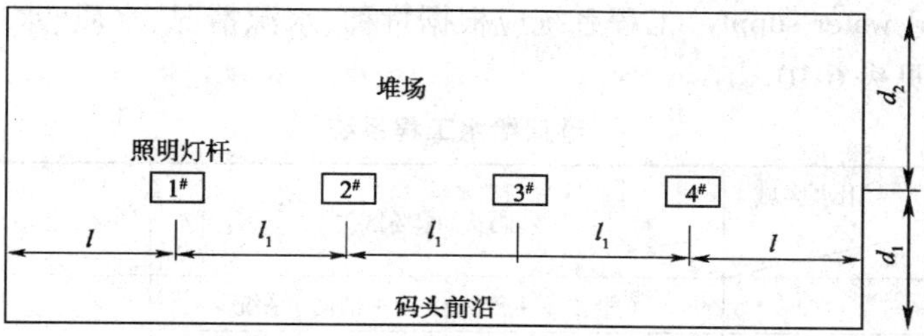


图 6-13　照明灯杆单列布置图

$l=3h;l_1=(3\sim4.5)h;d_1=(1.5\sim2)h;d_2=(2\sim2.5)h;h$ 为照明灯杆高度(m)

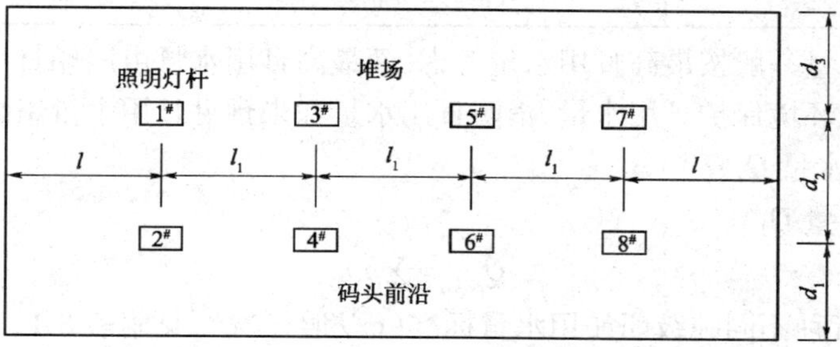


图 6-14　照明灯杆双列布置图

$l=3h;l_1=(4\sim4.5)h;d_1=(1.5\sim2)h;d_2=(4\sim4.5)h;d_3=(2\sim2.5)h;h$ 为照明灯杆高度(m)

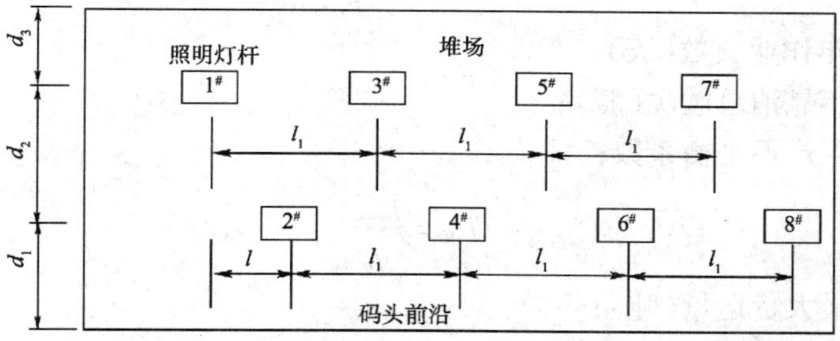


图 6-15　照明灯杆双列交错布置图

$l=2h;l_1=4h;d_1=(1.5\sim2)h;d_2=(3.5\sim4)h;d_3=(1.5\sim2)h;h$ 为照明灯杆高度(m)

# 第三节　给　排　水

港口应设置给水、排水设施，其能力应满足船舶、生产、生活、环境保护、消防等用水和雨水、生活污水、生产污水、生产废水等排放要求。

## 一、港口给水

港口应选用城市自来水作为水源，也可根据港口所在城市的情况考虑自备水源。对于喷洒、降尘、冲洗、绿化、消防等低质用水应考虑水资源的综合利用。锚地远离港区时，需供水船提供待泊船舶和水上过驳船舶的用水。

港口给水(port water supply)工程系统应根据货种、水源情况、水质、水压等条件综合分析确定,其系统类型见表6-10。

**港口给水工程系统** 表6-10

| 用水区域 / 货种 | 码头、库场区 | 辅助生产区 |
|---|---|---|
| 件杂货 | (船舶+生产+生活+消防)系统 | (生产+生活+消防)系统 |
| 油 | (船舶+生产+生活)系统、消防系统 | |
| 煤、矿石 | (船舶+生产+生活+消防)系统<br>(喷洒防尘+消防)系统 | |

港口设计用水量一般按最高日用水量考虑,而最高日用水量由船舶日用水量、生产日用水量、生活日用水量、环境保护日用水量、消防日用水量和未预见日用水量组成。

(1)船舶日用水量 $Q_1$:

①货船日用水量 $Q_{1.1}$:

$$Q_{1.1} = \sum q_i n_i \tag{6-1}$$

式中:$q_i$——不同货种不同吨级船舶用水量标准($m^3$/艘·次),见附表8-1;

$n_i$——不同货种不同吨级船舶的日上水艘次(艘·次/天);

$$n_i = K_B \cdot \frac{N}{T_y} \tag{6-2}$$

其中:$T_y$——码头年作业天数(天);

$N$——码头年靠泊总艘次(艘);

$K_B$——港口生产不平衡系数;

$$K_B = \frac{q_{max}}{\overline{q}} \tag{6-3}$$

其中:$q_{max}$——月最大货运量(吨);

$\overline{q}$——月平均货运量(吨)。

②客货船日用水量 $Q_{1.2}$:

$$Q_{1.2} = \sum q_i n_i \tag{6-4}$$

式中:$q_i$——不同旅客正铺定员船舶用水量标准($m^3$/艘·次),见附表8-2;

$n_i$——不同旅客正铺定员船舶的日上水艘次(艘·次/天)。

③港作拖轮日用水量 $Q_{1.3}$:

$$Q_{1.3} = 5n \tag{6-5}$$

式中:$n$——港作拖轮数量(艘)。

除港作拖轮外,还有供水船、供油船、消防船、引航船等,这些船舶多数为自造或改造,有的无贮水水柜,无统一的建造标准,同时这些船舶的用水量很小,将这些船舶的用水量包括在未可预见水量的港口杂项用水中。

④锚地待泊船舶日用水量 $Q_{1.4}$:

$$Q_{1.4} = \sum q_k n_k \tag{6-6}$$

式中：$q_k$——不同吨级船舶锚地待泊用水量标准（$m^3$/艘·次），见附表8-3；

$n_k$——不同吨级船舶锚地待泊的设计最大数量（艘）。

综上，船舶日用水量为

$$Q_1 = Q_{1.1} + Q_{1.2} + Q_{1.3} + Q_{1.4} \tag{6-7}$$

（2）生产日用水量 $Q_2$：

①港口冲洗日用水量 $Q_{2.1}$。港口的冲洗用水量应根据冲洗用水量标准和冲洗对象的数量计算确定。根据设备种类及作业污染程度，冲洗用水量标准可按附表8-4确定。

②港属机车日用水量 $Q_{2.2}$。港属机车用水量应根据港属机车用水量标准、机车日上水台数和机车日洗炉及补水次数计算确定。机车日洗炉及补水次数，可根据供水水质、机车作业频繁程度等因素确定。港属机车用水量标准按附表8-5确定。

③国内航线客运站用水量 $Q_{2.3}$。国内航线客运站用水量按设计客流量（日出港人数）计算，用水量标准15～20L/人。

④其他生产日用水量 $Q_{2.4}$。其他生产用水量主要包括港口所属的修理厂、航修厂、污水处理厂、垃圾加工厂等所属的各个车间的生产用水，另外还包括港区锅炉房的生产用水以及港区皮带机和装卸用的网兜冲洗用水等。此项用水种类较多，差异较大，应根据生产工艺的要求确定。锅炉房用水量应与采暖专业协商确定。

综上，港口日生产用水量

$$Q_2 = Q_{2.1} + Q_{2.2} + Q_{2.3} + Q_{2.4} \tag{6-8}$$

（3）生活日用水量 $Q_3$。港区生活用水量应根据港口生活用水量标准和各类人员的人数计算确定。港口生活用水量标准及小时变化系数，应根据卫生设备完善程度和地区条件按附表8-6确定。

（4）环境保护日用水量 $Q_4$。环境保护用水量应根据港口环境保护用水量标准，日洒次数及相应的喷洒面积计算确定；对于散货装卸作业过程中的环保用水量应根据不同货种按工艺要求计算确定。港口环境保护用水量标准按附表8-7确定。堆场日喷洒次数应根据当地蒸发量及风速等因素确定，一般日喷洒次数可采用2～3次/天；道路喷洒次数一般为2～3次/天；绿化喷洒次数一般为1～2次/天。

（5）未预见用水量 $Q_5$。未预见用水量包括港口的杂项用水和管道漏水。杂项用水主要指无固定地点、时间和水量的零星用水，如一般码头的冲洗、皮带、仓库、工作船及港口修建队的短期施工用水等。一般按港区各项总用水量（不包括消防用水）之和（$Q_1 + Q_2 + Q_3 + Q_4$）的10%～30%考虑。

通过以上计算，港口最高日用水量为

$$Q_R = Q_1 + Q_2 + Q_3 + Q_4 + Q_5 \tag{6-9}$$

最高日最高时用水量

$$Q_S = K_S \frac{Q_R}{24} \tag{6-10}$$

式中：$K_S$——时变化系数，对于大中型港口可取2.0～3.0。

一般而言，吞吐量在300万～500万t的小型港口日需供水量在3 000$m^3$/天以内；吞吐量千万吨的中型港口日需水量在10 000 $m^3$/天以内。对于装卸散货的专业化港口，除尘洒水量应做专门计算。

港内(港区)给水管网通常采用环状布置,将水源输水管接至港区供水调节站,经加压后送至各用水点并为码头船舶上水。港区供水调节站通常由加压泵房、清水池(贮水池)和水塔组成。

(6)消防用水量 $Q_x$。港口消防用水量应根据码头及库场存储物品的类别及储量、建筑物的情况,按照有关消防技术规范,确定同一时间内发生火灾的次数、代表性火灾的室外及室内消防用水秒流量以及火灾延续时间等因素综合考虑其用水量。一般按下式计算:

$$Q_x = q_1 + q_2 \tag{6-11}$$

$$V = 3.6(q_1 + q_2) \cdot T \tag{6-12}$$

式中:$Q_x$——消防秒流量(l/s);

$q_1$——室外消防用水秒流量(l/s);

$q_2$——室内消防用水秒流量(l/s);

$V$——消防总用水量($m^3$);

$T$——火灾延续时间(h)。

根据消防用水秒流量和消防总用水量,结合港区的具体情况,如果不满足要求,可在港区设置供水调节站,以兼顾港区的消防供水。

配水管网的布置早期需要采用枝状布置时应考虑未来连成环状的可能。管道主要埋地敷设,需考虑当地冻土深度和地面荷载等因素。

## 二、港口排水

港口排水系统(port drainage system)要求及时地排除港区的污水、废水和雨水,有害的污水必须进行净化处理,达到环境保护要求后才能排放。

港口污水水质分为:生活污水、生产性废水、生产性冲洗污水和被露天散货污染的雨水以及生产性有害污水。港口的生活污水应尽量排至所在城镇的污水管网,集中到城镇污水处理厂进行处理。当港口距城市较远或有其他困难时,设置单独的排水和污水处理设施。油码头的含油污水及煤、矿石堆场的污水应单独设置污水处理设施。

排水系统有分流制、合流制两种主要制式。分流制(separate system)指用不同管渠系统分别收集和输送各种污水和雨水的排水方式,需设置两套管道,投资大,优点是减少了污水处理量,能保持污水管道有适当的充满度和自洁流速(使污物不在管道内沉积),在技术上是合理的。合流制(combined system)是指用同一管渠系统收集和输送污水和雨水的排水方式,这种制式管理布置方便,但管径和污水处理设施均需加大,非雨季管道流速过低,工作状态差。

港口排水采用分流制或合流制应根据港口所在城镇的排水规划、环境保护要求、排水水质、水量及港口水域等条件确定,新建的排水系统宜采用分流制。当港区布置两个或两个以上排水系统时,宜使各排水系统所分担的汇水面积均匀、合理;应尽量避免和减少与铁路、干道、其他地下管构筑物、地下管线的交叉。

污水管道的平面布置,按主管道、支管道和支管依次定线。排水管道应顺坡排水,排水路线短捷,充分利用重力流坡降,尽量避免穿越管沟、廊道等地下构筑物以及港区铁路车场。主干管应尽量避开软土地基和其他不良地基带。

排水系统高程点的选择应结合港区发展规划适当留有余地，港区雨水量约占总排水量的90%，考虑到海水潮位顶托的影响，雨水管出水口设计水位一般选用雨季平均高潮位。管顶最小覆土厚度，应根据地面荷载，堆场和路面结构、管材强度、冻土深度等因素确定，在车行道下一般不小于0.7m，对于集装箱堆场不宜小于1.0m。

管道、明渠、暗渠及涵洞的设计流量，一般采用下列公式计算：

$$Q = \psi \cdot q \cdot F \tag{6-13}$$

式中：$\psi$——径流系数，按表6-11取值；

$q$——设计降雨强度（L/s · ha）；

$F$——汇水面积（ha），港区排水系统的汇水面积一般在0.2～1.0km² 范围内。

**单一覆盖的径流系数**　　表6-11

| 覆盖种类 | 径流系数 $\psi$ |
|---|---|
| 各种屋面，沥青、混凝土路面和堆场铺面 | 0.9 |
| 混凝土块（方块、六角块、连锁块）路面和堆场铺面，大块石铺砌路面和堆场铺面，沥青表面处理的碎石路面和堆场铺面 | 0.6 |
| 级配碎石和堆场铺面 | 0.45 |
| 碎石路面和堆场铺面 | 0.40 |
| 非铺砌土地面 | 0.30 |
| 绿地和草地 | 0.15 |
| 煤、金属矿石、非金属矿石、砂石等散货堆场 | 0.1～0.2 |

## 三、港区消防

码头以及停靠在码头的船舶发生火灾，往往导致船舶搁浅、沉船，堵塞航道，甚至破坏港口设施，造成伤亡和损失。因此，港区应建设消防站及水上消防设施，配备必要的消防车和消拖两用船等设备。用水可采用生产、生活、消防合一的供水管网供给，供水采用低压制。

油品是使港口发生火灾的最主要因素，其危险性分类见表6-12。

**油品危险性分类**　　表6-12

| 类别 | | 特性 | 常见品种 |
|---|---|---|---|
| 甲 | A | 15℃时的蒸汽压力≥0.1MPa | 液化石油气 |
| | B | 闪点＜28℃（甲A类以外） | 原油、汽油、石脑油 |
| 乙 | | 28℃≤闪点＜60℃ | 煤油、-35号轻柴油、喷气燃料 |
| 丙 | | 闪点≥60℃ | 柴油、重油、沥青、润滑油、渣油 |

装卸区和储存区是港口防火的重点。装卸、储存易燃易爆危险货物，应使用专用的码头、仓库和货场。各类物资在储存时宜按照火灾危险性分区布置。火灾危险性较大的部位应该设在全年主导风向的下侧，并尽量位于相邻主要桥梁、大型锚地、固定停泊场、造船厂和码头等重要建筑物的下游。易燃易爆危险品装卸码头、专用车站、储存区以及载运该类货物的船舶锚地，应设在相对独立的安全地带，例如可以布置在港区的边缘地带。装卸油品码头不宜与其他

码头建在同一港区水域内。确有困难需要设置在同一水域的，应设有可靠的消防安全设施。

港口码头的普通建、构筑物之间，根据类型、层数、面积和耐火等级等条件的不同设置防火间距，是预防和控制港口码头火灾的有效方法。通过设定一定的安全距离，将火灾危险部位与其他建、构筑物分开。一方面有利于火灾危险部位进行专门的防护和管理，尽可能减少可燃物与引火源的接触，降低火灾发生的概率；另一方面一旦发生火灾，也有助于阻止火势的蔓延，且便于消防扑救的展开。严禁在防火间距内搭建任何建、构筑物或堆放物质。

港口新建的各类建筑应采用一、二级耐火等级的建筑，控制三级耐火等级建筑，严格限制四级耐火等级建筑。在港区重要建筑、火灾危险较大的场所以及消防水源取水部位，应该设置消防车道，相邻两条消防车道的道路中心线间距不宜超过 160m；建筑物沿着消防车道一侧的长度超过 150m 或总长度超过 220m，应设置穿过建筑物的消防车道；消防车道的宽度不应小于 3.5m，净高不小于 4m；消防车道穿过建筑物的门洞时，其净高与净宽不应小于 4m，门垛之间的净宽不小于 3.5m；环形消防车道至少应有两处与其他车道相通。

易燃易爆危险品装卸泊位应与其他码头泊位保留足够的船舶间距，具体要求如下：

（1）油品泊位与其他货运泊位的船舶间距应符合表 4-14 的要求；与客运泊位的距离应符合表 6-13 的要求。

**油品泊位与客运泊位的船舶间距（m）** 表 6-13

| 客运泊位名称 | | 船舶间距（m） |
|---|---|---|
| 海港客运泊位 | | 300 |
| 河港客运泊位 | 位于油品泊位上游 | 300 |
| | 位于油品泊位下游 | 3 000 |

（2）油品码头相邻泊位的船舶间距应符合表 4-15 的规定。

（3）海港或河港中位于锚地上游的装卸甲、乙类油品泊位与锚地的距离不宜小于 1 000m，装卸丙类的油品泊位与锚地的距离不宜小于 150m；河港中位于锚地下游的油品泊位与锚地的距离不宜小于 150m。

（4）海港甲、乙类油品泊位的船舶与航道边线的净距离不宜小于 100m；河口港及河港，可根据实际情况适当缩小，但不宜小于 50m。

（5）装卸甲、乙类油品的泊位与明火或散发火花场所的防火间距不宜小于 40m。

（6）甲、乙类油品码头前沿线与陆上储油罐的防火间距不宜小于 50m。

（7）陆上与装卸作业无关的其他设施与油品码头的间距不宜小于 40m。

## 第四节　通信与信息

港口通信与信息系统是港口生产的重要组成部分，是提高港口营运效率，并对国内外船舶提供公众通信的重要手段。信息技术的发展使港口通信设施发展变化很快，并在与信息传输、处理、分送系统相交融的过程中，产生了一些新的功能。港口的通信系统包括：有线电话通信系统、海岸电台及甚高频电台系统、互联网及电子商务系统。此外，下节所述的 VTS 系统也与港口通信系统有密切的联系。

## 一、通信系统

港口通信设计应符合交通通信技术的相关安全和技术政策规定。港口可根据实际需要设置长途电话及长途电话中继线。

调度电话系统是港口企业中生产指挥调度工作的主要手段,用其保证生产指挥的及时与可靠。系统可采用一级调度制,即局调度电话系统;二级调度制,即局调度电话系统和作业区调度电话系统;也可以采用三级调度制,即局调度电话系统、作业区调度电话系统和第三级输运(装船、卸车)生产调度电话系统。也可根据港口的特点及生产需要设置专用调度电话,如船调、煤调以及铁路运输、电力、消防等调度电话系统。

港口移动自动无线电话系统属于港口专用移动业务网,它对港口的管理、运营及生产效益都起到了很重要的作用。它不同于公众网的蜂窝状方式,根据港口的布局通常建一个基地控制台,最多不超过两个无线基地台。

港口短波海岸电台是指配有中频、高频或中/高频工作频段且从事水上移动业务的陆地电台。短波海岸电台一般由发信台、收信台和中央控制室组成。

港口一般均设置甚高频海岸电台(VHF coast station),它是对国内外船舶开放的公众船舶通信业务的陆地甚高频电台。港口海岸的甚高频海岸电台应设置有线/无线转接设备以及连接用户的有线线路,并提供高质量的话务服务,此时的甚高频海岸电台既要承担甚高频港口电台(VHF port station)的业务,又要承担专用电台的通信业务。

## 二、信息系统

信息化建设是提高港口服务水平和港口竞争力的重要途径。在港口信息服务上,建设与政府机构、港方、船方、货主互联的网络系统,集成港口信息资源,通过整合政策公告、执法监管以及港口设施、港口服务、港口动态、监管对象等信息,建立港区以信息共享和综合查询为核心功能的港口信息服务系统,使其成为港区对外信息服务的统一窗口。

信息系统及信息技术应用于港口生产、经营、管理和服务的各环节,推动港口生产的智能化发展,形成以组织保障、政策标准体系为核心的完善的信息化发展环境。在港口生产上,港口的信息系统,可实时记录船舶状态、堆场状态、装卸设备和水平运输设备状态,将各生产环节的状态转化为生产参数,制定生产作业调度计划。在港口的信息共享方面,通过统计船舶在港时间、装卸时间、泊位利用情况、吞吐量等各种数据,对各类数据进行综合分析,全面反映港口营运状况,为管理部门的宏观决策提供支持,以便引导港区更好地发展。

# 第五节 水上安全监督

港口海域的灯塔、灯桩和浮标等助导航设施以及通信系统工程、VHF 基站以及电视监控系统(CCTV)等是水上安全监督的重要基础设施。同时为了便于水上安全监督,通常在港口规划中为港作船、引航船、消拖两用船、海事及救助船等规划支持系统岸线。由于它们对岸线资源的要求基本一致,为有效利用岸线资源,在规划时宜集中布置支持系统岸线。

进出港口是船舶航行中风险最大的一段航程。引航也称引水,是指在一定的水域内(港口或内河)，专门性的从业人员(即引航员)登上船舶，为船舶指引航向，把船舶安全地引进、带出港口，或在港内移泊。外籍船舶进出我国港口必须向港口引航机构申请引航，保证船舶安全及时进出港口、维护港口公共安全。

引航管理站(pilot station)是专职引航机构，代表国家行使引航主权，负责对进出港的外籍船舶实行强制引航，并接受远洋、近海航运公司的申请，提供引航服务。引航工作对于保证船舶安全航行、提高港口作业效率、维护航行秩序等都具有重要作用。

船舶通航服务站(VTS)，又称航管站，主要由岸上雷达系统(包括电视扫描光栅显示器)和无线甚高频电话岸台组成。雷达系统可以在各种气候条件下发现并测定水上船舶的位置。因此，如果在雷达屏幕上显示出航道、锚地等地图形状(视频地图)；则可方便地观测到船舶在雷达覆盖区内的移动状态，并通过计算机测定船舶的航向及航速。图 5-12b)是大连港 VTS 位置及主要监控区，即黄白嘴交管站，该站雷达系统覆盖 10n mile 范围水域，监视大三山分道通航水道及港内锚地。此站土建结构与黄白嘴灯塔合体建设，功能紧凑。船舶通航服务站一般具有下述功能：

(1)监视进港航道、锚地、掉头区的船舶动态。

(2)在雾天或视线不良时，通过甚高频无线电话向船舶提供导航信息，如船位、航向、航速及到达转向点距离、偏离航道轴线情况及周围相关目标动态等。

(3)在恶劣气候或台风季节，监视抛锚船舶的锚位移动并及时发出警告。

(4)监视水上航行危险区或禁止抛锚区，遇有危险状态或违章现象及时发出警告。

船舶通航服务站是现代港口的重要设施之一，可大大减少事故率。如青岛港 VTS 建立前 3 年和后 10 年的统计数据对比显示，船舶交通流量虽逐年增加，但交通事故率逐年减少，搁浅、触礁事故平均减少 75%，碰撞事故平均减少 60%。在港口规划中应考虑是否增设船舶通航服务站(VTS)。

## 习　　题

6.1　简述各种集疏运方式的优缺点及适用范围。

6.2　试述港口铁路的运输装卸步骤及其组成。

6.3　简述分区车场的布置型式及主要功能。

6.4　搜集有关港内道路仿真模拟的实例并阐释该方法的优缺点。

6.5　介绍港口设计用水量的构成情况及管网布置要点。

# 第七章 港口发展规划

## 第一节 港口规划及其层次

### 一、国际运输网络与集装箱运输发展

港口是海洋运输乃至国际贸易的重要组成部分。海洋运输的主要特点：

(1)可利用天然航道，不受道路、轨道的限制，通过能力较其他运输方式大。

(2)载运量大，1 艘万吨船舶的载运能力可抵 200 节 50t 火车车皮的运量。

(3)运费低廉。

(4)易受自然条件和季节性的影响，航行速度较其他运输方式低，风险也较大。

集装箱运输是海洋运输的主角，集装箱吞吐量已经成为港口物流水平标志之一。2008 年全球海运货量较 2007 年增长 3.6%，达到 82 亿 t，港口集装箱吞吐量为 5.06 亿 TEU，每年增长 4%。1990～2005 年我国沿海港口集装箱吞吐量的平均增长速度为 30.0%。

国际贸易的发展和规模经济的作用，促使港口出现了在适应国际贸易功能方面的合并或集中。通过大型转运港和中小喂给港的运输方式，实现大型集装箱船的规模效益，达到降低单箱运输成本的目标。集装箱运输以东亚、欧洲、北美三大世界经济区之间经贸活动为基础，形成三大国际干线，即远东—北美航线，欧洲、地中海—北美航线，远东—欧洲、地中海航线。

围绕三大环球国际航线和经济的地理分布，形成了一系列跨洋、跨洲国际干线以及近洋(海)支线。基于分析集装箱运输对港口发展的影响，可以把港口分为干线港、支线港和喂给港。大型集装箱船航行于国际干线，挂靠干线港；小型集装箱船航行于支线，挂靠干线港与支线港(喂给港)。干线港可有一定数量近距离的支线在此汇集，航行于支线的小型集装箱船为干线船集运或疏运集装箱。在各干线港，围绕着不同航线交叉和衔接的转运，建立起全球集装箱航运网络，将不同的运输点连接起来，使一港通达多港。集装箱运输的规模经济促使干线港、支线港和喂给港的功能分工，但实际上，它们之间没有严格的区别标准并且随时会相互转化。

上海—地中海航线就是国际干线，其运行概况见表 7-1(挂靠各港时间省略)。

地中海航线(AMX)主要挂靠港口一览表 表 7-1

| | |
|---|---|
| 航线：地中海 | 船期(上海港)：周班，每周三抵港，周四离港 |
| 挂靠港 | 上海，香港，新加坡，巴生，焦亚陶罗，拉斯佩齐亚，福斯，瓦伦西亚，纽约，诺福克，萨瓦娜，瓦伦西亚，拉斯佩齐亚，焦亚陶罗，吉达，豪尔法坎，新加坡，釜山，上海 |

航行于干线的大型集装箱船，由于船天费用昂贵，应选择合理航行路线，挂靠港不能太多，要求挂靠的干线港要有相当规模的箱量集中，保证大型集装箱船有一定的实载率。

## 二、港口分代

国际贸易运输量90%是通过海运和港口实现的。如前所述，为了适应国际贸易和现代物流综合管理的发展，港口功能不断有新的拓展，运输方式也在发生变化，其中集装箱运输较为突出。联合国贸易与发展会议(UNCTAD)将港口功能发展分为四代。

1. 第一代港口

港口是水陆联运枢纽，是陆地运输和海洋(水路)运输的交接点，即传统意义上的港口生产活动是港口活动的主体，包括货物的装卸和储存并完成货物在海上运输与其他运输方式之间的换装。港口作业和活动的范围局限于码头及相关水陆域范围内，与用户之间只是非正式、临时的服务与被服务的关系。港口活动相对“独立”，功能相对“单一”。

2. 第二代港口

由于工业化国家通过海运进口原料大量增加，同时产品出口也随之增加，港口作为水陆联运枢纽，发展出了与工业设施紧密结合的“工业港口”以及货物包装、加标志等商业活动。上述功能的发展已引起港口陆域概念的变化，生产车间与传统的港口设施交叉布置，形成了封闭港区的部分开放。港口不同部门之间活动联系更为密切，自发地协调步调。港口功能相对“扩展”，成为运输枢纽和工业活动基地。

3. 第三代港口

随着全球范围内集装箱化、多式联运、国际贸易日益增长的需求和综合物流管理的发展，推动港口成为国际贸易的综合运输中心和后勤基地，以适应跨国公司经营的需要。第三代港口活动特点反映在：

(1)传统港口服务。货物装卸仍是港口活动的主体，随货物流动配有信息分送系统，向用户提供有关货物起始点、库存、未来使用、运输方式、航运等商务信息。

(2)工业服务。在港口以及港内建立与货物有关的工业，如初级产品的增值加工。在港区内或毗邻港区建立出口加工区。

另一类工业服务包含与船舶、车辆有关的技术服务，如船舶维修、救助等，使港口用户设备得以保持较高的生产力水平。

(3)商务、信息和分运。港口分运功能可有效地适应来自全球零件、半成品组装的跨国公司生产模式，将运输链上各环节结合成一整体，减少零件、半成品、货物的存储，使生产、贸易、运输、存储、销售、信息之间同步进行。

分运服务给传统港口仓储业带来了质的变化，分运可减少库存，并使货物按要求及时抵达用户手中。为此，分运必须对与货物有关的生产、贸易、运输、存储、销售的信息与货流同时分送，即同步进行货物流动和信息流动。例如，不来梅港为奔驰汽车厂商提供分运服务，把来自不同生产点的3 500种零部件在港口集结和存储，按国外7个装配厂商的作业计划提供港口分运服务。在港内并箱、分箱并适时组织不同航线的集装箱运输，及时配送至分布在7个国家的用户。

可见，上述分运活动除传统的港口设施外，必须有高度发达的港口信息基础设施(如EDI)支撑和商务设施的协调、高效率的配合，才可能有效地实施。港口发挥了国际贸易后勤基地的作用，并较好地适应了跨国公司全球性生产组织的需要。

(4)高效率的口岸行政服务。港口、口岸票据、单证实现EDI化。港口或部分港区如具有自由贸易区的地位,可扩充港口转口贸易功能、出口加工功能,吸引跨国公司子公司业务进入港区或毗邻的保税区,增加物流过港业务量。自由贸易区地位是第三代港口的特征之一,它既是高效率的行政服务,也是具有吸引力的商业环境条件。

4.第四代港口

联合国贸易与发展会议1999年最早提出第四代港口的概念,认为在世界范围内已出现超越第三代港口的新一代港口,其处理的货物主要是集装箱,发展策略是港航联盟与港际联盟,生产特性是整合性物流,成败关键是决策、管理、推广、训练等因素,如美国洛杉矶和长滩的组合港以及丹麦哥本哈根和瑞典马尔默的组合港,不同地区港口的整合和联营使港口发展进入一个新的阶段。第四代港口是适应国际港口发展,为客户提供供应链整体优化、满足物流柔性化需求、提供低成本、低消耗、优质高效服务的绿色物流节点。具体特征如下:

(1)绿色港口。绿色物流由于降低成本、节约资源成为港口发展的必然趋势。第四代港口作为供应链体系的节点必将大量应用绿色技术,在港口与城市的开发与建设中,先进的环保技术与生态技术得到空前的重视和应用。

(2)科技港口。港口装备具有大型化、科技化、信息化、网络化的特征;港口建设呈现深水化、大型化和专门化的发展趋势。多数排名全球居前的港口拥有超过15m水深的集装箱泊位、20万吨级以上的干散货泊位以及30万吨级的原油泊位。

(3)面向供应链体系的服务型港口。在第三代港口的标准化、规模化基础之上,满足市场精细化、敏捷化、柔性化需求,既满足客户对物流质量、成本的要求,还要满足客户柔性化的要求,使港口与其他物流活动一起构成无缝供应链体系。

(4)第四代港口之间的协同关系成为主流。经济全球化导致竞争不断演变,腹地交叉的港口间竞争关系逐渐向协同竞争转变。

## 三、港口规划的层次

1.港口规划概述

港口规划的主要任务是确定港口在一定时期内的目标和完成该目标所要具备的技术经济条件。港口规划包括港口布局规划和港口总体规划两大类型,港区详细规划是港口总体规划中的港区规划的深化方案,见图7-1。

港口布局规划,是指港口的分布规划,包括全国港口布局规划和省、自治区、直辖市港口布局规划。全国港口布局规划,由国务院交通主管部门征求国务院有关部门和有关军事机关的意见编制。省、自治区、直辖市港口布局规划,由省、自治区、直辖市人民政府根据全国港口布局规划组织编制。

港口总体规划,是指一个港口在一定时期的具体规划,包括港口的水域和陆域范围、港区划分、吞吐量、到港船型、港口的性质和功能、水域和陆域使用、港口设施建设、岸线使用、建设用地配置以及分期建设序列等内容。港口总体规划由港口行政管理部门征求有关部门和有关军事机关的意见编制。

港口总体规划应当符合港口布局规划。港口规划是港口建设的重要依据,港口建设应当符合港口规划。

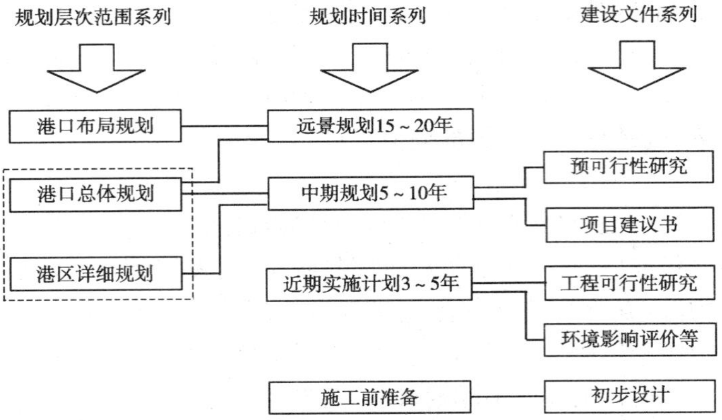


图 7-1　港口规划层次与文件系列图

港口远景规划和中期规划都要求进行港口总体规划，两者涉及的面是一致的，但深度要求有差异。水域、海岸线和岸上土地使用，是远景规划所要求的，也是总体规划中最主要的内容。这三点都必须根据预测的远景运量加以预留。现代技术的发展，泊位效率越来越高，港口分运业务不断发展，特别是第三代港口作为跨国公司生产流程上的一个环节，对大面积场地的需求更加迫切。

我国的国民经济与社会发展规划以五年为一个单元，因此港口规划的规划期通常在合理选择规划基准年（通常为规划完成前一年）的基础上，以五年为一个阶段，确定规划水平年，水平年应与国民经济和社会发展五年规划的年份相一致。

2. *港口布局规划*

港口布局规划是根据区域范围内工农业生产发展要求及资源条件，结合产业、城市、交通等布局，科学地进行港址选择并确定区域港口的发展战略目标与功能定位。港口布局规划是从宏观层面上确定港口的分布，以满足国民经济长远发展的需要，特别是国际贸易发展以及国家综合运输网规划对港口的建设地点、类型、规模及建设时间提出的宏观要求，是区域经济发展规划的重要组成部分。港口布局规划应结合国际航运网络发展趋势，依据区域的经济社会和岸线资源条件，综合平衡集装箱、能源、粮食、矿石、钢铁等大宗货源，提出主要货种的运输系统和分区域港口布局规划。图 7-2 为 2006 年制定的全国沿海港口布局规划中的沿海港口布局图。

在实际规划工作中，要注意到：

（1）规划的系统性，把港口作为综合运输系统中一个组成部分来考虑。港口吞吐能力发展，要与主要区域产业布局相适应。如果对大宗货源的港口间竞争性分流或与其他运输方式竞争性分流分析不充分，会造成专业泊位闲置等情况发生，致使港口营运非常困难。

（2）为港口确立多种运输方式的集疏运系统。要特别注意信息基础设施规划，同样亦需要相关部门同步发展和协作，使信息处理和分运能力与物流管理要求相适应。

港口能够完成吞吐量的多少，取决于港口五大系统（参见表 1-1）中薄弱环节的通过能力。信息与商务系统是港口服务活动的基础。港口与后方的铁路、公路、水路、管道组成的集疏运系统，其运行状态高效率、低成本和准时性是吸引货流过港的重要条件。港口通过能力是动态

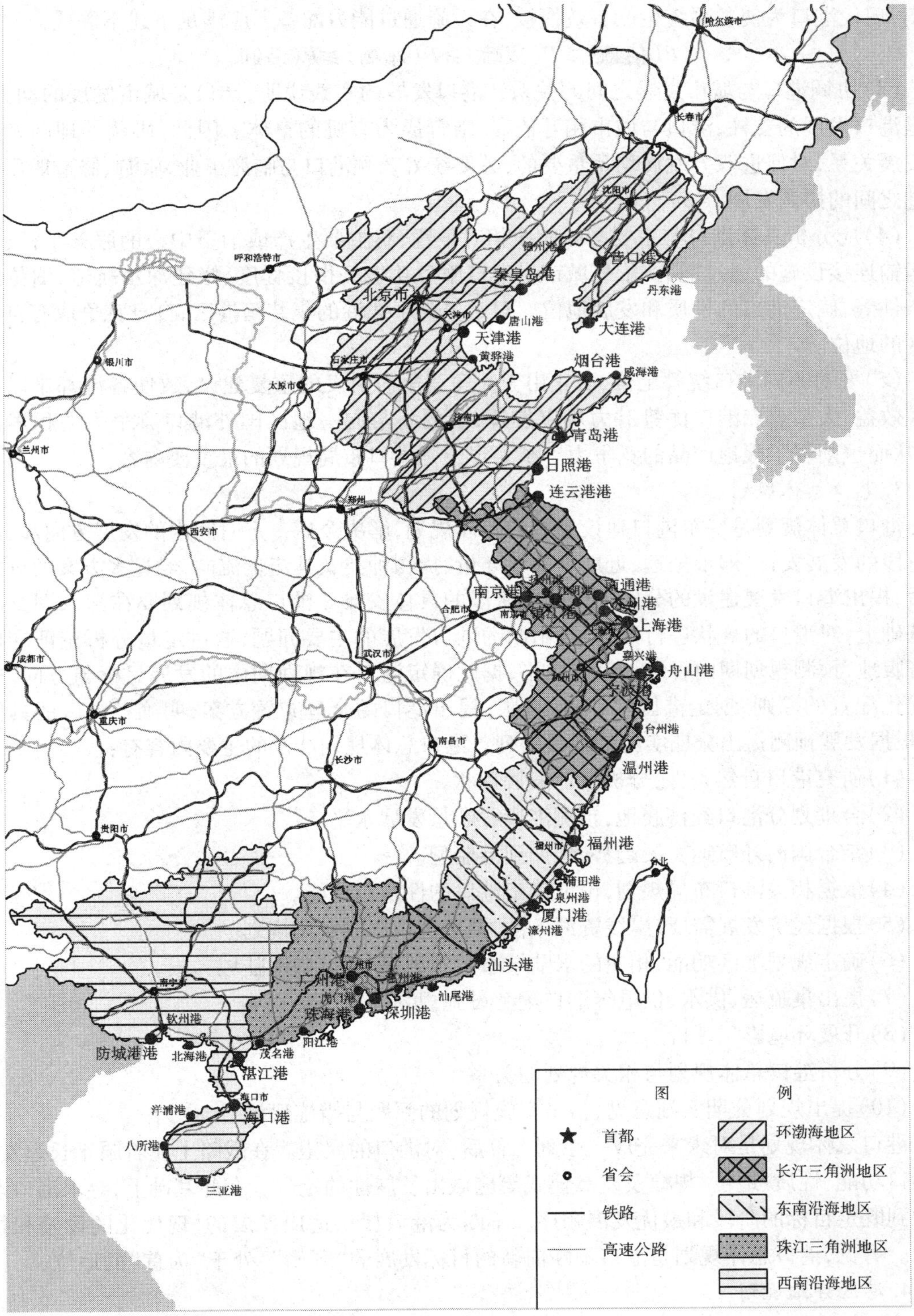


图 7-2 全国沿海港口布局图

平衡，现代港口为使各系统生产有效衔接，在设施通过能力配备上应满足下述不等式：

$$P(\text{信息})\geqslant P(\text{集疏})\geqslant P(\text{库场})\geqslant P(\text{装卸})$$

（3）协调港口与城市发展之间的关系。港口发展的实践说明，港口是城市发展的动力，城市是港口发展的支柱，港口与城市相互依存、结合成为有机的整体。因此，协调处理两者近远期发展关系，对促进双方发展均是重要的，并要统筹兼顾港口与临海工业、旅游、修造船厂以及渔港之间的协调发展。

（4）应分析具体港口与主要国际航线相对位置、对主要生产或消费中心的服务半径、与腹地运输连接设施的通过能力、依托城市对港口服务功能的衔接程度、修建深水航道、泊位的自然条件等，确定港口的性质和发展地位。对定位为干线港的集装箱港区，自身宜争取有自由贸易区的地位。

（5）要对不同港口统筹定位，防止由于无序竞争而引发的重复建设，致使各港都难以形成规模效益，大型重点港口优势潜力难以发挥，削弱了与同一地区国外港口竞争力的积累与发展，从而也削弱了腹地产品的竞争力。统筹定位是港口布局规划的最重要内容。

3. 港口总体规划

港口总体规划是一个港口建设发展的具体规划，解决今后一定时间内的发展方向和分期、分阶段的发展安排，即根据远、近期客货吞吐量、货物种类及其流量流向，经过多方案的分析论证后，提出港口发展建设的分区、分期、分阶段的具体安排。港口总体规划要在深入调查研究的基础上，对港口的现状进行评估，找出制约港口发展的主要问题，通过定量分析论证港口的经济腹地，预测规划期内吞吐量发展水平，据此确定港口在规划期内的发展目标与方向，按资源优化配置的原则，划定港区水、陆域界限，提出港口的合理布置方案，明确各港区的具体功能，根据发展预测提出分期实施的建设序列。港口总体规划涉及的主要内容有：

（1）研究港口自然条件，分析港口发展现状。

（2）合理划分港口经济腹地，预测港口吞吐量发展水平。

（3）结合国内外航运发展趋势，预测到港船型。

（4）依据相关港口布局规划，论证确定港口的性质与功能。

（5）根据经济发展需要、岸线资源条件，提出港口岸线利用规划。

（6）确定规划港区功能、相应的水陆域布置规划，划定港口水陆域界限。

（7）提出集疏运、供水、供电等港口配套设施规划。

（8）开展环境影响评价。

（9）分析港口总体规划与相关规划的关系。

（10）提出规划分期实施意见，指出实施规划的问题与措施建议。

港口总体规划是对未来完成一系列工程后，对港口的展望。在战略上应着眼于长远发展，对港口功能、性质、地位、规模及发展模式等应做出发展性的定位。在此基础上，寻求港口渐次发展到既定目标的阶段和最优发展顺序。不断为港口提供适应发展的、现代化的设施和技术手段。可见，港口总体规划是港口不断向新的目标发展的“开始”，处于“为首”的地位。

4. 港区详细规划

港区详细规划，也称控制性详细规划，是港口总体规划在特定港区（作业区）的深化和落实，更注重研究港区的竖向高程控制、土地利用及其使用强度控制、陆域形成（土石方平衡、填料来源及弃土处理等）、港区路网与管网规划及其同港区外部的有效衔接等问题，以便对港区水陆域利用和重要配套设施的布置做出进一步的安排，为港口规划管理提供依据，并指导港区建设项目开展前期工作。

港区详细规划应当包括以下内容：

(1)分析评价港口发展状况。

(2)依据港口总体规划，论证确定港区功能定位及发展方向，预测港口吞吐量和到港船型。

(3)在深入开展勘察和相关专题研究基础上，评价港口岸线资源条件。

(4)研究港区的功能分区，深化港区水陆域布置及岸线利用规划，确定港区水陆域利用规划。

(5)根据港口集疏运需求分析，研究港区运输组织方式，确定港区道路、铁路、内河、管道等设施的布置，与城市交通干线的衔接关系。

(6)确定供电、给排水、通信等港口配套设施的管线走向、管径和有关设施的布置。

(7)提出环境保护规划。

(8)论述与相关规划的关系。

(9)提出规划实施意见与建议。

编制港区详细规划应当认真分析港口发展状况，剖析存在问题；深入研究港区在全港发展中的地位和发展方向；通过综合分析区位条件、自然资源及发展潜力等因素，按照资源节约和环境友好的建设要求，深化完善港区各项空间规划；严格依照国家颁布的有关法律、法规及政策要求，符合有关规划设计的技术规范和标准，采用先进的规划方法和技术手段，提高规划的科学性和前瞻性；在港口总体规划基础上，深化气象、水文、地质、地貌等勘察和相关专题研究工作，深度应达到可行性研究阶段的要求。对港口总体规划提出的需要进一步研究的重大技术问题，港区详细规划应当进行充分研究和论证。港区详细规划的期限应与港口总体规划相衔接。

## 第二节　港口建设项目可行性研究

可行性研究是港口建设项目前期工作的重要阶段，是建设项目立项、可行性研究报告审批和项目申请报告核准或备案的主要技术依据，分为预可行性研究和工程可行性研究两个阶段。

政府投资的港口建设项目应进行可行性研究，按照项目类型、规模及建设条件等，分别开展预可行性研究和工程可行性研究；小型项目或技术上较成熟的项目，经项目主管部门核准后，可直接开展工程可行性研究；企业投资的港口建设项目应开展工程可行性研究。

开展可行性研究工作的要求：严格执行国家有关方针、政策和法律法规，符合港口规划和港口工程相关规范及有关技术标准；认真进行调查、勘察、试验及研究工作，使用的基础资料应当真实、准确、齐全；应对研究内容进行多方案比较，从技术、经济、资源、环境和社会等方面进行全面论证，有明确的结论和意见；推荐的建设方案应当安全可靠、节能环保、技术先进、经济可行；积极采用先进、适用的新技术、新工艺、新设备和新材料。

## 一、预可行性研究

预可行性研究应对港口建设项目是否可行进行初步判断，依据港口布局规划、总体规划，分析腹地经济发展趋势和港口运输需求，预测港口吞吐量发展水平，论证项目建设的必要性和建设规模。在对项目建设条件进行调查研究和必要的勘察、科学实验基础上，研究项目建设的可能性、工程方案的技术可行性和经济合理性，提出项目可行性的初步评价结论，为建设项目立项提供依据。

预可行性研究阶段的内容和深度应当符合下列要求：

(1)通过调查现状、预测运输需求等工作，论证项目建设的必要性，合理确定码头建设规模、建设时机。

(2)了解工程自然条件、外部条件，分析工程与有关规划、政策的符合性，综合评价工程建设的可能性。

(3)论证确定工程的建设地点。

(4)初步确定工程总平面布置方案、装卸工艺及主要设备。

(5)初步确定水工建筑物结构、布置及配套工程。

(6)初步提出工程建设采取的环境保护措施。

(7)估算工程投资，按规定进行经济和社会影响评价。

(8)提出研究结论、存在问题及建议。

## 二、工程可行性研究

工程可行性研究是确定港口建设项目是否可行的最后研究阶段，应依据批准的项目建议书，深入分析腹地经济社会发展趋势和市场供需状况，进一步完善港口吞吐量预测内容，论证项目建设的必要性，合理确定码头建设规模和建设时机。通过全面调查研究和勘察、科学实验，从技术、经济、资源、环境、社会等方面对建设方案进行比较、论证，提出项目可行性评价结论，为项目决策提供技术依据。

工程可行性研究阶段的内容和深度应当符合下列要求：

(1)通过深入调查现状，预测运输需求，进一步论证项目建设的必要性，合理确定码头建设规模、建设时机。

(2)分析水文、气象等自然条件、外部条件等及其对工程的影响。

(3)通过多方案比选基本确定工程总平面布置方案。

(4)通过多方案比选基本确定装卸工艺及主要设备方案。

(5)通过多方案比选基本确定水工建筑物结构及布置。

(6)提出集疏运、供电、给排水、消防等配套工程方案。

(7)提出港口岸线使用方案。

(8)提出节能、安全、劳动卫生措施。

(9)提出工程建设采取的环境保护措施。

(10)基本确定主要工程的施工方案、工程工期和进度安排，拟定项目招标工作的组织与实施方案。

(11)研究项目运营的组织机构方案及人力资源配置。

(12)提出主要工程量、设备及材料用量,详细估算工程投资。

(13)研究提出项目融资方案。

(14)按规定深化经济和社会影响评价。

(15)研究项目风险管理方案。

(16)提出研究结论、存在问题及有关建议。

工程可行性研究是项目建设与否的决策依据,也是确定该工程项目规模、建设周期、资金筹措等重要问题的主要依据。因此,工程可行性研究要对建设项目进行多方案比选,提出技术实用、工期合理、投资效果好的方案,使工程投资精度控制在 ±10% 以内(扣除通货膨胀影响)。工程可行性研究获批准后,进入初步设计阶段。国际工程项目中,工程可行性研究批准后,即可进行施工图设计。

## 第三节　港址选择

港址选择是一项重要而复杂的工作,港址是一个港口合理发展的基础,直接影响港口各发展阶段的建设投资大小、建设速度、营运效益和船舶安全运行,乃至城市发展。港口布局规划从宏观经济发展的角度考虑,对港址做出地区性的合理安排;港口总体规划则是根据港口布局规划的安排,在规划区域范围内,按照自然条件和经济发展需求,从技术、经济、环境和运营等多视角,对港址做出评价。港址选择时要注意港口的布置形式与自然条件的相互协调。

港址选择一般分两个阶段:

(1)区域范围内的港址初选。从地理位置、后方疏运系统、港口腹地经济发展水平、城市依托条件等方面分析比较,对可供建设的港址进行初选。

(2)初选港址比选。考虑港区自然条件、岸线使用现状、航行和停泊条件、筑港和陆域条件及与城市总体规划布局等因素,综合评定后确定港口位置。

### 一、港口布置的基本类型

港口平面布置总是力求巧妙地利用自然环境来满足港口营运上的要求,节省建设投资,并尽量使港口建设对生态与环境的影响降低。这样就产生了利用环境条件的四种基本布置型式:自然地形布置型式,见图 7-3a);填筑式布置型式,见图 7-3b)①、②;挖入式布置型式,见图 7-3c);人工岛布置型式,见图 7-3d)①、②。

#### 1. 自然地形布置型式

自然地形布置型式适用于河口、海湾潮汐水道以及天然海湾上建设港口,一般投资省,泊位基本沿岸线布置,船舶靠离比较方便。进港航道和港池回淤通常是这类港口的制约条件。因此,疏浚往往是不可避免的。为了避免过大的维护性疏浚,要分析水动力条件和泥沙运移规律,使所选择的布置方案能够加强港池的航道动力条件。

#### 2. 填筑式布置型式

填筑式是最常见的型式,大部分码头岸线伸出自然岸线,码头场地主要以填方形成。一般尽量将港池挖泥吹填至潮间带,经固结成为港口发展用地。把挖泥弃土与填土造地两种作业

结合在一起,通常可以取得减少投资的效果,新增土地资源的同时可减少弃土对海洋环境的影响。

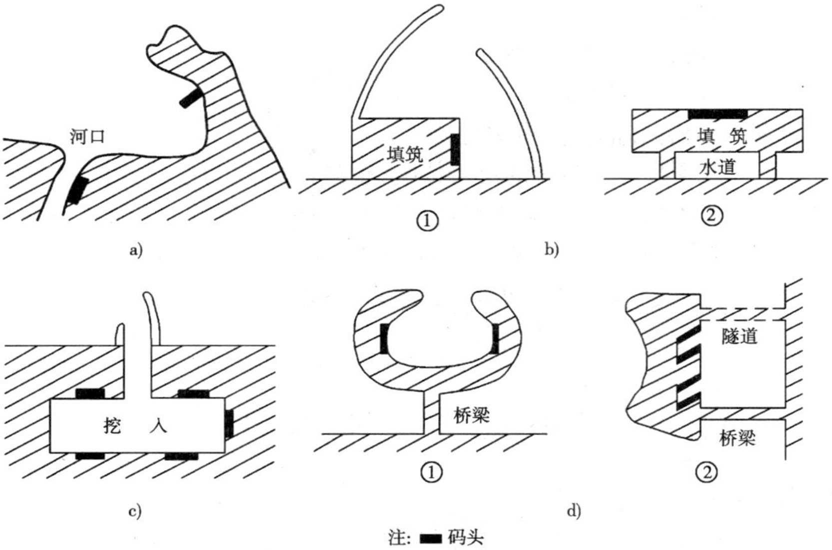


图 7-3　港口的布置型式

a)天然港口;b)填筑式;c)挖入式;d)人工岛

3. 挖入式布置型式

挖入式多见于河港和河口港,通常是在悬移质泥沙输运而含沙量很低或泥沙输运以推移质为主的地点被采用。岸线资源短缺且陆域土地资源丰富的开敞海岸或内河均可考虑挖入式。挖入式布置在入口处修建防波堤,既防波又防止沿岸泥沙入侵。

4. 人工岛布置型式

人工岛(artificial island)是人工建造而非自然形成的岛屿,在小岛和暗礁基础上扩建可以降低工程造价。与港口一起建设的人工岛大多填海而成。随着岸线资源和土地资源的匮乏,人工岛式港口及利用人工岛建设新城区的工程案例不断增多。在开发过程中,如何保护海岸的生态环境往往成为人工岛建设的核心问题。日本东京港从 15 世纪中叶以来,由最初的接岸式填海造港发展到建设大型离岸式人工岛,见图 7-4。

## 二、港口选址的基本要求

1. 总体发展要求

港址选择应符合国民经济发展和沿海经济开发的需要,并且技术上可行,经济效益、社会效益和环境效益良好。

港址选择应对拟选地区的地形、地貌、地质、气象、水文、地震等自然条件和城市依托、供电、供水、通信、施工条件以及社会、人文情况等进行调查分析和必要的勘测。对岩石海岸,应查明岩层分布和岩面起伏状况,避开活动性断裂带、软弱夹层和炸礁工程量较大的地区;对软土地区,应避免在软土层较厚的地区选址。

港址选择根据港口性质、规模及船型,合理利用海岸资源,适当留有发展余地;应统筹兼顾和正确处理商港、渔港、军港、临海工业、旅游以及其他部门之间的关系，并与城市及交通运输规划互相协调。港口对临港产业的发展具有重大的支撑作用。港址选择要考虑吸引临港工业区的建立，促使港口具有发展临港产业的条件，更多地为促进城市和区域经济发展创造机会和条件。

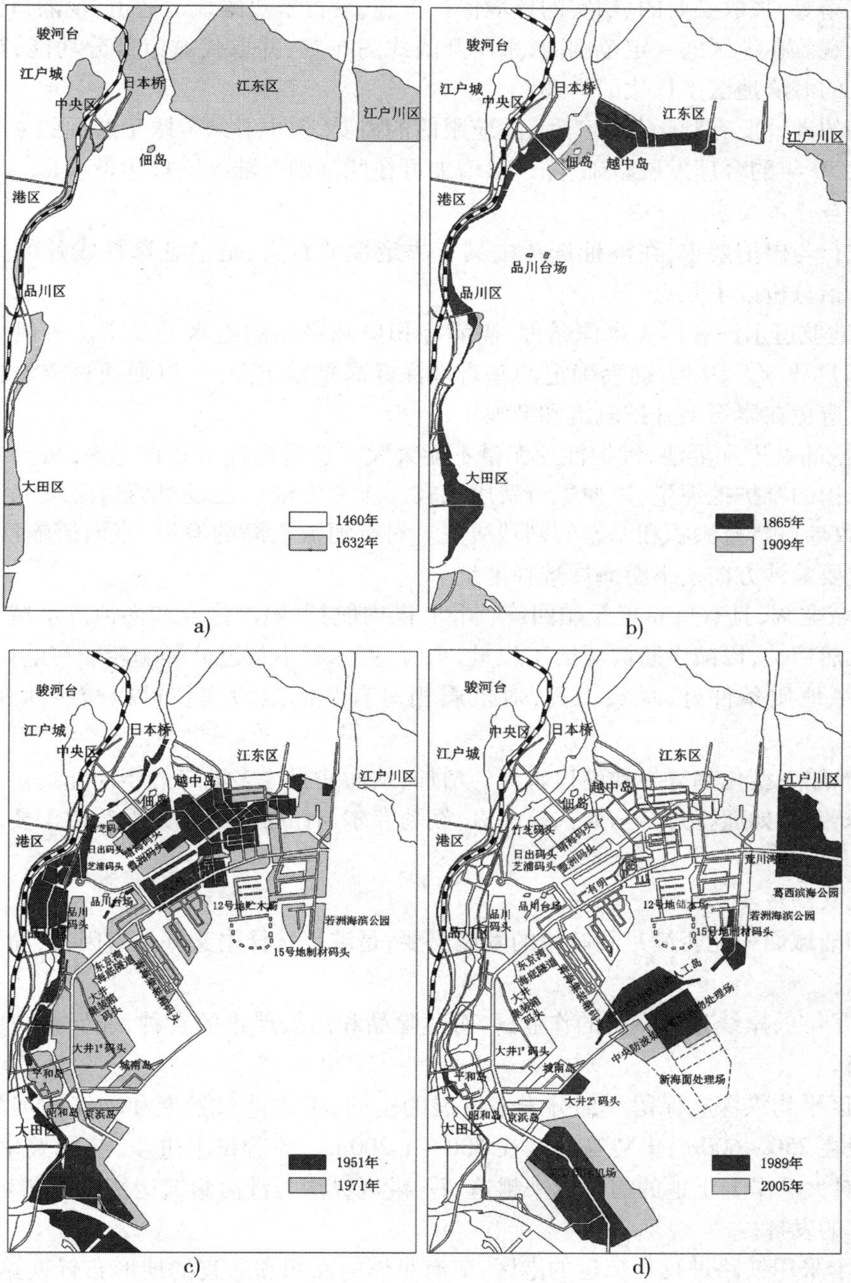


图 7-4　东京港人工岛发展过程

港址选择应考虑发挥第三代港口的贸易功能，吸引大型物流企业和生产企业进入港区，发展分运、加工等港口物流服务可为港口发展提供巨大的货源。

现代港口中大多数货种的生产作业区应与城市中心区分离，港址（除去客运及游艇）已不应占用市区中心附近的岸线，应移出老市区去形成新的港区和新的城区，寻求两者发展互不干扰的城市用地结构和布局；也可保留部分必要的货种，通常是该港口城市生活所必须的货物，如内贸集装箱等，采取必要的、切实的环境保护措施，妥善解决集疏运通道，视港口为城市有观赏特色的景观。在港区的一定范围内，采用开阔式的布置，并取代城市部分功能，形成以港口景观为特征的海滨地区多样化的产业。

一个好的港址要有利于起步工程，适应眼前的需要，但也必须着眼于遥远的未来。至少要为港口提供30年的合理发展基础，随运量增加可在此基础上陆续安排建设项目。

2. 航行与停泊要求

船舶航行与停泊要求，在港址选择中具有决定性的意义，是港址选择成败的关键因素之一。简要概括分析以下几点：

（1）进港航道水深和码头水深条件，需满足相应吨级船舶吃水的要求。一般港址天然水深很少能满足要求。因此，勘察确定的基岩埋深标高是很重要的，以便通过疏浚达到水深要求。一般应避免在岩石上开挖航道和港池。

（2）开挖的航道和港池，维护性挖泥量不能太大。从营运经济条件考虑，可大致估算单吨吞吐量所分担的维护挖泥量，以便进行费用比较。应考虑港口建设对周边海域泥沙运动的影响，避免导致港口严重淤积和海岸的剧烈演变。对有河流入海的海岸，当河流输沙量较大时，应避免在主要输沙方向的下游海岸选择港址。

（3）水域宽阔，具有可布置船舶回旋、制动、港内航行、停泊作业和港池等水域。水域最好有一定的天然掩护，以减少防波堤的工程量，水流、流冰等不致过分影响船舶在港口的作业。

（4）水域地质条件好，承载力高，对抗震相对有利的地段往往可以减少水工建筑物的投资。

另外，船舶大型化趋势导致港口水深的增加，从而使得许多港口逐步向能提供深水的河流下游和外海转移，如鹿特丹与马斯夫拉多克、勒阿弗尔与昂帝费等都是航行水深要求主导了新港址选择。

3. 岸线及陆域要求

岸线和陆域面积能否满足吞吐量的发展需要，是港址选择中又一关键因素，简要概括分析有以下几点：

（1）有足够的岸线布置不同的作业区，对危险品和污染严重的货种，能保持与其他区域有足够的距离。

（2）港区平均纵深应保留一部分未来发展的空间，考虑港口发展和功能拓展的需求。杂货港区一般在250～600m，集装箱港区在600～1 200m。随着技术进步，装卸效率提高，船舶吨位增大，对大量岸上土地的需要越来越迫切。港区纵深与港区集疏运能力密切相关，且可影响港口效率的发挥。

（3）对于采用铁路进行集疏运的港区，应有足够的面积和适宜的地形布置铁路设施（如分区车场及港口车站）。

（4）港外疏港道路能方便地与国家高速公路或公路干道相衔接。不穿越或少穿越城市干道。

(5)在内河水网发达地区,港址可充分利用水运集疏运条件,包括可能开挖一定长度的运河使港区与水网相连。

(6)水、电接线方便,区外工程投资适度。

(7)选址时宜利用荒地、劣地,原则上不占或少占良田,避免大量拆迁,充分利用疏浚土方或就近取土造陆。

## 三、港区与城区

港口活动联系着各部门的生产活动,它处于一个大的环境系统中,城区是环境系统中的重要依托。了解港区与城区间的关系,是港址选择的重要内容,也是港区布置时协调与周围环境关系的主要方面。只有港区与城区有机地结合并相互适应地协调发展,才能形成特色鲜明的现代港口和港口城市面貌。

港区建设和城区建设是一个有机的综合体,港区和城区互为依托、相辅相成、相互促进、共同开发。由于历史的原因,我国不少港口和港口城市建设不注意协调一致的发展规划,造成城市环境质量差、城市功能分区混乱、城市包围港口,使港口陆域纵深狭窄、库场面积严重不足、进出港口交通堵塞,适宜建港的岸线被占用,形成了用地布局和发展相互干扰的局面。

在港口规划、港址选择和制订城市总体布局规划时,应注意下列几点:

*1. 岸线合理分配是协调发展的基础*

岸线是港口城市的前沿,是港口城市最重要的组成部分。港口城市除港口需要占用大量岸线外,船舶工业、石化产业、临海(河)工业、航务工程、临海(江)仓储、水产养殖、市政公用、海滨江滨旅游、浴场及休息疗养等也需要占用岸线。适宜建深水泊位的岸线段和岩盘埋藏较深、易于开挖改造成深水港区的浅水岸段,不要因近期港口无建设计划而挪为他用,城市规划要为建港预留岸线,注意统一规划,远近结合。

*2. 港址和港区用地是决定城市城区布局的重要因素*

港口城市中,港区用地不仅在数量上占有一定比例,往往在港城建设中具有主导地位。港区的形成和发展,特别是它的每一重大变化,在很大程度上影响和决定港城用地的合理布局。20 世纪 70 年代,宁波港的新港区选择在距老港区下游 20km 的镇海,城市用地布局亦随之向甬江下游推移,北仑港区的建设,使港区由甬江入海口延伸到东海岸边,结束了宁波港在甬江停留一千多年的历史,而宁波市的用地布局也发生了根本变化,突破了原来单一的江边城市布局。港址的外移,为吸引各种工业、改善老城区环境质量和城市发展提供了新的动力。类似的例子很多,如天津、福州,国外伦敦、汉堡、纽约、彼得堡和鹿特丹等,城市用地均随新港区建设而不断形成带状组群或组团城市布局。因此,在港址选择上应尽力发挥港口的宏观功能;城市规划的编制中亦应利用港口促进港城发展的巨大潜在力量,在用地等各方面为港口不断发展创造条件。

*3. 新港区的建设不能有损于原有港城结构的合理性*

新港区建设要有利于促进港城发展,不能有损于原有城区用地结构的合理性。如大连港原油出口港区,在规划时,有寺儿沟油区扩建方案,考虑管线穿过市区、罐区密集、恶化城市环境、纵深过小等因素,因此放弃了在寺儿沟油区扩建的方案,而选择在鲇鱼湾,这大大地减轻了对原城市布局的影响,防止了进一步恶化城市环境的可能性,同时也为开发大窑湾港区创造了一定的条件。

4. 港口城市用地布局的功能分析

港区和城区合理布局宜注意下列几点：

(1)港口和城市发展的主要方向应互不干扰。

(2)港口最好设在城市的下风侧。

(3)港口中为当地工业生产和公众生活服务的客货码头宜布置在市区或接近市区。

(4)保有一定的海滨、沿江公共亲水岸线，市中心临近水面，使城市充满海滨、沿江气息。

(5)进港铁路应避免分割城区，铁路与临港工业区及仓储区有方便的联系。

港城用地布局中，铁路布置对港区与城区均有重要影响，平衡三者的关系往往对协调发展有重要作用。铁路设施布置形式的选择，应考虑港区与城区的相对位置、工业区安排、港口作业区、海滨公共活动岸线及公路布置等因素。图 7-5 是根据海港所在地区岸线形态和延伸程度以及水陆范围大小而典型化了的铁路布置与港城功能布局，它们的主要特点是：港区与城区相邻或分开布置，彼此互不妨碍，并留有发展余地。城市面海，有一定长度的海滨公共活动岸线。铁路集疏运系统比较顺畅，铁路线沿城市边缘绕进港区，兼顾工业区，不切割城市，编组站设在市外，当地客货运线进入市区。城市对外公路可沿城市周围辐射外伸，进港公路与对外公路可方便连接。

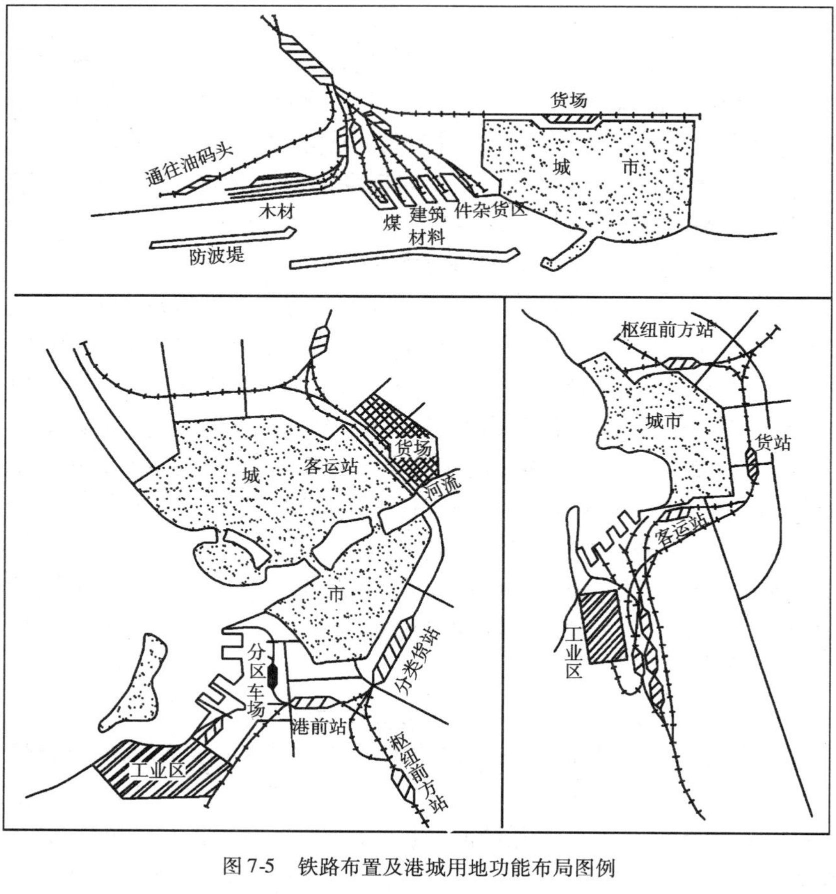


图 7-5　铁路布置及港城用地功能布局图例

港区用地与城市其他各项基本用地的相互间平面关系，大致可概括为毗邻式、层式和混合式三种形态，见图7-6。

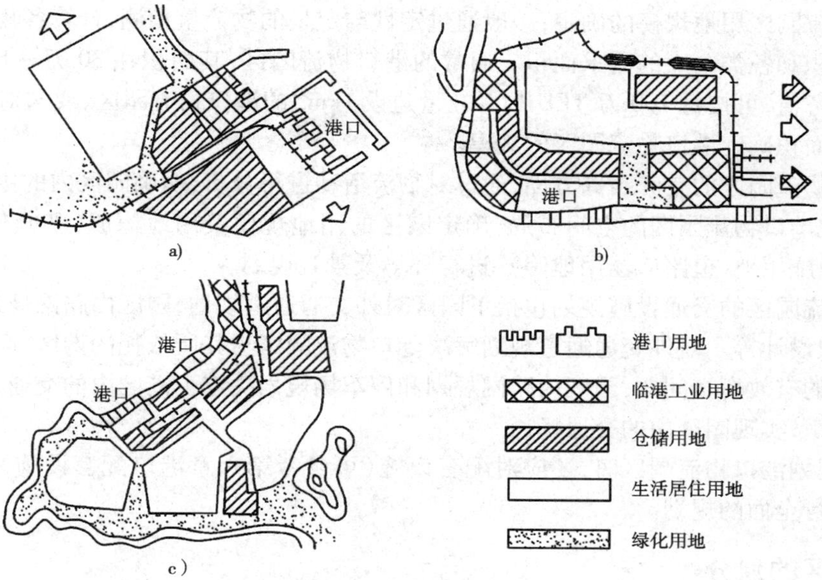


图7-6　港城用地结构形态图

a)毗邻式；b)层式；c)混合式

(6)港口物流园区的规划。

港口物流园区是指以港口为依托，由多个物流组织设施和专业化物流企业构成，以降低物流成本，提高物流组织和运作效率为目的，具有装卸、仓储、运输、加工、信息服务、交易等基本功能以及信息、咨询、维修等综合服务功能的规模化、功能化、信息化的港口物流产业集群区域。

港口物流园区的规划原则是：要注重其功能作用，统筹安排各类建设用地，适应建设主体多元化要求，尊重市场供求关系，使规划具有预见性、弹性与可操作性；同时还要注重近期建设和远期开发的有机结合和协调发展，坚持统一规划、分步实施的规划思路，功能布局尽可能为分期建设提供多种可能性；港口物流园区的规划应强化生态保护和环境保护意识，充分利用原有自然环境条件，保持原有生态环境。合理有序地将仓储区、物流加工区、物流配货区、商贸区和行政管理区等功能分区紧密联系成为一个在功能布局和空间布局上相互协调的体系。

港口物流园区的规划包括战略目标与功能定位、需求分析与预测、选址及用地规模的确定、空间布局、交通设施规划。

港口物流园区的规划首先应明确其功能定位。一般，港口物流园区属于枢纽型物流园区，兼有流通加工、仓储配送、信息服务、交易、商业展览等诸多功能。多数的港口物流园区依托于集装箱港区，并集多种设施和功能于一体。国际上大型航运企业多把港口作为节点，参与经营港口物流园区。

港口物流园区的选址应在分析港口城市经济以及临港工业发展需求的基础上，对可利用的土地进行用地现状分析和适用性分析。通常港口物流园区选择在与其所依托的港区相邻或相近、与高速公路连通或临近铁路编组站的位置，并考虑周边临港工业区的需求。同时自然条件、土地使用成本以及基础设施状态也是港口物流园区选址的重要因素。

港口物流园区用地规模的确定，一般通过定性与定量的物流量预测，计算各规划水平年的堆场需求面积和各类仓库的需求面积。通常的港口物流园区，其面积在 30 万 ~ 100 万 $m^2$，作为估算的参考值，可按每 100 万 TEU 的吞吐量建设 $1km^2$ 的港口物流园区，或与对应的集装箱港区相等的面积确定港口物流园区的规模。

在港口物流园区的空间布局方面，通过对物流活动进行分析，明确园区内的主要功能分区的关系，形成港口物流园区的空间布局，确定园区的用地规模及用地构成（如仓储用地、工业用地、公共设施用地、道路广场用地等），进行环境及景观规划。

港口物流园区的交通设施规划包括了园区对外交通通道规划，园区内路网规划、停车场规划、交通组织设计等。对外交通通道规划解决港口物流园区与其所依托的港区、高速公路网及铁路编组站的有效衔接问题；园区内路网规划和停车场规划决定了港区内的交通流线，通过合理的交通组织，实现园区内的交通畅通。

同时，规划港口物流园区时，还应对配套设施（可参考第六章港口配套设施）与设备以及信息系统进行全面的规划。

## 四、港区的划分

港区的划分是根据货物种类、船舶类型、货物流向、集疏运条件和自然条件等因素，把港口划分成不同的专业功能区。一般情况，除了小港和专业化的港口外，一个港口常包括图 7-7 所划分的各专业区。港区划分是港口规划工作比较重要的环节，通常要注意下列几点：

1. 开敞式布置

对大宗散货、大型深水泊位，特别是油码头，船舶泊稳标准要求低，与城市和其他区域需保持合理的距离，在专业区划分时宜首先考虑开敞式布置方案，以取得减少投资的效果。从营运方面考虑，只要全年平均有 75% 左右的工作天，就是一个适宜的开敞式港址。对小船同样也适用。

2. 规划专业化码头

船舶专业化、大型化，要求码头也向专业化、深水发展。高效率的专业化码头，在理论上有明显的优越性。在实践上必须货源稳定、量大，又确有保证时，才能取得预期的、比较好的经济效益。

制约货物过港的因素较多，如果规划时把握不好，常常使高效率的专业化码头因货源不足达不到预期效果，造成比较大的浪费。因此，当对某一货种的远景运量还把握不准时，不要轻易规划建设专业化泊位，而以多用途泊位或通用泊位过渡、增大灵活性比较适宜，这对中小港口尤为重要。

3. 货物分区

一般港口可分为集装箱及杂货区、干散货区和液体货区（图 7-7）。在位置选择上要注意连接区域间的和谐关系。

干散货港区的布置要考虑粉尘污染和有气味货物（皮革原料、某些化学品等），按常风向和强风向的影响尽量布置在城市和其他码头的下风向。港口装卸各类散货发生的粉尘量与装卸点多少、操作方式、设备条件等许多因素有关。这些粉尘依据气象条件、地形条件大量散布在100~400m的半径范围内，距中心越远，浓度越低。在一般条件下，1 000~1 500m以外才不致感受到粉尘对环境的影响。散货应尽量布置在同一区域内，但不要将可能产生相互影响的货类相毗邻，比如，粮食可位于木材、钢铁码头旁边，但不能靠近化肥。

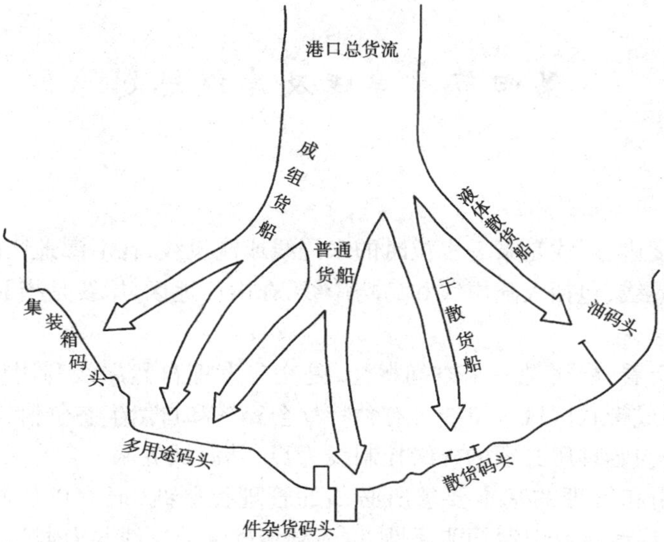


图7-7 港口作业区划分

液体散货主要指原油、成品油、液体化工品及液化气（LPG、LNG）等。由于其防火、防油污染以及油罐散发有害气体的原因，宜在港区端头且远离城区的位置布置，油码头生产区与生活区之间卫生防护间距不应小于1 000m，规划时应重点从安全生产和应急救援的视角进行功能布局，以便有效控制意外事故造成的损失。

集装箱港区通常应根据其占地面积呈越来越大的趋势，独立分区布置，且不宜单个泊位布置，而应形成多个泊位组合。同时集装箱港区要有较好的集疏港条件，港区独立有利于避免与其他港区的相互干扰。

在进行综合性港口的规划时，如果岸线有限，一般把毗邻岸线的陆域面积留给件杂货和集装箱区，把可以采用管道或者皮带输送的大宗散货向后方布置。

4. 客运区

客运区应尽量布置在靠近主城区的位置，便于旅客的集散，港口城市的总体规划需为客运区的发展留有余地。客运区不能单独设置时，也可在件杂货区或附近布置，但要求旅客出入的路径不应穿越货物装卸作业区，避免与港区货物集疏运路径发生干扰，最好设单独出入口。

5. 支持系统基地

为提高港口管理和综合服务能力，需要建设海关、海事、边防、港航、引航、边检、消防、拖轮、船务等港口管理和服务单位工作船码头等港口基础设施；建设业务用房、仓库、堆场，道路，防护绿地并建设相应配套辅助设施工程。可集中布置，亦可分设于杂货区或散货区内。一般可利用港区内水深较浅的岸线区段安排。具体的布置可根据港内岸线水深分布和为周围各区服务方便的原则选定。

6. 陆域发展空间

港口分区应充分考虑港口功能的发展方向，在港区用地布局和集疏运系统设计时留有适度的发展空间。

## 第四节　岸线及岸线规划

### 一、岸线

从地理学的角度讲，岸线是某一水位时的水浸线或淹没线，在沿海地区的海岸线是指平均高潮面与陆地的交界线，包括大陆岸线和岛屿岸线；在内河地区，岸线是指驳岸及其规划线，即自然岸线的概念。

从规划的视角上看，岸线是一个空间概念，是充分发挥自然岸线利用价值所必需的一定水、陆域范围的条形或带状区域。岸线具有独特社会经济和自然生态价值，其陆域界限一般以岸线资源开发、保护与管理所必须的外缘控制线为界；其海域界限一般以保障岸线安全使用、维护岸线开发、利用和管理的基本要求所必须的管理控制线，通常以低潮线向外平均延伸500m 等距线为界。岸线具有资源功能属性，进入陆域外缘控制线与海域管理控制线之间区域的开发利用行为，必须符合该区域的岸线规划；同时岸线陆域范围的开发利用应符合所在地区的土地利用总体规划和城市总体规划，海域范围的开发利用应符合该海域的海洋功能区划。

### 二、岸线规划

岸线是国家的宝贵资源，我国海岸位于太平洋的西北部，大陆架比较宽阔，200m 等深线远离海岸线。总体而言我国近海水域的水深不大，水下坡度较缓。由水深分布情况看，南海的平均水深最大，超过 1 000m；东海为 349m；黄海为 44m；渤海最小，仅为 20m。根据海岸带调查资料粗略估计的部分沿海省份 5m、10m、15m、20m 等深线平均离岸距离，列于表 7-2 中。

**部分沿海省份不同等深线离岸平均距离表**（单位：km）　　表 7-2

| 地区 \ 水深(m) | 5 | 10 | 15 | 20 |
|---|---|---|---|---|
| 辽宁 | 1.4 | 3.1 | 5.2 | — |
| 河北 | 1.9 | 4.0 | 6.4 | 9.1 |
| 山东 | 0.9 | 3.0 | 4.3 | 6.1 |
| 江苏 | 3.6 | 7.3 | 11.4 | 15.9 |
| 浙江 | 0.4 | 1.1 | 2.3 | — |
| 福建 | 0.4 | 1.0 | 2.2 | — |
| 广东 | 0.9 | 2.1 | 3.5 | 5.2 |
| 广西 | 1.0 | 2.2 | 3.6 | 5.4 |

岸线规划根据水文、地质、地貌等自然条件及岸线的使用现状，从岸线资源保护、岸线的环境治理以及岸线的公共利用三个方面，对城市辖区范围内的岸线资源做出合理的使用安排，是对岸线资源进行统筹管理的重要手段。对岸线资源有效保护和合理利用可促进地区经济发展，为城市居民提供休憩、旅游场所。为充分发挥岸线利用价值，在岸线规划及规划实施的过程中，须兼顾海陆两侧功能的协调，通过立法等方式划定岸线控制的陆域与海域范围。为加强岸线资源的保护和合理开发，划定陆域外缘控制线与海域管理控制线，沿岸线向海、向陆拓展一定的区域，作为重要的海陆资源加以规划和管理。

岸线规划中，应根据使用岸线的需要和自然条件的要求，结合城市总体规划和岸线使用现状进行综合平衡，安排合理的位置，划定适当的范围，对不合理占用的岸线进行调整。岸线规划的基准年和水平年通常与所在地区的港口规划相一致。岸线规划应坚持有效保护合理利用的原则，根据岸线资源的自然和经济社会功能属性（即岸线所处位置及地势对岸线的海岸防护特性、自然环境特性、海岸利用特性）沿岸线方向划分岸线功能区。

对于涉及重要生态环境和特定人文景观的岸线区域应通过岸线规划，在划定的保护岸线范围内禁止进行岸线开发利用；在规划期内尚不具备开发利用条件或对岸线的利用方向尚不明朗的区域，应划定相关区域作为预留发展岸线或保留岸线；对于开发利用强度较高的岸线或后续开发存在较大不确定性的岸线，应在岸线规划中明确作为控制区域，限制岸线的深度开发和后续利用；对于具有较高的开发价值并具有开发需求的岸线，根据资源的优化配置原则，在岸线规划中划定一定范围作为开发利用岸线，并明确其开发功能。

岸线的功能区划分应根据岸线利用的现状和历史演变过程，综合分析岸线范围内的城市建设、港口建设和其他基础设施的现状，对岸线占用的规模、范围和分布，分区段评价岸线利用的程度和水平。同时，应考虑岸线所处的区位、岸线的稳定性和通达性以及岸线前方水域条件和后方陆域条件，确定岸线功能区划。

港口城市的岸线在各个区段有各自的自然条件及使用现状。岸线规划时，根据岸线用途的不同，可以将岸线分为：港口岸线、临港工业岸线、旅游生活岸线、渔业养殖岸线、市政建设岸线、生态保护岸线、特殊用途岸线等。岸线规划中，应避免相邻岸线在功能上的冲突，保持相容性，如旅游岸线和临港工业岸线不宜毗邻；同一岸线的海域功能与陆域功能应保持一致。

港口岸线是指开发利用自然岸线，建设以旅客、货物运输为目的的港口设施所形成的岸线。我国的沿海港口岸线范围包括国内沿海、长江南京长江大桥以下、珠江黄埔以下河段及各入海口门、其他主要入海河流感潮河段等水域内的港口岸线。内河港口岸线范围包括除沿海港口岸线以外的河流、湖泊、水库等水域内的港口岸线。

港口深水岸线是指适宜建设一定吨级以上泊位的港口岸线，含维持其正常运营所需的相关水域和陆域。沿海港口深水岸线是指适宜建设各类型万吨级及以上泊位的沿海港口岸线；内河港口深水岸线是指适宜建设千吨级及以上泊位的内河港口岸线。

港口岸线规划的主要原则是：

（1）适应性原则。港口岸线规划应服从经济社会发展的总体战略和目标，满足腹地对港口规模的要求，适应港口自身发展的需求。

（2）协调性原则。港口岸线规划要与城市总体规划、海洋功能区规划、水利规划、环境保护规划等有关规划相协调，充分考虑各行业和城市发展对岸线的需求，综合平衡、统筹规划。

(3)优先性原则。港口开发对岸线资源的开发条件要求较高,备择性较窄,宜港岸线应优先满足港口建设的需要,尤其是可供连片开发的港口深水岸线。

(4)可持续发展原则。必须充分考虑港口未来发展的需要,远近结合,有序开发,有效保护规划期内暂不开发的岸线资源,以保证港口可持续发展的需求。

(5)合理性原则。坚持深水深用和集约化利用原则,合理布局各类港区,提高岸线的利用效率,避免重复建设。

岸线利用规划中要确定岸线使用的范围、长度和用途,以更好地服务于港口城市建设。在进行港口岸线规划时,必须严格执行我国《港口法》、《海域使用管理法》、《海岛保护法》以及各地《港口岸线管理办法》中的有关规定,坚持在保护中开发、在开发中保护的方针,尽量降低港口建设对环境产生的不利影响,实现岸线资源的合理开发和持续利用。

## 三、岸线资源的使用与保护

随着城市化进程的不断发展,岸线已经成为城市空间拓展的重要资源。在填海造地规模逐步增大的情况下,按照岸线规划使用和保护岸线显得尤为重要。岸线资源首先是公共资源,应充分满足公共利益需求,保留自然岸线形态和城市生活岸线、创造公众亲水空间,对港口城市的可持续发展具有重要的意义。

港口岸线是具有自然和人工双重属性的不可再生资源,是发展航运事业、促进对外贸易、实现社会可持续发展的重要战略资源。开发利用岸线的建设项目应符合所在港口的岸线规划,并应满足该地区所确定的准入条件或投资强度。我国目前对于使用港口岸线实行两级审批制度。港口深水岸线的使用,由市级港口管理部门向省级交通部门申请,省级交通部门评估后报交通运输部评估,最终由交通运输部会同国家发改委审批。非深水岸线可由省级交通部门审批。凡未经批准使用港口岸线的,海事管理部门不予核准进行水上水下施工,港口管理机构不予许可从事港口经营。

当港口建设要使用岛屿岸线时,要坚持科学规划、保护优先、合理开发、可持续发展的原则。不能改变自然保护区内海岛的海岸线。我国《海岛保护法》规定,在未经批准的情况下,严格限制填海、围海等改变有居民海岛海岸线的行为,严格限制通过填海造地等方式将海岛与陆地或者海岛与海岛连接起来的填海连岛工程建设。

# 习　　题

7.1　说明第四代港口的主要特征及发展模式。

7.2　港口选址时应考虑哪些基本因素?

7.3　进行港口规划时,应如何保证港区与城区的协调发展?

7.4　如何协调岸线投资开发及岸线资源保护之间的关系?

# 第八章　港口环境影响评价及港口景观

港口是滨水城市特有的资源，在一定时期和条件下，不论是生产性的港口码头岸线还是生活性的商业、旅游和居住岸线，均成为一个城市或区域人类活动的重要场所和城市空间结构的重要组成部分。港口区域是自然生态系统与人文生态系统相互作用、相互影响的脆弱敏感地带。港口的建设需要占用自然岸线，并在原有的自然岸边形成面积庞大的港口作业区，不论是已经形成的港区还是正在建设中的港口，都对自然环境产生一定程度的破坏。现代港口发展趋势的核心内容是港城一体化和功能多元化，港口的开发、建设和运营不再单纯偏重于港口生产作业区，已逐渐开始关注港口区域的整体风貌和景观。如何最大限度地保护自然生态环境，并结合自然景观形成具有地域特色的港口景观，实现港口景观与自然景观的协调共生是现代港口发展必须考虑的问题，也是景观规划和环境保护必须面临的挑战。

## 第一节　港口环境影响评价

港口规划及港口建设项目都必须进行环境影响评价并编制独立的环境影响评价报告书。报告书应预测工程建设过程及建成后营运对自然环境、人文环境的近期和长远影响，提出防止或减少项目污染和改善、保护环境的措施。对必要的污染防止措施应投入足够的资金，以取得经济、社会和环保三个效益统一的效果。

环境影响评价（Environmental Impact Assessment，EIA），通常是在拟建工程的功能、规模、工艺、布置等方案已确定的前提下进行。环境影响评价的范围广、内容多、方法复杂，涉及物理、化学、气象、地质、水文、生物、生态、工程技术、经济学等多学科，具有很强的综合性。在港口规划阶段进行规划环评，在港口的工程可行性研究阶段进行项目环评。

### 一、港口规划环境影响评价

港口规划环评是通过分析港口规划区域内的环境资源承载能力，对所确定的港口规划方案提出环境影响评价意见，以提高港口规划的科学性，从源头预防港口建设造成的环境污染和生态破坏，促进经济、社会和环境的全面协调可持续发展。港口的规划环评应重点解决以下主要问题：

（1）港口规划实施可能对相关区域、流域、海域生态系统产生的整体影响。

（2）港口规划实施可能对环境和人群健康产生的长远影响。

（3）港口规划实施的经济效益、社会效益与环境效益之间以及当前利益与长远利益之间的关系。

港口规划的环境影响评价主要内容包括港口环境现状调查及分析、对环境可能造成的影响分析、环境保护规划和环境影响评价四部分内容。通过调查规划港口的环境状况、建设和营运中产生的主要污染源和污染物，分析规划期内港口可能出现的生态变化及对环境可能造成的影响，结合港口所在城市的环境保护规划，针对各港区的主要污染源和污染物，提出预防或减轻港口作业产生污水、粉尘、固体废弃物、噪声、溢油等不良环境影响的对策和治理措施，提出各项措施的预期治理效果。

港口规划环境影响评价重点在于资源环境承载能力分析、不良环境影响的分析和预测以及与相关规划的环境协调性分析；提出预防或者减轻港口规划实施情况下不良环境影响的政策、管理或者技术等措施；针对港口规划方案的环境合理性和可行性，提出预防或者减轻不良环境影响的对策和措施，以及港口规划方案的调整建议。通过规划环评，可有效地设定规划区域的环境容量，限定区域内的排污总量，优化港口及港口城市的功能布局，预防岸线资源、海洋资源以及国土资源的过度开发和生态破坏。

港口规划环境影响评价应采取调查问卷、座谈会、论证会、听证会等形式，公开征求有关单位、专家和公众对环境影响报告书的意见。

## 二、港口建设项目环境影响评价

1. 港口建设项目环境影响评价的主要内容

(1)确定评价时间阶段。评价时间阶段一般区分为施工和投产营运两个阶段。施工阶段，如疏浚对水域水质的影响，打桩发生的地面震动和噪音影响，防波堤施工过程对海岸冲淤的影响等。投产营运阶段，如船舶对港内水域的污染，装卸作业粉尘对大气的污染，港口存在对鱼类生态的改变等。

(2)调查与监测工程场址周围的环境构成要素。调查与监测的目的是摸清环境质量现状，确定环境质量级别和主要污染因子。所谓环境构成要素，包括大气、海象、水质、水温、地形、底质、生态、景观、文化古迹、噪声、异味等。

(3)通过对工程不同个体污染的分析，摸清影响环境的污染因子的种类、来源和源强；主要污染因子对环境的影响途径、程度和范围。

(4)各项污染物的最终排放结果，能否满足环境质量标准和污染物排放标准。如达不到国家标准，应进一步采取措施，或修改方案，甚至放弃此项目。

港口属环境空气质量二类功能区，执行环境空气质量二级标准。表 8-1 是港口环境空气质量的主要指标限值。

**环境空气质量二级标准对应的部分污染物的浓度限值** 表 8-1

| 污染物名称 | 浓度限值($mg/m^3$) | | |
|---|---|---|---|
| | 年平均 | 日平均 | 1 小时平均 |
| 二氧化硫 $SO_2$ | 0.06 | 0.15 | 0.50 |
| 二氧化氮 $NO_2$ | 0.04 | 0.08 | 0.12 |
| 总悬浮颗粒物 TSP | 0.20 | 0.30 | — |
| 一氧化碳 CO | — | 4.00 | 10.00 |

按照海域的不同使用功能和保护目标，将海水水质分为四类：第一类 适用于海洋渔业水域，海上自然保护区和珍稀濒危海洋生物保护区；第二类 适用于水产养殖区，海水浴场，人体直接接触海水的海上运动或娱乐区，以及与人类食用直接有关的工业用水区；第三类 适用于一般工业用水区，滨海风景旅游区；第四类 适用于海洋港口水域，海洋开发作业区。表8-2是海水水质标准的主要指标限值。

海水水质标准主要指标限值 表8-2

| 项目名称 | 标准极限（mg/L） | | | |
|---|---|---|---|---|
| | 第一类标准 | 第二类标准 | 第三类标准 | 第四类标准 |
| pH（无单位） | 7.8 ~ 8.5 | 7.8 ~ 8.5 | 6.8 ~ 8.8 | 6.8 ~ 8.8 |
| 化学需氧量 | 2 | 3 | 4 | 5 |
| 生化需氧量 | 1 | 3 | 4 | 5 |
| 无机氮 | 0.20 | 0.30 | 0.40 | 0.50 |
| 活性磷酸盐 | 0.015 | 0.030 | 0.030 | 0.045 |
| 硫化物 | 0.02 | 0.05 | 0.10 | 0.25 |
| 溶解氧 | 6 | 5 | 4 | 3 |
| 悬浮物质 | 人为增加量≤10 | 人为增加量≤10 | 人为增加量≤100 | 人为增加量≤150 |

2. 主要污染源（物）及其对环境的影响

（1）港口建设期。在港口施工、航道疏浚挖泥过程中，会使海底表层淤泥受搅动而悬浮，其中的细小颗粒随海水运动而迁移，释放重金属，加大海水浑浊度，降低阳光折射率，海水水质恶化，其污染影响是短期的、可逆的，在施工期后，海域水质将澄清，生物很快得以恢复；填海造地和陆域形成会使陆上植被、人文自然景观发生变化。

港区及后方工业、物流园区的发展将造成港口所在地区原有的农业、渔业或自然等生态系统向港口城市生态系统逐步演变，使该地区的环境功能发生改变，这种改变及其影响是长期的、不可逆转的。

（2）港口营运期。港口投入营运后产生粉尘、烟气、油气等排入大气，对周围大气环境有一定影响。港口装卸过程中排放的油污水，生活污水均会影响港区水域水质。尤其是由于自然或人为原因的事故溢油，会对海域造成相当严重的污染，尽管这种情况发生概率很小，但发生后果严重，因此必须做好防范措施。由于港口的建设破坏了原来相对稳定的生态系统，给附近的水产养殖带来影响，海洋生物的种类必将减少。

## 三、港口的生态环境保护

生态环境是影响人类生存与发展的水资源、土地资源、生物资源以及气候资源数量与质量的总称，是关系到社会和经济持续发展的复合生态系统。遗传基因、物种与生态系统共同构成了生物多样性的三个层次。其中，生态系统由微生物、动物、植物以及人类等生物要素和大气、水、土以及光等物理要素（无机环境）构成。两要素之间通过物质循环和能量流动使多种要素彼此联系从而构成系统。生物多样性的保护具有极大的价值。由于港口位于水陆交界之处，在地理环境上，形成丰富的环境空间，它的开发必将对港口生态环境产生影响。当海域所接受的污染物超过其自身净化能力时，就会发生海域污染问题，破坏海洋生态系统，乃至影响海洋渔业等产业的发展。因此，在港口规划、设计、建设以及运营的各个阶段，除了要满足人类陆域经济活动的要求之外，都要根据各阶段的特点，从海域的特性充分考虑维持生态环境的平衡，进行可持续性开发，并进行海陆一体的综合环境管理和环境创造，同时合理规划生态系统，建设生态型绿色港口。

在进行港口规划时，首先应在保护海岸带水质、水域生物和潮间带基础上，通过限制对自然海洋岸线的开发，合理地进行区域划分，使土地利用的各种形式充分协调，确保自然岸线以及海上公园、绿地、水域所需要的空间资源，并使它们彼此相互联系，形成海岸带公众休闲以及维持生态系统平衡的理想空间。

由于人类的过度开发使得很多地区的岸线发生改变，在适宜人类休闲活动的天然海滩无法满足人类社会发展需要时，可以在海岸建造人工海滩以及人工潮间带。建造人工海滩的目的在于补充公众对海岸带水域空间的需求，包括人工沙滩、海上表演场以及游艇基地等。人工潮间带主要是对生态系统的补偿。潮间带的主要功能在于通过潮间带泥沙吸收日光调节气候；通过光合作用吸收二氧化碳净化空气，通过干湿交替变化促进海洋生物残骸等的分解，净化海域；它也是部分海洋生物的栖息地和候鸟的中继地。

在提高港口空间的公共性方面，在使公众更方便地接近水域的同时，通过对建筑物的各个部位进行结构设计和材料选择，使建筑物为沿岸生物提供栖息之处，确保生态系统持续生息所必要的条件。港口及其他海洋建筑物结构形式的选取既要考虑安全、耐久和美观，也要充分考虑利用透水结构的可能性，以保证海水的交换和海洋生物的游动。使用多孔材料的建筑物，有利于海洋微生物的附着，利用海洋微生物分解海水中的有机物，净化海水。通过对生态环境的保护既可以创造出高度发达的生物栖息空间，也为人类的生活和发展提供了高质量的自然环境，从而实现人类与自然的共生。

## 四、港口的环境修复

环境修复(environmental remediation)最初来源于美国制定的有关海岸带开发的环境保护政策。它要求对由于进行海岸带开发所造成的环境破坏，在开发区域附近或其他区域进行新的环境再生，或提供代替资源以使海岸带开发带来的环境影响的总和为零。例如，由于港口建设减少了潮间带面积，在进行环境修复时不但要在港口周围建设人工潮间带，还要采取相关措施使潮间带的生态系统恢复原有状态。

港口建设和营运会带来一系列的生态和环境问题，如“三废”排放、生物入侵、生物多样性退化、港区内热岛效应与港区外水、气、热频繁交换以及港口沿岸的淤积和侵蚀。港口的可持续发展立足于以环境条件为基础、生态平衡为依托的发展，以保证能够满足未来世代对海域资源的需求。在港口及海岸带的规划与开发时，要使不可再生的资源消耗降到最低水平，努力利用再生资源，并将环境影响作为决策阶段的重要依据。在进行经济评价时，把由于开发所造成的环境破坏费用与创造良好的环境空间所带来的效益同时考虑。其中对环境造成的负面影响，可以利用环境修复的方法予以解决。减少环境破坏的具体措施主要有：

(1)回避,为了不对海岸带造成影响而不进行某种开发活动或其一部分。

(2)最小化,就是降低某种开发活动及其实施的程度或规模,使其对海岸带的影响达到最小。

(3)矫正,对受到影响的环境进行修复、再生或恢复。

(4)减少,在实施某种开发活动期间,通过保存和维持的方式减少或消除对海岸带的影响。

(5)补偿,指通过提供代替资源或环境置换的方式对海岸带的环境影响予以补偿。

狭义上的环境修复指第五种措施,也有主张上述五种均可定义为环境修复措施。环境修复的评价过程见图8-1。环境修复项目根据实施地点的不同分为两种形式:一种是在开发区域实施环境修复方案的同地环境修复,另一种是在开发区域之外恢复自然的异地环境修复。

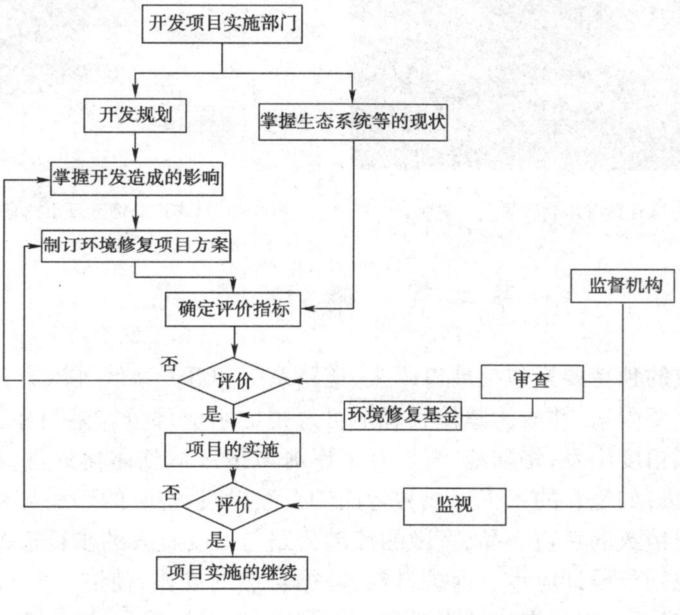


图8-1　环境修复的评价过程图

为保护生态多样性和环境稳定性,实现人类和社会可持续发展,采取生态环境的补偿、修复措施是必要的,如营造人工湿地、新的鸟类栖息地,设置产卵礁、人工珊瑚礁、导水结构物、砾石生物膜等,以及合理布置绿化区域、植树造林,及时恢复被破坏的植被和物种等。例如,日本广岛湾五日市选址在河口外侧填海造地,由于河口湿地是冬季鸟类栖息地,填海造地将使湿地面积145hm$^2$ 的野鸭栖息地消失。为恢复生态环境,在填海的东侧进行人工造滩,并结合围堤建设以及潮位、波浪、地基等条件,确定湿地的平衡斜面及潜堤位置,使堤断面设计满足湿地条件(作为野鸟休息场所,一般粉砂成分控制在10%以下,中值粒径为0.4mm),形成人工湿地,保护生态系统的完整性。图8-2、图8-3

图8-2　日本广岛湾五日市建设前的工程位置原貌

分别是建设前的原貌和建成后的人工湿地。从建成后的生物调查中看,在平均低潮面以下的深度,刚建成后的人工海滩底栖生物比自然海滩的要多,并且新出现了很多作为鹬类饵料的底栖生物。从冬季以野鸭为主的鸟类栖息个体数可以看出,新建的人工海滩完全可以代替原有海滩的功能。图 8-4 是栖息在人工湿地的野鸭群。

图 8-3　日本广岛湾五日市建成后的人工湿地

图 8-4　日本广岛湾五日市栖息在人工湿地的野鸭群

## 第二节　港口景观

港口景观构成的独特要素包括港口码头、道路系统和灯光系统等内容,其中港口码头因其巨大的面积成为重要因素,并成为整体景观不可忽视的组成部分。港口景观的规划与设计从港口城市整体风貌角度出发,将陆地、海岸至近岸海域按区域整体化处理,在功能上保持连续性,常使用对比手法,如笔直的人工岸线和弯曲的自然岸线、空旷的码头与林立的建筑群、巨型的机械设备与岸边精致的建筑小品、宽敞的疏港公路与尺度宜人的步行道等。

港口景观的规划与设计应本着保护自然、遵循自然的规律,使港口与自然环境共生;要求减少港口对环境的污染、提高港口的岸线和土地利用率,以低碳为目标,建设绿色港口;社会生态方面,要求景观规划结合地方风俗和文化特色,保护港口区域内的历史遗迹。由于港口区域的封闭式管理使港口占用的岸线和水域不对社会公众开放,为最大限度地增加海岸线的开放程度,在港口的需求和发展得到满足的前提下,港口布局应尽量减少对自然岸线的占用。参见图 4-43,神户港人工岛上建有现代化的集装箱码头,一应俱全的居民生活服务设施和集经济性、知识性及娱乐性为一体的旅游活动场所,通过便捷的跨海大桥及疏港公路与后方陆域相连,释放原有岸线作为生活性岸线对公众开放。神户港区建设人工岛尽管耗资大,却新增了宝贵的岸线及陆域资源,这种建设模式充分体现了现代化港口发展的一种趋势,也同时满足了港城一体化的需要。

### 一、港口景观规划设计过程

1. 调查分析阶段

调查滨海港口区域的景观特性和活动,依据港口及滨海的条件,发掘和有效利用现有及潜在的景观因素,研究港区生产活动、滨海亲水活动与该地区的关系。

在与景观相关的海岸现状特性调查上，应分析浅海地形、地质、地貌、泥沙运动、水深和风浪流等地质与水文资料，作为掌握港口建设空间构成、海岸带演变、滨海亲水活动的可行性研究的依据；调查研究该地区动植物的生物种群生息状况，包括生物的种类、生活的场所、珍稀物种等，判断是否需要对其进行保护；调查研究与该地区整体及各对象点景观效果相关的和谐与不良因素。

2. 总体规划阶段

港口景观总体规划阶段，应把综合的、高质量的港口区域风貌和整体形象设计作为目标。在充分调查港口及滨海区域的基础上，对滨海港口区域的景观要素进行分析，明确景观规划设计的基本目标，结合城市总体规划、用地规划和交通系统设计，提出滨海港口区域景观总体概念规划和景观结构规划。景观总体规划还应与海岸线利用、港口规划以及海洋功能区划等专项规划协调。

港口及滨海区域具有多种功能，如生产、居住、商业、娱乐等。根据港口的特性和制约条件，明确港口及滨海区域内各个部分可以承担的功能和规模，进行功能配置，完成功能分区。值得注意的是，功能分区应当充分考虑利用者的习惯和方便性，同时尽量降低管理维护的成本。

3. 详细规划与设计阶段

景观详细规划与设计可分为总平面布局与定位、竖向设计、地面铺装设计、管网综合设计以及建筑小品设计等。港口景观详细规划与设计涉及面较广，按概念规划和结构规划所确定的要素，有代表性地选取海岸线与天际线景观规划、港口水工建筑物的景观设计、港口生产作业区的景观规划、港口色彩和港口绿地的规划与设计等专题。

## 二、港口景观要素的详细规划

1. 海岸线与天际线景观规划

天际线(skyline)是指建筑物、树木、山峦等以天空为背景所显现的轮廓。天际线在生活中容易被人们所感知，其规划在城市景观规划中占有重要地位。而对滨海港口城市而言，优美流畅的海岸线是塑造生动、富有韵律的天际线的基础。因而，海岸线与天际线的规划是塑造沿海港口城市整体风貌和意象的重要因素之一，从总体概念、结构规划到详细规划与设计中都应对海岸线与天际线给予足够的重视。

(1)海岸线景观规划。海岸线大多是自然形成的，其凸出和凹入的位置是海岸线景观规划与设计的关键之处。海岸线景观规划应以自然环境为基础，根据地形特点，结合不同港湾的功能定位创造能够凸显滨海港口城市特色的海岸线。

凸出的岸线形成前景天际线，凸形岸线具有广阔的视野，可从多角度和不同距离观赏，成为海岸线上的控制性因素。在凸形岸线上设计标志性建筑物是常用的手法，如美国纽约港的自由女神像建立在海湾中的自由岛上；世界闻名的悉尼歌剧院位于三面环水的贝尼朗岬角，无论从高处眺望还是周围巡游，都可见完美的形态。由于凸出的海岸线是视觉焦点，应更多注重自然岸线与填海港口区域之间的衔接和过渡。在以凸形海岸线作为分隔的海湾规划港口时，填海范围不宜超过凸出的自然岸线，应最大限度地保留原有的海岸线和自然景观。

凹入的海岸线所形成的海湾泊稳条件通常较好，成为兴建码头的首选位置。由于其具有内向的特征,在整个区域的天际线中通常作为中景或背景天际线。

海岸线景观规划应处理好人工岸线与自然岸线的衔接,特别是位于凸形海岸线与人工岸线交界的区域,顺应自然岸线规划亲水性防波堤、护岸及滨海景观区是处理人工与自然的关系的一种常用手法。

(2)天际线景观规划。港口大多位于掩护条件较好的海湾内,被凸出的自然海岸线包围。远距离观赏时,城市和山体形成的背景天际线起主要作用;中距离观赏时,港口高大的装卸设备和办公区域形成的前景天际线占主导地位。

滨海城市的前景天际线是城市发展的积淀,具有极高的历史和文化价值,成为城市的标志和象征。前景天际线的变化主要集中在建筑物的屋顶部分,处理好滨海建筑屋顶的形式是规划和设计前景天际线的重点之一。

港口区域的前景天际线就是港口码头前沿的岸桥和集装箱等港口机械及货物。色彩的配置、夜景灯光的设计是形成港口区域前景天际线的两大因素。此外,在港区与港区之间或港区与后方陆域之间兴建联络桥,这种跨海大桥在前景天际线中常常起重要作用,甚至成为该区域的标志。

除了处理好前景与背景天际线之间的关系外,前景天际线本身也应由不同层次组成,形成层层积聚,阶梯上升的动态形象。尽管前景天际线需要有不同的层次,但在紧邻港口码头的后方,不宜兴建高层建筑,否则将给人杂乱烦躁的感觉,破坏整个海岸线的优美感。若在港口与后方的城市建筑群体之间安排适当的绿化隔离带,可避免近景天际线重叠所造成的杂乱,增加天际线的层次感。

2.港口水工建筑物的景观设计

港口水工建筑物作为滨海港口风景区不可或缺的人工景观,在发挥使用功能的同时,其景观设计也越发重要。

(1)防波堤景观设计。首先应从平面形式入手,尽量尊重海岸的自然形态。设计之前需从远处观望场地,画出港口轮廓,考虑防波堤的平面布置形式。弧形及曲线形防波堤较直线形防波堤更具柔和感。

设计中尽量少采用钢筋混凝土砌块和垂直岸壁,而是选择自然原有的材料。在满足安全的条件下,可将防波堤的内侧坡面设计成坡度较小的缓坡,既满足亲水性要求,又可利用缓坡或阶梯布置绿化,种植树木,增添视觉美感。在适合眺望的地带,可设置供休息、餐饮、娱乐等服务设施。

堤头部分的设计是提升防波堤景观效果的有效途径,可供选择的型式见图8-5。

(2)亲水护岸景观设计。护岸是海域与陆域的交界,决定海洋与陆地衔接形态的要素。从港内的护岸上可以眺望大海,观赏船舶的航行姿态,也可以看到背后陆上的诸多自然景观。借助于阶梯型式的戏水区等建于护岸处的设施,亲水护岸成为人们与大海进行各种交流活动的场所。

亲水护岸的设计宜结合海岸线的走势,考虑当地的地形条件、自然环境与构造物的关系,在材料的选择、形状、色彩的设计上与周围环境相和谐。亲水护岸应体现易于接近水边的特点,护岸阶梯化或缓坡构造等方法均能有效提高其亲水性。护岸可采用如图8-6所示的利于自救的截面型式。在海水水位较深、流速较大的地方和在潮差影响大、水流湍急的部位应避免亲水型式的设计，采用安全性较高的护岸型式，还应采取相关的防护措施，包括设置安全栅、隔离带或栽植紧密的灌木，设置利于自救和求救的设施。

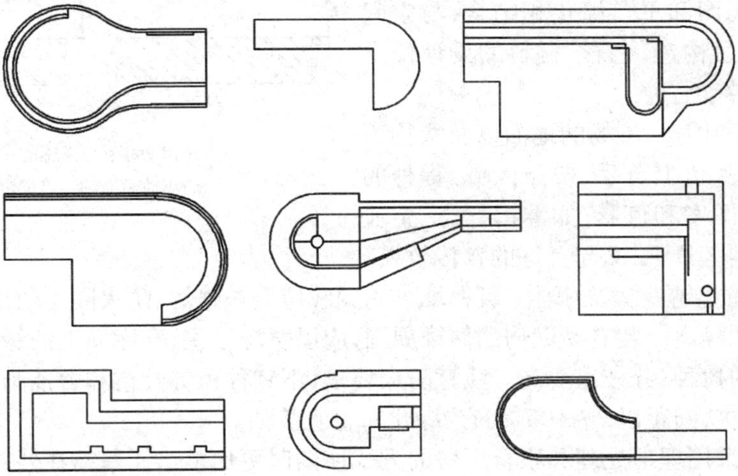

图 8-5　防波堤头部形状图

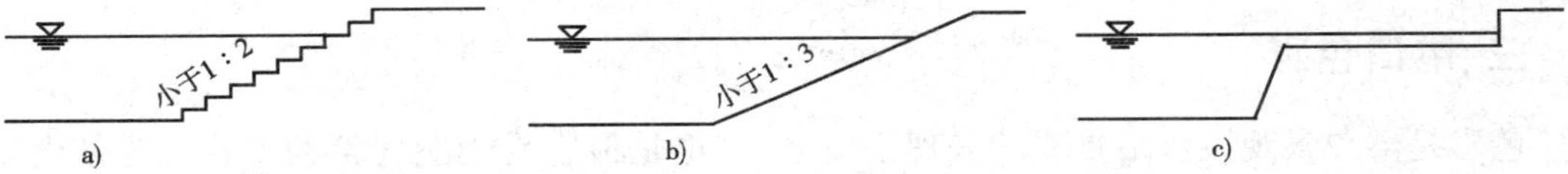


图 8-6　利于自救的护岸截面型式图

a）延伸至海中的阶梯型护岸；b）延伸至海中的缓斜型护岸；c）浅水处理以缩小落差的阶梯型护岸

3. 港口生产作业区的景观规划

港口生产作业区的景观规划以保证港口正常生产运营为前提，空间布局应保护和合理利用原有的地形地貌。其景观设计应具备多元化特性，借景为主、建景为辅，建设公共绿地。因港口建设初期需要，应将工程需要、山体形态、植被的覆盖等因素统筹规划，降低后期景观建设成本。对后方采石迹地进行必要的整理地形工程和生态修复。

港口生产作业需要平整的陆域，建筑和设施外形设计上应遵循简约、规整的风格，运用规则的几何线条来暗示生产过程中所必需的和谐与秩序。建筑物布局的空间宽度选择主要由功能决定，在满足工艺、人流、车流的前提下，还要兼顾视觉观感，可参考图 8-7 选择尺度。两侧建筑物长短不同，视觉效果也不同，如果人们的视野在 45°以内，视线全部被建筑遮挡，就会产生局促感。因此，建筑物宜短一些，要留有空隙，使空间感觉上空旷宽敞，见图 8-8。

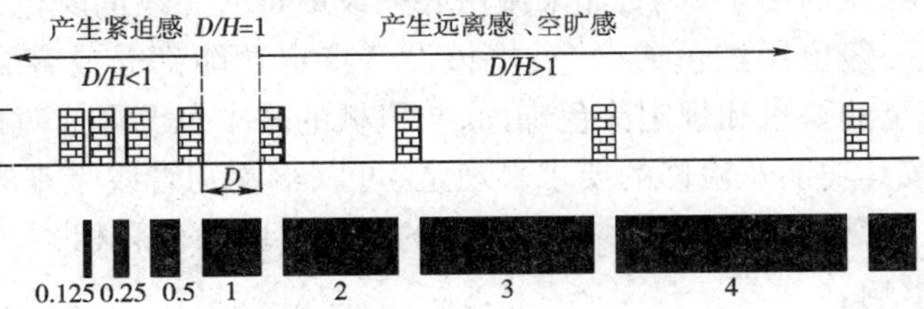


图 8-7　间距与通道视感的关系图

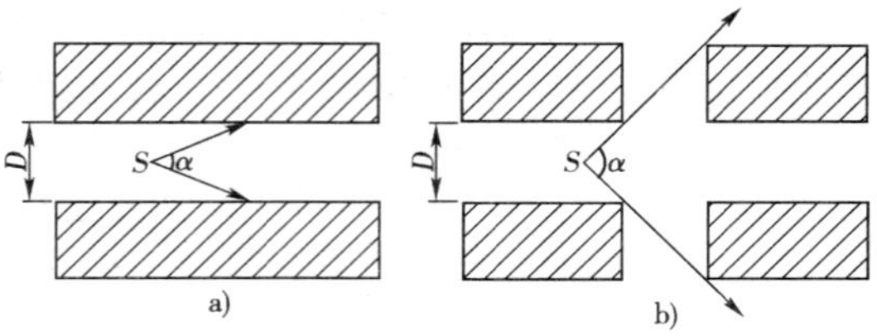

图 8-8　间距与视感的关系图
a）感觉局促；b）感觉宽敞

进出港大门是港区的第一景观，应满足较高的艺术要求。在建筑处理上应当简洁、明快、大方，与建筑立面构图和干道绿化相结合，与空间环境相协调。通过构造、色彩、材料的设计使之富有时代气息和特色。

仓库的屋顶和墙壁、堆场的地面以及货物苫布都可从图案和颜色上着手，按照区域、货种的不同涂装不同的图案和色彩，如港口标志、企业商标等，既丰富港区景观，又起良好的宣传效果。

堆场绿化不能影响堆场的操作，可在堆场周围栽植生长强健、防火隔尘效果好的落叶阔叶树，与周围很好地隔离。装有易燃物的储罐周围，应以草坪为主；仓库周围的绿化，要选择病虫害少，树干通直的树种，分枝点要高。注意防火要求，不宜种植针叶树和含油脂较多的树种，以稀疏栽植乔木为主，间距以 7～10m 为宜，绿化布置宜简洁。

港区管线可采用埋地处理和联合厂房的方式使港区更加整洁。暴露在外部的管线可根据输送物质的不同，配以不同色彩，在环境、绿化、建筑彩色外墙的映衬下，港区生产空间个性得以充分体现。流畅的线条使视觉环境大大改观，与大面积工业建筑立面形成鲜明对比。

## 三、港口色彩

色彩是港口景观设计最重要的表现手段之一，也是最容易创造气氛的要素。为使港区内高低错落、造型各异的建筑群减少零乱感，外观色彩应选择以体现简洁规整为主的统一基调，达到空间延伸和渗透的效果，增强建筑群的整体感。

港区主色调设计应着重考虑所处的自然环境和地区气候条件。在自然环境上，背景为黄土山岭，建筑应选用绿色或淡青色作为主色调；背景为深绿色丛林，建筑可用白色、浅棕色、乳黄色等色彩；城市建筑群呈青灰色，以此为背景的港区，可采用白色、淡黄色、橙黄色等明亮色彩。从地区气候条件上，我国南方日照多、空气透明度大，港区主体宜选用明朗的浅色调；北方气候寒冷、少日照、空气透明度低，宜选用暖色调。

港区建筑体型多种多样，每一分区的建筑色彩拥有一个主色调。建筑物应分成主题和衬景，按功能特性配以色调上的变化。单体建筑立面色彩可利用大墙面为基底色调，突出表现立面细部，体现建筑物的体型和轮廓。

港区的机械设备以金属杆状物居多。由于强烈的大面积涂色可能干扰工人的注意力，易引起视觉疲劳，故不宜使用大面积涂色，可在部分表面上局部涂色，如条带状、块状、环状，或只涂在设备的关键部位，从而便于识别，如采用白底红纹或黄底黑纹的颜色；机械运转部分，要区别于机身其他部分，一般也用红色或橙色；机械设备特定功能部分或容易引起伤人危险的部分，应按技术操作安全的要求和规定涂色饰面，与机械的基本色调形成对比。

管线的色彩应按其功能及检修的要求来规定，可以给鉴别管线带来方便，提高维修速度，同时美化工作环境。管线标志涂色与墙面、设备的各主要面的色彩相关，要注意管道标志涂色与其背景色的相互影响。

## 四、港口绿地

港口各功能性建筑相对比较集中，为缩小作业性质不同的区域间的彼此干扰，并改善港口景观，调节小区气候，设置港口绿地十分有利。港区绿化面积不应小于可绿化面积的85%。港口绿地可分为公共绿地、缓冲绿地、道路绿地、景观绿地和避灾绿地。

1. 公共绿地

公共绿地是向公众开放的、经过专业规划设计、具有一定的活动设施与园林艺术布局、供人们进行休息娱乐及文化体育活动而设置的绿地，其数量和质量是衡量港口绿化水平的重要标志。公共绿地要保证安全性、舒适性、保健性，避免直接迎风；白天日照充足；避免噪声、粉尘、恶臭等影响；尽量保证3 000～6 000$m^2$的开阔视觉空间，附近有碍视觉享受的景观应适当遮掩；绿地内部应设置轻型运动的场所，如花园、广场等。

2. 缓冲绿地

缓冲绿地是指港内具有卫生、隔离和安全防护功能的绿化用地，具有净化空气、水体和土壤，降低噪声，调节和改善港区环境以及防火隔热和保护建筑物的作用。缓冲绿地的植物选取尤为重要。不同植物耐火性、隔音降噪、防风防尘、吸收污染的能力都有所不同。煤炭、矿石码头的树种选择应满足吸尘和减弱风速的要求；散装液体化学品码头树种选择应有吸附化学有害气体和减弱风速的作用；生活区与码头前沿之间必须设防护林带，防护林带的宽度宜为5～15m；辅助生产区和客运码头的环境绿化应满足吸尘、消声和景观的要求。缓冲绿地最小宽度的参考数值见表8-3。

**缓冲绿地最小宽度的参考值**　　表8-3

| 功　能 | 防　噪　声 | 防　粉　尘 | 防火防爆 |
|---|---|---|---|
| 宽度(m) | 20 | 30～40 | 50 |

3. 道路绿地

道路绿地是附属绿地中的一个特定类型，通常用于分离港内车辆与人行道或设置在进港公路和港口干道两侧，一般宽度为1.2～2.4m，在绿化覆盖率中占较大比例。其主要功能是庇荫、滤尘、减弱噪声、改善道路沿线的环境质量和美化港口。以乔木为主，乔木、灌木、地被植物相结合的道路绿地，防护效果最佳，地面覆盖最好，景观层次丰富，能更好地发挥其功能作用。在各种港区道路的一定宽度和高度范围内为车辆运行的空间，树木不得进入该空间。绿化带高度不应超过0.75m。

港口道路绿地与城市道路绿地相同，从建设开始到形成较好的绿化效果需要几年或更长时间。因此道路绿地规划设计要有长远观点，注意远近期结合，绿化植物不应经常更换、移植。

4. 景观绿地

景观绿地是位于城市建设用地以外，对城市生态环境质量、居民休闲生活、城市景观和生物多样性保护有直接影响的区域。景观绿地对于改善城市、港口的大环境生态条件具有重要作用。可在港城交接地带，规划绿地率指标达到50%以上的建设用地区域，如花园式工厂区、行政区等。景观绿地与城市的建筑群体互相融合，高低错落，刚柔对比，形成丰富多彩的城市天际线。该部分绿地系统应与城市的发展与建设结合起来，符合城市的整体规划设计。

5. 避灾绿地

避灾绿地是指当地震、火灾、洪水等灾害发生时，港口中能够用于紧急疏散和临时安置工人、居民短期生活的绿地空间。它一般由港口的缓冲绿地和公共绿地的某些地块组合构成，是城市防灾减灾体系的重要组成部分。

避灾绿地要设置在多数人工作与居住或停留的地方，以及很可能发生灾害的地方。避灾绿地的规模可以按照到该区域避难的人数计算，通常 $1 \sim 2m^2$/人为宜，避灾绿地的影响半径约为 1.5km，采用具有防火功能的植被。

一块绿地或同一种植物可能具有不同功能，在设计中应综合考虑各种绿地和植物能够起到的效果，以达到综合效果最大化。

港口所处的地理位置不同，其地形、气候、土壤条件会有所差异。不同植物对环境条件有不同要求。配置植物时要在生物特性和艺术效果上充分发挥植物保护和改善环境的功能。

季相是植物在不同季节表现的外貌。植物在一年四季的生长过程中，叶、花、果、枝、树皮的形状和色彩随季节而变化。强化植物配置的季相变化，是提升港口景观内涵的重要措施。搭配植物的样式，一般有规则式和自然式两大类。前者整齐、严谨，有一定的种植行距，且按固定的方式排列；后者自然、灵活、参差有致。

港口主要采用包括孤植、对植、丛植和群植等方式配置植物。常绿树可常年稳定地保持绿貌，叶色有淡绿、深绿、翠绿、橙绿之分以及有、无光泽的差别。落叶树一般季相特色比较明显，尤其花木和一些入秋后叶色呈黄、橙、红、紫等色彩的树种。按照各种树木美的属性，根据构景需要，发挥常绿树、落叶树之所长，结合植物的高低尺度合理组合。

## 习　题

8.1　可能影响港口环境的主要污染物有哪些？试述其危害作用及防治措施。

8.2　港口建设项目环境影响评价的主要内容有哪些？

8.3　减少环境破坏的具体措施主要有哪些？

8.4　简述港口景观规划设计的主要原则及现实意义。

8.5　结合实例，试述如何协调港口景观与港口生产作业系统之间的关系。

# 第九章　河港特点

内河港口的水文条件、河道条件、河岸地形条件、船舶类型及尺度、船舶航行及港内调度方式等因素与海港都存在着一定差异。对于以潮汐作用为主而停靠内河船舶或海船的河口港、既有河流水文特性又受潮汐影响停靠海船的河港，规划和总体设计时可根据不同情况，选择采用海港或河港的相关规范。河港港址选择、装卸工艺、水域及码头（陆域）布置等都有自身的特点，下面分别予以叙述。

## 第一节　港址选择

由于河道水流及泥沙冲淤变化甚为复杂，欲借助人为措施来改变河道天然条件以满足建港需要，在技术上尚不完全成熟，而且在经济上往往耗资巨大。稍有不慎或对其变化规律认识不足，将会给建港后船舶的运转及港口的管理带来极大不便，甚至可能因水域条件的恶化致使港口无法使用，或耗费大量疏浚维护费用来保持港口正常运转。

### 一、优良港址应具备的条件

(1)具有良好而稳定的水域，能为船舶运转提供良好而又长期稳定的水域条件。

所谓良好，是指港区水域在满足港口所需水深的前提下，应有足够的水域面积，而且流速较小，流向平顺，没有不利于船舶航行的泡水、漩水、回流等不良流态，为船舶进出港、锚泊、港内航行调度及停靠码头提供最好的水域条件。河港与海港的显著区别之一是风浪较小，风浪对船舶运转、港口总体布置、水工建筑物设计和施工影响不大，是一个次要的考虑因素。

所谓稳定，是指在港区所处河段内，河床及岸坡的冲淤，多年来变化甚微，且能明确地判定将来也不会发生大的变化，从而使港口在较长时间内具有稳定的水域条件。

(2)地质良好，岸坡稳定，地形平缓、高程适宜，岸线长度足够且有一定纵深的陆域，能为合理的港口陆域布置提供良好的陆上条件，方便货物的装卸、堆存、车辆进出港口及港内的运转。

良好的地质条件能给建筑物设计和施工带来方便，降低工程造价；岸坡稳定是保证码头结构及陆上设施正常工作的基本条件；地形平缓、高程适宜能减少土石方工程量；岸线长度足够能保证布置得下港口所需要的泊位数量；一定的陆域纵深则是布置港口陆域设施所必需的条件。这些条件在河流的中、下游河段，因两岸多为缓丘及平原，易于满足；但在山区河段，这些条件很难全部满足，有时因河岸的地形陡峻，不免要大量的挖填方才能形成陆域所需的场地。对于一般件杂货港区，装卸作业区的纵深为200～300m，在山区河流港区则适当减小。

(3)陆域后方与铁路、公路的接线方便。

(4)与城市规划协调。

(5)与其他水上设施有一定距离,以免相互干扰。

港址应充分考虑现有的及规划的水库、闸坝、桥梁和其他建筑物与港区作业间可能产生的不利影响。例如,尽量使港口不选在桥梁附近,以减少船舶发生事故的可能性;港口不宜选在水厂取水口附近,以避免污染水质;码头、锚地和趸船(pontoon)锚位不应布置在水下管线限制范围以内,以免锚泊船抛锚、起锚对它的破坏等。当码头和锚地在桥梁上游时,两者之间净距不低于4倍设计船长;在下游时不低于2倍设计船长。

上述条件都能很好满足的港址,是不易选择的。但无论如何,良好而稳定的水域必须首先得到保证。在选址时对上述条件的评价只能相对而言,只能在一定的选址河段范围内进行比较。例如,流速的大小,从便于船舶靠离码头而言,2m/s以下流速为最好,但在山区河流,汛期一般都在2m/s以上,在滩险处可达6~7m/s之多,因此所选港址处能有2m/s左右的流速,已甚为理想;而在平原河流,流速一般都在1m/s左右,甚至更小,仅在汛期或滩险段才达到2m/s左右,这在平原河流则算是大流速了。又如河道稳定问题,即使最稳定的平原河流河道也比不过山区非冲积性河流河道。

## 二、河港选址的特点

1. 天然河流上选址

由于内河水道流经地区不同,其河流特性差异极大,这里仅从港口选址应具有的水域条件出发,分别阐述各类河段上选址的一些特点及要求。

(1)平原河流。平原河流在广阔的冲积平原上流动,其河岸及河床抗冲刷性能较弱,河流的平面摆动及河床的冲淤均处于不断变化的过程中,这是平原河流的一个重要特性。另一方面,河流经上游流到中、下游平原地区后,水量更加丰沛,河流纵比降和流速减小,河面更为宽阔,不良流态出现的机会及流态的险恶程度较山区河流大大降低,港口所需的良好水域条件较易得到满足。因此在平原河流中选址最重要的是对具有良好水域条件的河道进行细致而科学的河道稳定分析,只有在较为明确地判明拟选港址所处河段在建港所期望的营运时间内是稳定的,或者采取不太大的工程措施后能保证河道稳定的情况下,才能选为港址,这是在平原河流选址的特点。

从总体上讲,平原河流是处在冲积层上,但由于河流流经地区河床及河岸抗冲性的不同,加上间或出现的原生基岩、山矶,导致平原河流的河道演变十分复杂,故其选址要求也随之不同,下面分别予以阐述。

①顺直河段。顺直河段的河道长度不太长且平面形态比较顺直,多见于中、小平原河流。顺直河段容易发生滩、槽变化、下移或易位。洪水期水流漫滩,沿河道流动,枯水期边滩出露,水流归槽,河水在两岸交错出现的边滩中沿弯曲的枯水河槽流动(图9-1)。河道中若无礁石、岩盘的制约,边滩在水流作用下有逐步下移的趋势,引起边滩深槽的交替变化。在这类河段上港址宜选在稳定深槽的下段(参见图9-1中A处),并注意边滩及深槽的变化趋势,必要时应在所选港址上游边滩及深槽采取护岸工程措施,以稳定枯水期河势,保持建港处的良好水域条件。

②微弯河段。微弯河段河道平面形态微曲、弯曲半径与河宽的比值较大,有较好的边界控制条件,整个河势较为稳定,边滩、深槽的变化甚为缓慢。在平原河流中,这是较为稳定的一种河型,宜于建港。港址宜选在凹岸弯顶下段,凸岸则不宜建港。长江中下游、中小河流及封冻河流,众多港口如九江、安庆、芜湖等都处于微弯河段上(图9-2),这些港口水深、流缓、江面开

阔、航道及岸坡稳定。

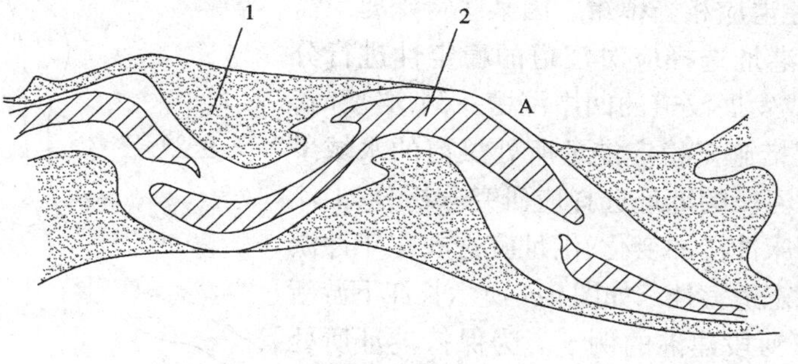


图 9-1　顺直河段选址

1-边滩;2-深槽

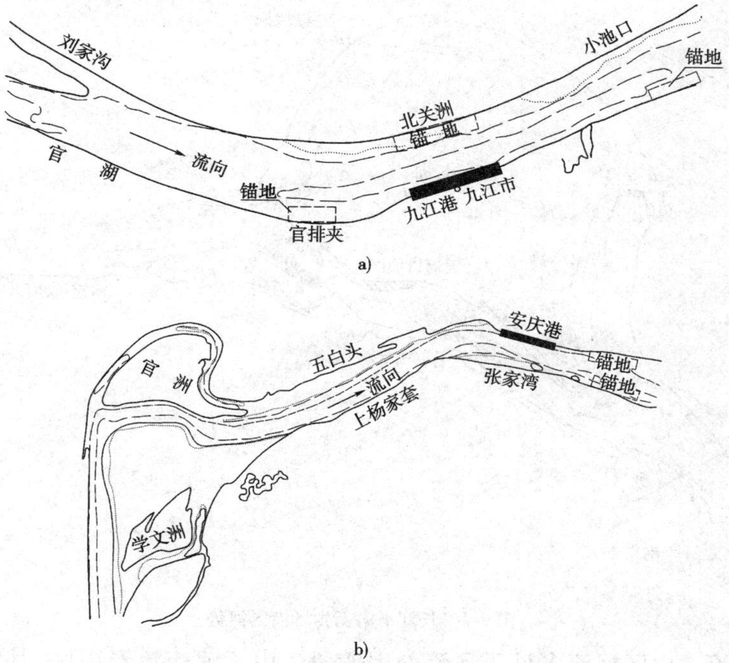


图 9-2　微弯河段建港实例

a）九江港；b）安庆港

③蜿蜒河段。蜿蜒河段的河道平面形态反复曲折，弯顶处弯曲半径小，侧向变形较大。河段多流经广阔的冲积平原，两岸及河底抗冲性均较弱，故河道的发展基本上受水流的作用而自由发展，河型蜿蜒曲折，当河弯发展到一定程度，河流有可能自然裁弯取直。如图 9-3 所示长江中游的荆江河段就属于这种河型，这是平原河流上最不稳定的河型，一般不宜建设港口。若必须建港，则仍应在凹岸弯顶下段处选址，并应对发生自截裁弯或切滩的可能性进行论证。

④分汊河段。分汊河段指河流有两个或两个以上支汊的河段，往往与微弯河段交替出现，呈宽窄相间的莲藕状，常见于冲积平原河流。在分汊河段，两岸抗冲性较弱，对河流的发展制约较小。在分汊段的两端往往受山矶或抗冲性较强的古阶地控制，致使河道的分汊固定在一定范围

内。由于汊道总是处于发展及衰亡的变化过程中，因此，在这类河段上建港应相当慎重。因某些特殊要求需要在汊道段建港，港址选择应对汊道的稳定性进行分析，选在相对稳定或发展汊道的凹岸深槽一侧，必要时，还需采取一定工程措施来稳定港址所处汊道的水域条件。汊道口外单一河段的港址选择应研究分析分、汇流口的水力特性及河床冲淤的变化，港址宜选在多年冲淤变化相对稳定和流态适宜处。如图9-4所示长江下游新生圩港区就是分汊河段建港的例子。为保持港址所处汊道的稳定及港区的良好水域，在天河口、燕子矶、八卦洲头及港区等处已经采取抛石护岸、护坡等工程措施。

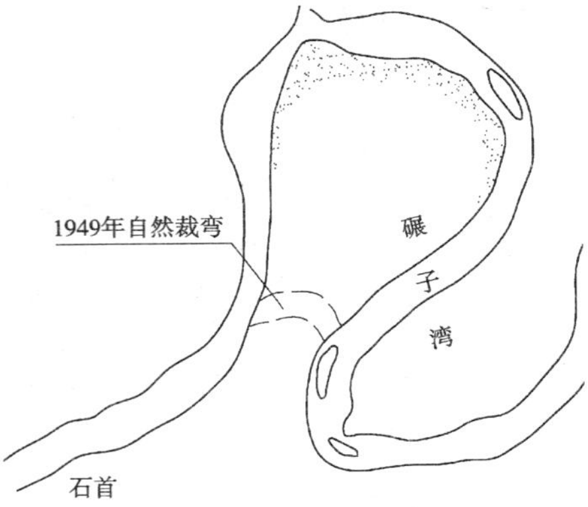

图9-3　荆江蜿蜒河段

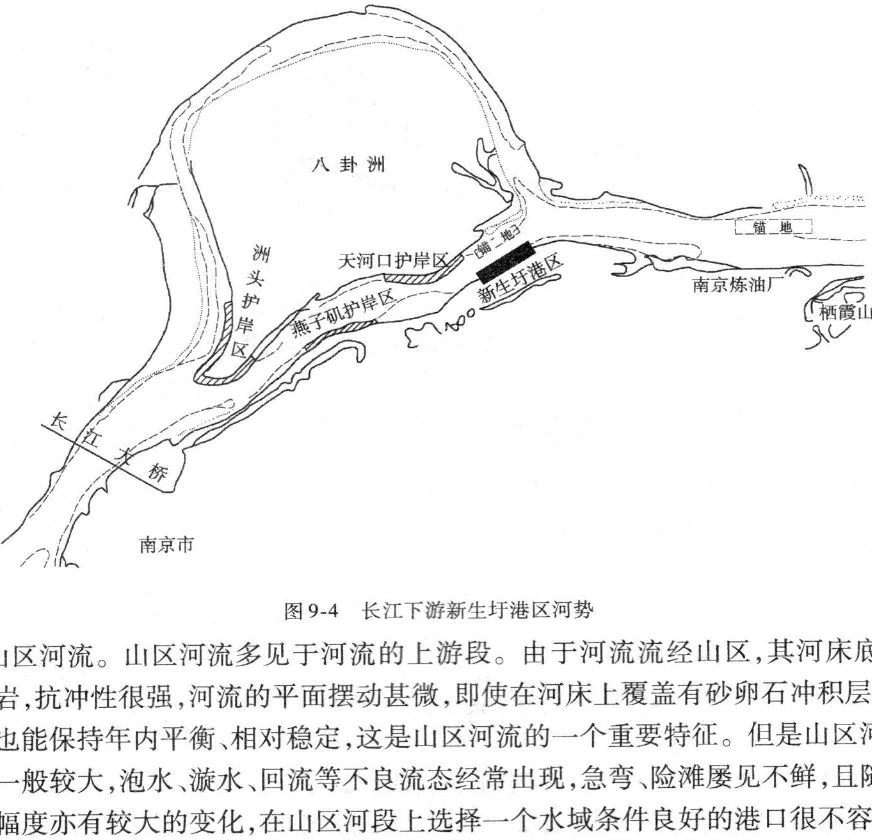

图9-4　长江下游新生圩港区河势

(2)山区河流。山区河流多见于河流的上游段。由于河流流经山区，其河床底质及河岸为原生基岩，抗冲性很强，河流的平面摆动甚微，即使在河床上覆盖有砂卵石冲积层的河段上，冲淤变化也能保持年内平衡、相对稳定，这是山区河流的一个重要特征。但是山区河流的纵比降及流速一般较大，泡水、漩水、回流等不良流态经常出现，急弯、险滩屡见不鲜，且随水位涨落的快慢及幅度亦有较大的变化，在山区河段上选择一个水域条件良好的港口很不容易。因此，在山区河流选址，河道的稳定要求一般都易满足，重点在于选择有良好水域的建港地点，这是山区河流港址选择的特点。山区河流港址的选择应研究通航水流条件和推移质泥沙运动的泥沙等，港址宜选择在急流卡口上游的缓水段和顺流区。回流沱是山区河流的河道中抗冲性弱的河岸，在水流作用下受水流旁蚀扩宽的河弯，或由于岩磐石梁构造的影响而形成的回流区，沱内水深较大，且有回流。回流沱内建港宜选择在多年冲淤变化相对稳定和流态适宜处。

总之，在天然河流上选址，就良好的水域条件而言，宜选在弯道凹岸顶端偏下的地点。这是因为:其一,由于弯道水流的作用,凹岸侧河道水深条件较好,一般能满足船舶航行要求;其二,在此处的水流,经过弯道抵冲以后顺岸下流,水流一般较平顺,这有利于船舶靠离码头时的操纵;其三,即便有些不太严重的冲刷,与防止淤积相比,采取适当的护岸工程措施也更为容易。

2. 其他通航河流及湖泊选址

(1)水库及渠化河流。水库蓄水后,从大坝前缘到回水末端的河段,叫做回水区(backwater zone)。从最低蓄水位的回水末端到最高蓄水位的回水末端之间的区域,叫做变动回水区(fluctuating backwater zone)。当汛后水位为正常蓄水位时,变动回水区具有水库性质,当汛期水位为防洪限制水位时,变动回水区具有天然河道性质。

水库及渠化河流的常年深水河段,适合建港,宜选在风浪较小、泄洪影响小和水流条件较好的地区,并宜避开由于库区水位变化可能引起岸坡失稳的岸段。

在水库变动回水区段,水位变幅大,冲淤变化复杂,港址选择要十分慎重,可在弯曲度较小的弯道凹岸处建港,并应对水位、水流、河床演变和岸坡稳定等情况进行充分论证。

枢纽下游河段港址选择应考虑泄洪、枢纽调度运行和河床变形等不利影响。

(2)人工运河及河网地区。人工运河及河网地区一般水流条件较好,河道冲淤变化甚微,较易选到港址。但应该注意不在航道狭窄处建港,若有必要,可利用河汊或洼地建挖入式港池来获得港口水域。

(3)湖泊。湖泊内建港,注意选在具有天然掩护的湾内或风浪较小的地区;且最好不选在江河入湖口附近,因其泥沙冲淤变化复杂。若必须建港,宜避开来水、来沙的不利影响。

## 第二节　装卸作业系统

内河港口由于停靠船型、河道水位变幅、水流、岸形等自然条件与海港存在着较大差异,因此,其装卸作业系统的工艺亦存在一些特点,下面分别予以阐述。

### 一、装卸工艺的基本型式

内河港口的装卸工艺方式与码头断面型式密切相关,主要取决于港口所处河段的水位特性、岸坡陡缓及所装卸的货种等。按其特点,分为斜坡式码头(sloping wharf)装卸工艺、直立式码头(vertical-face wharf)装卸工艺及浮码头(floating wharf)装卸工艺三种基本形式。

斜坡式码头装卸工艺的特点是在码头前方船舶装卸作业与库场水平运输作业之间,需增加一个在固定斜坡道上进行斜面运输的作业环节。码头前方一般需设趸船来安放装卸机械,趸船可随水位涨落移动平面位置以方便装卸作业及停靠船舶。在水位差大于17m的河段,较多采用斜坡式码头。较之直立式码头而言,斜坡码头由于多一套斜面运输机械及多一个斜面运输环节,其装卸成本较高、效率较低。

河港直立式码头装卸工艺与海港类同,即船舶直接停靠于固定的码头前沿、由码头前沿装卸机械直接完成船舶与水平运输机械之间的转运作业。

通常情况下,在水位差小于8m的中、下游河段,可采用直立式码头,而在水位差8～17m河段,一般只要河道较宽,透空直立式码头的修建对航道、水流及泥沙冲淤的影响不大时,亦可采用直立式码头装卸工艺。我国西部地区在水位差大于17m的河段，如重庆主城港区寸滩国际集装箱码头，水位差就达到33m，类似的还有重庆港涪陵港区黄旗集装箱码头、万州港区沱口集装箱码头等。

浮码头装卸工艺的特点与斜坡码头类似，仍存在一个斜面运输环节，不过这种坡道的坡度可随水位变化进行调整，而趸船的平面位置则不发生变化，它一般适用于水位差小于10m，而货物运输量不大的货运码头及客运码头。

## 二、斜坡式码头的装卸工艺

斜坡码头装卸工艺主要适用于大水位差河段。但在水位差较小的一些中、下游河段，当其岸坡较缓，建直立式码头需将码头前沿伸入江中太远而对水流、泥沙冲淤及船舶航行带来很大影响时，也采用斜坡式码头装卸工艺。下面列举几种代表性的工艺系统。

1. 皮带车系统

皮带车系统用于装卸散货，趸船上设置用于进港货物的带抓斗的起重机或用于出港货物的装船皮带机。其特点在于斜坡上输送散货的皮带输送机能随水位涨落由卷扬机牵引上移或下滑，以便与设置在趸船上的装卸机械衔接。该皮带输送机车架是由多节短机架铰接成为半柔性的整体机架。每节短机架3～4m，装4个有轮缘的钢轮。每台柔性机架长约50～70m，首尾搭接运输散货。枯水季节，皮带车位于斜坡上，洪水季节可由卷扬机牵引，沿轨道上移至货场区专门停放皮带车的轨道上。在坡顶处，轨道设计为弧形，以便柔性皮带车由斜坡段移至水平段。此工艺系统有较大的通过能力，能适应很大的水位变幅，使用效果很好，但在货场需设置停放皮带车的轨道，故不利于货场的布置。图9-5为某港出口煤码头工艺流程图，该处水位变幅约为30m。图9-6为煤、磷进口码头工艺流程图，该处水位变幅约为15m。

2. 缆车系统

缆车系统主要用于装卸件杂货，其特点是由缆车来完成货物的斜面运输。缆车是一种用卷扬机牵引沿斜坡轨道上下行驶的钢结构承重小车。本系统通常由浮式起重机、缆车、水平运输机械、库场作业机械组成。牵引缆车的钢丝绳长度能随水位涨落调节，方便缆车与浮式起重机较好地衔接，有利于船—缆车间的转运作业。因此，在大水位差地区，这种工艺型式得到广泛应用。图9-7为某港区件杂货码头工艺流程图，该码头缆车可根据需要在仓库底层或二层停靠，以完成缆车—仓库的交接作业，库内由电动单梁吊机进行货物的垂直提升及装卸作业，是一种适应水位变幅大且岸坡较陡的较好工艺型式。此外，在一些中、小河流及川江停靠小型船舶的码头，在水流平缓、船舶的停靠无需趸船，且靠泊又较方便的地点，亦可用缆车起重机代替浮式起重机进行船—缆车之间的装卸作业。图9-8为某港件杂货码头工艺流程图，图中缆车起重机即为在专设的缆车架上安放的固定式起重机，它亦可随水位涨落由卷扬机牵引沿斜坡轨道上下移动。此系统的最大优点在于省去了趸船，从而减少了工程造价，降低了装卸成本，是适用于中、小码头的一种工艺型式。

3. 汽车下河系统

在天然岸坡较缓，适宜建下河汽车道的地点，则可修建下河汽车道，由汽车来完成斜面及水平运输。见图9-9，汽车可在斜坡道上或直接上趸船进行装卸，较缆车系统减少了一个作业环节。图9-9a)中所示为垂直下河汽车道，汽车可上趸船环路行驶，十分方便。图9-9b)中所示顺河岸下河汽车道则适用于在枯水季节岸坡较缓，而高水位岸坡较陡的地点修建。

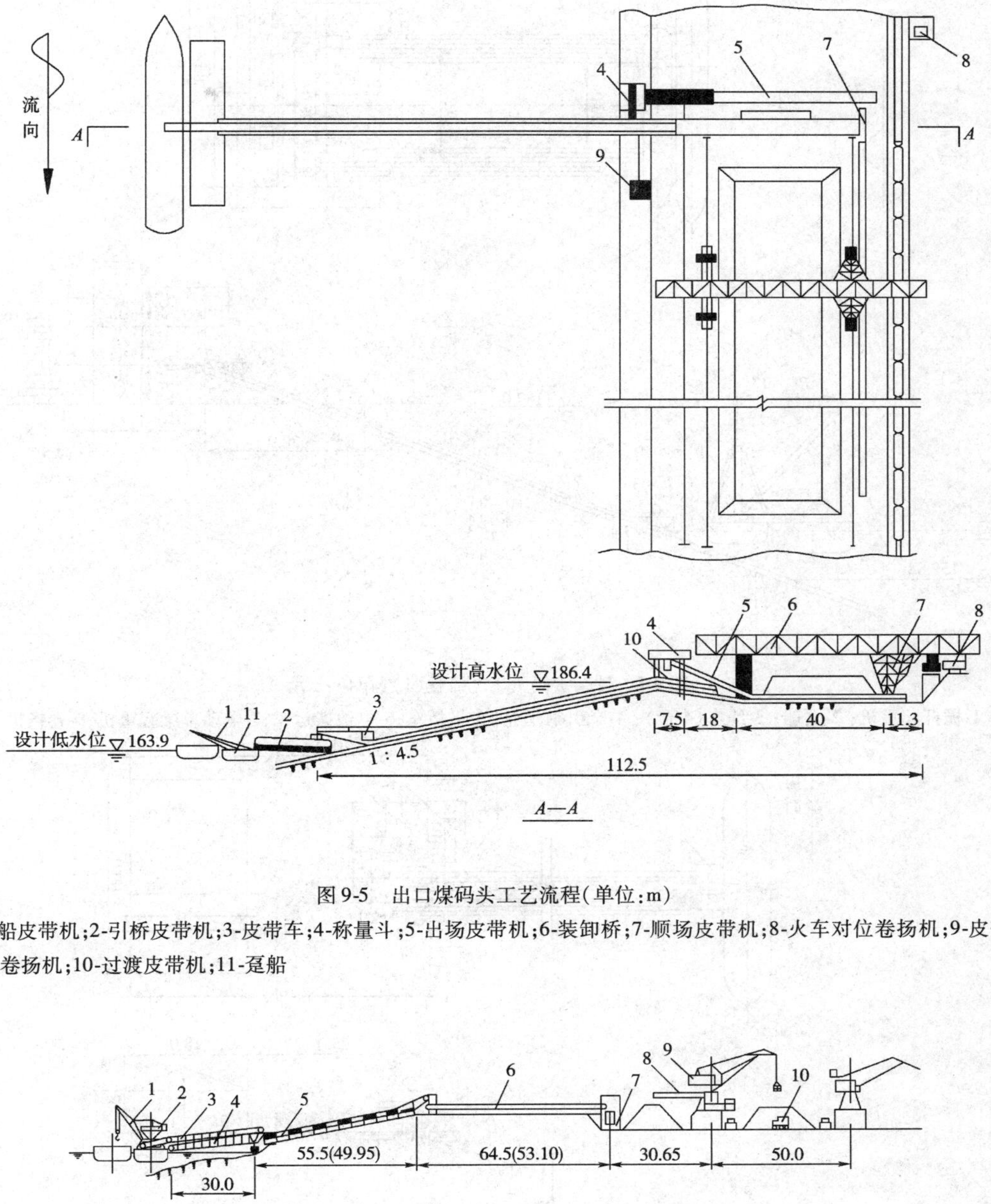


图 9-5　出口煤码头工艺流程(单位:m)

1-装船皮带机;2-引桥皮带机;3-皮带车;4-称量斗;5-出场皮带机;6-装卸桥;7-顺场皮带机;8-火车对位卷扬机;9-皮带式拖曳卷扬机;10-过渡皮带机;11-趸船

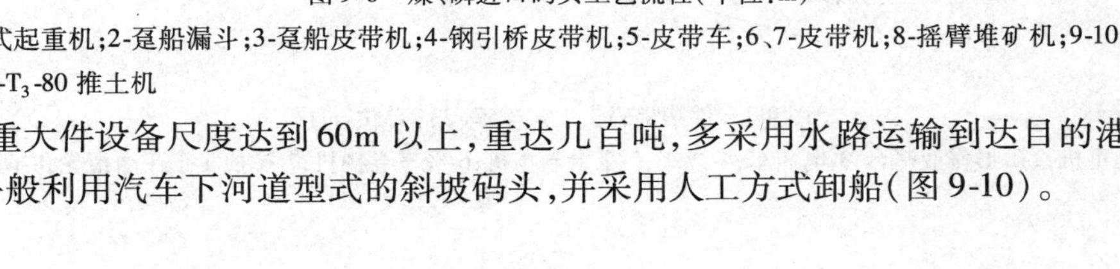


图 9-6　煤、磷进口码头工艺流程(单位:m)

1-双 5t 浮式起重机;2-趸船漏斗;3-趸船皮带机;4-钢引桥皮带机;5-皮带车;6、7-皮带机;8-摇臂堆矿机;9-10t-25m 门座起重机;10-$T_3$-80 推土机

有些重大件设备尺度达到 60m 以上，重达几百吨，多采用水路运输到达目的港。考虑卸船成本，一般利用汽车下河道型式的斜坡码头，并采用人工方式卸船(图 9-10)。

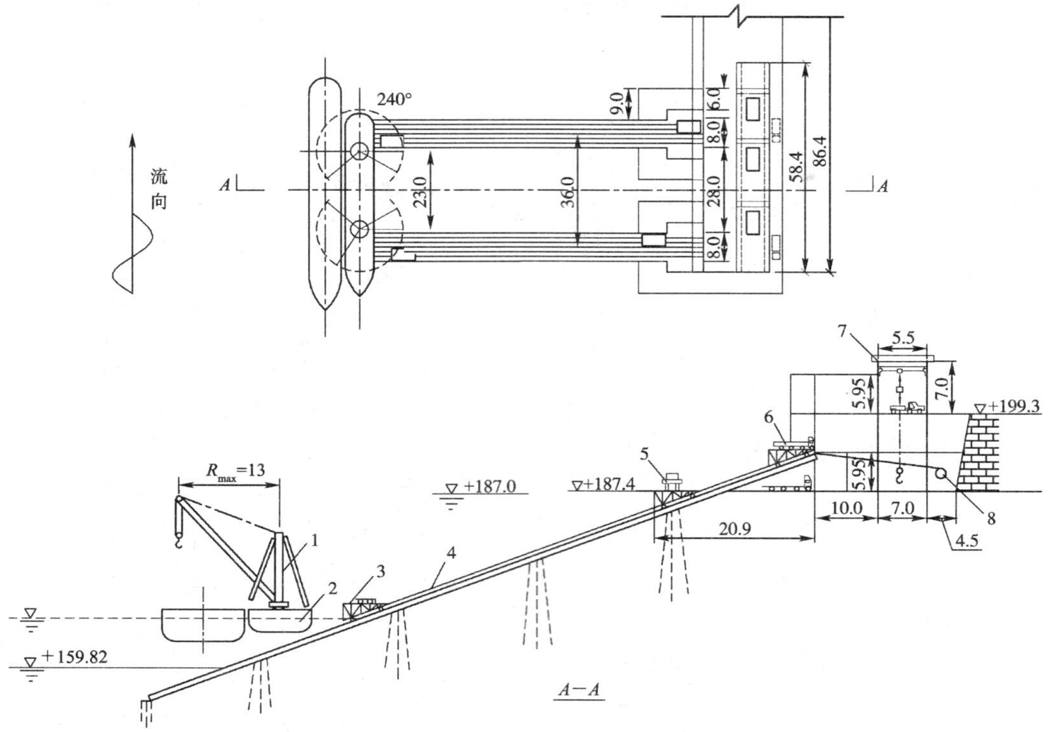


图 9-7　件杂货码头工艺流程(1)(单位:m)

1-桅杆起重机；2-趸船；3-缆车(4 台)；4-牵引钢丝绳；5-平板车;6-电池搬运车;7-电动单梁起重机;8-卷扬机

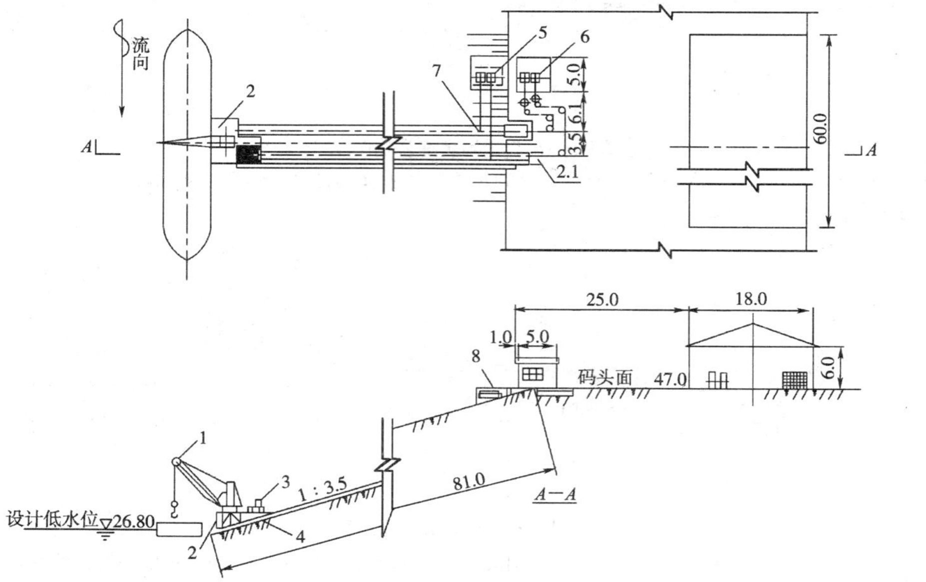


图 9-8　件杂货码头工艺流程(2)(单位:m)

1-缆车起重机;2-T 形作业平台;3-电瓶车;4-缆车;5-平台卷扬机;6-缆车卷扬机;7-拉拽 T 形平台滑轮;8-防雨盖

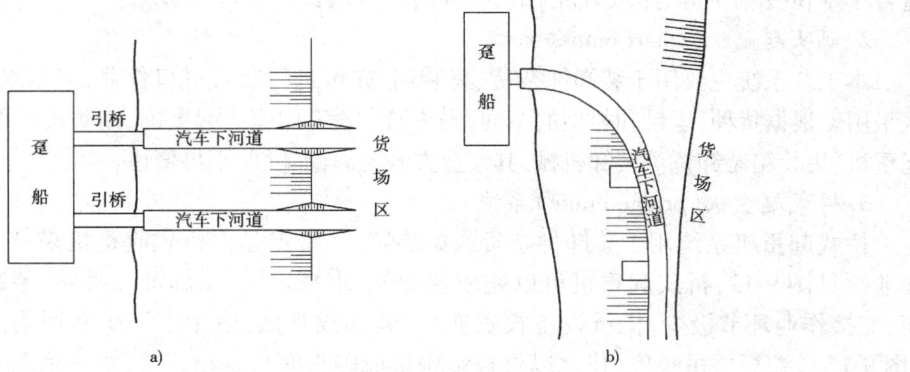


图 9-9　汽车下河道平面型式

a）垂直下河汽车道；b）顺岸下河汽车道

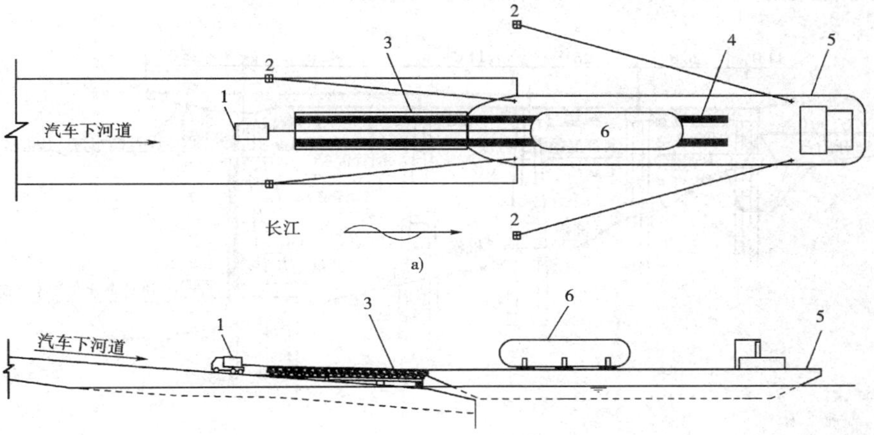


图 9-10　人工卸船方式

a）平面图；b）断面图

1-牵引车；2-50t 地锚；3-平板车；4-滚拖轨道；5-甲板驳；6-大件设备

## 三、直立式码头的装卸工艺

河港直立式码头装卸作业方式与海港类同，但由于水位变幅较海港大，故仍有其特点，下面对其几种代表性的装卸工艺系统分别予以介绍。

1. 浮式起重机（floating crane）系统

本工艺系统主要用于装卸件杂货，其特点是由浮式起重机完成船—岸间装卸作业，见图 9-11。由于直立式岸壁建在枯水位以上的岸坡上，无水下施工工序，故造价低、施工快、基建投资少。此工艺系统在中、洪水期间装卸效率高，但在枯水季，由于码头面与枯水面高差较大，给浮式起重机的装卸操作带来不便，因此它

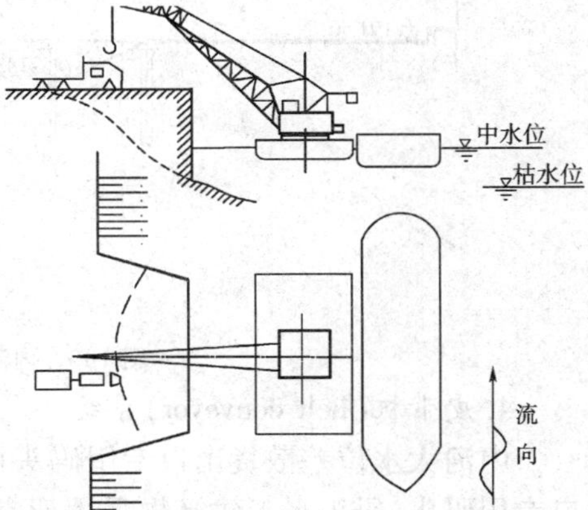


图 9-11　浮式起重机—直立式岸壁件杂货码头

适合于水位变幅中等、岸坡较陡，中、洪水期历时较长的港口码头。

2. 码头起重机(wharf crane)系统

本工艺系统主要用于装卸件杂货、集装箱，亦可进行散货进口作业，多在水位差8m以下地区采用。根据货种、运量和船型的不同，码头通常设有门座式起重机、移动式起重机、简易固定式起重机、集装箱装卸桥等装卸机械，其作业方式与海港类同，不再赘述。

3. 桥式起重机(bridge crane)系统

桥式起重机系统用于装卸件杂货或集装箱，其特点是由桥式起重机来完成船—岸间装卸作业。见图9-12，桥式起重机可以完成装卸船、水平运输、库场堆垛拆垛、装卸车四个作业工序，交接作业环节极少，机械设备投资亦少，装卸成本低，适用于厂矿专用码头。若加以改造(图9-13)，缩短桥吊长度、代之以梁板结构形成码头面与岸相连接，水平运输车辆可行驶到码头前方，桥式起重机的水平运输距离缩短，装卸效率将会提高，则适用于公用码头。这种工艺型式在中等水位变幅河段是行之有效的，很有发展前途。

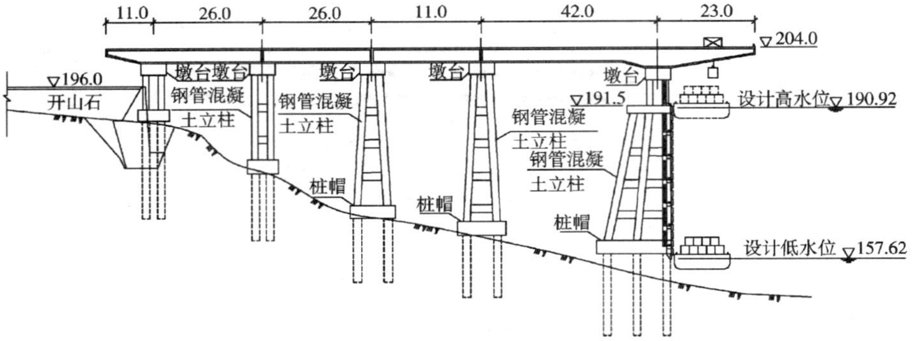


图9-12 内河大水位差多跨桥吊码头(单位:m)

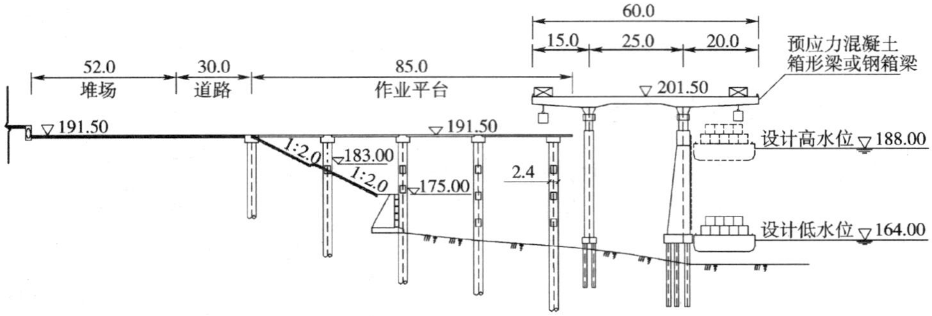


图9-13 内河大水位差单跨桥吊码头(单位:m)

4. 皮带机(belt conveyor)系统

内河大水位差散货出口专用码头可采用皮带机系统。图9-14为重庆某矿业公司矿石出口专用码头，码头水工建筑物采用架空直立墩式结构，矿石采用皮带机从堆场运输至直立墩上，再利用安装在直立墩上的皮带式装船机装船。

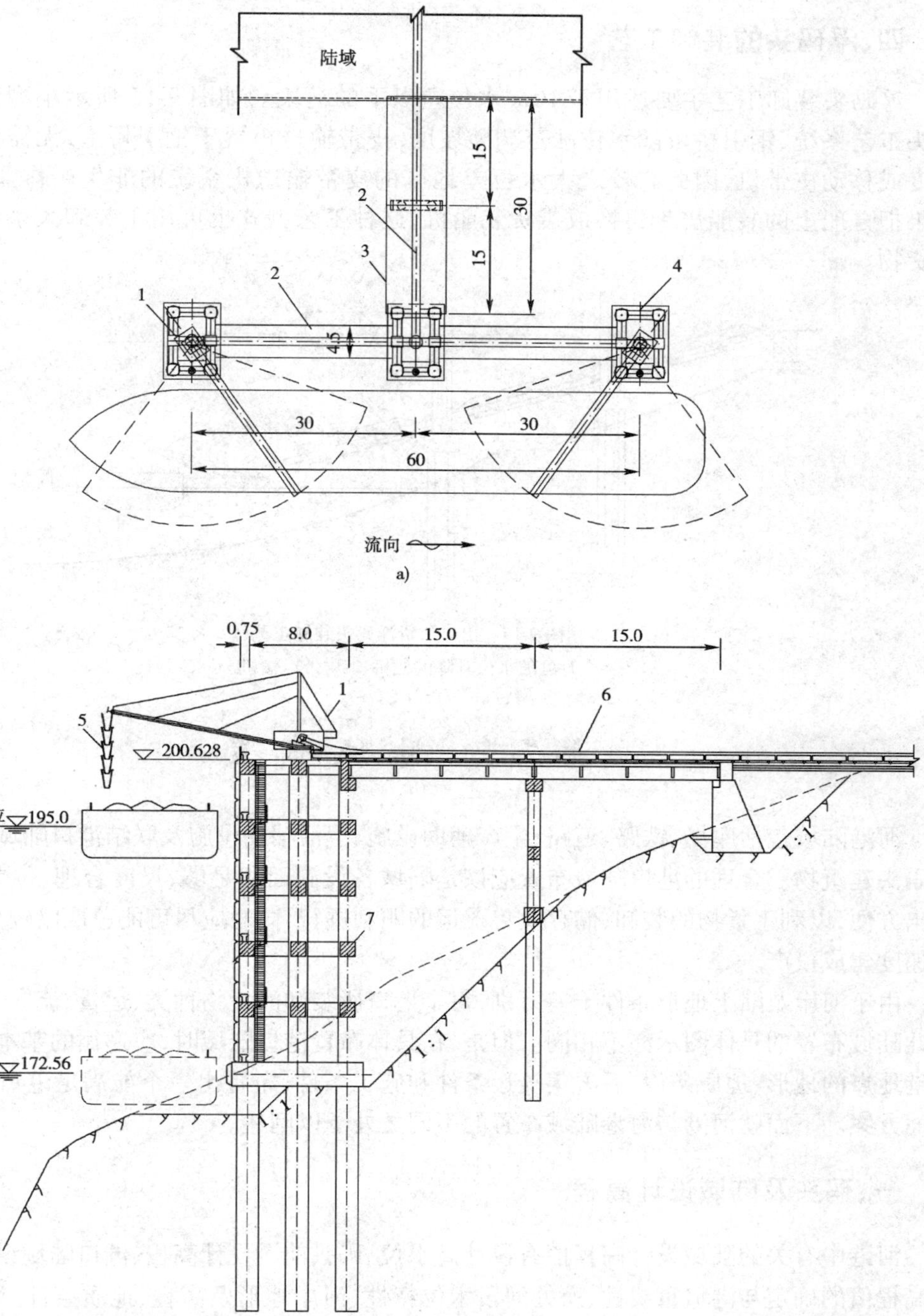


图 9-14　山区河流某矿石出口专用码头(单位:m)

a)平面图;b)断面图

1-简易装船机;2-钢引桥;3-引桥;4-靠船墩;5-可调节串筒漏斗;6-皮带机;7-纵向联系撑

### 四、浮码头的装卸工艺

浮码头装卸工艺主要适用于10m水位差以下的河段。如图9-15所示小型散货出口浮码头工艺系统，钢引桥可随水位涨落调整坡度，皮带输送机置于钢引桥上，无需调整皮带机长度或移动皮带机，因此它较之大水位差地区的皮带输送机系统的非生产作业时间要少。如果把趸船上的装船皮带机换成袋货装船机，这种工艺型式也可用于装卸大宗袋装货及箱装货物。

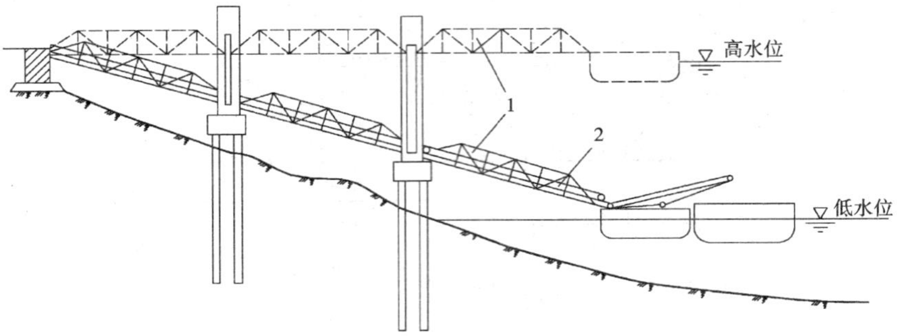


图9-15　出口散货浮码头装卸工艺

1-可随水位升降的栈桥；2-皮带运输机

## 第三节　陆域布置

河港陆域包括库场、铁路、道路、生产辅助设施、生活辅助设施及联结港口陆域与港口水域的码头建筑物。合理的港口陆域布置应该是陆域各设施面积足够、尺度合理、位置适当、车辆进出方便，以利于货物的装卸、储存及集疏运的顺利进行，同时应尽可能争取以较少投资、较快的速度建成投产。

由于河岸及陆上地形条件千差万别，每个港口所装卸的货物种类、运量、流向又不尽相同，因此陆域布置的具体图示亦不相同。但是，在具体布置港口陆域时，应遵循的基本原则是适应建港地点的地形、地质条件、后方集疏运条件和施工条件，布置出一个能满足港口陆域功能的平面方案。下面就河港与海港陆域布置的不同之处予以阐述。

### 一、码头及陆域设计高程

河港中有关的陆域设计高程值有设计高水位、码头前沿设计高程、港口陆域设计高程。设计高程值的确定与港口重要性、所处河段水位特性、河岸地形及高程、地质条件、设计船型、装卸工艺、前后方高程衔接条件、工程投资及防洪等有较大关系。一般情况下，合理的设计高程应使港区所受的淹没损失尽可能减少，船舶装卸作业方便，同时又不致因高程过高或过低而导致土石方工程量太大，增加工程造价。

设计高水位取值应根据河流水文特性、淹没影响、综合利用水利枢纽和渠化梯级运行调度等综合研究确定，一般可按表9-1标准选用，尚需注意仔细分析港口所处河段特性及地形条件。码头受淹损失分类中，一类是指受淹将造成生产、货物和设备重大损失的码头；二类是指受淹将造成生产、货物和设备一定损失的码头；三类是指受淹将造成生产、货物和设备损失较小的码头。

对出现高于码头设计高水位历时很短的山区斜坡式码头和直立式码头，经论证后，其码头设计高水位可适当降低。多年历时保证率可采用综合历时曲线法计算。

平原河流、河网地区和山区河流码头设计高水位标准　　表 9-1

| 码头受淹损失类别 | 码头设计高水位 | | | |
|---|---|---|---|---|
| | 平原河流、河网地区 | 山区河流 | | |
| | 重现期(年) | 斜坡式、直立式重现期(年) | 分级直立式多年历时保证率(%) | |
| | | | 高水级 | 低水级 |
| 一 | 50 | 20 | 0.5 | 10～30 |
| 二 | 20 | 10 | 1 | |
| 三 | 10 | 5 | 2 | |

山区河流，水位变幅大，汛期水位暴涨暴落，洪峰历时短，河岸地形起伏变化大，如果短暂淹没对港口货物的损失及营运作业的影响较小，而港口区域原有高程偏低，需由填方形成陆域地面的情况下，可适当降低设计水位标准，以减少填方工程量。当其港口陆域高程本来就偏高，需由挖方来形成陆域地面的情况下，可适当提高设计水位标准，并采用较高的陆域高程，以减少挖方工程量，而在这种条件下，又往往把挖、填平衡作为确定港口陆域高程的重要因素。在某些特定的河岸地形条件下，为提高装卸效率，减少装卸成本，可设置枯、中、洪水期货场及相应的直立式码头，这类货场及码头的各级设计水位的确定，需对水位变化过程、岸形、水流等条件作专门分析才能得出。

在平原河流、人工运河及河网地区，水位变幅较小，汛期洪水涨落较缓慢而洪峰历时却较长。在地形平坦而高程偏低的地方，洪峰来时，淹没历时较长，对货物的淹没损失及营运作业影响较大，宜选取较高标准的设计水位值。这样，尽管提高了设计水位标准，但实际增加的高程及填方并不太多，却最大限度地减少了淹没损失。

内河港口码头前沿设计高程等于设计高水位加上 0.1～0.5m 的超高值，在风浪较大河段取较大值。港口陆域高程一般与码头前沿高程相同，但在山区河港，由于后方地形太高，为减少开挖量、节约工程投资、与后方道路的良好衔接及满足环境保护要求，亦有陆域高程大于码头前沿高程，呈阶梯形布置陆域的情况，见图 9-16。另外，对新建、扩建港区，当其与老港区紧邻时，要考虑其高程的协调，以方便新、老港区的联系。当其受后方铁路、公路进线坡度及港内线路高程限制不能满足有关规定时，港区高程应适当调整。

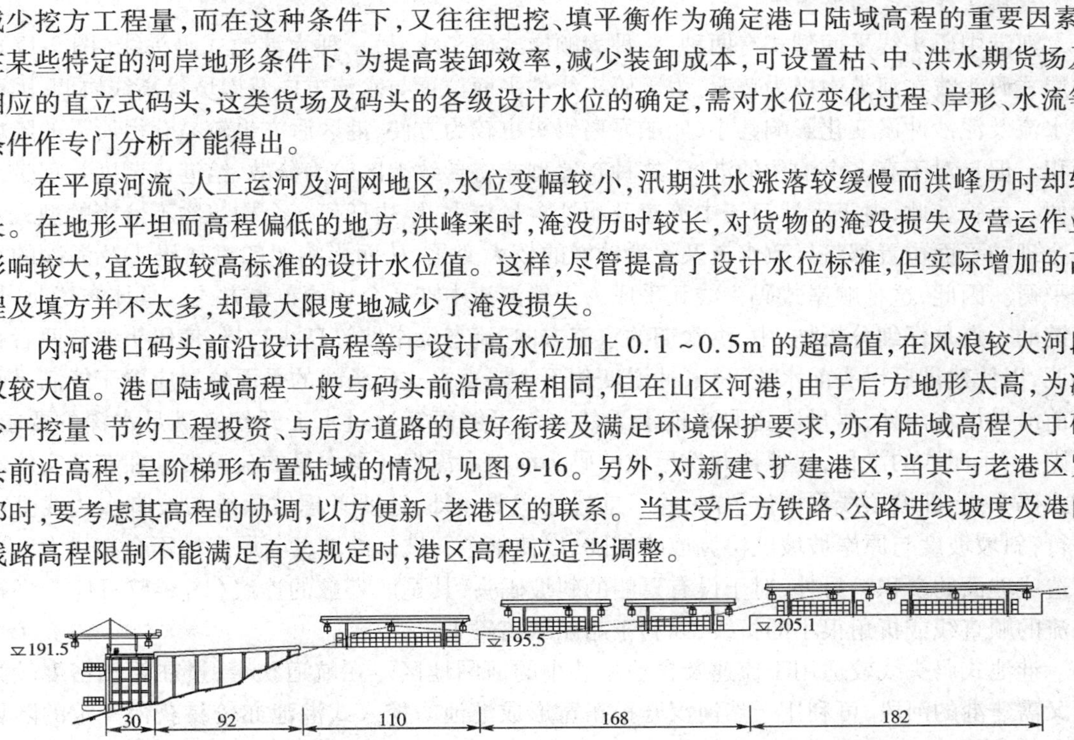


图 9-16　山区河流某大型集装箱码头图(单位:m)

## 二、码头线布置

河港码头线对于直立式码头来讲，系指直立式码头前沿线；对斜坡码头及浮码头，系指倾斜岸坡的坡顶线。

1. *码头线长度*

码头线长度应满足船舶安全靠离、系缆和装卸作业的要求。与海港类似，有多个泊位的港口，码头线总长度应为相应泊位的设计船长加上船与船之间的间距。对普通泊位，泊位富余长度按表 9-2 取值；石油化工泊位、码头岸线为折线或与护岸相交时，应根据相应规范确定。在水流较急的河段，间距还可适当加大，以利船舶安全靠离码头。在某些大型散货出口码头，因装卸及拖带作业的需要，在趸船后有吊档船舶待拖时，其码头线长度为 2 倍设计船长加间距，有移档作业时为 1.5～1.6 倍设计船长加间距。单泊位直立式码头线的靠船部分及斜坡码头的趸船长度，从满足船舶停靠稳妥的要求出发，一般可取大于或等于 0.65 倍设计船长。

**普通泊位的富余长度**（单位：m）　　表 9-2

| 设计船型长度 $L$(m) | $L \leq 40$ | $40 < L \leq 85$ | $85 < L \leq 150$ | $150 < L \leq 250$ |
|---|---|---|---|---|
| 直立式码头 | 5 | 8～10 | 12～15 | 18～20 |
| 斜坡码头或浮式码头 | 8 | 9～15 | 16～25 | 26～35 |

注：相邻两泊位船型不同时，$d$ 值应按较大船型选取。

2. *码头线型式与布置*

河港中码头线平面型式有两种，一种为顺岸式码头线，另一种为港池式码头线（图 9-17）。顺岸式码头线在河港中极为普遍，由于码头线的平面位置与水流方向及岸坡等高线协调，因而对水流及泥沙冲淤变化影响甚小，船舶靠离码头也较为方便，港区后方也较易获得所需的陆域面积。但是对于有多个泊位的港区，这种布置型式将导致港区较为分散，给港口调度管理带来不便。尽管如此，由于天然河流中流速及泥沙含量较大，岸边任何一个构筑物不恰当的型式及不合理的平面位置都将导致水流及泥沙冲淤的较大变化，从而影响船舶靠离码头及泥沙的冲淤平衡。因此，这种顺岸式码头线几乎成为天然河流中唯一合理的布置方式。具体布置时，最关键的一点是仔细分析枯、中、洪水期的水流方向、流态及岸坡等高线趋势，使码头线与两者相协调，以使建港后码头前水流平顺，冲淤变化不大。直立式码头线的平面位置应置于能满足码头前沿设计水深处，尽量避免码头前沿天然水深不够而需通过水下开挖来满足水深的要求。否则，由于泥沙的淤积，要保持开挖形成的码头前沿水深将耗费大量的疏浚费。在布置实体斜坡式码头线，即坡顶线平面位置时，除了前述注意要点外，还要考虑坡顶线与坡脚水边线基本平行，斜坡坡度与原岸坡坡度协调或略偏陡，以使整个斜坡面的坡度与原岸坡不会有过大变化而造成坡面的淤积。另外，对于设有趸船的斜坡码头，其趸船外舷的连线（图 9-17a）应为平行水流的顺直线或折角很小的折线，以利于船舶靠离码头。

港池式码头线较适用于流速及含沙量甚小的河网地区。在航道狭窄，过往船舶密度较大而又需建港的河段，可利用天然河汊开挖拓宽形成港池。挖入式港池亦较易获得一定的陆域面积，且港区较为集中，管理、调度较为方便。布置港池式码头线时，应使港池口门方向朝向下游，以利于船舶进出及减少淤积量。

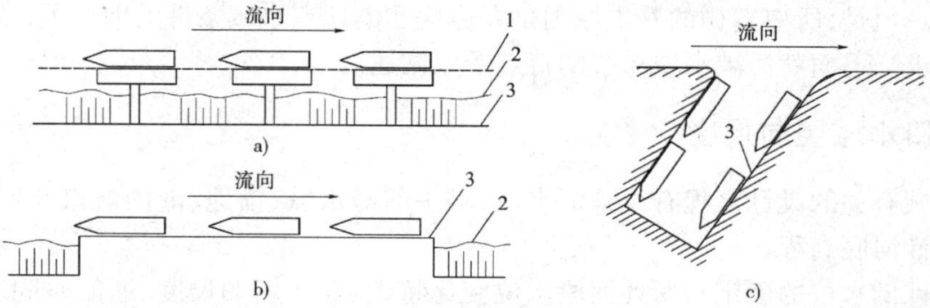


图 9-17　河港码头线型式

a)斜坡码头及浮码头;b)直立式码头;c)挖入式港池

1-趸船外舷连线;2-水边线;3-码头线

## 三、码头位置的确定

在综合性港区,所装卸的货种及所使用的装卸机械不尽相同,为减少不同种类货物的污染及堆存管理成本,便于同类型装卸机械的维修、使用,减少进出港疏运车辆与港内水平运输机械作业时的干扰,一般按下述要求确定码头位置:

(1)同类码头相对集中。例如,散货码头多采用皮带输送机系统,件杂货码头多采用起重机、拖车或铲车系统,这两类货物的特性、堆存要求及产生污染的情况亦不相同,因此一般把这两类码头相对集中布置。

(2)易产生粉尘污染的码头,应置于常风向的下风向,以减少对港区其他货物的污染。例如,煤码头一般置于下风向位置。

(3)联接河港港区的铁路、道路往往只从一个方向进出,对于吞吐量大、进出港口的疏运车辆较多的码头,一般应置于进港铁路、道路的出入口附近,这样就可避免大量进出港车辆穿越港区,减少与港内水平运输机械作业时的干扰。

(4)危险品码头一般应单独设置泊位,远离港区。在可能条件下,应置于港区及城市下游,以减少发生意外时对港区及城市的威胁。

## 四、陆域设施布置

河港铁路、道路、库场尺度、有关技术标准及布置要求,与海港类同,不再赘述。但在山区河段,由于河岸地形陡峭,高程变化大,为减少土石方工程量,在中小码头,同一码头的库场有时不完全与码头位置对应,或者呈狭长形占用较长的岸线,或者置于地形较为平坦之处。

# 第四节　水 域 布 置

河港水域包括码头前沿停泊水域、船舶回旋水域、进出港航道和锚地等。港口水域的合理布置,应是各水域组成部分的水深、面积足够,位置恰当,流态良好,以使船舶在港内锚泊、调度、靠离码头及进出港口方便。

由于河道的水位变化、冲淤变化及水流状态在不同类型的河段差异甚大,航行于各类河流的船舶吨位、尺度、船舶性能及船行方式亦不尽相同,因此,港口水域的尺度及布置方式亦有许多不同之处。但是,所应遵循的基本原则是在适应建港地点水域条件的前提下,尽可能满足水域的功能要求。下面就河港水域布置的特点予以阐述。

## 一、港口水域竖向尺度

河港水域有关的设计高程有设计低水位,码头前沿水域、锚地、港内航道及回转水域的设计水深和设计河底高程。

港口设计低水位的确定与所处河段水位变化特性、通航船舶尺度、通航时间、航道等级等因素有关。一般情况下,港口设计低水位的取值应与港口所处河段的设计最低通航水位一致,并应符合以下规定:

(1)平原河流、山区河流、河网地区、湖区和潮汐影响不明显的感潮河段,码头设计低水位应按表9-3确定,多年历时保证率可采用综合历时曲线法计算。

(2)潮汐影响明显的感潮河段码头设计低水位采用低潮累积频率90%的潮位。

**码头设计低水位的多年历时保证率** 表9-3

| 设计船型吨级 $DWT$(t) | $100 \leqslant DWT < 500$ | $500 \leqslant DWT \leqslant 1\,000$ | $DWT > 1\,000$ |
|---|---|---|---|
| 多年历时保证率(%) | 95~90 | 98~95 | ≥98 |

码头前沿水域、港内航道及回旋水域的设计水深,应保证营运期内设计船型满载吃水情况下安全航行、靠泊和装卸作业。

平原河流、山区河流、运河和潮汐影响不明显的感潮河段的码头前沿设计水深可按下式计算确定:

$$D_m = T + Z + \Delta Z \tag{9-1}$$

式中:$D_m$——码头前沿设计水深(m);

$T$——船舶吃水(m),根据航道条件和运输要求可取船舶设计吃水或枯水期减载时的吃水。设计船型为进江海船时,船舶吃水还应考虑由于咸淡水密度差而增加的吃水差,海水密度按$1.025\text{t/m}^3$计;

$Z$——龙骨下最小富余深度(m),可按表9-4选用;

$\Delta Z$——其他富余深度(m),应考虑下列因素取值:

①波浪富余深度,是因波浪作用导致船舶下沉量的富余深度。按行业标准对波浪较大的河口、库区、湖区和水域开阔的港口的波浪推算。

②散货船和油船码头,因船舶配载不均匀应增加船尾吃水,取值0.1~0.15m。

③码头前沿可能发生回淤时增加备淤的富余水深。备淤富余深度根据回淤强度、维护挖泥间隔期及挖泥设备性能确定,其值不小于0.2m。

对于潮汐影响明显的感潮河段,码头前沿设计水深的确定按海港计算。码头前沿、港内航道及回旋水域的设计河底高程为设计低水位减去设计水深。锚地水深应大于港口设计低水位时船舶或船队吃水加富余水深之和。

**龙骨下最小富余深度(m)** 表9-4

| 设计船型吨级 $DWT$(t) | | $100 \leqslant DWT < 500$ | $500 \leqslant DWT \leqslant 3\,000$ |
|---|---|---|---|
| 河床质 | 土质 | 0.20 | 0.30 |
| | 石质 | 0.30 | 0.50 |

注:设计船型载货量大于3 000t时,$Z$值可适当加大;码头前沿河底有石质构筑物时,$Z$值应按石质河床考虑。

## 二、港口水域平面尺度

码头前沿停泊水域是供船舶在码头前停泊之用，不应占用主航道，以保证主航道上船舶的安全航行。水流平缓河段的码头前沿停泊水域宽度可取2倍设计船型宽度；水流较急河段的码头前沿停泊水域宽度可取2.5倍设计船型宽度；顺岸式码头由于装卸作业的需要，要考虑船舶在码头前并排停靠的可能性。此时，码头前水域宽度 $B$ 应为设计并靠船舶的总宽度加上1.0倍设计船宽（图9-18）；当装卸采用水上作业船舶时，码头前沿停泊水域应另加装卸作业船舶的宽度；船舶停靠码头采用丁靠方式时，码头前沿停泊水域宽度可取设计船型长度加设计船型宽度；石油化工码头的停泊水域宽度应适当加宽。

回旋水域宜布置在码头附近，且应有足够的水深和水域面积。内河船舶由于操纵的需要，一般都要顶流停靠码头，当船舶由上游抵港或离开码头向下游行驶时都要有一定的水域以供掉头，其回旋水域的尺度与船舶转弯性能、流速大小及船舶队型等因素有关。内河船舶因其航行条件的差异，有双推进器及单推进器两大类。双推进器船舶转弯时可使两个推进器转速不同，或者只用一个推进器，甚者使一个推进器顺转，另一个推进器倒转来增强船舶的舵效，因此其转弯性能很好。这类船舶多行驶于航道较窄、水流较急的上游山区河段。单推进器船舶一般不能用推进器来协助转弯，其转弯性能较差，这类船舶多行驶于航道较宽、水流较缓的中、下游平原河段。内河货运船舶多编队航行，其编队方法有硬绑及软拖两种（图9-19）。硬绑船队是用缆绳将拖轮与货驳拴绑成一个整体船队，航行中船队队型不发生变化。而软拖轮队则是拖轮用拖缆将货驳拖曳于后，航行中或转弯时各驳船均可用舵转弯，其船队的转弯性能比硬绑船队好。一般情况下，由双推进器拖轮组成的硬绑船队或双推进器船舶回旋水域沿垂直水流方向的宽度 $B_0$（图9-20）不宜小于1.5倍设计船队或设计船舶长，而仅有单推进器的船舶或由单推进器拖轮组成的硬绑船队的 $B_0$ 值则不应小于2.5倍设计船队长或设计船舶长。单船或顶推船队回旋水域沿水流方向的长度 $L_0$（图9-20）不宜小于2.5倍单船或设计船队长度，流速大于1.5m/s时，回旋水域长度 $L_0$ 值应适当加大，以利船舶安全掉头，但不应大于单船或船队长度的4倍。对于软拖轮队，上述尺度均可适当减小。回旋水域因是用作船舶掉头航行之用，可占用主航道，无需专门设置。在某些航道宽度有限的河段，码头前航道宽度不能满足掉头需要时，可在港区上、下游河段选择有足够尺度的水域供船舶掉头之用。

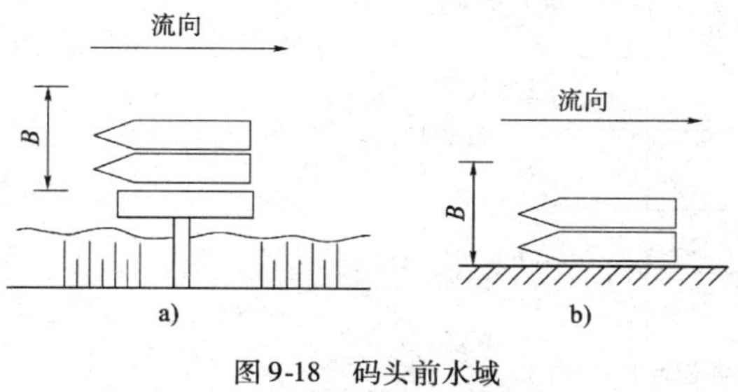


图9-18　码头前水域

a）斜坡码头及浮码头；b）直立式码头

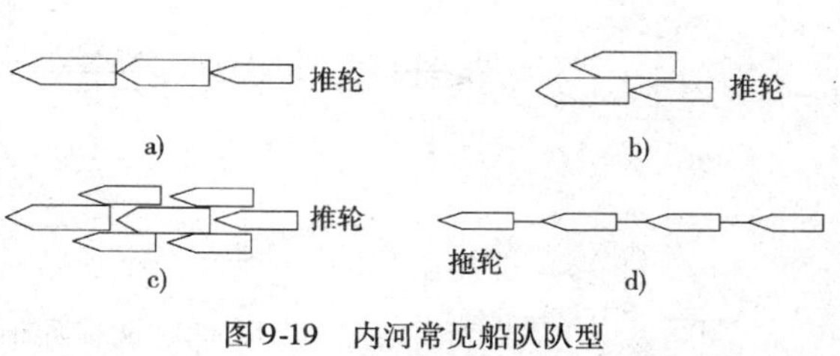


图9-19　内河常见船队队型

a）硬绑顶推式；b）硬绑燕式；c）硬绑梭式；d）软拖队型

对于挖入式港池，港池的长度及宽度与港池内泊位数量、船舶尺度、靠离码头方式等因素有关，需具体分析并参照有关规范确定。

河港锚地有供船舶待泊、待拖之用的编解队锚地，船舶过境临时停泊或换拖的过境锚地及

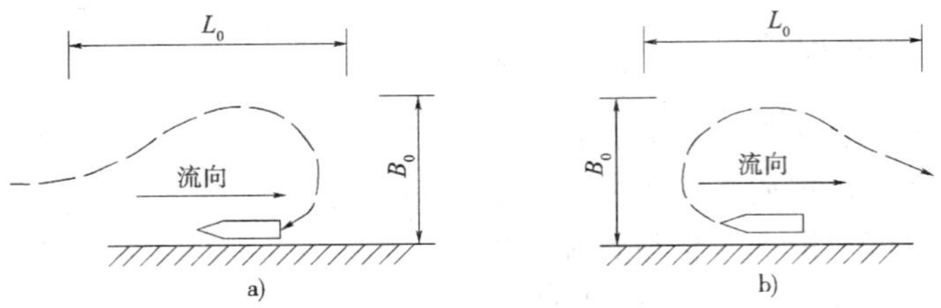


图 9-20 码头前沿停泊水域
a)顺流抵港;b)离港下驶

进行船—船过驳作业用的水上作业锚地三种类型。锚地位置应结合当地锚地规划选设,并满足《内河通航标准》的有关规定。锚地可单独设置,亦可合并设置。对于编解队锚地,锚地面积为锚位数量与单个锚位面积之乘积。在长江,锚位数量一般取港口货运码头数量的 3 ~ 5 倍,对于件杂货码头取较小值,对于装卸效率高的散货码头则取大值。单个锚位面积 $A$ 按下式计算:

$$A = L_0 B_0 \tag{9-2}$$

式中:$L_0$——锚位沿水流方向长度(m);

$B_0$——锚位宽度(m)。

$L_0$、$B_0$ 的取值与该河段流速、风浪、锚泊方式等因素有关。在河流中、下游,流速小、风浪大,锚泊船易受风浪影响而大幅度摆动及波动,为安全起见,船舶一般单船锚泊,则 $L_0$、$B_0$ 的取值较大。如长江中、下游大型驳船锚位方式见图 9-21,一般 $L_0 = 3L_C$,$B_0 = (6 \sim 8.5) B_C$($L_C$——锚泊船舶长度,$B_C$——锚泊船舶宽度),且纵向每隔 3 ~ 4 条船留出一定距离的通道供拖轮进出拖带船队之用。在河流上游,风浪较小,锚泊船的摆动及波动甚小,在水流较为平顺的地方,可双船并排锚泊,$L_0$、$B_0$ 可取较小值。如长江上游一般 $L_0 = 2L_C$,$B_0 = 4B_C$。在河口段,有时也采用浮筒来系泊大型船舶,其尺度的确定与海港类同。对于过境锚地,其锚地面积视船队大小、数量,是否重新编解队、换拖等因素具体分析而定。对于水上作业锚地,每个锚位的 $B_0$ 值应根据过驳作业的方式及过驳船型予以加宽,锚位数量则是港口所需的水上作业泊位数。

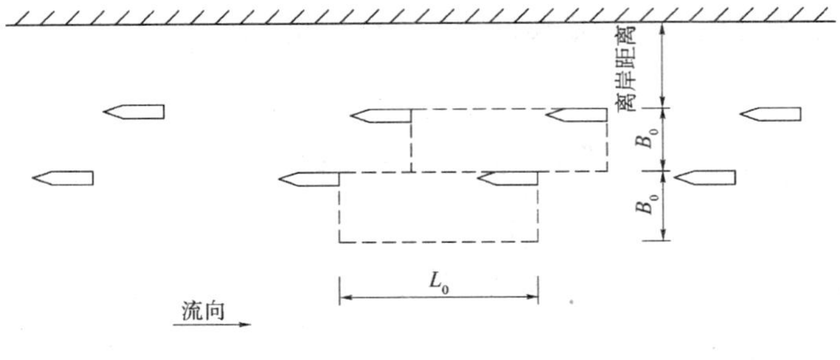


图 9-21 抛锚系泊锚位面积计算示意图

进港航道应结合船舶或船队安全航行的要求,其轴线走向应根据港区总图布置、自然条件及船型等因素确定,尽量避免对河段主航道的影响。河港进出港航道、港内航道一般即为该河段上航行航道,无需专门开拓,但因港内船舶航行密度大,在选港时应考虑选在航道较宽之处。

## 三、港口水域布置

港口水域布置是与港口陆域布置协调考虑的。这种协调关系主要是由码头岸线的位置起控制作用。在确定码头岸线位置时,除了要达到码头线平面位置应具有的技术要求外,还应考虑到港区陆域应有一定的纵深以布置陆域设施。同时,码头前河道应有满足船舶停靠及掉头所需的水域面积。一旦码头岸线位置确定,水域布置的另一个重要内容就是锚地的选择与布置。

锚地应具有能保证船舶安全、稳妥锚泊的基本条件。在选择和布置锚地时应满足下列要求:

(1)所选锚地河底土质能保证锚泊船易于着锚,不走锚,宜选在泥质或泥砂质河段。

(2)锚地应选在水流平缓、风浪小和水深适应的水域。

(3)锚地水域应不占用主航道,并与桥梁、闸坝、过江河底电缆等设施保证一定距离,以利于船舶航行、锚泊船舶及上述设施的安全。

(4)对于待泊、待拖的编解队锚地,在满足上述条件的前提下宜靠近码头区,以利于船舶港内调度作业,一般在3km以内较为适宜。

(5)危险品锚地应布置在港区下游,并应满足安全距离要求。

(6)当固定锚地不能适应全年使用要求时,应根据需要分别设枯、中、洪水期锚地。

从便于船舶调度作业考虑,其理想的锚地布置见图9-22。从图中可以看出,此种布置可减少船舶在港内调度时间、掉头次数及航行干扰。无疑,这对船舶进出港口及港内运转较为有利。当然,此布置图示是一种理想图示。实际上,锚地的选择与布置受河道自然条件的制约,往往不能达到理想的布置图示,有的可能进出港锚地无法分开布置,有的可能离码头区太远,有的可能风浪较大。在上游山区河段,由于水位、流速、流态及泥沙冲淤随季节变化很大,一般需在不同水位设置相应的锚地才能满足船舶锚泊要求。例如,重庆港就有枯、中、洪水锚地达16处之多。

对于过境锚地及水上作业锚地,不宜靠近码头区,主要根据锚地所需基本条件进行选布。

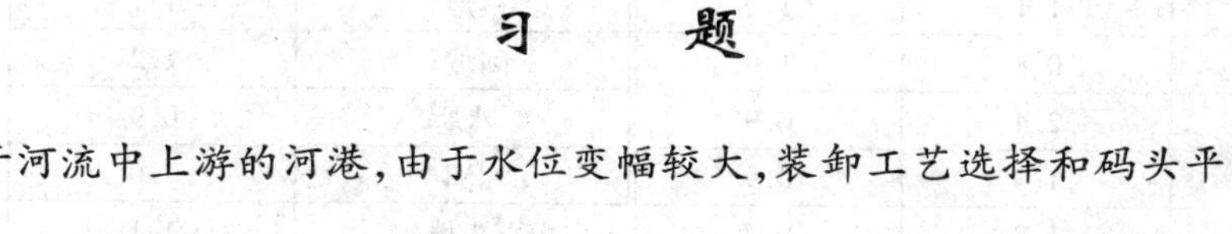


图9-22 河港水域布置图示

## 习 题

9.1 位于河流中上游的河港,由于水位变幅较大,装卸工艺选择和码头平面布置有哪些特点?

9.2 简述河港的装卸工艺型式及适用范围。

9.3 河港码头水域布置时应注意哪些问题?

9.4 简述河港与海港在规划布置上有何异同。

# 附录一　近似计算极端水位的 *K* 值表

**常数 *K* 值**　　附表 1-1

| 站　位 | 水位(m) | | 站　位 | 水位(m) | |
|---|---|---|---|---|---|
| | 极端高水位 | 极端低水位 | | 极端高水位 | 极端低水位 |
| 海洋岛 | 0.8 | 1.4 | 西泽 | 1.2 | 1.1 |
| 大连 | 1.0 | 1.6 | 海门(浙江) | 1.4 | 0.8 |
| 鲅鱼圈* | 1.0 | 1.3 | 大陈* | 0.9 | 1.0 |
| 营口 | 1.1 | 1.5 | 坎门 | 1.6 | 0.9 |
| 葫芦岛 | 1.0 | 1.5 | 龙湾(福建) | 1.4 | 0.9 |
| 秦皇岛 | 1.0 | 1.6 | 沙埕* | 1.1 | 1.3 |
| 塘沽 | 1.6 | 1.8 | 三沙* | 1.1 | 1.3 |
| 龙口 | 1.6 | 1.5 | 梅花* | 1.0 | 1.1 |
| 烟台 | 1.1 | 1.2 | 马尾 | 1.4 | 1.0 |
| 乳山口 | 0.9 | 1.3 | 平潭* | 1.3 | 1.0 |
| 威海 | 1.1 | 1.1 | 崇武 | 1.3 | 1.0 |
| 青岛 | 1.2 | 1.3 | 厦门 | 1.5 | 1.0 |
| 石臼所 | 1.2 | 1.2 | 东山 | 1.0 | 0.9 |
| 连云港 | 1.5 | 1.2 | 汕头 | 2.3 | 0.7 |
| 燕尾 | 1.1 | 1.2 | 汕尾 | 1.3 | 0.7 |
| 吴淞 | 1.6 | 1.0 | 赤湾 | 1.1 | 1.0 |
| 高桥* | 1.4 | 1.0 | 泗盛圈* | 1.1 | 0.7 |
| 中浚 | 1.3 | 1.0 | 黄埔 | 1.0 | 0.7 |
| 大戢山 | 1.0 | 1.1 | 横门* | 1.3 | 0.6 |
| 绿华山 | 1.0 | 0.9 | 灯笼山 | 1.2 | 0.6 |
| 金山嘴* | 1.2 | 1.4 | 大万山* | 0.9 | 0.7 |
| 滩浒* | 1.5 | 1.4 | 黄冲* | 1.3 | 1.0 |
| 镇海 | 1.5 | 0.9 | 黄金* | 1.2 | 0.8 |
| 长涂* | 1.1 | 1.0 | 三灶* | 1.1 | 0.8 |
| 沈家门* | 0.8 | 1.0 | 闸坡* | 1.2 | 0.8 |
| 湛江 | 2.4 | 0.9 | 八所 | 0.9 | 0.8 |
| 硇洲* | 1.3 | 0.9 | 湘洲* | 1.0 | 1.1 |
| 秀英 | 1.8 | 0.7 | 石头埠* | 1.1 | 1.4 |
| 清洪* | 1.2 | 0.6 | 北海 | 1.1 | 0.9 |
| 榆林* | 0.9 | 0.6 | 白龙尾* | 1.3 | 1.1 |

注:“＊”表示该站采用条件分布联合概率法的计算结果。

# 附录二　设计船型尺度

**杂货船设计船型尺度**　　附表 2-1

| 船舶吨级 *DWT*(t) | 设计船型尺度(m) | | | |
|---|---|---|---|---|
| | 总长 *L* | 型宽 *B* | 型深 *H* | 满载吃水 *T* |
| 1 000(1 000 ~1 500) | 85 | 12.3 | 7.0 | 4.3 |
| 2 000(1 501 ~2 500) | 86 | 13.5 | 7.0 | 4.9 |
| 3 000(2 501 ~4 500) | 108 | 16.0 | 7.8 | 5.9 |
| 5 000(4 501 ~7 500) | 124 | 18.4 | 10.3 | 7.4 |
| 10 000(7 501 ~11 500) | 146 | 22.0 | 13.1 | 8.7 |
| 15 000(11 501 ~16 500) | 157 | 23.3 | 13.6 | 9.6 |
| 20 000(16 501 ~22 000) | 166 | 25.2 | 14.1 | 10.1 |
| 30 000(22 001 ~35 000) | 192 | 27.6 | 15.5 | 11.0 |
| 40 000(35 001 ~55 000) | 200 | 32.2 | 19.0 | 12.3 |

注:①*DWT* 系指船舶载重量(t);

②多用途码头设计船型尺度可按相应吨级的杂货船设计船型尺度选取。

**散货船设计船型尺度**　　附表 2-2

| 船舶吨级 *DWT*(t) | 设计船型尺度(m) | | | |
|---|---|---|---|---|
| | 总长 *L* | 型宽 *B* | 型深 *H* | 满载吃水 *T* |
| 2 000(1 501 ~2 500) | 78 | 14.3 | 6.2 | 5.0 |
| 3 000(2 501 ~4 500) | 96 | 16.6 | 7.8 | 5.8 |
| 5 000(4 501 ~7 500) | 115 | 18.8 | 9.0 | 7.0 |
| 10 000 (7 501 ~12 500) | 135 | 20.5 | 11.4 | 8.5 |
| 15 000 (12 501 ~17 500) | 150 | 23.0 | 12.5 | 9.1 |
| 20 000 (17 501 ~22 500) | 164 | 25.0 | 13.5 | 9.8 |
| 35 000 (22 501 ~45 000) | 190 | 30.4 | 15.8 | 11.2 |
| 50 000 (45 001 ~65 000) | 223 | 32.3 | 17.9 | 12.8 |
| 70 000 (65 001 ~85 000) | 228 | 32.3 | 19.6 | 14.2 |
| 100 000 (85 001 ~105 000) | 250 | 43.0 | 20.3 | 14.5 |
| 120 000 (105 001 ~135 000) | 266 | 43.0 | 23.5 | 16.7 |
| 150 000 (135 001 ~175 000) | 289 | 45.0 | 24.3 | 17.9 |
| 200 000 (175 001 ~225 000) | 312 | 50.0 | 25.5 | 18.5 |
| 250 000 (225 001 ~275 000) | 325 | 50.0 | 26.5 | 20.5 |
| 300 000 (275 001 ~325 000) | 339 | 58.0 | 30.0 | 23.0 |
| 350 000 | 342 | 63.5 | 30.2 | 23.0 |

注:350 000t 散货船的船型尺度为实船资料(实船载重吨为 364 767t),供参考使用。

**油船设计船型尺度** 附表 2-3

| 船舶吨级 DWT(t) | 设计船型尺度(m) | | | |
|---|---|---|---|---|
| | 总长 $L$ | 型宽 $B$ | 型深 $H$ | 满载吃水 $T$ |
| 1 000(1 000 ~1 500) | 70 | 13.0 | 5.2 | 4.3 |
| 2 000(1 501 ~2 500) | 86 | 13.6 | 6.1 | 5.1 |
| 3 000(2 501 ~4 500) | 97 | 15.2 | 7.2 | 5.9 |
| 5 000(4 501 ~7 500) | 125 | 17.5 | 8.6 | 7.0 |
| 10 000(7 501 ~12 500) | 141 | 20.4 | 10.7 | 8.3 |
| 20 000(12 501 ~27 500) | 164 | 26.0 | 13.4 | 10.0 |
| 30 000(27 501 ~45 000) | 185 | 31.5 | 17.3 | 12.0 |
| 50 000(45 001 ~65 000) | 229 | 32.2 | 19.1 | 12.8 |
| 80 000(65 001 ~85 000) | 243 | 42.0 | 20.8 | 14.3 |
| 100 000(85 001 ~105 000) | 246 | 43.0 | 21.4 | 14.8 |
| 120 000(105 001 ~135 000) | 265 | 45.0 | 23.0 | 16.0 |
| 150 000(135 001 ~185 000) | 274 | 50.0 | 24.2 | 17.1 |
| 250 000(185 001 ~275 000) | 333 | 60.0 | 29.7 | 19.9 |
| 300 000(275 001 ~375 000) | 334 | 60.0 | 31.2 | 22.5 |
| 450 000 | 380 | 68.0 | 34.0 | 24.5 |

注:450 000t 油船的船型尺度为实船资料(实船载重吨为 441 893t),供参考使用。

**集装箱船设计船型尺度** 附表 2-4

| 船舶吨级 DWT(t) | 设计船型尺度(m) | | | | | 载箱量 (TEU) |
|---|---|---|---|---|---|---|
| | 总长 $L$ | 型宽 $B$ | 型深 $H$ | 满载吃水 $T$ | 营运吃水 $T_0$ | |
| 1 000(1 000 ~2 500) | 90 | 15.4 | 6.8 | 4.8 | 4.8 | ≤200 |
| 3 000(2 501 ~4 500) | 106 | 17.6 | 8.7 | 5.8 | 5.8 | 201 ~350 |
| 5 000(4 501 ~7 500) | 121 | 19.2 | 9.2 | 6.9 | 6.9 | 351 ~700 |
| 10 000(7 501 ~12 500) | 141 | 22.6 | 11.3 | 8.3 | 8.3 | 701 ~1 050 |
| 20 000(12 501 ~27 500) | 183 | 27.6 | 14.4 | 10.5 | 10.5 | 1 051 ~1 900 |
| 30 000(27 501 ~45 000) | 241 | 32.3 | 19.0 | 12.0 | 11.0 | 1 901 ~3 500 |
| 50 000(45 001 ~65 000) | 293 | 32.3 | 21.8 | 13.0 | 12.0 | 3 501 ~5 650 |
| 70 000(65 001 ~85 000) | 300 | 40.3 | 24.3 | 14.0 | 12.5 | 5 651 ~6 630 |
| 100 000(85 001 ~115 000) | 346 | 45.6 | 24.8 | 14.5 | 13.0 | 6 631 ~9 500 |
| 120 000(115 001 ~135 000) | 367 | 45.6 | 27.2 | 15.0 | 13.0 | 9 501 ~11 000 |
| 150 000 | 398 | 56.4 | 30.2 | 16.5 | | 11 001 ~12 500 |

注:①集装箱码头设计标准以船舶吨级(*DWT*)对应的设计船型尺度为控制标准,其载箱量为参考值;

②150 000t 集装箱船的船型尺度为实船资料(实船载重吨为 157 515t),供参考使用。

③经论证,也可采用集装箱船营运吃水 $T_0$ 替代对应的满载吃水 $T$ 进行进港航道通航水深设计。

# 附录三　排队论模型中的 $T_w/T_b$（平均待泊时间/平均靠泊时间）

附表 3-1

**$M/M/S$ 模型，$T_w/T_b$**

| 泊位利用率 | 泊位数 | | | | | | | | | | | | | | | | | | | |
|---|---|---|---|---|---|---|---|---|---|---|---|---|---|---|---|---|---|---|---|---|
| | 1 | 2 | 3 | 4 | 5 | 6 | 7 | 8 | 9 | 10 | 11 | 12 | 13 | 14 | 15 | 16 | 17 | 18 | 18 | 20 |
| 0.10 | 0.111 | 0.010 | 0.001 | 0 | 0 | 0 | 0 | 0 | 0 | 0 | 0 | 0 | 0 | 0 | 0 | 0 | 0 | 0 | 0 | 0 |
| 0.11 | 0.124 | 0.012 | 0.002 | 0 | 0 | 0 | 0 | 0 | 0 | 0 | 0 | 0 | 0 | 0 | 0 | 0 | 0 | 0 | 0 | 0 |
| 0.12 | 0.136 | 0.015 | 0.002 | 0 | 0 | 0 | 0 | 0 | 0 | 0 | 0 | 0 | 0 | 0 | 0 | 0 | 0 | 0 | 0 | 0 |
| 0.13 | 0.149 | 0.017 | 0.003 | 0.001 | 0 | 0 | 0 | 0 | 0 | 0 | 0 | 0 | 0 | 0 | 0 | 0 | 0 | 0 | 0 | 0 |
| 0.14 | 0.163 | 0.020 | 0.004 | 0.001 | 0 | 0 | 0 | 0 | 0 | 0 | 0 | 0 | 0 | 0 | 0 | 0 | 0 | 0 | 0 | 0 |
| 0.15 | 0.176 | 0.023 | 0.004 | 0.001 | 0 | 0 | 0 | 0 | 0 | 0 | 0 | 0 | 0 | 0 | 0 | 0 | 0 | 0 | 0 | 0 |
| 0.16 | 0.190 | 0.026 | 0.005 | 0.001 | 0 | 0 | 0 | 0 | 0 | 0 | 0 | 0 | 0 | 0 | 0 | 0 | 0 | 0 | 0 | 0 |
| 0.17 | 0.205 | 0.030 | 0.006 | 0.002 | 0 | 0 | 0 | 0 | 0 | 0 | 0 | 0 | 0 | 0 | 0 | 0 | 0 | 0 | 0 | 0 |
| 0.18 | 0.220 | 0.033 | 0.008 | 0.002 | 0.001 | 0 | 0 | 0 | 0 | 0 | 0 | 0 | 0 | 0 | 0 | 0 | 0 | 0 | 0 | 0 |
| 0.19 | 0.235 | 0.037 | 0.009 | 0.002 | 0.001 | 0 | 0 | 0 | 0 | 0 | 0 | 0 | 0 | 0 | 0 | 0 | 0 | 0 | 0 | 0 |
| 0.20 | 0.250 | 0.042 | 0.010 | 0.003 | 0.001 | 0 | 0 | 0 | 0 | 0 | 0 | 0 | 0 | 0 | 0 | 0 | 0 | 0 | 0 | 0 |
| 0.21 | 0.266 | 0.046 | 0.012 | 0.004 | 0.001 | 0 | 0 | 0 | 0 | 0 | 0 | 0 | 0 | 0 | 0 | 0 | 0 | 0 | 0 | 0 |
| 0.22 | 0.282 | 0.051 | 0.014 | 0.004 | 0.001 | 0.001 | 0 | 0 | 0 | 0 | 0 | 0 | 0 | 0 | 0 | 0 | 0 | 0 | 0 | 0 |
| 0.23 | 0.299 | 0.056 | 0.015 | 0.005 | 0.002 | 0.001 | 0 | 0 | 0 | 0 | 0 | 0 | 0 | 0 | 0 | 0 | 0 | 0 | 0 | 0 |
| 0.24 | 0.316 | 0.061 | 0.017 | 0.006 | 0.002 | 0.001 | 0 | 0 | 0 | 0 | 0 | 0 | 0 | 0 | 0 | 0 | 0 | 0 | 0 | 0 |
| 0.25 | 0.333 | 0.067 | 0.020 | 0.007 | 0.003 | 0.001 | 0 | 0 | 0 | 0 | 0 | 0 | 0 | 0 | 0 | 0 | 0 | 0 | 0 | 0 |
| 0.26 | 0.351 | 0.073 | 0.022 | 0.008 | 0.003 | 0.001 | 0.001 | 0 | 0 | 0 | 0 | 0 | 0 | 0 | 0 | 0 | 0 | 0 | 0 | 0 |
| 0.27 | 0.370 | 0.079 | 0.025 | 0.009 | 0.004 | 0.002 | 0.001 | 0 | 0 | 0 | 0 | 0 | 0 | 0 | 0 | 0 | 0 | 0 | 0 | 0 |
| 0.28 | 0.389 | 0.085 | 0.027 | 0.010 | 0.004 | 0.002 | 0.001 | 0 | 0 | 0 | 0 | 0 | 0 | 0 | 0 | 0 | 0 | 0 | 0 | 0 |
| 0.29 | 0.408 | 0.092 | 0.030 | 0.012 | 0.005 | 0.002 | 0.001 | 0.001 | 0 | 0 | 0 | 0 | 0 | 0 | 0 | 0 | 0 | 0 | 0 | 0 |
| 0.30 | 0.429 | 0.099 | 0.033 | 0.013 | 0.006 | 0.003 | 0.001 | 0.001 | 0 | 0 | 0 | 0 | 0 | 0 | 0 | 0 | 0 | 0 | 0 | 0 |
| 0.31 | 0.449 | 0.106 | 0.037 | 0.015 | 0.007 | 0.003 | 0.002 | 0.001 | 0 | 0 | 0 | 0 | 0 | 0 | 0 | 0 | 0 | 0 | 0 | 0 |

续上表

| 泊位利用率 | 泊位数 | | | | | | | | | | | | | | | | | | | |
|---|---|---|---|---|---|---|---|---|---|---|---|---|---|---|---|---|---|---|---|---|
| | 1 | 2 | 3 | 4 | 5 | 6 | 7 | 8 | 9 | 10 | 11 | 12 | 13 | 14 | 15 | 16 | 17 | 18 | 18 | 20 |
| 0.32 | 0.471 | 0.114 | 0.040 | 0.017 | 0.008 | 0.004 | 0.002 | 0.001 | 0.001 | 0 | 0 | 0 | 0 | 0 | 0 | 0 | 0 | 0 | 0 | 0 |
| 0.33 | 0.493 | 0.122 | 0.044 | 0.019 | 0.009 | 0.004 | 0.002 | 0.001 | 0.001 | 0 | 0 | 0 | 0 | 0 | 0 | 0 | 0 | 0 | 0 | 0 |
| 0.34 | 0.515 | 0.131 | 0.048 | 0.021 | 0.010 | 0.005 | 0.003 | 0.001 | 0.001 | 0 | 0 | 0 | 0 | 0 | 0 | 0 | 0 | 0 | 0 | 0 |
| 0.35 | 0.538 | 0.140 | 0.053 | 0.023 | 0.011 | 0.006 | 0.003 | 0.002 | 0.001 | 0.001 | 0 | 0 | 0 | 0 | 0 | 0 | 0 | 0 | 0 | 0 |
| 0.36 | 0.563 | 0.149 | 0.057 | 0.026 | 0.013 | 0.007 | 0.004 | 0.002 | 0.001 | 0.001 | 0 | 0 | 0 | 0 | 0 | 0 | 0 | 0 | 0 | 0 |
| 0.37 | 0.587 | 0.159 | 0.062 | 0.028 | 0.014 | 0.008 | 0.004 | 0.002 | 0.001 | 0.001 | 0 | 0 | 0 | 0 | 0 | 0 | 0 | 0 | 0 | 0 |
| 0.38 | 0.613 | 0.169 | 0.067 | 0.031 | 0.016 | 0.009 | 0.005 | 0.003 | 0.002 | 0.001 | 0.001 | 0 | 0 | 0 | 0 | 0 | 0 | 0 | 0 | 0 |
| 0.39 | 0.639 | 0.179 | 0.073 | 0.034 | 0.018 | 0.010 | 0.006 | 0.003 | 0.002 | 0.001 | 0.001 | 0 | 0 | 0 | 0 | 0 | 0 | 0 | 0 | 0 |
| 0.40 | 0.667 | 0.190 | 0.078 | 0.038 | 0.020 | 0.011 | 0.006 | 0.004 | 0.002 | 0.001 | 0.001 | 0.001 | 0 | 0 | 0 | 0 | 0 | 0 | 0 | 0 |
| 0.41 | 0.695 | 0.202 | 0.085 | 0.041 | 0.022 | 0.013 | 0.007 | 0.004 | 0.003 | 0.002 | 0.001 | 0.001 | 0 | 0 | 0 | 0 | 0 | 0 | 0 | 0 |
| 0.42 | 0.724 | 0.214 | 0.091 | 0.045 | 0.025 | 0.014 | 0.008 | 0.005 | 0.003 | 0.002 | 0.001 | 0.001 | 0.001 | 0 | 0 | 0 | 0 | 0 | 0 | 0 |
| 0.43 | 0.754 | 0.227 | 0.098 | 0.049 | 0.027 | 0.016 | 0.010 | 0.006 | 0.004 | 0.002 | 0.002 | 0.001 | 0.001 | 0.001 | 0 | 0 | 0 | 0 | 0 | 0 |
| 0.44 | 0.786 | 0.240 | 0.105 | 0.054 | 0.030 | 0.018 | 0.011 | 0.007 | 0.004 | 0.003 | 0.002 | 0.001 | 0.001 | 0.001 | 0 | 0 | 0 | 0 | 0 | 0 |
| 0.45 | 0.818 | 0.254 | 0.113 | 0.058 | 0.033 | 0.020 | 0.012 | 0.008 | 0.005 | 0.003 | 0.002 | 0.002 | 0.001 | 0.001 | 0.001 | 0 | 0 | 0 | 0 | 0 |
| 0.46 | 0.852 | 0.268 | 0.121 | 0.063 | 0.036 | 0.022 | 0.014 | 0.009 | 0.006 | 0.004 | 0.003 | 0.002 | 0.001 | 0.001 | 0.001 | 0 | 0 | 0 | 0 | 0 |
| 0.47 | 0.887 | 0.284 | 0.129 | 0.069 | 0.040 | 0.024 | 0.016 | 0.010 | 0.007 | 0.005 | 0.003 | 0.002 | 0.002 | 0.001 | 0.001 | 0.001 | 0 | 0 | 0 | 0 |
| 0.48 | 0.923 | 0.299 | 0.138 | 0.074 | 0.044 | 0.027 | 0.017 | 0.012 | 0.008 | 0.005 | 0.004 | 0.003 | 0.002 | 0.001 | 0.001 | 0.001 | 0.001 | 0 | 0 | 0 |
| 0.49 | 0.961 | 0.316 | 0.148 | 0.081 | 0.048 | 0.030 | 0.020 | 0.013 | 0.009 | 0.006 | 0.004 | 0.003 | 0.002 | 0.002 | 0.001 | 0.001 | 0.001 | 0.001 | 0 | 0 |
| 0.50 | 1.000 | 0.333 | 0.158 | 0.087 | 0.052 | 0.033 | 0.022 | 0.015 | 0.010 | 0.007 | 0.005 | 0.004 | 0.003 | 0.002 | 0.002 | 0.001 | 0.001 | 0.001 | 0 | 0 |
| 0.51 | 1.041 | 0.352 | 0.168 | 0.094 | 0.057 | 0.036 | 0.024 | 0.017 | 0.012 | 0.008 | 0.006 | 0.004 | 0.003 | 0.002 | 0.002 | 0.001 | 0.001 | 0.001 | 0.001 | 0 |
| 0.52 | 1.083 | 0.371 | 0.180 | 0.101 | 0.062 | 0.040 | 0.027 | 0.019 | 0.013 | 0.009 | 0.007 | 0.005 | 0.004 | 0.003 | 0.002 | 0.002 | 0.001 | 0.001 | 0.001 | 0.001 |
| 0.53 | 1.128 | 0.391 | 0.191 | 0.109 | 0.067 | 0.044 | 0.030 | 0.021 | 0.015 | 0.011 | 0.008 | 0.006 | 0.004 | 0.003 | 0.003 | 0.002 | 0.002 | 0.001 | 0.001 | 0.001 |
| 0.54 | 1.174 | 0.412 | 0.204 | 0.117 | 0.073 | 0.048 | 0.033 | 0.023 | 0.017 | 0.012 | 0.009 | 0.007 | 0.005 | 0.004 | 0.003 | 0.002 | 0.002 | 0.001 | 0.001 | 0.001 |
| 0.55 | 1.222 | 0.434 | 0.217 | 0.126 | 0.079 | 0.053 | 0.037 | 0.026 | 0.019 | 0.014 | 0.010 | 0.008 | 0.006 | 0.005 | 0.004 | 0.003 | 0.002 | 0.002 | 0.001 | 0.001 |

续上表

| 泊位利用率 | 泊位数 | | | | | | | | | | | | | | | | | | |
|---|---|---|---|---|---|---|---|---|---|---|---|---|---|---|---|---|---|---|---|
| | 1 | 2 | 3 | 4 | 5 | 6 | 7 | 8 | 9 | 10 | 11 | 12 | 13 | 14 | 15 | 16 | 17 | 18 | 18 | 20 |
| 0.56 | 1.273 | 0.457 | 0.231 | 0.135 | 0.086 | 0.058 | 0.040 | 0.029 | 0.021 | 0.016 | 0.012 | 0.009 | 0.007 | 0.005 | 0.004 | 0.003 | 0.003 | 0.002 | 0.002 | 0.001 |
| 0.57 | 1.326 | 0.481 | 0.246 | 0.145 | 0.093 | 0.063 | 0.044 | 0.032 | 0.024 | 0.018 | 0.014 | 0.010 | 0.008 | 0.006 | 0.005 | 0.004 | 0.003 | 0.003 | 0.002 | 0.002 |
| 0.58 | 1.381 | 0.507 | 0.262 | 0.156 | 0.101 | 0.069 | 0.049 | 0.036 | 0.027 | 0.020 | 0.015 | 0.012 | 0.009 | 0.007 | 0.006 | 0.005 | 0.004 | 0.003 | 0.003 | 0.002 |
| 0.59 | 1.439 | 0.534 | 0.278 | 0.167 | 0.109 | 0.075 | 0.054 | 0.039 | 0.030 | 0.023 | 0.017 | 0.014 | 0.011 | 0.009 | 0.007 | 0.006 | 0.005 | 0.004 | 0.003 | 0.003 |
| 0.60 | 1.500 | 0.563 | 0.296 | 0.179 | 0.118 | 0.082 | 0.059 | 0.044 | 0.033 | 0.025 | 0.020 | 0.016 | 0.012 | 0.010 | 0.008 | 0.007 | 0.005 | 0.004 | 0.004 | 0.003 |
| 0.61 | 1.564 | 0.593 | 0.314 | 0.192 | 0.128 | 0.089 | 0.065 | 0.048 | 0.037 | 0.028 | 0.022 | 0.018 | 0.014 | 0.011 | 0.009 | 0.008 | 0.006 | 0.005 | 0.004 | 0.004 |
| 0.62 | 1.632 | 0.624 | 0.334 | 0.206 | 0.138 | 0.097 | 0.071 | 0.053 | 0.041 | 0.032 | 0.025 | 0.020 | 0.016 | 0.013 | 0.011 | 0.009 | 0.007 | 0.006 | 0.005 | 0.004 |
| 0.63 | 1.703 | 0.658 | 0.355 | 0.221 | 0.149 | 0.105 | 0.077 | 0.059 | 0.045 | 0.035 | 0.028 | 0.023 | 0.018 | 0.015 | 0.012 | 0.010 | 0.009 | 0.007 | 0.006 | 0.005 |
| 0.64 | 1.778 | 0.694 | 0.377 | 0.236 | 0.160 | 0.114 | 0.085 | 0.064 | 0.050 | 0.039 | 0.032 | 0.026 | 0.021 | 0.017 | 0.014 | 0.012 | 0.010 | 0.008 | 0.007 | 0.006 |
| 0.65 | 1.857 | 0.732 | 0.401 | 0.253 | 0.173 | 0.124 | 0.093 | 0.071 | 0.055 | 0.044 | 0.035 | 0.029 | 0.024 | 0.020 | 0.016 | 0.014 | 0.012 | 0.010 | 0.008 | 0.007 |
| 0.66 | 1.941 | 0.772 | 0.427 | 0.271 | 0.186 | 0.135 | 0.101 | 0.078 | 0.061 | 0.049 | 0.040 | 0.032 | 0.027 | 0.022 | 0.019 | 0.016 | 0.013 | 0.011 | 0.010 | 0.008 |
| 0.67 | 2.030 | 0.815 | 0.454 | 0.290 | 0.201 | 0.146 | 0.110 | 0.085 | 0.068 | 0.054 | 0.044 | 0.036 | 0.030 | 0.025 | 0.021 | 0.018 | 0.015 | 0.013 | 0.011 | 0.010 |
| 0.68 | 2.125 | 0.860 | 0.483 | 0.311 | 0.217 | 0.159 | 0.120 | 0.094 | 0.075 | 0.060 | 0.049 | 0.041 | 0.034 | 0.029 | 0.024 | 0.021 | 0.018 | 0.015 | 0.013 | 0.012 |
| 0.69 | 2.226 | 0.909 | 0.514 | 0.333 | 0.234 | 0.172 | 0.131 | 0.103 | 0.082 | 0.067 | 0.055 | 0.046 | 0.038 | 0.032 | 0.028 | 0.024 | 0.020 | 0.018 | 0.015 | 0.013 |
| 0.70 | 2.333 | 0.961 | 0.547 | 0.357 | 0.252 | 0.187 | 0.143 | 0.113 | 0.091 | 0.074 | 0.061 | 0.051 | 0.043 | 0.037 | 0.031 | 0.027 | 0.023 | 0.020 | 0.018 | 0.016 |
| 0.71 | 2.448 | 1.017 | 0.583 | 0.383 | 0.272 | 0.202 | 0.156 | 0.124 | 0.100 | 0.082 | 0.068 | 0.057 | 0.048 | 0.041 | 0.036 | 0.031 | 0.027 | 0.023 | 0.021 | 0.018 |
| 0.72 | 2.571 | 1.076 | 0.621 | 0.411 | 0.293 | 0.220 | 0.170 | 0.135 | 0.110 | 0.091 | 0.076 | 0.064 | 0.054 | 0.047 | 0.040 | 0.035 | 0.031 | 0.027 | 0.024 | 0.021 |
| 0.73 | 2.704 | 1.141 | 0.663 | 0.441 | 0.316 | 0.238 | 0.186 | 0.148 | 0.121 | 0.100 | 0.084 | 0.071 | 0.061 | 0.052 | 0.046 | 0.040 | 0.035 | 0.031 | 0.027 | 0.024 |
| 0.74 | 2.846 | 1.210 | 0.708 | 0.474 | 0.342 | 0.259 | 0.203 | 0.163 | 0.133 | 0.111 | 0.093 | 0.079 | 0.068 | 0.059 | 0.051 | 0.045 | 0.040 | 0.035 | 0.031 | 0.028 |
| 0.75 | 3.000 | 1.286 | 0.757 | 0.509 | 0.369 | 0.281 | 0.221 | 0.178 | 0.147 | 0.123 | 0.104 | 0.089 | 0.076 | 0.066 | 0.058 | 0.051 | 0.045 | 0.040 | 0.036 | 0.032 |
| 0.76 | 3.167 | 1.367 | 0.810 | 0.548 | 0.400 | 0.306 | 0.242 | 0.196 | 0.162 | 0.136 | 0.115 | 0.099 | 0.086 | 0.075 | 0.066 | 0.058 | 0.051 | 0.046 | 0.041 | 0.037 |
| 0.77 | 3.348 | 1.456 | 0.868 | 0.591 | 0.433 | 0.333 | 0.264 | 0.215 | 0.178 | 0.150 | 0.128 | 0.110 | 0.096 | 0.084 | 0.074 | 0.066 | 0.058 | 0.052 | 0.047 | 0.042 |
| 0.78 | 3.545 | 1.554 | 0.932 | 0.637 | 0.469 | 0.362 | 0.289 | 0.236 | 0.197 | 0.166 | 0.142 | 0.123 | 0.107 | 0.094 | 0.084 | 0.074 | 0.066 | 0.060 | 0.054 | 0.049 |
| 0.79 | 3.762 | 1.660 | 1.002 | 0.689 | 0.510 | 0.395 | 0.316 | 0.260 | 0.217 | 0.184 | 0.158 | 0.138 | 0.120 | 0.106 | 0.094 | 0.084 | 0.075 | 0.068 | 0.061 | 0.056 |

续上表

| 泊位利用率 | 泊位数 | | | | | | | | | | | | | | | | | | | |
|---|---|---|---|---|---|---|---|---|---|---|---|---|---|---|---|---|---|---|---|---|
| | 1 | 2 | 3 | 4 | 5 | 6 | 7 | 8 | 9 | 10 | 11 | 12 | 13 | 14 | 15 | 16 | 17 | 18 | 18 | 20 |
| 0.80 | 4.000 | 1.778 | 1.079 | 0.746 | 0.554 | 0.431 | 0.347 | 0.286 | 0.240 | 0.205 | 0.176 | 0.154 | 0.135 | 0.119 | 0.106 | 0.095 | 0.086 | 0.077 | 0.070 | 0.064 |
| 0.81 | 4.263 | 1.908 | 1.164 | 0.809 | 0.604 | 0.472 | 0.381 | 0.315 | 0.266 | 0.227 | 0.197 | 0.172 | 0.152 | 0.135 | 0.120 | 0.108 | 0.097 | 0.088 | 0.080 | 0.073 |
| 0.82 | 4.556 | 2.053 | 1.259 | 0.879 | 0.659 | 0.518 | 0.420 | 0.349 | 0.295 | 0.253 | 0.220 | 0.193 | 0.170 | 0.152 | 0.136 | 0.122 | 0.111 | 0.101 | 0.092 | 0.084 |
| 0.83 | 4.882 | 2.214 | 1.366 | 0.958 | 0.722 | 0.569 | 0.463 | 0.386 | 0.328 | 0.282 | 0.246 | 0.216 | 0.192 | 0.171 | 0.154 | 0.139 | 0.126 | 0.115 | 0.105 | 0.097 |
| 0.84 | 5.250 | 2.397 | 1.486 | 1.047 | 0.792 | 0.627 | 0.512 | 0.428 | 0.365 | 0.315 | 0.275 | 0.243 | 0.216 | 0.194 | 0.175 | 0.158 | 0.144 | 0.132 | 0.121 | 0.111 |
| 0.85 | 5.667 | 2.604 | 1.623 | 1.149 | 0.873 | 0.693 | 0.569 | 0.477 | 0.408 | 0.353 | 0.310 | 0.274 | 0.245 | 0.220 | 0.199 | 0.181 | 0.165 | 0.151 | 0.139 | 0.128 |
| 0.86 | 6.143 | 2.840 | 1.780 | 1.265 | 0.965 | 0.770 | 0.633 | 0.533 | 0.457 | 0.397 | 0.349 | 0.310 | 0.277 | 0.250 | 0.227 | 0.206 | 0.189 | 0.174 | 0.160 | 0.148 |
| 0.87 | 6.692 | 3.114 | 1.961 | 1.400 | 1.072 | 0.858 | 0.709 | 0.599 | 0.515 | 0.449 | 0.396 | 0.352 | 0.316 | 0.285 | 0.259 | 0.237 | 0.217 | 0.200 | 0.185 | 0.172 |
| 0.88 | 7.333 | 3.433 | 2.172 | 1.558 | 1.197 | 0.962 | 0.797 | 0.675 | 0.582 | 0.509 | 0.450 | 0.402 | 0.362 | 0.327 | 0.298 | 0.273 | 0.251 | 0.232 | 0.215 | 0.200 |
| 0.89 | 8.091 | 3.810 | 2.423 | 1.745 | 1.346 | 1.085 | 0.902 | 0.767 | 0.663 | 0.581 | 0.515 | 0.461 | 0.416 | 0.378 | 0.345 | 0.317 | 0.292 | 0.270 | 0.251 | 0.234 |
| 0.90 | 9.000 | 4.263 | 2.724 | 1.969 | 1.525 | 1.234 | 1.029 | 0.877 | 0.761 | 0.669 | 0.594 | 0.533 | 0.482 | 0.439 | 0.402 | 0.370 | 0.342 | 0.317 | 0.295 | 0.275 |
| 0.91 | 10.111 | 4.817 | 3.092 | 2.245 | 1.744 | 1.416 | 1.184 | 1.012 | 0.881 | 0.776 | 0.692 | 0.622 | 0.564 | 0.514 | 0.472 | 0.435 | 0.403 | 0.375 | 0.349 | 0.327 |
| 0.92 | 11.500 | 5.510 | 3.553 | 2.589 | 2.019 | 1.644 | 1.379 | 1.183 | 1.031 | 0.912 | 0.815 | 0.734 | 0.667 | 0.610 | 0.561 | 0.518 | 0.481 | 0.448 | 0.419 | 0.392 |
| 0.93 | 13.286 | 6.402 | 4.146 | 3.033 | 2.374 | 1.939 | 1.631 | 1.403 | 1.226 | 1.087 | 0.973 | 0.879 | 0.801 | 0.734 | 0.676 | 0.626 | 0.582 | 0.543 | 0.509 | 0.478 |
| 0.94 | 15.667 | 7.591 | 4.938 | 3.626 | 2.847 | 2.333 | 1.968 | 1.697 | 1.488 | 1.321 | 1.186 | 1.074 | 0.980 | 0.900 | 0.831 | 0.771 | 0.718 | 0.671 | 0.630 | 0.593 |
| 0.95 | 19.000 | 9.256 | 6.047 | 4.457 | 3.511 | 2.885 | 2.441 | 2.110 | 1.855 | 1.651 | 1.486 | 1.348 | 1.233 | 1.134 | 1.049 | 0.975 | 0.910 | 0.853 | 0.801 | 0.755 |
| 0.96 | 24.000 | 11.755 | 7.711 | 5.705 | 4.508 | 3.716 | 3.152 | 2.732 | 2.407 | 2.148 | 1.937 | 1.761 | 1.614 | 1.488 | 1.379 | 1.284 | 1.200 | 1.126 | 1.061 | 1.001 |
| 0.97 | 32.333 | 15.920 | 10.487 | 7.786 | 6.172 | 5.102 | 4.340 | 3.771 | 3.329 | 2.978 | 2.691 | 2.452 | 2.251 | 2.079 | 1.931 | 1.801 | 1.687 | 1.585 | 1.495 | 1.414 |
| 0.98 | 49.000 | 24.253 | 16.041 | 11.950 | 9.503 | 7.877 | 6.718 | 5.851 | 5.178 | 4.641 | 4.202 | 3.838 | 3.529 | 3.266 | 3.038 | 2.839 | 2.663 | 2.507 | 2.368 | 2.243 |
| 0.99 | 99.000 | 49.251 | 32.706 | 24.448 | 19.501 | 16.207 | 13.858 | 12.098 | 10.730 | 9.637 | 8.744 | 8.001 | 7.372 | 6.834 | 6.367 | 5.960 | 5.600 | 5.281 | 4.996 | 4.739 |

附表 3-2

**$M/E_2/S$ 模型，$T_w/T_b$**

| 泊位利用率 | 泊位数 | | | | | | | | | | | | | | | | | | | |
|---|---|---|---|---|---|---|---|---|---|---|---|---|---|---|---|---|---|---|---|---|
| | 1 | 2 | 3 | 4 | 5 | 6 | 7 | 8 | 9 | 10 | 11 | 12 | 13 | 14 | 15 | 16 | 17 | 18 | 18 | 20 |
| 0.01 | 0.008 | 0 | 0 | 0 | 0 | 0 | 0 | 0 | 0 | 0 | 0 | 0 | 0 | 0 | 0 | 0 | 0 | 0 | 0 | 0 |
| 0.07 | 0.056 | 0.005 | 0.001 | 0 | 0 | 0 | 0 | 0 | 0 | 0 | 0 | 0 | 0 | 0 | 0 | 0 | 0 | 0 | 0 | 0 |
| 0.08 | 0.065 | 0.006 | 0.001 | 0 | 0 | 0 | 0 | 0 | 0 | 0 | 0 | 0 | 0 | 0 | 0 | 0 | 0 | 0 | 0 | 0 |
| 0.09 | 0.074 | 0.007 | 0.001 | 0 | 0 | 0 | 0 | 0 | 0 | 0 | 0 | 0 | 0 | 0 | 0 | 0 | 0 | 0 | 0 | 0 |
| 0.10 | 0.083 | 0.009 | 0.001 | 0 | 0 | 0 | 0 | 0 | 0 | 0 | 0 | 0 | 0 | 0 | 0 | 0 | 0 | 0 | 0 | 0 |
| 0.11 | 0.093 | 0.011 | 0.002 | 0 | 0 | 0 | 0 | 0 | 0 | 0 | 0 | 0 | 0 | 0 | 0 | 0 | 0 | 0 | 0 | 0 |
| 0.12 | 0.102 | 0.012 | 0.002 | 0 | 0 | 0 | 0 | 0 | 0 | 0 | 0 | 0 | 0 | 0 | 0 | 0 | 0 | 0 | 0 | 0 |
| 0.13 | 0.112 | 0.014 | 0.003 | 0.001 | 0 | 0 | 0 | 0 | 0 | 0 | 0 | 0 | 0 | 0 | 0 | 0 | 0 | 0 | 0 | 0 |
| 0.14 | 0.122 | 0.017 | 0.003 | 0.001 | 0 | 0 | 0 | 0 | 0 | 0 | 0 | 0 | 0 | 0 | 0 | 0 | 0 | 0 | 0 | 0 |
| 0.15 | 0.132 | 0.019 | 0.004 | 0.001 | 0 | 0 | 0 | 0 | 0 | 0 | 0 | 0 | 0 | 0 | 0 | 0 | 0 | 0 | 0 | 0 |
| 0.16 | 0.143 | 0.022 | 0.005 | 0.001 | 0 | 0 | 0 | 0 | 0 | 0 | 0 | 0 | 0 | 0 | 0 | 0 | 0 | 0 | 0 | 0 |
| 0.17 | 0.154 | 0.024 | 0.006 | 0.001 | 0 | 0 | 0 | 0 | 0 | 0 | 0 | 0 | 0 | 0 | 0 | 0 | 0 | 0 | 0 | 0 |
| 0.18 | 0.165 | 0.027 | 0.007 | 0.002 | 0.001 | 0 | 0 | 0 | 0 | 0 | 0 | 0 | 0 | 0 | 0 | 0 | 0 | 0 | 0 | 0 |
| 0.19 | 0.176 | 0.030 | 0.008 | 0.002 | 0.001 | 0 | 0 | 0 | 0 | 0 | 0 | 0 | 0 | 0 | 0 | 0 | 0 | 0 | 0 | 0 |
| 0.20 | 0.188 | 0.034 | 0.009 | 0.003 | 0.001 | 0 | 0 | 0 | 0 | 0 | 0 | 0 | 0 | 0 | 0 | 0 | 0 | 0 | 0 | 0 |
| 0.21 | 0.199 | 0.037 | 0.010 | 0.003 | 0.001 | 0 | 0 | 0 | 0 | 0 | 0 | 0 | 0 | 0 | 0 | 0 | 0 | 0 | 0 | 0 |
| 0.22 | 0.212 | 0.041 | 0.011 | 0.004 | 0.001 | 0 | 0 | 0 | 0 | 0 | 0 | 0 | 0 | 0 | 0 | 0 | 0 | 0 | 0 | 0 |
| 0.23 | 0.224 | 0.044 | 0.013 | 0.004 | 0.002 | 0.001 | 0 | 0 | 0 | 0 | 0 | 0 | 0 | 0 | 0 | 0 | 0 | 0 | 0 | 0 |
| 0.24 | 0.237 | 0.048 | 0.014 | 0.005 | 0.002 | 0.001 | 0 | 0 | 0 | 0 | 0 | 0 | 0 | 0 | 0 | 0 | 0 | 0 | 0 | 0 |
| 0.25 | 0.250 | 0.053 | 0.016 | 0.006 | 0.002 | 0.001 | 0 | 0 | 0 | 0 | 0 | 0 | 0 | 0 | 0 | 0 | 0 | 0 | 0 | 0 |
| 0.26 | 0.264 | 0.057 | 0.018 | 0.007 | 0.003 | 0.001 | 0.001 | 0 | 0 | 0 | 0 | 0 | 0 | 0 | 0 | 0 | 0 | 0 | 0 | 0 |
| 0.27 | 0.277 | 0.062 | 0.020 | 0.008 | 0.003 | 0.001 | 0.001 | 0 | 0 | 0 | 0 | 0 | 0 | 0 | 0 | 0 | 0 | 0 | 0 | 0 |
| 0.28 | 0.292 | 0.067 | 0.022 | 0.009 | 0.004 | 0.002 | 0.001 | 0 | 0 | 0 | 0 | 0 | 0 | 0 | 0 | 0 | 0 | 0 | 0 | 0 |
| 0.29 | 0.306 | 0.072 | 0.024 | 0.010 | 0.004 | 0.002 | 0.001 | 0 | 0 | 0 | 0 | 0 | 0 | 0 | 0 | 0 | 0 | 0 | 0 | 0 |

续上表

| 泊位利用率 | 泊位数 | | | | | | | | | | | | | | | | | | | |
|---|---|---|---|---|---|---|---|---|---|---|---|---|---|---|---|---|---|---|---|---|
| | 1 | 2 | 3 | 4 | 5 | 6 | 7 | 8 | 9 | 10 | 11 | 12 | 13 | 14 | 15 | 16 | 17 | 18 | 18 | 20 |
| 0.30 | 0.321 | 0.077 | 0.027 | 0.011 | 0.005 | 0.002 | 0.001 | 0.001 | 0 | 0 | 0 | 0 | 0 | 0 | 0 | 0 | 0 | 0 | 0 | 0 |
| 0.31 | 0.337 | 0.083 | 0.030 | 0.012 | 0.006 | 0.003 | 0.001 | 0.001 | 0 | 0 | 0 | 0 | 0 | 0 | 0 | 0 | 0 | 0 | 0 | 0 |
| 0.32 | 0.353 | 0.089 | 0.032 | 0.014 | 0.006 | 0.003 | 0.002 | 0.001 | 0 | 0 | 0 | 0 | 0 | 0 | 0 | 0 | 0 | 0 | 0 | 0 |
| 0.33 | 0.369 | 0.095 | 0.035 | 0.015 | 0.007 | 0.004 | 0.002 | 0.001 | 0.001 | 0 | 0 | 0 | 0 | 0 | 0 | 0 | 0 | 0 | 0 | 0 |
| 0.34 | 0.386 | 0.101 | 0.038 | 0.017 | 0.008 | 0.004 | 0.002 | 0.001 | 0.001 | 0 | 0 | 0 | 0 | 0 | 0 | 0 | 0 | 0 | 0 | 0 |
| 0.35 | 0.404 | 0.108 | 0.042 | 0.019 | 0.009 | 0.005 | 0.003 | 0.001 | 0.001 | 0 | 0 | 0 | 0 | 0 | 0 | 0 | 0 | 0 | 0 | 0 |
| 0.36 | 0.422 | 0.115 | 0.045 | 0.021 | 0.010 | 0.006 | 0.003 | 0.002 | 0.001 | 0.001 | 0 | 0 | 0 | 0 | 0 | 0 | 0 | 0 | 0 | 0 |
| 0.37 | 0.440 | 0.123 | 0.049 | 0.023 | 0.012 | 0.006 | 0.004 | 0.002 | 0.001 | 0.001 | 0 | 0 | 0 | 0 | 0 | 0 | 0 | 0 | 0 | 0 |
| 0.38 | 0.460 | 0.130 | 0.053 | 0.025 | 0.013 | 0.007 | 0.004 | 0.002 | 0.001 | 0.001 | 0.001 | 0 | 0 | 0 | 0 | 0 | 0 | 0 | 0 | 0 |
| 0.39 | 0.480 | 0.138 | 0.057 | 0.028 | 0.015 | 0.008 | 0.005 | 0.003 | 0.002 | 0.001 | 0.001 | 0 | 0 | 0 | 0 | 0 | 0 | 0 | 0 | 0 |
| 0.40 | 0.500 | 0.147 | 0.062 | 0.030 | 0.016 | 0.009 | 0.005 | 0.003 | 0.002 | 0.001 | 0.001 | 0.001 | 0 | 0 | 0 | 0 | 0 | 0 | 0 | 0 |
| 0.41 | 0.521 | 0.156 | 0.066 | 0.033 | 0.018 | 0.010 | 0.006 | 0.004 | 0.002 | 0.002 | 0.001 | 0.001 | 0 | 0 | 0 | 0 | 0 | 0 | 0 | 0 |
| 0.42 | 0.543 | 0.165 | 0.071 | 0.036 | 0.020 | 0.012 | 0.007 | 0.004 | 0.003 | 0.002 | 0.001 | 0.001 | 0.001 | 0 | 0 | 0 | 0 | 0 | 0 | 0 |
| 0.43 | 0.566 | 0.174 | 0.077 | 0.039 | 0.022 | 0.013 | 0.008 | 0.005 | 0.003 | 0.002 | 0.001 | 0.001 | 0.001 | 0 | 0 | 0 | 0 | 0 | 0 | 0 |
| 0.44 | 0.589 | 0.184 | 0.082 | 0.043 | 0.024 | 0.014 | 0.009 | 0.006 | 0.004 | 0.002 | 0.002 | 0.001 | 0.001 | 0.001 | 0 | 0 | 0 | 0 | 0 | 0 |
| 0.45 | 0.614 | 0.195 | 0.088 | 0.046 | 0.026 | 0.016 | 0.010 | 0.007 | 0.004 | 0.003 | 0.002 | 0.001 | 0.001 | 0.001 | 0 | 0 | 0 | 0 | 0 | 0 |
| 0.46 | 0.639 | 0.206 | 0.094 | 0.050 | 0.029 | 0.018 | 0.011 | 0.007 | 0.005 | 0.003 | 0.002 | 0.002 | 0.001 | 0.001 | 0.001 | 0 | 0 | 0 | 0 | 0 |
| 0.47 | 0.665 | 0.217 | 0.101 | 0.054 | 0.032 | 0.020 | 0.013 | 0.008 | 0.006 | 0.004 | 0.003 | 0.002 | 0.001 | 0.001 | 0.001 | 0.001 | 0 | 0 | 0 | 0 |
| 0.48 | 0.692 | 0.229 | 0.107 | 0.059 | 0.035 | 0.022 | 0.014 | 0.009 | 0.006 | 0.005 | 0.003 | 0.002 | 0.002 | 0.001 | 0.001 | 0.001 | 0 | 0 | 0 | 0 |
| 0.49 | 0.721 | 0.241 | 0.115 | 0.063 | 0.038 | 0.024 | 0.016 | 0.011 | 0.007 | 0.005 | 0.004 | 0.003 | 0.002 | 0.001 | 0.001 | 0.001 | 0.001 | 0 | 0 | 0 |
| 0.50 | 0.750 | 0.255 | 0.122 | 0.068 | 0.041 | 0.026 | 0.018 | 0.012 | 0.008 | 0.006 | 0.004 | 0.003 | 0.002 | 0.002 | 0.001 | 0.001 | 0.001 | 0.001 | 0 | 0 |
| 0.51 | 0.781 | 0.268 | 0.130 | 0.073 | 0.045 | 0.029 | 0.020 | 0.013 | 0.009 | 0.007 | 0.005 | 0.004 | 0.003 | 0.002 | 0.002 | 0.001 | 0.001 | 0.001 | 0.001 | 0 |
| 0.52 | 0.813 | 0.283 | 0.139 | 0.079 | 0.049 | 0.032 | 0.022 | 0.015 | 0.011 | 0.008 | 0.006 | 0.004 | 0.003 | 0.002 | 0.002 | 0.001 | 0.001 | 0.001 | 0.001 | 0.001 |
| 0.53 | 0.846 | 0.298 | 0.148 | 0.085 | 0.053 | 0.035 | 0.024 | 0.017 | 0.012 | 0.009 | 0.007 | 0.005 | 0.004 | 0.003 | 0.002 | 0.002 | 0.001 | 0.001 | 0.001 | 0.001 |

续上表

| 泊位利用率 | 泊位数 | | | | | | | | | | | | | | | | | | | |
|---|---|---|---|---|---|---|---|---|---|---|---|---|---|---|---|---|---|---|---|---|
| | 1 | 2 | 3 | 4 | 5 | 6 | 7 | 8 | 9 | 10 | 11 | 12 | 13 | 14 | 15 | 16 | 17 | 18 | 18 | 20 |
| 0.54 | 0.880 | 0.313 | 0.157 | 0.091 | 0.058 | 0.038 | 0.026 | 0.019 | 0.014 | 0.010 | 0.007 | 0.006 | 0.004 | 0.003 | 0.003 | 0.002 | 0.002 | 0.001 | 0.001 | 0.001 |
| 0.55 | 0.917 | 0.330 | 0.167 | 0.098 | 0.062 | 0.042 | 0.029 | 0.021 | 0.015 | 0.011 | 0.009 | 0.007 | 0.005 | 0.004 | 0.003 | 0.002 | 0.002 | 0.002 | 0.001 | 0.001 |
| 0.56 | 0.955 | 0.348 | 0.178 | 0.105 | 0.067 | 0.046 | 0.032 | 0.023 | 0.017 | 0.013 | 0.010 | 0.007 | 0.006 | 0.005 | 0.004 | 0.003 | 0.002 | 0.002 | 0.001 | 0.001 |
| 0.57 | 0.994 | 0.366 | 0.189 | 0.113 | 0.073 | 0.050 | 0.035 | 0.026 | 0.019 | 0.014 | 0.011 | 0.009 | 0.007 | 0.005 | 0.004 | 0.003 | 0.003 | 0.002 | 0.002 | 0.001 |
| 0.58 | 1.036 | 0.385 | 0.201 | 0.121 | 0.079 | 0.054 | 0.039 | 0.028 | 0.021 | 0.016 | 0.012 | 0.010 | 0.008 | 0.006 | 0.005 | 0.004 | 0.003 | 0.003 | 0.002 | 0.002 |
| 0.59 | 1.079 | 0.406 | 0.213 | 0.129 | 0.085 | 0.059 | 0.042 | 0.031 | 0.024 | 0.018 | 0.014 | 0.011 | 0.009 | 0.007 | 0.006 | 0.005 | 0.004 | 0.003 | 0.003 | 0.002 |
| 0.60 | 1.125 | 0.427 | 0.227 | 0.139 | 0.092 | 0.064 | 0.046 | 0.035 | 0.026 | 0.020 | 0.016 | 0.013 | 0.010 | 0.008 | 0.007 | 0.005 | 0.004 | 0.004 | 0.003 | 0.003 |
| 0.61 | 1.173 | 0.450 | 0.241 | 0.148 | 0.099 | 0.070 | 0.051 | 0.038 | 0.029 | 0.023 | 0.018 | 0.014 | 0.011 | 0.009 | 0.008 | 0.006 | 0.005 | 0.004 | 0.004 | 0.003 |
| 0.62 | 1.224 | 0.474 | 0.256 | 0.159 | 0.107 | 0.076 | 0.056 | 0.042 | 0.032 | 0.025 | 0.020 | 0.016 | 0.013 | 0.011 | 0.009 | 0.007 | 0.006 | 0.005 | 0.004 | 0.004 |
| 0.63 | 1.277 | 0.499 | 0.271 | 0.170 | 0.115 | 0.082 | 0.061 | 0.046 | 0.036 | 0.028 | 0.022 | 0.018 | 0.015 | 0.012 | 0.010 | 0.008 | 0.007 | 0.006 | 0.005 | 0.004 |
| 0.64 | 1.333 | 0.526 | 0.288 | 0.182 | 0.124 | 0.089 | 0.066 | 0.051 | 0.039 | 0.031 | 0.025 | 0.020 | 0.017 | 0.014 | 0.011 | 0.010 | 0.008 | 0.007 | 0.006 | 0.005 |
| 0.65 | 1.393 | 0.554 | 0.306 | 0.194 | 0.134 | 0.097 | 0.072 | 0.056 | 0.044 | 0.035 | 0.028 | 0.023 | 0.019 | 0.016 | 0.013 | 0.011 | 0.009 | 0.008 | 0.007 | 0.006 |
| 0.66 | 1.456 | 0.584 | 0.325 | 0.208 | 0.144 | 0.105 | 0.079 | 0.061 | 0.048 | 0.039 | 0.031 | 0.026 | 0.021 | 0.018 | 0.015 | 0.013 | 0.011 | 0.009 | 0.008 | 0.007 |
| 0.67 | 1.523 | 0.616 | 0.346 | 0.223 | 0.155 | 0.113 | 0.086 | 0.067 | 0.053 | 0.043 | 0.035 | 0.029 | 0.024 | 0.020 | 0.017 | 0.015 | 0.012 | 0.011 | 0.009 | 0.008 |
| 0.68 | 1.594 | 0.651 | 0.368 | 0.238 | 0.167 | 0.123 | 0.094 | 0.073 | 0.058 | 0.047 | 0.039 | 0.032 | 0.027 | 0.023 | 0.019 | 0.017 | 0.014 | 0.012 | 0.011 | 0.009 |
| 0.69 | 1.669 | 0.687 | 0.391 | 0.255 | 0.180 | 0.133 | 0.102 | 0.080 | 0.064 | 0.052 | 0.043 | 0.036 | 0.030 | 0.026 | 0.022 | 0.019 | 0.016 | 0.014 | 0.012 | 0.011 |
| 0.70 | 1.750 | 0.726 | 0.416 | 0.273 | 0.193 | 0.144 | 0.111 | 0.088 | 0.071 | 0.058 | 0.048 | 0.040 | 0.034 | 0.029 | 0.025 | 0.021 | 0.019 | 0.016 | 0.014 | 0.013 |
| 0.71 | 1.836 | 0.768 | 0.443 | 0.293 | 0.208 | 0.156 | 0.121 | 0.096 | 0.078 | 0.064 | 0.053 | 0.045 | 0.038 | 0.033 | 0.028 | 0.024 | 0.021 | 0.019 | 0.016 | 0.014 |
| 0.72 | 1.929 | 0.813 | 0.472 | 0.314 | 0.225 | 0.169 | 0.131 | 0.105 | 0.085 | 0.071 | 0.059 | 0.050 | 0.043 | 0.037 | 0.032 | 0.028 | 0.024 | 0.021 | 0.019 | 0.017 |
| 0.73 | 2.028 | 0.861 | 0.503 | 0.336 | 0.242 | 0.183 | 0.143 | 0.115 | 0.094 | 0.078 | 0.066 | 0.056 | 0.048 | 0.041 | 0.036 | 0.031 | 0.028 | 0.024 | 0.022 | 0.019 |
| 0.74 | 2.135 | 0.914 | 0.537 | 0.361 | 0.261 | 0.199 | 0.156 | 0.126 | 0.103 | 0.086 | 0.073 | 0.062 | 0.053 | 0.046 | 0.040 | 0.035 | 0.031 | 0.028 | 0.025 | 0.022 |
| 0.75 | 2.250 | 0.970 | 0.574 | 0.388 | 0.282 | 0.216 | 0.170 | 0.138 | 0.114 | 0.095 | 0.081 | 0.069 | 0.060 | 0.052 | 0.046 | 0.040 | 0.036 | 0.032 | 0.028 | 0.025 |
| 0.76 | 2.375 | 1.031 | 0.614 | 0.417 | 0.305 | 0.234 | 0.186 | 0.151 | 0.125 | 0.105 | 0.089 | 0.077 | 0.067 | 0.058 | 0.051 | 0.045 | 0.040 | 0.036 | 0.032 | 0.029 |
| 0.77 | 2.511 | 1.098 | 0.658 | 0.449 | 0.330 | 0.254 | 0.203 | 0.165 | 0.137 | 0.116 | 0.099 | 0.086 | 0.075 | 0.065 | 0.058 | 0.051 | 0.046 | 0.041 | 0.037 | 0.033 |

续上表

| 泊位利用率 | 泊位数 | | | | | | | | | | | | | | | | | | | |
|---|---|---|---|---|---|---|---|---|---|---|---|---|---|---|---|---|---|---|---|---|
| | 1 | 2 | 3 | 4 | 5 | 6 | 7 | 8 | 9 | 10 | 11 | 12 | 13 | 14 | 15 | 16 | 17 | 18 | 18 | 20 |
| 0.78 | 2.659 | 1.171 | 0.705 | 0.484 | 0.358 | 0.277 | 0.221 | 0.181 | 0.151 | 0.128 | 0.110 | 0.095 | 0.083 | 0.073 | 0.065 | 0.058 | 0.052 | 0.047 | 0.042 | 0.038 |
| 0.79 | 2.821 | 1.251 | 0.758 | 0.523 | 0.388 | 0.302 | 0.242 | 0.199 | 0.167 | 0.142 | 0.122 | 0.106 | 0.093 | 0.082 | 0.073 | 0.065 | 0.059 | 0.053 | 0.048 | 0.044 |
| 0.80 | 3.000 | 1.339 | 0.816 | 0.565 | 0.421 | 0.329 | 0.265 | 0.219 | 0.184 | 0.157 | 0.136 | 0.119 | 0.104 | 0.092 | 0.082 | 0.074 | 0.067 | 0.060 | 0.055 | 0.050 |
| 0.81 | 3.197 | 1.437 | 0.880 | 0.613 | 0.459 | 0.360 | 0.291 | 0.241 | 0.204 | 0.174 | 0.151 | 0.132 | 0.117 | 0.104 | 0.093 | 0.084 | 0.076 | 0.069 | 0.063 | 0.057 |
| 0.82 | 3.417 | 1.546 | 0.951 | 0.666 | 0.501 | 0.394 | 0.320 | 0.266 | 0.226 | 0.194 | 0.169 | 0.148 | 0.131 | 0.117 | 0.105 | 0.095 | 0.086 | 0.078 | 0.071 | 0.065 |
| 0.83 | 3.662 | 1.667 | 1.031 | 0.725 | 0.547 | 0.433 | 0.353 | 0.294 | 0.250 | 0.216 | 0.188 | 0.166 | 0.147 | 0.132 | 0.119 | 0.107 | 0.098 | 0.089 | 0.082 | 0.075 |
| 0.84 | 3.938 | 1.804 | 1.122 | 0.792 | 0.601 | 0.476 | 0.390 | 0.327 | 0.278 | 0.241 | 0.211 | 0.186 | 0.166 | 0.149 | 0.134 | 0.122 | 0.111 | 0.102 | 0.093 | 0.086 |
| 0.85 | 4.250 | 1.959 | 1.224 | 0.869 | 0.661 | 0.526 | 0.432 | 0.363 | 0.311 | 0.270 | 0.237 | 0.210 | 0.187 | 0.169 | 0.152 | 0.139 | 0.127 | 0.116 | 0.107 | 0.099 |
| 0.86 | 4.607 | 2.136 | 1.342 | 0.956 | 0.730 | 0.583 | 0.481 | 0.405 | 0.348 | 0.303 | 0.267 | 0.237 | 0.212 | 0.191 | 0.174 | 0.158 | 0.145 | 0.133 | 0.123 | 0.114 |
| 0.87 | 5.019 | 2.341 | 1.478 | 1.057 | 0.811 | 0.650 | 0.537 | 0.455 | 0.391 | 0.342 | 0.301 | 0.269 | 0.241 | 0.218 | 0.198 | 0.181 | 0.167 | 0.154 | 0.142 | 0.132 |
| 0.88 | 5.500 | 2.581 | 1.636 | 1.176 | 0.905 | 0.728 | 0.604 | 0.512 | 0.442 | 0.387 | 0.343 | 0.306 | 0.276 | 0.250 | 0.228 | 0.209 | 0.192 | 0.178 | 0.165 | 0.153 |
| 0.89 | 6.068 | 2.864 | 1.824 | 1.316 | 1.017 | 0.820 | 0.683 | 0.581 | 0.503 | 0.441 | 0.392 | 0.351 | 0.317 | 0.288 | 0.263 | 0.242 | 0.223 | 0.206 | 0.192 | 0.179 |
| 0.90 | 6.750 | 3.204 | 2.050 | 1.484 | 1.151 | 0.932 | 0.778 | 0.664 | 0.576 | 0.507 | 0.451 | 0.405 | 0.367 | 0.334 | 0.306 | 0.282 | 0.260 | 0.242 | 0.225 | 0.210 |
| 0.91 | 7.583 | 3.619 | 2.326 | 1.691 | 1.316 | 1.069 | 0.895 | 0.766 | 0.667 | 0.588 | 0.524 | 0.472 | 0.428 | 0.391 | 0.359 | 0.331 | 0.307 | 0.285 | 0.266 | 0.249 |
| 0.92 | 8.625 | 4.139 | 2.672 | 1.950 | 1.522 | 1.240 | 1.041 | 0.894 | 0.780 | 0.690 | 0.617 | 0.556 | 0.506 | 0.463 | 0.425 | 0.393 | 0.365 | 0.340 | 0.318 | 0.298 |
| 0.93 | 9.964 | 4.808 | 3.117 | 2.283 | 1.788 | 1.461 | 1.230 | 1.059 | 0.926 | 0.821 | 0.736 | 0.665 | 0.606 | 0.556 | 0.512 | 0.474 | 0.441 | 0.412 | 0.386 | 0.363 |
| 0.94 | 11.750 | 5.700 | 3.711 | 2.727 | 2.143 | 1.757 | 1.483 | 1.280 | 1.122 | 0.997 | 0.896 | 0.812 | 0.741 | 0.680 | 0.628 | 0.583 | 0.544 | 0.508 | 0.477 | 0.449 |
| 0.95 | 14.250 | 6.949 | 4.543 | 3.351 | 2.641 | 2.172 | 1.838 | 1.590 | 1.398 | 1.245 | 1.121 | 1.017 | 0.931 | 0.856 | 0.793 | 0.737 | 0.688 | 0.645 | 0.606 | 0.571 |
| 0.96 | 18.000 | 8.823 | 5.791 | 4.287 | 3.389 | 2.795 | 2.372 | 2.056 | 1.812 | 1.618 | 1.459 | 1.327 | 1.216 | 1.122 | 1.040 | 0.969 | 0.906 | 0.850 | 0.801 | 0.756 |
| 0.97 | 24.250 | 11.947 | 7.873 | 5.847 | 4.637 | 3.834 | 3.263 | 2.835 | 2.504 | 2.240 | 2.025 | 1.846 | 1.695 | 1.566 | 1.454 | 1.356 | 1.271 | 1.195 | 1.127 | 1.066 |
| 0.98 | 36.750 | 18.196 | 12.039 | 8.971 | 7.136 | 5.915 | 5.046 | 4.396 | 3.891 | 3.488 | 3.159 | 2.885 | 2.654 | 2.456 | 2.285 | 2.135 | 2.003 | 1.886 | 1.782 | 1.688 |
| 0.99 | 74.250 | 36.945 | 24.537 | 18.344 | 14.634 | 12.163 | 10.401 | 9.081 | 8.055 | 7.235 | 6.565 | 6.007 | 5.536 | 5.132 | 4.782 | 4.476 | 4.207 | 3.967 | 3.753 | 3.560 |

附表 3-3

**$E_2/E_2/S$ 模型，$T_w/T_b$**

| 泊位利用率 | 泊位数 1 | 2 | 3 | 4 | 5 | 6 | 7 | 8 |
|---|---|---|---|---|---|---|---|---|
| 0.10 | 0.02 | 0 | 0 | 0 | 0 | 0 | 0 | 0 |
| 0.15 | 0.03 | 0.01 | 0 | 0 | 0 | 0 | 0 | 0 |
| 0.20 | 0.06 | 0.01 | 0 | 0 | 0 | 0 | 0 | 0 |
| 0.25 | 0.09 | 0.02 | 0.01 | 0 | 0 | 0 | 0 | 0 |
| 0.30 | 0.13 | 0.02 | 0.01 | 0 | 0 | 0 | 0 | 0 |
| 0.35 | 0.17 | 0.03 | 0.02 | 0.01 | 0 | 0 | 0 | 0 |
| 0.40 | 0.24 | 0.06 | 0.02 | 0.01 | 0 | 0 | 0 | 0 |
| 0.45 | 0.30 | 0.09 | 0.04 | 0.02 | 0.01 | 0.01 | 0 | 0 |
| 0.50 | 0.39 | 0.12 | 0.05 | 0.03 | 0.01 | 0.01 | 0.01 | 0 |
| 0.55 | 0.49 | 0.16 | 0.07 | 0.04 | 0.02 | 0.02 | 0.02 | 0.01 |
| 0.60 | 0.63 | 0.22 | 0.11 | 0.06 | 0.04 | 0.03 | 0.02 | 0.01 |
| 0.65 | 0.80 | 0.30 | 0.16 | 0.09 | 0.06 | 0.05 | 0.03 | 0.02 |
| 0.70 | 1.04 | 0.41 | 0.23 | 0.14 | 0.10 | 0.07 | 0.05 | 0.04 |
| 0.75 | 1.38 | 0.58 | 0.32 | 0.21 | 0.14 | 0.11 | 0.08 | 0.07 |
| 0.80 | 1.87 | 0.83 | 0.46 | 0.33 | 0.23 | 0.19 | 0.14 | 0.12 |
| 0.85 | 2.80 | 1.30 | 0.75 | 0.55 | 0.39 | 0.34 | 0.26 | 0.22 |
| 0.90 | 4.36 | 2.00 | 1.20 | 0.92 | 0.65 | 0.57 | 0.44 | 0.40 |

# 附录四　杂货单位有效面积的货物堆存量

杂货单位有效面积的货物堆存量　　附表 4-1

| 货物名称 | 包装型式 | $q(t/m^2)$ | |
|---|---|---|---|
| | | 库 | 场 |
| 糖 | 袋 | 1.5～2.0 | — |
| 盐 | 袋 | 1.8～2.5 | — |
| 化肥 | 袋 | 1.8～2.5 | — |
| 水泥 | 袋 | 1.5～2.0 | — |
| 大米 | 袋 | 1.5～2.0 | — |
| 面粉 | 袋 | 1.3～1.8 | — |
| 棉花 | 袋 | 1.5～2.0 | — |
| 纯碱 | 袋 | 1.5～2.0 | — |
| 纸 | — | 1.5～2.0 | — |
| 小五金 | — | 1.2～1.5 | — |
| 橡胶 | 块 | 0.5～0.8 | — |
| 日用百杂货 | — | 0.3～0.5 | — |
| 杂货 | 箱 | 0.7～1.0 | — |
| 综合货种 | — | 0.7～1.0 | 1.5～2.0 |
| 生铁 | — | — | 2.5～4.0 |
| 铝、铜、锌类 | — | — | 2.0～2.5 |
| 马口铁、粗钢、钢板 | — | — | 4.0～6.0 |
| 钢制品 | — | — | 3.4～5.0 |

注:① 当开展成组装卸作业时,单位有效面积的货物堆存量应按设计条件确定,但不能低于表中数值;

② 大宗货物,如化肥、糖、盐、大米等宜在堆场堆垛,$q$ 值可取上限;

③ 仓库楼层可取 $q \leq 1.5t/m^2$。

# 附录五　规则波绕射系数

1. 单突堤后规则波的绕射系数，分斜坡堤和直立堤两种情况，可分别按以下规定计算。

(1)斜坡式单突堤后绕射系数计算公式：

①$\theta \leqslant \theta_0$ 的掩护区：

$$K_d = \frac{1}{2}\left\{\exp\left[-\frac{3}{4}\sqrt[3]{\frac{r}{L}}(\theta_0 - \theta)\right] + \exp\left[-3\sqrt[3]{\frac{r}{L}}(\theta_0 + \theta)\right]\right\} \tag{附 5-1}$$

②$\theta \geqslant \theta_0$ 的开敞区：

$$K_d = 1 - \frac{1}{2}\left\{\exp\left[-3\sqrt[3]{\frac{r}{L}}(\theta_0 - \theta)\right] - \exp\left[-3\sqrt[3]{\frac{r}{L}}(\theta_0 + \theta)\right]\right\} \tag{附 5-2}$$

式中：$K_d$——规则波绕射系数；

$\theta_0$——入射波向线与单突堤轴线的夹角(弧度)；

$r$——堤后计算点与堤头间的距离(m)；

$\theta$——堤后计算点与堤头连线同堤轴线之间的内角(弧度)。

(2)直立式单突堤后绕射系数计算公式：

①$\theta \leqslant \theta_0$ 的掩护区：

$$K_d = \frac{1}{2}\left\{\exp\left[-\frac{1}{2}\left(\frac{r}{L}\right)^{m/2}(\theta_0 - \theta)\right] + \exp\left[-1.9\left(\frac{r}{L}\right)^{1/6}(1 + \theta_0 - \theta)\theta_0^{1/4}\right]\right\} \tag{附 5-3}$$

$$m = 1 - \frac{7}{50}(\theta_0 - \theta) \tag{附 5-4}$$

②$\theta \geqslant \theta_0$ 的开敞区：

$$K_d = 1 - \frac{n}{2}\left\{1 - \exp\left[-1.9\left(\frac{r}{L}\right)^{1/6}\theta_0^{1/4}\right]\right\} \tag{附 5-5}$$

$$n = \exp\left[-1.5\left(\frac{r}{L}\right)^{1/2}(\theta - \theta_0)^2\right] \tag{附 5-6}$$

2. 双突堤后的规则波绕射系数按附图 5-1 确定，其适用条件为 $K_d \leqslant 1$、$45° \leqslant \theta \leqslant 135°$ 和 $B'/L \leqslant 5$。当计算的 $K_d > 1$ 时，可取 $K_d = 1$；$B'/L > 5$ 时，可对左右两堤分别按单突堤计算。

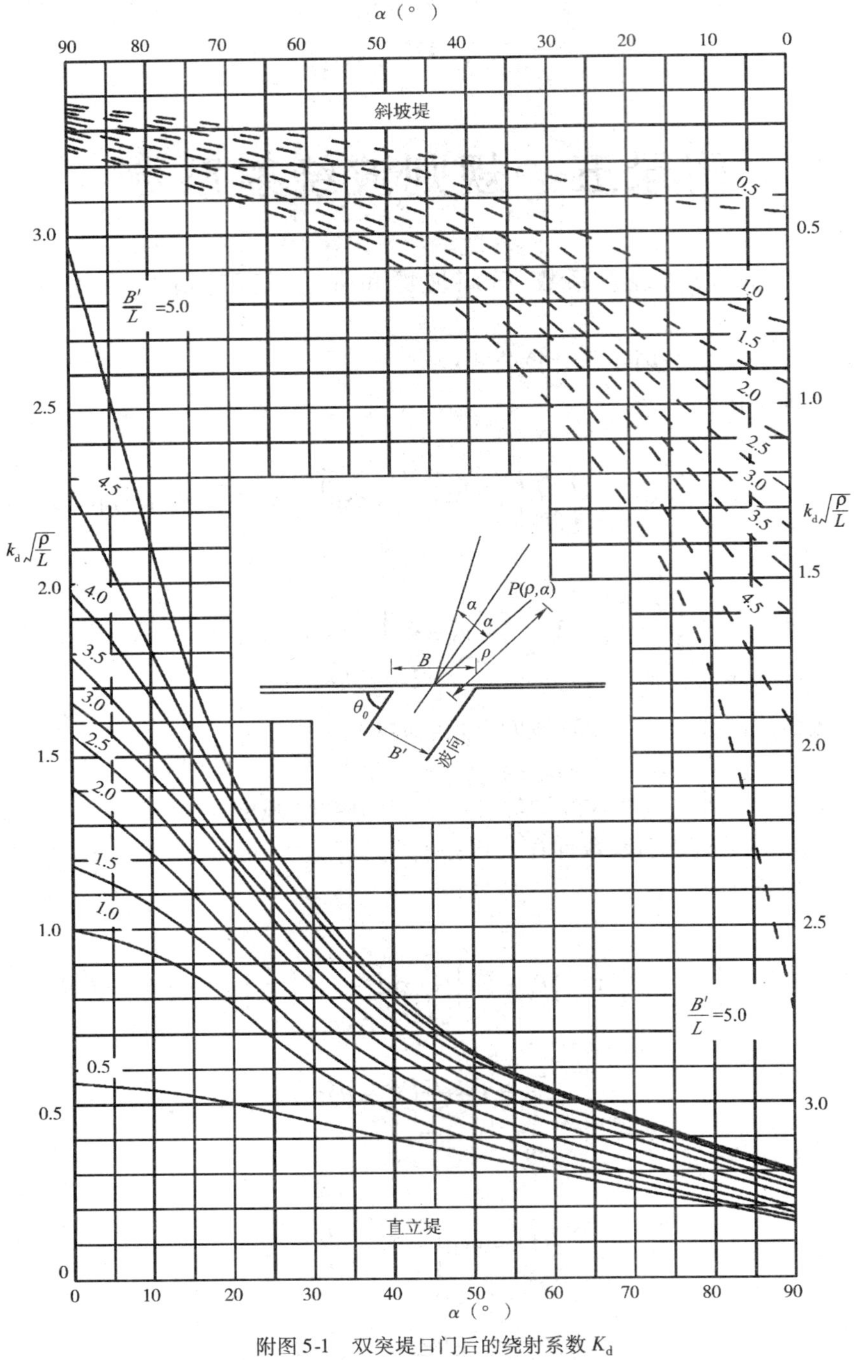


附图 5-1　双突堤口门后的绕射系数 $K_d$

注：$\theta_0$——入射波向线与双突堤中任一堤轴线间的夹角（°）；

$B$——口门宽度（m），当 $\theta\neq90°$时，采用与波向线垂直方向的口门投影宽度 $B'$（m）；

$\rho$——堤后某计算点与口门的中点间的距离（m）；

$\alpha$——堤后某计算点与口门中点的连线同通过口门中点的波向线间的夹角（°）。

# 附录六　泥沙移动临界水深的计算方法

当水深大于某一水深时，在波浪作用下海底泥沙不再移动，这个水深称为泥沙移动临界水深。表层沙向波浪进行方向开始移动处称为表层移动临界水深，随水深变浅泥沙发生实质性输移的水深称为完全移动水深。附图 6-1 为泥沙移动形态示意图。相应的临界水深可按下式计算：

表层移动：

$$\frac{H_0}{L_0}=1.35\left(\frac{d}{L_0}\right)^{\frac{1}{3}}\left(\sinh\frac{2\pi h}{L}\right)\left(\frac{H_0}{H}\right) \tag{附 6-1}$$

完全移动：

$$\frac{H_0}{L_0}=2.4\left(\frac{d}{L_0}\right)^{\frac{1}{3}}\left(\sinh\frac{2\pi h}{L}\right)\left(\frac{H_0}{H}\right) \tag{附 6-2}$$

式中：$H_0$、$L_0$——深水波高、波长（m）；

$h$——相应的临界水深（m）；

$H$、$L$——水深 $h$ 处的波高、波长（m）；

$d$——沙粒径，一般取中径粒径 $d_{50}$（m）。

为了计算方便将式（附 6-1）和式（附 6-2）绘成计算图，见附图 6-2。

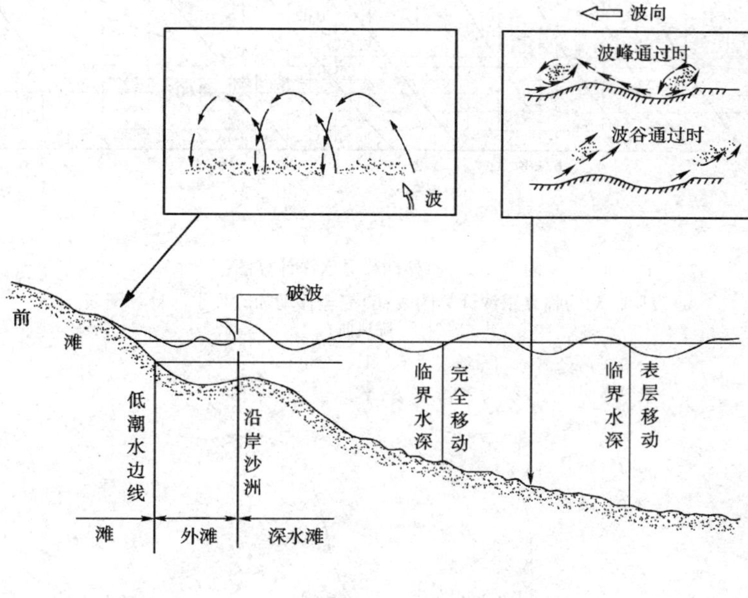


附图 6-1　泥沙移动形态示意图

在沙质海岸，口门宜布置在附图 6-2 所确定的泥沙完全移动临界水深之外，以减少口门外泥沙进港和口门淤积。我国某港（附图 6-3）西防波堤长 1 000m 左右，东防波堤长 100m

左右，口门宽130m，港内水深2.5m，口门处水深4m。由于口门处水深小于泥沙的完全移动临界水深，口门方向又与该区北和东北向强风一致，波浪掀起的泥沙从口门搬运到港内，进港后的波浪又直射近口门的东岸，将泥沙推向西部停泊区，年淤积厚度达0.7m左右，影响了港口使用。

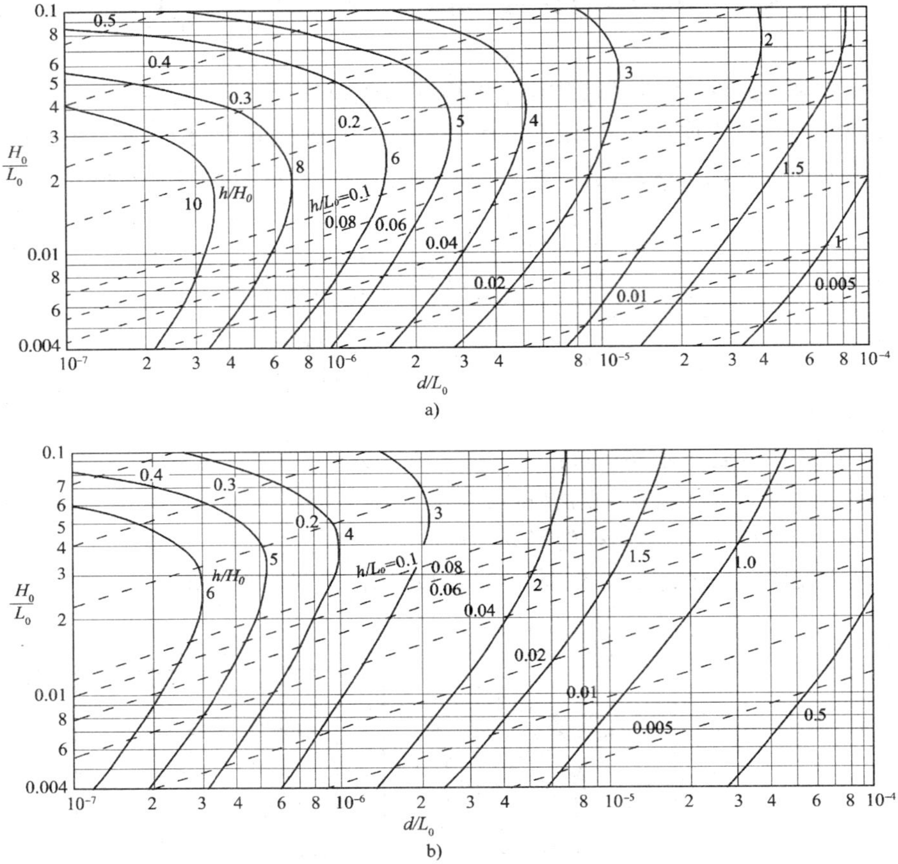

附图6-2　沙移动临界水深计算图

a)表层移动的临界水深计算图表；b)完全移动的临界水深计算图表

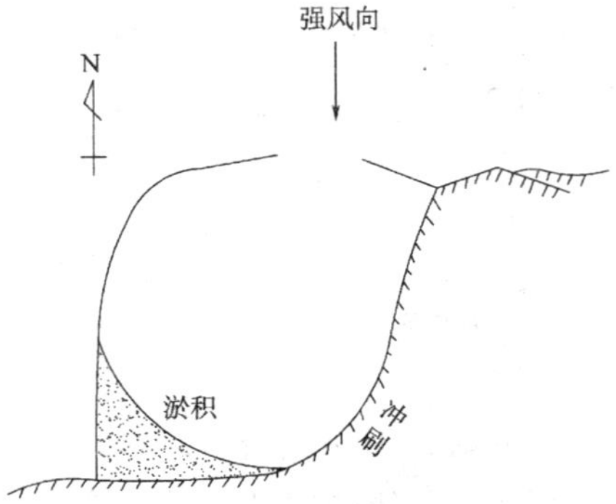


附图6-3　口门位于完全移动临界水深之内

在淤泥质海岸，泥沙在波浪作用下以悬移形态运移，水深越大含沙量越小。港口淤积与含沙量大小、纳潮量大小直接相关。口门宜布置在远离破碎带、含沙量小的深水处。

**例题**　A 港深水波高 $H_0=2.5\text{m}$，波周期 $T=8\text{s}$，底质粒径 $d_{50}=0.5\text{mm}$。研究 A 港的泥沙完全移动临界水深，从而确定 A 港口门水深。

$$L_0=1.56\times T^2=1.56\times 8^2=99.8\text{m}$$

$$\frac{H_0}{L_0}=\frac{2.5}{99.8}=0.025$$

$$\frac{d}{L_0}=\frac{5.0\times 10^{-4}}{99.8}=5.01\times 10^{-6}$$

根据式（附 6-2）或附图 6-2b）可求得 $h=4.8\text{m}$。

说明，$h=4.8\text{m}$ 水深处底沙已开始有移动现象，所以，大于 5m 水深时，可视为泥沙活动较弱的相对稳定带。在本例中，如果 $d_{50}=0.2\text{mm}$，即细沙，则完全移动临界水深将增至 7m，泥沙活动较弱的相对稳定带在 7m 等深线以外。

# 附录七　内河航道尺度

天然和渠化河流航道尺度　　附表 7-1

| 航道等级 | 船舶吨位(t) | 代表船舶、船队(m)(总长×型宽×设计吃水) | 代表船舶、船队 | 船舶、船队尺度(m)(长×宽×设计吃水) | 航道尺度(m) | | | |
|---|---|---|---|---|---|---|---|---|
| | | | | | 水深 | 直线段宽度 | | 弯曲半径 |
| | | | | | | 单线 | 双线 | |
| Ⅰ | 3 000 | 驳船 90.0×16.2×3.5<br>货船 110.0×16.2×3.0 | (1)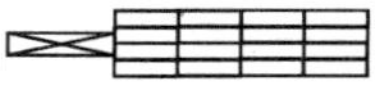 | 406.0×64.8×3.5 | 3.5～4.0 | 125 | 250 | 1 200 |
| | | | (2)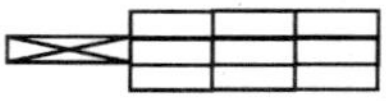 | 316.0×48.6×3.5 | | 100 | 195 | 950 |
| | | | (3)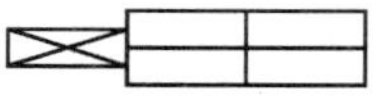 | 223.0×32.4×3.5 | | 70 | 135 | 670 |
| Ⅱ | 2 000 | 驳船 75.0×16.2×2.6<br>货船 90.0×16.2×2.6 | (1)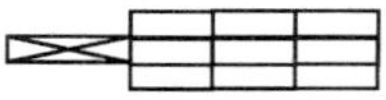 | 270.0×48.6×2.6 | 2.6～3.0 | 100 | 190 | 810 |
| | | | (2)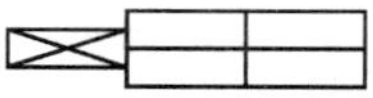 | 186.0×32.4×2.6 | | 70 | 130 | 560 |
| | | | (3) | 182.0×16.2×3.5 | | 40 | 75 | 550 |
| Ⅲ | 1 000 | 驳船 67.5×10.8×2.0<br>货船 85.0×10.8×2.0 | (1)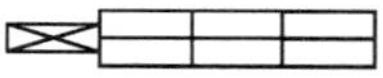 | 238.0×21.6×2.0 | 2.0～2.4 | 55 | 110 | 720 |
| | | | (2)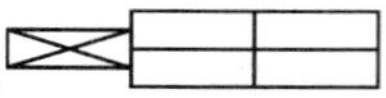 | 167.0×21.6×2.0 | | 45 | 90 | 500 |
| | | | (3) | 160.0×10.8×2.0 | | 30 | 60 | 480 |
| Ⅳ | 500 | 驳船 45.0×10.8×1.6<br>货船 67.5×10.8×1.6 | (1)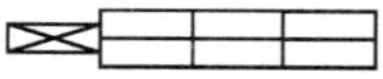 | 167.0×21.6×1.6 | 1.6～1.9 | 45 | 90 | 500 |
| | | | (2)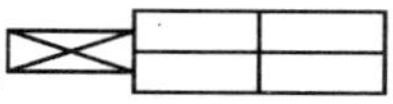 | 112.0×21.6×1.6 | | 40 | 80 | 340 |
| | | | (3) | 111.0×10.8×1.6 | | 30 | 50 | 330 |
| | | | (4) | 67.5×10.8×1.6 | | | | |

续上表

| 航道等级 | 船舶吨位(t) | 代表船舶、船队(m)(总长×型宽×设计吃水) | 代表船舶、船队 | 船舶、船队尺度(m)(长×宽×设计吃水) | 航道尺度(m) | | | |
|---|---|---|---|---|---|---|---|---|
| | | | | | 水深 | 直线段宽度 单线 | 直线段宽度 双线 | 弯曲半径 |
| Ⅴ | 300 | 驳船35.0×9.2×1.3<br>货船55.0×8.6×1.3 | (1) | 94.0×18.4×1.3 | 1.3~1.6 | 35 | 70 | 280 |
| | | | (2) | 91.0×9.2×1.3 | | 22 | 40 | 270 |
| | | | (3) | 55.0×8.6×1.3 | | | | |
| Ⅵ | 100 | 驳船32.0×7.0×1.0<br>货船45.0×5.0×1.0 | (1)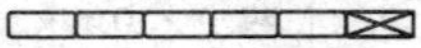 | 188.0×7.0×1.0 | 1.0~1.2 | 15 | 30 | 180 |
| | | | (2) | 45.0×5.5×1.0 | | | | |
| Ⅶ | 50 | 驳船24.0×5.5×0.7<br>货船32.5×5.5×0.7 | (1) | 145.0×5.5×0.7 | 0.7~0.9 | 12 | 24 | 130 |
| | | | (2) | 32.5×5.5×0.7 | | | | |

注:①当船队推轮吃水大于、等于驳船吃水时,应按推轮设计吃水确定航道水深;

②流速3m/s以上、水势汹乱的航道,直线段航道宽度应表列宽度的基础上适当加大;

③航道最小弯曲半径应结合《内河通航标准》(GB 50139—2004)第3.0.5条的有关规定确定。

**黑龙江水系航道尺度**　　附表7-2

| 航道等级 | 船舶吨位(t) | 代表船舶、船队(m)(总长×型宽×设计吃水) | 代表船舶、船队 | 船舶、船队尺度(m)(长×宽×设计吃水) | 航道尺度(m) | | | |
|---|---|---|---|---|---|---|---|---|
| | | | | | 水深 | 直线段宽度 单线 | 直线段宽度 双线 | 弯曲半径 |
| Ⅱ | 2 000 | 驳船91.0×15.0×2.0 | (1) | 218.0×30.0×2.0 | 2.0~2.3 | 65 | 125 | 650 |
| | | | (2) | 214.0×15.0×2.0 | | 40 | 80 | 650 |
| Ⅲ | 1 000 | 驳船65.9×13.0×1.6 | (1)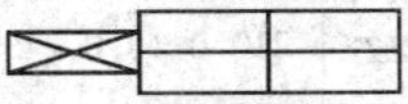 | 167.0×26.0×1.6 | 1.6~1.9 | 50 | 100 | 500 |
| | | | (2) | 165.0×13.0×1.6 | | 35 | 70 | 500 |
| Ⅳ | 500 | 驳船57.0×11.0×1.4<br>货船69.0×11.0×1.4 | (1) | 138.0×11.0×1.4 | 1.4~1.6 | 30 | 55 | 410 |
| Ⅴ | 300 | 驳船45.0×10.0×1.1<br>货船52.0×9.0×1.2 | (1)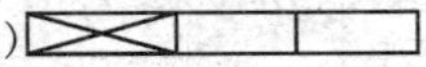 | 114.0×10.0×1.2 | 1.2~1.4 | 25 | 45 | 340 |
| Ⅵ | 100 | 驳船29.0×8.5×0.8<br>货船35.0×6.0×0.9 | (1) | 64.0×8.5×0.9 | 0.9~1.1 | 15 | 30 | 200 |

注:①通航浅吃水船舶的类似航道,经论证可参考执行;

②航道最小弯曲半径应结合《内河通航标准》(GB 50139—2004)第3.0.5条的有关规定确定。

**珠江三角洲至港澳线内河航道尺度** 附表 7-3

| 航道等级 | 船舶吨位(t) | 代表船舶、船队(m)(总长×型宽×设计吃水) | 代表船舶、船队 | 船舶、船队尺度(m)(长×宽×设计吃水) | 航道尺度(m) 水深 | 直线段双线宽度 | 弯曲半径 |
|---|---|---|---|---|---|---|---|
| Ⅲ | 1 000 | 货船 49.9×15.6×2.8<br>货船 49.9×12.8×2.7<br>驳船 67.5×10.8×2.0 | (1) | 49.9×15.6×2.8 | 3.5~4.0 | 70 | 480 |
| | | | (2) | 49.9×12.8×2.7 | | 60 | |
| | | | (3) | 160.0×10.8×2.0 | | 60 | |
| Ⅳ | 500 | 货船 49.9×10.6×2.5<br>驳船 45.0×10.8×1.6 | (1) | 49.9×10.6×2.5 | 3.0~3.4 | 55 | 330 |
| | | | (2) | 111.0×10.8×1.6 | | | |
| Ⅴ | 300 | 货船 49.2×8.4×2.2<br>驳船 35.0×9.2×1.3 | (1) | 49.2×8.4×2.2 | 2.5~2.8 | 45 | 270 |
| | | | (2) | 91.0×9.2×1.3 | | | |

**限制性航道尺度** 附表 7-4

| 航道等级 | 船舶吨位(t) | 代表船舶、船队(m)(总长×型宽×设计吃水) | 代表船舶、船队 | 船舶、船队尺度(m)(长×宽×设计吃水) | 航道尺度(m) 水深 | 直线段双线宽度 | 弯曲半径 |
|---|---|---|---|---|---|---|---|
| Ⅱ | 2 000 | 驳船 75.0×14.0×2.6<br>货船 90.0×15.4×2.6 | (1) | 180.0×14.0×2.6 | 4.0 | 60 | 540 |
| Ⅲ | 1 000 | 驳船 67.5×10.8×2.0<br>货船 80.0×10.8×2.0 | (1) | 160.0×10.8×2.0 | 3.2 | 45 | 480 |
| Ⅳ | 500 | 驳船 42.0×9.2×1.8<br>货船 45.0×7.3×1.9 | (1) | 108.0×9.2×1.9 | 2.5 | 40 | 320 |
| | | | (2) | 45.0×7.3×1.9 | | | |
| Ⅴ | 300 | 驳船 30.0×8.0×1.8<br>货船 36.7×7.3×1.9 | (1) | 210.0×8.0×1.9 | 2.5 | 35 | 250 |
| | | | (2) | 82.0×8.0×1.9 | | | |
| | | | (3) | 36.7×7.3×1.9 | | | |
| Ⅵ | 100 | 驳船 25.0×5.5×1.5<br>货船 28.0×5.5×1.5 | (1) | 298.0×5.5×1.5 | 2.0 | 20 | 110 |
| | | | (2) | 28.0×5.5×1.5 | | | |
| Ⅶ | 50 | 驳船 19.0×4.5×1.2<br>货船 25.0×5.5×1.2 | (1) | 230.0×4.7×1.2 | 1.5 | 16 | 100 |
| | | | (2) | 25.0×5.5×1.2 | | | |

船闸有效尺度(m)　　　　附表 7-5

| 船闸级别 | 天然和渠化河流 | | | | 限制性航道 | | | |
|---|---|---|---|---|---|---|---|---|
| | 代表船舶、船队 | 长 | 宽 | 门槛水深 | 代表船舶、船队 | 长 | 宽 | 门槛水深 |
| Ⅰ | (3)2 排 2 列 | 280 | 34 | 5.5 | — | — | — | — |
| | (2)2 排 2 列 | 200 | 34 | 4.5 | — | — | — | — |
| Ⅱ | (3)2 排 1 列 | 200 | 23 | 4.5 | (1)2 排 1 列 | 230 | 23 | 5.0 |
| | | | | | | 200 | 18 或 16 | 4.5 |
| | (2)2 排 2 列 | 180 | 23 | 3.5 | — | — | — | — |
| Ⅲ | (3)2 排 1 列 | 180 | 18 或 16 | 3.5 | (1)2 排 1 列 | 180 | 18 或 16 | 3.5 |
| | | | 12 | | | | 12 | |
| Ⅳ | (1)3 排 2 列 | 180 | 23 | 3.0 | — | — | — | — |
| | (2)2 排 2 列 | 120 | 23 | 3.0 | — | — | — | — |
| | (3)2 排 1 列 | 120 | 18 或 16 | 3.0 | (1)2 排 1 列 | 120 | 18 或 16 | 3.0 |
| | | | 12 | | | | 12 | |
| Ⅴ | (1)2 排 2 列 | 120 | 23 | 2.5 | (1)1 拖 6 | 120 | 18 或 16 | 3.0 |
| | | | | | | 210 | 12 | |
| | (2)2 排 1 列 | 120 | 18 或 16 | 2.5 | (2)2 排 1 列 | 120 | 18 或 16 | 3.0 |
| | | | 12 | | | | 12 | |
| Ⅵ | (1)1 拖 5 | 100 | 18 或 16 | 1.6 | (1)1 拖 11 | 160 | 12 | 2.5 |
| | (2)货船 | 100 | 12 | 1.6 | — | — | — | — |
| Ⅶ | (1)1 拖 5 | 80 | 12 | 1.3 | (1)1 拖 11 | 120 | 12 | 2.0 |
| | (2)货船 | 80 | 8 | 1.3 | — | — | — | — |

天然和渠化河流水上过河建筑物通航净空尺度(m)　　　　附表 7-6

| 航道等级 | 代表船舶、船队 | 净高 | 单向通航孔 | | | 双向通航孔 | | |
|---|---|---|---|---|---|---|---|---|
| | | | 净宽 | 上底宽 | 侧高 | 净宽 | 上底宽 | 侧高 |
| Ⅰ | (1)4 排 4 列 | 24.0 | 200 | 150 | 7.0 | 400 | 350 | 7.0 |
| | (2)3 排 3 列 | 18.0 | 160 | 120 | 7.0 | 320 | 280 | 7.0 |
| | (3)2 排 2 列 | | 110 | 82 | 8.0 | 220 | 192 | 8.0 |
| Ⅱ | (1)3 排 3 列 | 18.0 | 145 | 108 | 6.0 | 290 | 253 | 6.0 |
| | (2)2 排 2 列 | | 105 | 78 | 8.0 | 210 | 183 | 8.0 |
| | (3)2 排 1 列 | 10.0 | 75 | 56 | 6.0 | 150 | 131 | 6.0 |
| Ⅲ | (1)3 排 2 列 | 18.0 ☆ | 100 | 75 | 6.0 | 200 | 175 | 6.0 |
| | | 10.0 | | | | | | |
| | (2)2 排 2 列 | 10.0 | 75 | 56 | 6.0 | 150 | 131 | 6.0 |
| | (3)2 排 1 列 | | 55 | 41 | 6.0 | 110 | 96 | 6.0 |

续上表

<table>
<tr><th rowspan="2">航道等级</th><th rowspan="2">代表船舶、船队</th><th rowspan="2">净高</th><th colspan="3">单向通航孔</th><th colspan="3">双向通航孔</th></tr>
<tr><th>净宽</th><th>上底宽</th><th>侧高</th><th>净宽</th><th>上底宽</th><th>侧高</th></tr>
<tr><td rowspan="4">Ⅳ</td><td>(1)3 排 2 列</td><td rowspan="4">8.0</td><td>75</td><td>61</td><td>4.0</td><td>150</td><td>136</td><td>4.0</td></tr>
<tr><td>(2)2 排 2 列</td><td>60</td><td>49</td><td>4.0</td><td>120</td><td>109</td><td>4.0</td></tr>
<tr><td>(3)2 排 1 列</td><td rowspan="2">45</td><td rowspan="2">36</td><td rowspan="2">5.0</td><td rowspan="2">90</td><td rowspan="2">81</td><td rowspan="2">5.0</td></tr>
<tr><td>(4)货船</td></tr>
<tr><td rowspan="3">Ⅴ</td><td>(1)2 排 2 列</td><td>8.0</td><td>55</td><td>44</td><td>4.5</td><td>110</td><td>99</td><td>4.5</td></tr>
<tr><td>(2)2 排 1 列</td><td rowspan="2">8.0 或 5.0▲</td><td rowspan="2">40</td><td rowspan="2">32</td><td rowspan="2">5.5 或 3.5▲</td><td rowspan="2">80</td><td rowspan="2">72</td><td rowspan="2">5.5 或 3.5▲</td></tr>
<tr><td>(3)货船</td></tr>
<tr><td rowspan="2">Ⅵ</td><td>(1)1 拖 5</td><td>4.5</td><td rowspan="2">5</td><td rowspan="2">18</td><td>3.4</td><td rowspan="2">40</td><td rowspan="2">33</td><td>3.4</td></tr>
<tr><td>(2)货船</td><td>6.0</td><td>4.0</td><td>6.0</td></tr>
<tr><td rowspan="2">Ⅶ</td><td>(1)1 拖 5</td><td>3.5</td><td rowspan="2">20</td><td rowspan="2">15</td><td rowspan="2">2.8</td><td rowspan="2">32</td><td rowspan="2">27</td><td rowspan="2">2.8</td></tr>
<tr><td>(2)货船</td><td>4.5</td></tr>
</table>

注:①“☆”的尺度仅适用于长江;

②“▲”的尺度仅适用于通航拖带船队的河流。

# 附录八　港口用水量标准

货船用水量标准表（$m^3$/艘·次）　　附表 8-1

| 船舶吨级 *DWT*(t) | 杂 货 船 | 散 货 船 | 油　船 | 集装箱船 |
|---|---|---|---|---|
| 3 000 | 200~250 | — | 150~200 | — |
| 4 000 | 200~250 | — | 150~200 | 200~250 |
| 5 000 | 250~300 | — | 200~250 | 200~250 |
| 10 000 | 300~350 | 300~350 | 300~350 | 200~300 |
| 15 000 | 350~400 | 300~350 | 350~400 | 250~300 |
| 20 000 | 350~400 | 350~400 | 350~400 | 350~400 |
| 25 000 | — | 350~400 | 350~400 | 350~400 |
| 30 000 | — | 350~400 | 350~400 | 400~450 |
| 35 000 | — | 350~400 | 350~400 | 400~450 |
| 40 000 | — | 400~450 | 350~400 | 400~450 |
| 50 000 | — | 400~450 | 400~450 | 400~450 |
| 60 000 | — | 400~450 | 400~450 | — |
| 70 000 | — | 400~450 | 400~450 | — |
| 80 000 | — | 400~450 | 400~450 | — |
| 100 000 | — | 400~450 | 450~500 | — |
| >100 000 | — | 450~500 | 500 | — |

客货船用水量标准表　　附表 8-2

| 旅客正铺定员（人） | 用水量标准（$m^3$/艘·次） | 旅客正铺定员（人） | 用水量标准（$m^3$/艘·次） |
|---|---|---|---|
| 400~600 | 150~200 | 801~900 | 450~500 |
| 601~800 | 250~300 | | |

锚地待泊船舶用水量标准表　　附表 8-3

| 船舶吨级 *DWT*(t) | 3 000~5 000 | 10 000~20 000 | 30 000~50 000 | 80 000~100 000 | >100 000 |
|---|---|---|---|---|---|
| 用水量标准（$m^3$/艘·次） | 10~15 | 15~25 | 25~30 | 30~40 | 40~50 |

港口冲洗用水量标准表　　附表 8-4

| 用水类别 | 单　位 | 用水量标准 | 用水场所 |
|---|---|---|---|
| 流动机械冲洗 | L/台·次 | 600~800 | 洗车台 |
| 汽车冲洗 | L/台·次 | 600~800 | 洗车台 |
| 苫布冲洗 | L/块·次 | 900~1 500 | 冲洗场 |
| 集装箱冲洗 | L/TEU·次 | 300~500 | 洗箱间、场 |

**港属机车用水量标准表** 附表 8-5

| 用水类型 | 单位 | 用水量标准 | 说明 |
|---|---|---|---|
| 内燃机车用水 | $m^3$/台·天 | 0.5 | — |
| 蒸汽机用水 | $m^3$/台·天 | 50～60 | — |
| 机车洗炉及补水 | $m^3$/台·次 | 35～60 | 一般 20～30 天洗炉一次 |

**港口生活用水量标准表** 附表 8-6

| 建筑物名称 | 单位 | 用水量标准(最高日) | 小时变化系数 | 说明 |
|---|---|---|---|---|
| 综合办公室 | L/人·班 | 30～50 | 2.5～2.0 | — |
| 候工室 | L/人·班 | 30～40 | 3.0～2.5 | — |
| 食堂 | L/人·次 | 10～15 | 2.5～2.0 | — |
| 浴室 | L/人·次 | 100～150 | 2.0～1.5 | — |
| 单身宿舍 | L/人·天 | 50～100 | 2.5 | 有盥洗室、水冲厕所 |
| 一般性生产车间 | L/人·班 | 25～35 | 3.0～2.5 | — |
| 医务室 | L/人·次 | 15～25 | 2.5 | — |
| 托儿所、幼儿园 | L/人·次 | 50～100 | 2.5～2.0 | 有宿舍 |
| | | 25～50 | | 无宿舍 |

**港口环境保护用水量标准表** 附表 8-7

| 用水类别 | 单位 | 用水量标准 | 供水方式 |
|---|---|---|---|
| 煤堆场喷洒 | L/ $m^2$·次 | 2.00 | 管道系统 |
| 散货装卸作业降尘 | — | 按工艺要求、气候条件、货种等确定 | 管道系统 |
| 码头及道路喷洒 | L/ $m^2$·次 | 0.15～0.20 | 洒水车 |
| 绿化 | L/ $m^2$·天 | 1.50～2.00 | — |

# 参考文献


[1] 包起帆,罗文斌. 现代集装箱码头的建设与运营技术[M]. 上海:上海科学技术出版社,2006.

[2] 陈家源. 港口通过能力理论与计算方法[M]. 大连:大连海事大学出版社,2003.

[3] 陈贻龙. 运输经济学[M]. 北京:人民交通出版社,1999.

[4] 董胜,孔令双. 海洋工程环境概论[M]. 青岛:青岛海洋大学出版社,2005.

[5] 顾亚竹. 港口物流园区战略管理[M]. 北京:中国物资出版社,2008.

[6] 国际海事组织. 国际海上人命安全公约[S]. 北京:人民交通出版社,2004.

[7] 韩增林,安筱鹏. 集装箱港口发展与布局研究[M]. 北京:海洋出版社,2006.

[8] 洪碧光,龚雪根,张秋荣等. 船舶操纵[M]. 北京:人民交通出版社,2006.

[9] 洪碧光. 船舶操纵原理与技术[M]. 大连:大连海事大学出版社,2007.

[10] 胡旭跃. 航道整治[M]. 北京:人民交通出版社,2008.

[11] 惠凯. 港口规划与区域经济[M]. 北京:中国建筑工业出版社,2008.

[12] 霍红. 国际货运代理与海上运输[M]. 北京:化学工业出版社,2004.

[13] 刘家驹. 海岸泥沙运动研究及应用[M]. 北京:海洋出版社,2009.

[14] 刘晓明,王欣. 公共绿地景观设计[M]. 北京:中国建筑工业出版社,2003.

[15] 刘晓平,陶桂兰. 渠化工程[M]. 北京:人民交通出版社,2009.

[16] 邱大洪. 工程水文学[M]. 北京:人民交通出版社,2004.

[17] 尚磊,杨珺. 景观规划设计方法与程序[M]. 北京:中国水利水电出版社,2007.

[18] 沈志云,邓学钧. 交通运输工程学[M]. 北京:人民交通出版社,2007.

[19] 施淑文. 建筑环境色彩设计[M]. 北京:中国建筑工业出版社,1991.

[20] 宋炳良. 港口城市发展的动态研究[M]. 大连:大连海事大学出版社,2003.

[21] 王海平. 港口发展战略与规划[M]. 天津:天津人民出版社,2005.

[22] 王海平,刘秉廉. 港口与城市经济发展[M]. 北京:中国经济出版社,2002.

[23] 王润强. 城市水空间景观设计[M]. 大连:大连理工大学出版社,2007.

[24] 王学锋. 现代港口物流管理[M]. 上海:同济大学出版社,2007.

[25] 严恺,梁其荀. 海港工程[M]. 北京:海洋出版社,1996.

[26] 杨介平. 港湾站作业组织[M]. 北京:中国铁道出版社,1981.

[27] 杨茅甄. 件杂货港口管理实务[M]. 上海:上海人民出版社,2009.

[28] 杨茅甄. 国际集装箱港口管理实务[M]. 上海:上海人民出版社,2007.

[29] 于汝民. 港口规划与建设[M]. 北京:人民交通出版社,2003.

[30] 于汝民. 现代集装箱码头经营管理[M]. 北京:人民交通出版社,2007.

[31] 真虹. 港口管理[M]. 北京:人民交通出版社,2003.

[32] 中国港口年鉴编辑部. 中国港口年鉴(2009 版)[M]. 上海:中国港口杂志社,2009.

[33] 中交第一航务程勘察设计院有限公司. 海港工程设计手册[M]. 北京:人民交通出版社,2001.

[34] 中交水运规划设计院. 现代集装箱港区规划设计与研究[M]. 北京:人民交通出版社,2006.
[35] 赵彦杰,霍宪起,韩敬. 景观绿化空间设计[M]. 北京:化学工业出版社,2009.
[36] 郑强,卢胜. 城市园林绿地规划[M]. 北京:气象出版社,1999.
[37] 邹俊善. 现代港口经济学[M]. 北京:人民交通出版社,1997.
[38] 朱晓宁. 集装箱运输与多式联运[M]. 北京:中国铁道出版社,2005.
[39] 宗蓓华,真虹. 港口装卸工艺学[M]. 北京:人民交通出版社,2010.
[40] 池田宗雄,小林義久. 港湾知識のABC[M]. 東京都:成山堂書店,1992.
[41] 池田宗雄,坂井保也. 船舶知識のABC[M]. 東京都:成山堂書店,2002.
[42] 磯部雅彦. 海岸の環境創造-ウォーターフロント学入門[M]. 東京都:朝倉書店,1994.
[43] 市来清也. 港湾管理論[M]. 東京都:成山堂書店,1989.
[44] 市来清也. 国際複合一貫輸送概論[M]. 東京都:成山堂書店,1993.
[45] 上濱暉男,左中規夫. ウォターフロント&エアフロントー湾岸・空港の新しい建設技術[M]. 東京都:山海堂,1994.
[46] 近藤健雄. 21 世紀の海洋開発[M]. 東京都:清文社,1994.
[47] 佐々木伸,長尾義三. 港湾工学概論[M]. 東京都:共立出版株式会社,1986.
[48] 白石直文,須田熈,沼田淳等. 港湾工学[M]. 東京都:鹿島出版会,1986.
[49] 寺中啓一郎,竹沢三雄,遠藤茂勝. 港工学概説:みなと町の環境創造入門[M]. 東京都:国民科学社,1990.
[50] 日本開発銀行都市開発研究グループ. ウォーターフロント再開発—都市再生の新潮流とアメリカの開発手法[M]. 東京都:理工図書,1987.
[51] 日本海洋開発建設協会. これからの海洋開発— 21 世紀に向けて[M]. 東京都:山海堂,1988.
[52] 日本河川治理中心. 护岸设计[M]. 刘云俊译. 北京:中国建筑工业出版社,2004.
[53] 日本河川治理中心编. 滨水地区亲水设施规划设计[M]. 苏利英译. 北京:中国建筑工业出版社,2005.
[54] 日本港湾協会. 港湾緑地整備マニュアル[M]. 东京都:技報堂出版,1996.
[55] 日本土木学会. エコ. シビルエンジニアリング、[Z]. 土木学会誌別冊増刊 vol. 77-9,1992.
[56] 日本土木学会. 港の景観設計[M]. 東京都:技報堂出版,1993.
[57] 日本土木学会. 滨水景观设计[M]. 孙逸增译. 大连:大连理工大学出版社,2002.
[58] 日本港湾協会. 港湾の施設技術上の基準・同解説[S]. 东京都:2007.
[59] 長尾義三. 港湾工学[M]. 東京都:共立出版株式会社,1968.
[60] 横内憲久,ウォーターフロント計画研究会. ウォーターフロントの計画ノート[M]. 東京都:共立出版株式会社,1994.
[61] 吉田宏一郎,元綱数道,熊倉靖. 海洋工学の基礎知識[M]. 東京都:成山堂書店,1990.
[62] Ann Breen, Dick Rigby. The New Waterfront: A Worldwide Urban Success Story[M]. New York: McGraw-Hill, 1996.

[63] Bruun, Per. Port Engineering, Vol. 1, $4^{th}$ edition, Gulf Publishing Company, Houston, 1989.
[64] Hoyle BS, Pinder DA, Husain MS. Revitalizing the waterfront: international dimensions of dock land development[M]. London: Belhaven, 1988.
[65] PIANC. Criteria for Movements of Moored Ships in Harbours, PIANC General Secretariat, Brussels, 1995.
[66] Port of New York Authority. Economic impact of the US Port Industry: An Input -output Analysis of Waterborne Transportation[Z]. New York, 1978.
[67] Thoresen, Carl A. Port designer's Handbook: recommendations and guidelines, Thomas Telford, London, 2003.
[68] Tsinker, Gregory P. Port Engineering: Planning, Construction, Maintenance, and Security [M], John Wiley & Sons, Inc. New Jersey, 2004.
[69] UNCTAD. Port Development: A handbook planners in developing countries, [M] UN, New York, 1985.
[70] UNCTAD. Sustainable Development Strategies for Cities and Ports[M], UN-UNCTAD, IAPH & IACP, Geneva, 1996.
[71] United Nations Conference on Trade and Development. Development and Improvement of Ports [Z]. Geneva, 1992.